与青春期和解

（增订升级版）

10~25岁青少年实用教育法

美国心理学会发展心理学分会前主席
美国青少年研究学会前主席

[美] 劳伦斯·斯坦伯格 著
（Laurence Steinberg）

王垒 王莉 童佳瑾 译

You and Your Adolescent

(New and Revised edition)
The Essential Guide for Ages 10-25

中信出版集团｜北京

图书在版编目（CIP）数据

与青春期和解：增订升级版 /（美）劳伦斯·斯坦
伯格著；王垒，王莉，童佳瑾译. -- 北京：中信出版
社, 2025. 5. -- ISBN 978-7-5217-7424-5
I. G782
中国国家版本馆 CIP 数据核字第 2025C3R863 号

YOU AND YOUR ADOLESCENT: The Essential Guide for Ages 10-25, New and Revised edition by Laurence Steinberg
Copyright© 1990, 1997 by Laurence Steinberg and Ann Levine
Copyright© 2011 by Laurence Steinberg, Ph.D.
Simplified Chinese translation copyright© 2025 by CITIC Press Corporation
Published by arrangement with author c/o Levine Greenberg Rostan Literary Agency
through Bardon-Chinese Media Agency
All rights reserved.
本书仅限中国大陆地区发行销售

与青春期和解（增订升级版）

著者： ［美］劳伦斯·斯坦伯格
译者： 王垒　王莉　童佳瑾
出版发行：中信出版集团股份有限公司
（北京市朝阳区东三环北路 27 号嘉铭中心　邮编　100020）

承印者： 河北鹏润印刷有限公司

开本：787mm×1092mm 1/16　印张：26.5　　字数：407 千字
版次：2025 年 5 月第 1 版　　印次：2025 年 5 月第 1 次印刷
京权图字：01-2025-0373　　书号：ISBN 978-7-5217-7424-5
　　　　　　　　　　　　　 定价：79.00 元

版权所有·侵权必究
如有印刷、装订问题，本公司负责调换。
服务热线：400-600-8099
投稿邮箱：author@citicpub.com

献给我的父亲欧文·斯坦伯格
和母亲莫利

本书赞誉

孩子到了青春期，身心快速发展，变得容易偏激、情绪化，做事情、看问题容易绝对化。这时候如果家长不理解孩子，采取错误的干预方法，孩子就可能出现很强的心理反应。这本书很好地帮助家长理解青少年生理与心理发展规律，理性看待10~25岁这个阶段，给予孩子恰到好处的教育。

——郑毅，首都医科大学附属北京安定医院教授、儿科团队首席专家

这本书就像一本精准解决问题的指导手册。处于青春期不同年龄段的孩子的父母，可以在对应的章节中找到对应问题的知识和分析，找到合理的处理问题的方法和与孩子沟通的答案。

——王垒，北京大学心理与认知科学学院教授、博士生导师

影响家庭教育最重要的因素是什么？我认为是亲子关系。当中年父母碰上青春期孩子时，亲子关系往往变得紧张，家庭冲突升级。这本书通过将10~25岁分为不同的发展阶段，帮助家长精准定位青少年会遇到的关键成长问题。知道问题出在哪儿，才能有更好的解决办法。

——蔺秀云，北京师范大学心理学部教授、博士生导师，教育部青年长江学者

青春期孩子的情绪会起起伏伏，但是不一定会叛逆。青春期是孩子人生的十字路口，只有良好的亲子关系作为基础，父母才能有所为。这本书就是在教父母如何建立好的关系，如何有所为。

——沈奕斐，复旦大学社会发展与公共政策学院副教授，家庭发展研究中心主任

这是一本父母可以信赖的指南，值得所有为人父母者收藏阅读。这本书基于严谨的科学研究证据，帮助父母理解10~25岁青少年的成长特征和发展需求，并有效应对孩子的各种身心挑战。相信这本书能陪伴父母破除养育青春期孩子的误区，找到与孩子共同成长的幸福之路。

——陶沙，北京师范大学心理学部教授、博士生导师，中国心理学会常务理事、发展心理专业委员会主任委员

青春期是从儿童向成人过渡的重要时期。在这一时期，如何帮助孩子理解青春期的身心变化，完成青春期的成长任务，发展真实的自我和完整的人格，对父母来说是最重要的挑战。这本书可以带领父母学习并胜任这一挑战，帮助孩子真正长大成人。

——田宏杰，中国青少年研究中心研究员，《天天向上》作者

青少年的心理健康与教育问题，是我们恒晖公益基金会非常关注的一个板块。不管是父母还是教育从业者，我们首先需要知道现在的青少年是什么样的青少年。《与青春期和解（增订升级版）》就是这样一本可以解答我们疑惑的青少年情绪与行为全书，它可以帮助我们和孩子相互走近、相互倾听、相互理解。

——陈行甲，公益人，《别离歌》作者

近年来，心理健康问题已经成为全球性问题，而青少年心理健康问题尤为突出。全社会不断呼吁大家关注和重视。斯坦伯格教授研究青少年问题40余年，这本书是他以育婴指南般耐心而详尽的风格写成的，

谈论了焦虑、早恋、零花钱、学习、肥胖等话题，非常全面。"他山之石，可以攻玉。"虽然中美国情、文化会有差异，但更多的是共性问题，因此推荐给家长、老师和相关心理咨询师学习。

——徐凯文，大儒心理创始人，青少年心理健康专家

面对当下社会普遍存在的学分焦虑与升学压力，这本书以发展的眼光提醒我们，青春期是塑造完整自我的关键时期，其价值远超单一的分数维度，理解和支持孩子的内在成长才是更重要的课题。这本书用科学的视角和更实用的方法，帮助父母成为孩子探索未来的助手，协助他们在日新月异的科技时代洞察并拥抱多样化的机遇，找到真正适合自己的人生路径。本质上，这是一本向内观察自我、了解自我的宝典。

——袁希，教育投资人，水卢教育创始人

目 录

译者序　找到青春期每个痛点的解决方案　VII

第一篇
基础知识

第一章　青少年的好消息
　　　　父母可以有所作为　005
　　　　更好、更现实地理解青少年　007
　　　　青少年期持续的时间比以往更长　008
　　　　写作本书的目的　009
　　　　本书的组织结构　010
　　　　人到中年，孩子却在青春期　011

第二章　良好养育方式的基本原则
　　　　是什么造就了好父母　016
　　　　如何成为权威型父母　016
　　　　如果你十几岁时并非可以效仿的榜样　029

第三章　家庭沟通与问题解决
　　跨过"沟通障碍"这道坎　031
　　合作解决冲突，而非压制、回避与妥协　038
　　你需要专业的帮助　044

第四章　当今家庭面临的特殊挑战
　　在职父母　049
　　离婚父母　051
　　单亲家庭　060
　　再婚家庭　063

10岁~13岁

第二篇
青少年期前期和早期

第五章　变化的身体：青春期和身体健康
　　成长和发育的特征　071
　　进入青春期前孩子需要知道的身体知识　076
　　成长中的烦恼：肥胖、青春痘、容貌等　087

第六章　你和你的孩子需要了解的性知识
　　孩子想问却不好意思问的问题　096
　　如何与孩子谈论性　101
　　给予孩子自由，也要保护他们免受侵犯　108

第七章　青少年的大脑和思维

智力出现爆发式增长　113

大脑的变化：运作更快，寻求快乐　116

判断能力不足　118

父母如何应对来自孩子的争辩与挑战　119

以自我为中心和其他思维局限　123

正确与错误：帮助孩子形成健康的价值观　127

第八章　新的感受和情绪

自我意识增强，寻求独立　132

可能会出现的6种情况　133

脆弱、焦虑、喜怒无常的青少年　140

心理问题：有哪些危险的信号　143

第九章　同伴群体的力量

小团体关系到"我是谁"　155

受欢迎与被拒绝　157

警惕校园霸凌与网络社交安全　161

被高估和误解的同伴压力　165

家长及其孩子的朋友　169

早恋、聚会、穿衣打扮等7个常见问题　171

第十章　你在青少年学校教育中的角色

小升初　181

恰当地择校与分班　182

有特殊需要的学生　188

家长应该做什么，不应该做什么　194

初中作业问题和应对方法　200
　　改善孩子学习动机，父母要做对 5 件事　205
　　如何应对孩子学习成绩不好　208

第十一章　香烟和酒精
　　为什么青少年会尝试烟酒　213
　　香烟、酒精和青少年大脑　214
　　谬误与事实：你和青少年应该知道的事情　216
　　帮孩子学会说"不"　223
　　给父母的建议　226

14岁～18岁

第三篇
青少年期中期

第十二章　身份的探求
　　尝试追求身份　232
　　父母能做的和不能做的　234
　　什么时候该担心　239
　　身份认同与道德　241

第十三章　朋友和社交生活
　　由从众到追求个性　247
　　对异性更加感兴趣　249
　　父母如何监督聚会和团体活动　250
　　与孩子认真地讨论约会　253
　　朋友的重要性　262

衍生问题：休闲活动等　264

第十四章　性行为与高中生
　　父母的角色　269
　　如何与青少年谈论避孕　275
　　每个青少年都应知道的性传播疾病　282
　　共同面对怀孕　286

第十五章　高中学业与课外活动
　　为什么父母的参与很重要　296
　　是否要鼓励孩子多多参加课外活动　302
　　可以适度地参与工作　309
　　金钱与资金管理　314
　　如何安排孩子的暑假　316
　　为进入大学做准备　320

第十六章　高中酗酒和药物滥用
　　制定关于药物和酒精的规则　326
　　识别孩子出现问题行为的迹象　330
　　如果你的孩子有问题该怎么办　334

第十七章　问题行为
　　不恰当的性行为或性兴趣　339
　　挑衅　341
　　违法　342
　　离家出走　343
　　逃学和学校恐惧症　344
　　父母该做什么　347

19岁~25岁

第四篇
青少年期晚期和向成年期过渡

第十八章　大学时代
　　空巢　354
　　父母在孩子大学教育中的角色　355
　　那些与独立有关的事　356
　　严肃对待孩子的恋爱关系　366

第十九章　年轻的成年人
　　如何转变为成年人　371
　　年轻的成年人在挣扎吗？　373
　　个性化的第三阶段　375
　　生活安排的选择　380
　　把你成年的孩子当成朋友　384

致谢　387
注释　389

译者序
找到青春期[①]每个痛点的解决方案

人生很有意义的一种事，是做一个不后悔的决定，并全力以赴。

一年多前，中信出版集团的编辑老师刘淑娟和周家翠找到我，希望我来组织翻译《青春期教育宝典》这本书。当时很多事务排在案头上，我非常忙，但这的确是一本非常好的书，于是我决定接受这个邀约。

当下家庭教育成为社会最大的关注点之一，青春期心理问题、亲子关系冲突、教养方式失当成为社会流行病，父母和孩子都热切渴望专业的指导和帮助。这本书正是能提供这种指导和帮助的一本好书。所以请允许我占用你一点宝贵的时间，带你导读一下这本书，相信你也一定对其中的内容深有感触。

时代背景：从梁山伯与祝英台的叛逆到"4-2-1"综合征

1988年，我出版了自己心理学生涯中的第一本书《青年心理学》，书中的内容现在还在警醒着我。我以为，随着心理学的发展和社会的发

[①] 译者序中的"青春期"指的就是本书中的"青少年期"，为了方便读者理解，此序暂用"青春期"。——编者注

展,人们会越来越得益于心理学的知识和方法,青春期的问题会得到很好的解决。然而,变化的是时代,不变的是人们的某些固执。信不信由你。虽然经济社会在大踏步发展,但人们养儿育女的某些执念却根深蒂固。

想想梁山伯与祝英台的故事。相信大家都知道这个悲剧故事的缘由。你是不是非常同情梁山伯与祝英台的遭遇?是不是非常不理解甚至痛恨双方父母的做法?然而,假如历史给你一次选择的机会,请问你愿意做梁山伯与祝英台,还是做他们的父母呢?你自己的行为表现得更像梁山伯与祝英台,还是更像他们的父母?你会愿意让你的孩子活成梁山伯与祝英台的样子吗?答案是显而易见的吗?

这样的悲剧,历史上从来就不罕见,而现在,类似的悲剧会愈演愈烈吗?青少年的心理危机成为流行病,厌学、辍学、网瘾、校园霸凌、离家出走、自残、自杀等问题在青少年中屡见不鲜。这里既有家庭本源性的原因,也有社会变迁的原因。

首先,正如我在下文针对青春期孩子和父母两方所做的介绍,家庭本源性原因是青春期教育问题的导火索。

例如,孩子在成长和受教育过程中会出现一个特殊的现象:父母在学习养育孩子的知识上花费的时间与精力倒挂了。孩子刚出生时,父母要求的似乎不多,只是希望孩子能够健康地长大。这个时期的父母会花很多时间和孩子在一起,会大量地学习育儿知识,不管是衣食住行还是医疗保健方面的。这时候,父母往往看到孩子的微笑就已经足够欣慰了。随后,看着孩子开始说话、学会走路,就更是开心得不得了。这个时期,父母往往不指望立刻看到孩子会有什么卓越的才干或表现,也不会设定很高的要求。

但是,随着孩子逐渐长大,父母的期望变得越来越多,标准也越来越高。比如,希望孩子有好成绩,希望他们多才多艺,希望他们出类拔萃,希望他们高人一等,希望他们金榜题名……但此时父母在学习关于孩子如何成长的知识上投入的时间和精力却越来越少了。这种倒挂是一种历史性的错误,却在漫长的历史中很难被改变。

的确，随着孩子的长大，孩子懂的会越来越多，也会用自己的方法去学习。但是对孩子来说，经历青春期是头一遭，对父母来说，教育一个青春期的孩子也是第一次，大家都要学习。

然而，历史给人们开的一个玩笑是这样一个悖论：父母越是应该花更多的时间下功夫研究如何养育孩子，反而花的时间越少，而父母越是用很多时间和长大的孩子待在一起，他们越会觉得不亲近。这在青春期尤其突出。你和孩子相处的时间越少，你的关怀度就会越来越高；你和孩子待在一起的时间越多，你的反感度也会越来越高。

其次，时代变迁使人们对心理学的需要越来越多，要求越来越高，也使养育的难度和问题增加。

例如，中国的计划生育政策导致了家庭结构的重大变化，也加剧了青春期的养育问题。实施该政策之前，每个家庭有两三个孩子很正常，五六个孩子不少见，孩子更多的家庭也不稀罕。这样的家庭结构是正金字塔结构的，这意味着更多的孩子要从父母和祖父母那里争宠，"比拼谁更听话"是有效的行为策略。实施该政策之后，在独生子女家庭里，祖父母、父母都围着一个孩子转，家庭是倒金字塔结构，孩子仿佛是"宇宙中心"，成年人在争宠于孩子。而且，拿主意的人太多也很麻烦，因为你不知道听谁的好，更觉得没主意。没的可听，是悲剧；要听的太多了，也会是悲剧。这个背景或许加剧了一个现象：一旦孩子进入爱思考、能思考的青春期，他们对自主权、决定权的渴望就会更高，其合理性也似乎更高。

所以，历史开了另外一个玩笑：不是围着孩子转的成年人越多，孩子越好教育，而是似乎相反。

德国哲学家黑格尔曾说，经验和历史所昭示我们的，是各民族和各政府从来没有从历史中学到任何东西，也没有按照从历史中可以吸取的教训去行动。

驾驭这种辩证历史现象的方法就是逆向而生。

英国哲学家培根说，知识就是力量。如果能掌握青春期心理学的知识和方法论，相对来说你就可以活得更好。

心理学对青少年的重要性：
孩子成长与父母教育的烦恼

青春期是亲子两代人的双向背离还是双向奔赴？答案必须是二选一吗？有更好的选择吗？

如果你把青春期的亲子相处和教育看成两种力量的对立，那么这个矛盾将无法化解。这缘于父母通常所持有的一种非此即彼、非黑即白的执念。

无论是孩子看着你的背影，还是你看着孩子的背影，情感上的不可割舍永远是联系两代人的纽带。这个纽带会有一种非常特殊的弹性：当两代人离得越来越远时，它会倾向于把两代人拉到一起；当两代人离得越来越近时，它反而像是失去了纽带的作用。你越是想把孩子拴紧，不给孩子自由，孩子越是"叛逆"，越想挣脱，去自由地探索；相反，你越是放手让孩子自己去探索，孩子反而会"失落"，没有安全感，会更珍惜你的意见和支持。人在没有可以"反抗""叛逆"的对象时，反而怀疑自己存在的意义。

所以，在青春期这个特殊的时期，两代人的"远离"其实是更好的双向奔赴。我在《生活中的心理学》一书中曾这样写道：父母的期望和教养，不在于要把孩子拴得有多紧，而在于应该把他们放飞得有多高。孩子被放飞得越高，父母越成功，孩子越觉得父母是最亲近的人。

这就是青春期教育的辩证法。

对青春期的误解：父母与孩子是渐行渐远吗？

成长的标志不是越来越听话，懂事的标准也不是越来越乖顺。在这个问题上出现的定义和理解偏差，是导致青春期亲子问题的一个重要原因。

当人们把青春期定义为一个叛逆期的时候，可能意味着人们的认知本身已经出现了问题。为什么孩子越长越不可爱呢？为什么养育孩子的归宿是叛逆呢？为什么孩子从几乎百分之百的顺从，变成不可理喻地要竭力挣脱父母的束缚呢？仔细想想，这在思想认识论和行为实践上可能都出现了问题。

现实开的一个玩笑就是，你越是觉得有问题，这个问题就越会真的发生。这就是心理学中的墨菲法则。墨菲法则的原理大概是说，如果有两种或两种以上的方式去做某一件事情，且其中一种方式会导致错误，那么必定有人会做出这种选择。换句话说，明知一种方式是错的，却必定有人以身试法。更简单的理解是，事情往往会向你所想象的不好的方向发展，因为那就是你认为的可能的结局。

所以，如果你认为青春期就是一个叛逆期，如果你认为青春期的教育就是非常困难的，如果你认为青春期的孩子就是问题重重、胡搅蛮缠的，那么你真的就会一语成谶，把预言变成现实。

人是活在自己的预想之中的。但你的预想跟你开的玩笑是，往往发生的是你不想要的，而不是你想要的。

和读者朋友分享一个重要的心理学现实：心理学发现，很多心理学规律是"反常识"的，也就是说，普通大众关于人的心理和行为的一些朴素的认知，也叫"常民理论"，往往是错的。

想想看，如果你的想法本身就是错的，那么你的行为当然不会有好的结果，所以悲剧就会发生。避免悲剧发生的办法就是掌握真正的心理学知识。而这本书就能为你提供极其重要的青春期心理学的知识、观念和方法。

事实上，正像这本书的作者所指出的，青春期没有父母想象的那么可怕，青春期的孩子也没有人们想象的那么叛逆。大多数孩子在青春期并没有所谓的叛逆问题，以前养育得好的孩子，青春期大概率还是会活得很好；如果以前养育出了问题，那么青春期自然也可能会遇到养育的问题。孩子养育的问题并不是青春期特有的麻烦。

所以，建议父母先做出美好的预期：如果婴儿期是人生发出的嫩芽，童年期是人生开出的花朵，那么青春期就是人生结出的果实。一切都是美好的，请接受它、欣赏它、享受它，不论它是什么模样。

青少年的心态：父母越来越不可亲？

青春期养育成为问题，也有孩子方面的原因。

青春期是人生成长的又一个突飞猛进的发展时期。它的重要标志是心理断乳，它和生理断乳的婴幼儿期并称人生发展的两个"快速突进"时期。

婴幼儿期的生理断乳，也就是断奶，在生理学上确定了一个生物体的特殊的"独立"存在，而青春期的心理断乳则在心理学上定义了一个生物个体的特殊的"独立"存在。人要在青春期完成的一个重要的心理发展任务就是，建构真正完整的自我概念体系。打个比喻，生理断乳好似人们开始搞清楚自己喜欢吃什么、穿什么，而心理断乳则是人们开始要搞清自己喜欢追求什么理念、扮演什么角色、想要成为一个什么样的人。

换句话说，此前人们更多注重自我的物质发展，而此后人们更多注重自我的精神发展。这就是为什么青春期的孩子更像个哲学家。他们开始深刻地思考人生的意义：我为什么要来到这个世界？我的人生价值是什么？我要成为一个什么样的我？人们开始投入空前的精力来梳理对自我的认识，形成了自己独特的人生观和价值观，心理学称之为"自我同一性"的建构。

就像"自我同一性"这个心理学概念本身非常奇特一样，青春期的孩子也有很多特殊的表现令人难以捉摸或接受。所以，从本质上说，青春期的孩子与其说是在对父母叛逆，不如说是在进行自我"审判"。

青少年对于自己的成长往往有很多执念，其中一些会让青春期的孩子有麻烦，也会让父母难以接受。这里讲几个例子。

自己的经验才是最好的

宁可自己试错，碰得头破血流，也不承认用别人的经验可以拯救自己。

青春期的孩子突然开始领悟了成年人一向教导他们的一些原理，比如，"要想知道梨子的滋味，就要亲自去尝一尝""经验是最好的老师""实践出真知"……所以，他们从以前的模仿转向自己去亲身体验。这种转变会使他们显得不太愿意轻而易举地接受别人的指教。

在这个时期，成年人如果总说"我吃的盐比你吃的饭还多""我过的桥比你走的路还多"，会让孩子非常反感。因为青春期的孩子希望自己有一天也有这样的资格说这样的话，他们内心的独白是，为啥不让我现在多吃点儿盐、多过点儿桥呢？

服从其实才是幼稚的表现

如果对父母唯命是从，就觉得活在了别人的影子里，活成了别人的模样。

在童年期，孩子很乐意这样说，"我爸爸是这样说的……""我妈妈是这样说的……"这时候，他们往往对父母引以为豪。然而，如果到了青春期他们再这样说，就会受到同伴的嘲笑，因为在青春期同伴社会里，这意味着"幼稚"：做父母的乖宝贝并不是青春期孩子的价值标签。

然而在这个时期，父母往往因为孩子不再对自己言听计从而指责孩子"幼稚"。请想象一下，父母或许觉得这个时期的子女养育很难，但从孩子的视角来看，成长何尝不是很难呢？

自己为自己作主才是自我的真正内涵

生命里总有一种不甘，那就是不希望活成别人的复制品，而是活成自己设计的自己。

如果自己不能为自己作主，那自我就是多余的、虚无的。如果什么都靠父母作主，那自己就活成了父母的累赘和包袱，就成了寄生虫。青春期的孩子开始自己设计自己的生活。科学地讲，如果青春期的孩子开始有这样的想法，他们是了不起的。

诚然，这种努力可能会让他们涉足一些被成人禁止的事，例如吸烟、饮酒、发生性行为和暴力行为，以及无证驾驶等，但这并不意味着孩子正在挑战成人世界或父母的权威，而是想要自己来定义什么该做、什么不该做的行为边界，也就是自己设计自己。这时候，如果父母总是说"翅膀还没长硬就想飞呀""把你养这么大，白给你吃的穿的，怎么越来越不懂事啦"，不仅无济于事，还会激化矛盾，因为父母的做法违反了孩子的成长规律，把孩子推向了本所不期望的一边。

可怜天下父母心。如果能了解青春期孩子的这些特点，父母能做得更好。父母本来就应该是孩子成长过程中最重要的支持者。

总而言之，并不是孩子要活成父母的对手，而是父母有没有学会理解孩子的成长并成为孩子的好帮手。

父母的心态：孩子越来越不听话？

青春期养育成为问题也有父母方面的原因。父母有很多执念和做法，本身就是造成青春期成长危机的源头，它们恰恰是"好心办了坏事"的例证。这里举几个常见的例子。

养育观（专制与服从的亲子观）：凌驾于孩子之上，体验专制的感觉很棒

一方面，随着对孩子十多年的教育，很多父母已经习惯了专制式的养育方式，一切都是自己下命令，自己指挥，认为孩子的绝对服从是理所当然的。另一方面，经过十多年的磨炼，父母往往也可能失去了耐心，一旦自己的命令不能产生立竿见影的效果，就会变得极不耐烦甚至极为暴躁。这时，父母的某些做法会让孩子怀疑自己的人生观：自己是父母亲生的吗？

就如这时的父母不能接受孩子的"不听话"，孩子同样开始不能接受父母的生硬语气和颐指气使，从过去的一味顺从转变为开始挑战父母的专制。孩子会想：我都这么大了，就不能像父母那样，自己来决定做一些自己喜欢的事吗？所以，与其说孩子在挑战父母的专制，不如说孩子在试图模仿父母专制时的模样。如果父母不能接受孩子的这种转变，双方就会发生冲突。

其实，心理学的知识告诉我们，父母的养育模式要从婴幼儿期的"放任型"（满足一切生理需求）、童年期的"专制型"（教导孩子服从命令、遵守规则），转向青春期的"权威型"，也就是发挥孩子的主观能动性，让孩子参与个人行为的决策、方案制订、效果评议的过程。这个时期，父母要从指挥的舞台上下来，把舞台让给孩子。

自我观（子女是父母自我的延伸）：孩子是自己的附属品和延伸

孩子是父母生、父母养的，是父母的心头肉。这一事实往往奠定了父母的一种观念，一种独特的"拥育观"，那就是把孩子当成自己的一部分，是自己生命的一种延伸。这种观念可能导致的直接做法是，父母认为可以并且有权决定孩子的一切，既然孩子的生命都是父母给的，那么父母对孩子做什么都是权利所在，甚至打骂、羞辱孩子都是合情合理的。

这种拥有观还会导致另外几种常见的心态和行为。

一是"替罪羊"。如果父母在工作中遇到挫折，婆媳关系、夫妻关系不和，或在其他场景中遇到倒霉的事，回家后常会拿孩子出气。"柿子拣软的捏"，别的地方搞不定，孩子就成了宣泄情绪的出口。甚至有的父母因为对自己不满意就苛求孩子。父母这样做是因为觉得孩子是"自己"的，想拿孩子做什么都是可以的。

二是"替代品"。父母把对自己的期望，或者没有实现的理想，寄托在孩子身上，比如要求孩子"光宗耀祖"，比如"望子成龙"，比如指望通过孩子使自己出人头地。这会促使父母刻意按自己的方式去塑造孩子，对孩子有过高甚至不切实际的期望，给孩子带来了很大的成长压力，也剥夺了孩子按自己的理想去生活的自由。

好人心态（都是为孩子好，别不识好歹）：包办一切，认为什么都替孩子做了，是爱的一种表现

"父母是孩子最重要的亲人，为孩子做事情是父母天经地义的责任"，这种心态使父母认定，自己所有的做法都有良好的初衷，孩子自然应该接受，否则就是不识好歹。

其实，过度为孩子包办代替，恰恰使孩子不能成为真正成熟、独立的个体。无论是从主观上还是客观上讲，这种做法都是不明智的。父母如果能理解哪吒为什么要决意脱胎换骨，就能了解如何从自己的角度尝试解开青春期亲子矛盾的纽结。

经验代言人（希望孩子少走弯路）：真心帮助孩子，希望孩子回避风险、少撞南墙

父母往往有一种直觉，就是自己也是从青春期过来的人，而孩子进入青春期则是"大姑娘上轿头一回"，自己特别不想让孩子重复自己当年犯过的错误，想让他们少走弯路，希望把自己的经验倾囊传授给他们，使他们避免经历可能的失败。

父母不能忽略的一件事情是，自己当年度过青春期时也是头一遭；当年自己的父母对待自己的方式，其实是自己所不希望的。但是父母往往有一种"过来人"的心态，认为照抄当年父母对待自己的方式去对待自己的孩子，再自然不过了。

这其实是生活中的悖论，父母最不希望别人对待自己的方式，却是自己最经常对待子女的方式。所谓"己所不欲，勿施于人"是圣贤的教导，而不是凡人的真实实践。

如果方法不对，再好的初衷都可能无效。如果上述内容大部分是事实，就能理解为什么青春期有诸多亲子冲突。这本书恰恰能给父母提

供帮助。

关于作者以及这本书的特色和阅读要点

这本书的作者是著名的发展心理学家,在青少年教育方面经验丰富,著述颇丰,对亲子关系、青春期心理健康、青少年行为决策与冒险等主题有深入研究,也是很多知名媒体的座上宾。

作者在这本书中展示了其卓越的学术驾驭能力和实践指导功力。作者提供了详细的知识体系,使读者可以找到青春期的任何一个阶段,从10岁到25岁不同阶段的心理规律,从而理解孩子成长的特点。

这种系统性的知识不会让你有支离破碎的感觉,你能够很好地将青春期心理发展的特点串联起来,既可以指导你总结过去的养育方式,也可以指导你今后的教育方法。他不是就事论事,也不是罗列一些案例讲故事,而是提供分析孩子教育方法的系统的指导原则。

但是,作者的写作并不因为知识性强而枯燥乏味。相反,作者以非常生动的笔触、接地气的语言、真实的场景和来自实际生活中的案例,为父母们提供了青春期养育和教育的具体且有效的方法。

作者对青春期的每一个具体年龄阶段都了如指掌,生动而深刻地剖析了每个阶段的青春期孩子的心理特点和成长规律,有针对性地给出了具体的养育方法,甚至包括父母可能遇到的具体的提问、孩子提出的具体挑战,以及父母如何回答这些问题和正视这些挑战。

作为父母的读者会觉得非常亲切,因为书中提到的很多问题就是他们在日常生活中常常遇到的问题,是常常使他们感到尴尬、束手无措的问题。现在他们有了答案,它就像一本指导手册一样,读者可以按图索骥,找到青春期每一个阶段、每一类问题的解决方案。

作者甚至提供了每一类问题的具体沟通话术,并且详细地阐述了在每种场景里要规避哪些陷阱,该说什么,不该说什么,后果是什么。家长可以自己对照总结。

作者的行文风格自然生动，读者会感到非常有趣。作者没有因为自己是著名专家，语气就特别严厉、居高临下；相反，他以过来人的身份和读者谈心交流，这让读者有一种身临其境的放松感和被传道、授业、解惑的亲切感。

这本书就像一本精准解决问题的指导手册。处于青春期不同年龄阶段的孩子的父母，可以在对应的章节中找到对应问题的知识和分析，以及合理处理问题的方法和与孩子沟通的技巧。

可以说，这是一本高效养育指南。

当然需要指出的是，作者是美国学者，接触的大量案例是美国环境中的家庭、子女和父母。他们生活的背景是美国的社会文化和习俗，与中国的国情有所不同。

就文化而言，中美有很大的差异。比如中国文化更强调集体主义的价值理念，而美国文化更强调个体主义的价值理念。在集体主义文化下，人们更关注集体的维护和整体的利益，强调集体的秩序；而在个体主义文化中，个人的选择和意志是核心主题。相对而言，中国的教育更强调维护生存环境中集体的观点和行动意志，而不是个人的自主性。就习俗而言，中国传统文化的特点之一，是强调家庭而非个体是社会重要的基本生存单元。家庭的规矩、规范、利益对个人的行为会有很大的影响，这对依赖集体行为的传统农耕劳作生产方式而言有重要意义。因此，如果把美国的一些教育方法直接用于中国文化中，可能会有些水土不服。读者会发现，书中提到的某些情境有些陌生。

比如，在美国的家庭中，孩子从小就会被教育全方位地独立自主，成年后就会离开家庭、离开父母，开始独立生活和打造自己的家庭单元。这在中国不是流行的方式。这种差异至少在现在仍然存在。这两种不同的文化背景会导致不同的教育理念和方法。

又比如，在美国家庭中常见的情况是，很小的孩子被要求做家务，具体的鼓励方法是靠做家务来挣零花钱。然而，在传统的中国家庭里，孩子参与做家务被当成理所当然的事情，而不能用来换取金钱报酬。经济领域的"劳有所得"规则不适用于家庭场景。而且，劳动是一种纯粹的锻炼。孩子不能因为参与了家务劳动、干了家务活，就有了向父母要钱的资本，甚至要挟父母，若不给钱就不干活。这种做法在中国家庭文化中往往是会被斥责的。

再比如，在美国文化中，性开放比较流行。青春期孩子谈论和发生性行为较早，也较普遍，甚至有些孩子以率先涉足这类行为为荣耀。

对于上述这些问题，不同文化中父母的接纳度、包容度是不一样的，引起的亲子问题也就不一样。因此，解决西方环境背景下青春期亲子教育问题的话术、沟通方法，可能与中国文化背景下的有所不同。因此，这本书的内容虽然有很好的学术指导意义，但在实践中也要小心应用。

结语：密室逃生游戏的启示

现在社会上流行一种"密室逃生"游戏：玩家在一个封闭的环境中，在带有恐慌的情绪中，去寻找各种可能的线索，利用大脑高强度的分析和智慧找到逃生的办法。这种玩法并不是所有人都适合，而且的确有相当多的人走不出密室。人的认知能力和情绪能力的发挥，在不同的场景中会受到不同的影响。

从某种意义来讲，青春期孩子的教育，也像是父母要玩的一个密室逃生游戏。人们在令人迷茫的不确定性中探索，找到最后胜出的路径，这的确是一种考验。一些人没有成功，可能是因为智力不够，没有找到方法，但更多的情况是情绪能力不够，恐惧和不自信是最终无法成功的原因。然而父母要相信，对于处于青春期的孩子的养育是有办法的，是可以搞定的，"密室"总有逃生的路径。

我在《生活中的心理学》一书中曾这样写道："人生就像走迷宫，虽然有很多死胡同，但要相信总有一个出口在等着你。"要相信，没有白走的路，也没有走不过去的路。

其实，现在学习的渠道、方式有很多，例如书籍、广播、互联网和自媒体，但系统性地得到专业指导是很重要的。专业的书籍能正人视听，确保给你提供正确的方法和知识体系。这也是推荐你看这本书的一个重要原因。

相信专业人士吧，正如你希望你的青春期孩子相信你一样。

最后，希望你更多地学习心理学知识，不光是青少年心理学，各个方面的心理学知识都应该学习，它们都会对你有所帮助。在心理学成为显学的时代，不懂心理学可能会走许多弯路。

祝所有青春期孩子及其父母身心健康，相亲相爱，幸福成长！

王垒

2025 年 2 月 22 日于北京大学

第一篇

基础知识

第一章
青少年的好消息

放松!

你所听到的关于青少年期①的恐怖故事大多是假的。

在我所在的社会中,青少年期一直是"麻烦"的代名词。"每个人都知道",从童年到成年的道路是坎坷的。青少年期极端的情绪化是正常的。叛逆是成长过程中不可避免和必要的一部分。如果你的孩子没有卷入毒品、犯罪和危险的性行为,你应该觉得很幸运。

"青少年期等于麻烦"的想法一直是民间传说的一部分,代代相传,并被许多心理学家、教育工作者和家长接受。心理学家试图通过理论来解释青少年期的风暴和压力。社会学家则主要关注犯罪分子、辍学者、吸毒者和其他有问题的青少年,但很少有人质疑这种传统观念,直到20世纪70年代末,科学家才开始系统地研究青少年期。在过去的几十年里,一股新的研究浪潮席卷了该领域。心理学家开始研究青少年:他们如何思考,思考什么,他们对生活的感受,他们为什么会这样做,以及他们对不同类型的父母的反应。他们不仅关注有问题的年轻人,也关注普通的孩子。由于这类研究,许多关于青少年期的常见假设被证明是谣言。

青少年期并不是一个天生的困难时期。[1] 心理问题、行为不端和家

---

① 本书作者区分了青春期和青少年期这两个概念。其中"青少年期"强调的是一个身心发展阶段的概念,为10~25岁,"青春期"一词更多指向生理发育。——编者注

庭冲突在青少年期出现的频率并不比生命周期的其他任何阶段更常见。可以肯定的是，有些青少年遇上了麻烦，有些则陷入了困境，但绝大多数人（几乎占到90%）并没有。那些被视为青少年发展过程中"正常"会出现的问题，比如药物滥用、犯罪、没有保护措施的性行为、反对任何权威，其实根本不正常。它们是可以预防和治疗的。归根结底，好孩子不会在青少年期突然变坏。

同伴压力的害处被高估了。可以肯定的是，青少年关心朋友们的想法，他们确实想融入集体，而且他们容易受到同伴压力的影响。但同伴压力并不是把所有青少年都压在同一个模子里的单一力量。青少年和成年人一样可以分为多种类型。在一些青少年群体中，获得学业荣誉是"正当"的事情；对另一些人来说，"正当"意味着穿着得体或在体育运动中表现出色。同伴压力可能是影响青少年对家庭和学校持积极或消极态度的一种力量，这取决于压力的来源。青少年所接触的群体并不是随机的。他们通常会选择价值观、态度、品位和家庭与自己相似的朋友。简而言之，好孩子很少会被朋友带坏。

家庭教育的衰落被夸大了。坊间流传的一句话是，在当今世界，家有青少年的父母很少或根本无法控制他们的孩子；社区的衰落、高离婚率、女性外出工作、青年文化、媒体和互联网，共同削弱了父母的权威。这都是无稽之谈。从青少年期到成年期的早期，父母仍然是影响孩子态度和行为的主要因素。[2]青少年关心父母的想法，倾听父母的言论，即使他们并不总是承认或同意父母提出的每个观点。大多数青少年喜欢父母，尊重他们，在重大问题上与他们意见一致（尽管双方可能在品位和风格上存在分歧），并希望取悦他们。良好的亲子关系不会因为青少年期而恶化，无论父母是已婚、单身、离婚还是再婚都是如此，良好的亲子关系不取决于家庭结构。

总的来说，关于青少年期的好消息还没有传到公众的耳朵里。一个原因是好消息没办法成为新闻。只有当一项研究发现青少年怀孕人数急剧增加，或者警方发现青少年团伙与贩毒集团有牵连，抑或一名青少年杀害了他的继父或自杀时，青少年才会出现在新闻中。那些与父母关系良好、在学校表现良好、不吸毒,也没有怀孕的青少年都不会出现在新闻中。

青少年在公众心目中等同于麻烦的第二个原因是,文化刻板印象根深蒂固。一条围裙上写着这样的文字:"大自然母亲以她所有的智慧,给了我13年的时间来爱我的儿子,直到他进入青春期";一个恶棍断言:"精神错乱能够遗传,你会从你的孩子那里得到的";"可怕的青少年"就和"可怕的两岁小孩"一样,已经成为我们日常语言的一部分。当青少年的父母聚在一起时,他们经常玩"我有你没有"的游戏,显然,那些在与青少年最激烈的战斗中幸存下来的父母获得的奖牌最多。那些没有遇到严重问题、真正和他们的孩子相处得不错的父母,最终可能会遗憾地说:"我想我们只是运气好。"但这和运气无关。

父母可以有所作为

你和孩子的关系不一定会在青少年期变得更糟,但一定会改变。你如何看待这种变化可以决定你今后的亲子关系是否能够健康发展,家庭时光是否愉快。

当你的孩子还很小的时候,你负责指挥和控制一个不成熟的小生物,这个小生物认为你无所不知、无所不能。在不久的将来,你的孩子会成为年轻人,他们将对自己的生活负责,你们会更像朋友。青少年仍然需要你,但方式不同。父母与青少年的关系就像一种合伙关系,年长的一方在许多领域都有更多的专业知识,但期待着有一天年轻的一方能够独立接管他们自己的生活。那些认为与青少年培养亲子关系是亏本生意,或者反对青少年表达他们自主意愿的家长,就是在自找麻烦。

当父母对青少年抱有最坏的期望时,他们的预期往往会应验。青少年对怀疑和监视最常见的反应是叛逆:如果父母不信任他们,那么他们为什么要试图证明自己是值得信赖的?那些认为所有青少年都有问题的父母也会忽视一些严重问题的警告信号,而这些问题需要立即得到专业的关注。

当父母持有对青少年的刻板印象，并认为自己对控制他们的行为无能为力时，他们的孩子就会得出"我的父母不在乎我"的结论。他可能会向同龄人寻求指导，或者冒不必要的风险，努力发现自己的极限是什么，结果反而使父母最担心的事情成为现实。

有些父母拒绝接受孩子正在成熟的事实，并试图让一切都维持原样，但他们也会遇到相似的问题。不管你喜不喜欢，你的孩子都会努力长大。青少年不再希望你替她解决每一个问题。如果你不给她的朋友留出空间，不尊重她的隐私，不让她自己决定选择什么衣服和音乐、什么时候做作业、什么时候参加课外活动，她会找到其他不那么温和的方式来维护自己的独立性。

相比之下，当父母关注孩子正在成长的迹象，并期望孩子得到最好的回报时，他们往往会发现孩子的青少年期是为人父母过程中最有收获的时期：能有一个与你进行成人之间对话（那种你小时候没有体验过的开放式的通宵聊天）的孩子是很有趣的；能接触到最新的服装和音乐时尚，令人兴奋；与十几岁的孩子一起参加活动乐趣十足（如果你不介意你的女儿在网球比赛中击败你，或者比你更了解电脑）；知道你的孩子大部分时间都能照顾自己，会让你感到非常轻松。

关于代词问题的一点说明

像许多作者一样，我反对使用"他"作为泛指两性的通用代词，我也不习惯总是使用"他们"，或者频繁地使用笨拙的"他"或"她"。我的解决方案是，有时我会将青少年称为"他"，有时又称为"她"，无论哪种情况，我对一种性别的说法都适用于另外一种。大部分情况下，男性青少年和女性青少年的关注点是相似的，并且现在的男孩和女孩比上一代人更为相像。如果我在谈论某一性别会特别关注的事情，我会明确指出是什么性别。

更好、更现实地理解青少年

许多父母与青少年之间的冲突不是因为过度控制或放手过早,而是由错误信息所致。例如,父母往往认为青少年期始于13岁或14岁。当他们的儿子在11岁时就开始用最大音量在屋子里放歌,表现得像一个刻板印象中的青少年时,他们就开始认为之后的几年里他只会变得越来越不受管教。事实上,情况会越来越好:大多数家庭发现,处于青少年期的孩子比尚未进入青少年期的孩子更容易管教。父母常常把孩子对朋友的兴趣理解为对家庭的不感兴趣。事实上,朋友并不会减少青少年对家人的感情,而是扩大了对他们而言重要的朋友圈。当青少年开始质疑家长的规则和智慧时,许多父母会想:"哦,天哪,我儿子是那少数会惹出大麻烦的人。"事实上,挑战旧秩序是智力成长的标志:你培养了一个善于思考的人。

青少年期是一个复杂的时期,但它并不比婴儿期或蹒跚学步的幼儿期更神秘。就像人生早期发展阶段一样,这是一个快速增长和变化的时期。这些变化有些是生理上的,有些是智力上的,有些是情感和社会上的。每个青少年都会按照自己的时间表发展,但变化的顺序或多或少是可以预测的。青少年期前期和早期(10~13岁)与青少年期中期(14~18岁)有不同的需求和担忧,而青少年期晚期和向成年期过渡(19~25岁)有另外的需求和关注点。如果你知道在每一个阶段都会发生什么,那么你就可以更好地理解青少年为什么会这样做,以及他需要你做什么。对青少年期有更好、更现实理解的父母在这段时间内遇到的问题会更少。对那些教育、指导、监督或与年轻人一起工作的人来说,也是如此。

父母需要有一个深刻的理解,那就是现在孩子所要经历的青少年期比前几代人长得多。

青少年期持续的时间比以往更长

当今天的大多数父母还处在青少年期的时候,青少年期就已经发生了变化。青少年期曾经被限制在13~18岁之间,而现在,至少作为一个心理阶段,青少年期甚至可以从10岁开始(因为青春期发生得比以前更早),一直持续到25岁左右(因为个人在经济上依赖父母的时间更长了)。因此,在孩子的成长过程中,现在的父母比他们的预期将更早面临许多典型的青少年问题(例如,他们的权威受到质疑,或者在孩子的梳妆台抽屉里发现香烟),他们彼此需要沟通协调的时间也比想象的要长得多(例如,为金钱而发生的冲突,或为家务而发生的争执)。

后一种变化尤其引人注目。如今,父母的责任,无论是经济责任还是其他责任,都比前几代人延续了更长的时间。如今的父母往往对孩子的过度依赖、心理挣扎或不愿长大感到困惑,有时甚至感到焦虑或恼火。今天的年轻人可能同样困惑于如何在自己和父母之间划定适当的界限,从而避免在相处中产生新的冲突和形成紧张关系。这些年龄较大的青少年的父母与学龄前儿童的父母有不同的担忧,但他们同样有许多疑问并需要指导。今天,当我与一些父母交谈时,我收到的关于如何与20多岁的年轻人相处的问题,几乎和关于如何教育十几岁的青少年的问题一样多。

关于青少年期两端都被拉长的事实,已经发表了相当多的文章。但几乎所有研究这种转变的结论都集中在青少年身上,很少有人说它如何改变了为人父母的意义。几代人之前,父母有可能(尽管不可取)简单地尝试"挺过"这段时间,因为最坏的情况只是五六年矛盾频发的相处。大多数为青少年父母写的书都是生存指南(现在也有很多)。如今,青少年期太长了,在有的家庭中甚至长达15年,以至于在冲突中度日变得更加困难。今天的父母需要的是知识,而不是毅力。这就是本书的用武之地。

写作本书的目的

当你的孩子很小的时候，你可能在书架上放着一本或几本婴儿书，这些书告诉你 3 个月、6 个月和一年半后你的孩子会是什么样的。你翻阅了这些书，预先了解了未来的情况，当出现突发情况时，你就可以把它拿出来，不时地复习一下，让自己确信孩子发育正常。当这些书没有给你所需要的答案时，你还可以打电话给儿科医生。我的这本书就是按照这些育婴指南耐心而详尽的风格写成的。

本书的第一个目的是描述孩子在进入和度过青少年期时所经历的正常发育变化。我将讨论特定年龄段的青少年可能会有什么想法和感受，学校和他们的社交世界可能会发生什么，他们可能会如何看待你以及原因。我还将解释你为什么会在孩子经历青少年期的过程中出现一些感受，以及你可以做些什么来改善自己的心理。最近关于青少年期的研究得出的一个结论是，这个时期对父母来说比对青少年要艰难得多。

本书的第二个目的是提出与青少年建立联系的有效方法。养育一个健康、适应良好的孩子没有什么神奇的公式，事实上，也没有一个准确的定义来描述什么是"适应良好"。但研究确实表明，有些策略比其他策略更有效。我提出了一般性的指导方针，提供了具体的建议，并强调了父母经常犯的错误。但没有人比你更了解你的孩子。任何人能给你的最好建议都是尽可能多地获取信息，然后听从你的直觉。

根据这一观点，本书的第三个目的是给你和你处于青少年期的孩子提供一些应该掌握的实用信息。例如，我会告诉你在青春期青少年的身体会发生什么变化，无保护措施的性行为有什么危险，包括性传播疾病和早孕，以及青少年应如何保护自己。同样，我也讨论了从初中、高中到大学，对学生的要求会如何变化。这些信息大多是供父母与孩子分享的。本书中没有任何内容是青少年不应该看到的。

本书的第四个目的是提醒你注意潜在的问题，告诉你什么时候应该关心孩子以及应该做什么。青少年期对家庭来说并非一个必定糟糕的时期，但它几乎总是一个具有挑战性的时期。有许多专业人员接受过培训，以满足青少年及其家庭的特殊医疗和心理需求。如果你需要，他们可以随时提供帮助。

本书的组织结构

本书的第一篇是基础知识，涉及整个青少年期出现的问题。我介绍了有效养育的基本原则，讨论了如何改善沟通氛围、解决冲突，以使每个人都受益，也讨论了何时以及如何获得专业人士的帮助，并解决了在职父母、离婚父母和继父母的特殊问题。我在本篇中的目标不是"推销"养育哲学，而是报告心理学家对青少年及其家庭的了解。

本书的主体按时间顺序分为青少年期前期和早期（10~13岁）、青少年期中期（14~18岁）、青少年期晚期和向成年期的过渡（19~25岁）。每篇的主题都是针对青少年期的特定阶段。例如，年龄小一点的青少年有兴趣学习性知识，但大多数青少年直到青少年期中晚期才开始尝试性行为。因此，我在关于青少年期早期的章节中讨论了如何与孩子谈论性，但直到青少年期中期才涉及性行为的决策以及避孕和怀孕之后的应对措施。同样，在金钱管理的主题下，我在青少年期中期部分讨论了课外兼职的收入，但在青少年期晚期部分讨论了如何帮助年轻人制定预算。

然而，父母不应该过分拘泥于青少年期各阶段的界限。青少年的发育速度各不相同，将10~13岁标记为青少年期前期和早期、14~18岁标记为青少年期中期、19~25岁标记为青少年期晚期和向成年期的过渡，并不是在说明什么是正常的或符合预期的。（就本书而言，我有时会把20岁出头的人称为"晚期青少年"。）实际生理年龄与发育水平之间的相关性在青少年期比在此之前的时期弱得多。例如，我在关于青少年期前期和早期的第二篇中讨论了青春期，因为大多数青少年在10~13岁开始发育。然而，还有一些孩子直到14岁或15岁时才出现发育的迹象。这并不意味着后者是"发育迟缓者"，这和一个3岁半还没有开始说话的孩子会被称作"发育迟缓者"是不一样的。任何一种模式都是正常的。我在关于青少年期前期和早期的章节中，讨论了有关香烟和酒精的问题；在青少年期中期的相关章节中，谈论了药物滥用和药效更强的非法药物的问题。在美国的一些社区，年轻人很容易接触到非法药物，并在很小的时候就开始尝试使用。如果你所在的社区是这样，或者你和年龄较小的青少年只是想了解更多，那就一定要跳跃着阅读相关内容（文中的交叉引用将告诉你主题的跳转位置）。

本书既可以作为青少年发展的介绍和指南，也可以作为参考书。我相信，当你的孩子进入这个发展阶段时，如果你通读全部章节，大致了解这个阶段会发生什么，然后在出现问题时再参考具体的主题，那么这是最有用的。当你需要的时候，本书的目录会引导你找到具体的信息。如果你的孩子已经处于14~18岁，我建议你至少浏览一下前面的章节。现在在你孩子身上发生的很多事情都建立在以前的基础之上。如果你对19~25岁的孩子有疑问，也是如此，了解14~18岁发生的事情，将帮助你更好地了解你20岁的孩子。

了解中年期的心理发展也很重要，因为这个时期的很多父母都有十几岁的孩子。你和你的孩子之间的关系质量是你们双方共同作用的结果。

人到中年，孩子却在青春期

因为大多数父母在第一个孩子出生时都是20多岁或30岁出头，所以孩子进入青少年期往往与父母步入中年期同时发生。父母在青少年走向独立的过程中所感受到的许多复杂情绪，都被（或者至少被）自己在中年期的挣扎所加剧。[3] 这不是一个受到很多关注的话题，但我们有充分的理由相信，父母在这一时期遇到的困难至少有一部分归因于孩子所经历的变化，另一部分归因于父母自己的经历。

将青少年期和中年期相提并论具有讽刺意味，有些人甚至会说这完全是有悖常理的。你儿子对无限可能性的感觉与你内心深处的失落感相碰撞，你再一次意识到自己对生活的选择现在已经无法更改了。你不禁会注意到，你女儿自由而无忧无虑的生活方式与你肩负的巨大的个人和经济责任之间形成了鲜明的对比——你不仅是她的父亲，还是丈夫、员工和年迈父母的成年儿子，你的每一个身份都对应着一大堆需要应对的问题。当你的孩子准备与一个新约会对象晚上出去时流露出的兴奋，是你的配偶很长一段时间没有对你表达过的（你也很久没有向对方表达过了）。你会意识到，当你带着女儿走在街上时，看她的男人比看你的男人多。

并非所有成年人都会经历一场全面的"中年危机"——他们会辞掉工作，离开配偶，开着一辆锃亮的新敞篷车驶向日落。但大多数父母确实会在40多岁的时候，也就是他们的第一个孩子正处于青少年期的时候，经历一个高度反省和自我评价的时期。应付中年问题（"我在这段婚姻中真的幸福吗？""我选择了正确的职业吗？"）已足够艰难，而在你的孩子刚刚步入成熟期时面对这些问题，会使这些问题更加令人烦恼。

大多数父母都能够成功地在不影响他们与青少年的关系的情况下解决自己的中年问题。但一些父母发现，当他们自己在中年期挣扎时，很难与正处于青少年期的孩子和平共处。在内心深处，他们可能会对青少年的活力感到嫉妒，对自己年轻时做出的决定感到后悔，担心自己被不再"需要"父母关注的孩子抛弃，或者在孩子想要独立自主时无能为力。不知不觉中，这些父母可能会让自己内心的挣扎影响到他们对孩子的感情，破坏了他们与孩子的关系。当嫉妒的父母看到自己的孩子玩得太开心时（"我希望有大把时间和朋友们煲电话粥。"），可能会下意识地说出让孩子扫兴的话。为自己的人生选择感到后悔的父母可能会试图把青少年塑造成他希望自己成为的人（"你决定不去上医学预科真的让我感到很遗憾。我真希望我当时有条件去上。"）。当孩子决定周五晚上和朋友在一起而不是待在家里时，这位刚离婚的妈妈可能会感到自己被抛弃了（"但我真的很期待我们的电影之夜，亲爱的。"）。无能为力的继父母会很不理智地大发雷霆（"我不在乎你以前被允许做什么，但我现在要求你不能在卧室里吃东西。"）。

在我自己的一项关于青少年期如何影响父母幸福感的研究中，超过 1/3 的父母报告说，当他们的孩子处于青少年期早期时，他们更容易感到抑郁和自我怀疑，对婚姻、工作或生活的不满情绪也会增加。（好消息是，大约 1/5 的父母报告说，他们的心理健康状况有所改善。）如果你觉得自己的中年危机无论是单独出现，还是与养育青少年的挑战相重合，都可能会导致你的家庭问题，或影响你自己的心理健康，那么请记住以下几点。

确保你在为人父母之外有真正的、令自己获得满足感的兴趣。 大多数在中年期应对很好的父母，除了为人父母，还对一些事情有着真正的热情，对有的人来说是婚姻，对有的人来说是工作，对有的人来说是某种业余爱好或兴趣。如果你有幸拥有幸福的婚姻、令人满意的事业或令人兴奋的爱好，那么尽你所能进一步加强你对它们的获得感。如果你没有那么幸运，那么你需要采取措施，在父母角色之外建立一个能给你带来满足感的立足点。不要相信那种必须在工作和家庭之间做出选择的谬论。最幸福、适应能力最强的成年人往往能够在这两者之间游刃有余。

不要在情感上脱离孩子。 成年人在遭遇中年危机时与孩子建立温暖、紧密和情感密切的关系会更好。与孩子的情感分离并不能让你免于看到孩子成熟的心理影响，反而会危及孩子的健康，同时也会对你自己的健康产生不利影响。最健康的父母和最健康的孩子之间的关系是权威型的——温暖，坚定，善于沟通（参见第二章）。

试着对青少年期以及你的孩子正在发生的变化采取积极的态度。 如果你把孩子的青少年期当作一个问题来对待，那么你很可能真的会把它变成一个问题，这不仅会伤害孩子，也会对你自身产生糟糕的影响。与其把孩子的行为看作是在挑战你的权威，不如提醒自己，培养一个富有好奇心、自信心的孩子是好事而不是坏事。不要把孩子的情感成长视为你们关系的结束。试想一下，更加成熟的孩子会如何加强你们之间的关系。不要带着恐惧和忧虑来看待孩子的独立，试着把它重新定义为不仅不可避免，而且还有可取之处的东西。不要把孩子争取自主权的尝试看作他/她不想在情感上亲近你的信号。记住：青少年在亲密的亲子关系中学习健康的独立性是最好的。

不要把青少年的行为当成针对你个人的。青少年质疑权威、揭露成年人的虚伪、寻求隐私和渴望独立，都是很正常的。当孩子因为在公共场合被人看到和你走在一起而感到害怕，请记住这不是因为你做错了什么。虽然这看起来很不理性，但她不想让家庭之外的任何人知道她仍然是"某个家长"的孩子。她在你和她朋友说话时翻白眼，并不代表她在谴责你（虽然可能看起来很像），而是她在试图远离你所代表的概念：不断向周围人提示她曾经是某人的孩子。

不要害怕与你的伴侣和朋友讨论你的感受，如果需要，你也可以与专业顾问讨论。父母偶尔感到愤怒、嫉妒或怨恨是正常的，即使他们清楚地意识到这是不理智的。所有父母对孩子的成长都有矛盾的感觉，我们只是没有适应如何表达这些情感，无论是对他人还是对自己。你可能能够从适当地发泄情绪和了解到自己并不孤单中找到一些安慰。

第二章
良好养育方式的基本原则

在本章中，我提出了一个以科学研究为基础的养育青少年的基本方法。你可能会对居然有一门专注研究如何有效养育的科学感到惊讶，但事实上，儿童和青少年发展专家研究养育方法已经近百年了，这是整个社会科学中研究最充分的领域之一。

养育研究是一个研究结果非常一致，而且经得住时间考验的科学领域，很难想象有多少研究领域可以像它一样。有一些方法可以指导我们应该喂孩子吃什么，应该多久锻炼一次，或者我们应该如何应对不断变化的压力，这些方法都在不断推陈出新。新的医疗手段一直在研发过程中，今天的健康建议与我们昨天听到的甚至有可能相矛盾。但是，近几十年来，良好养育的科学原则一点也没有改变。事实上，将养育的某些基本原则与青少年健康发展联系起来的科学证据是如此清晰和一致，以至我们可以自信地说，我们完全知道哪些方法有效、哪些方法无效。如果畅销的育儿书给出的建议不一致，那是因为这些书很少是以充分的科学证据为基础的。

在养育青少年的研究中，最令人鼓舞的发现之一是，无论你的孩子是男孩还是女孩，是11岁还是21岁，是独生子女、双胞胎还是有多个兄弟姐妹，主要养育者是母亲、父亲还是其他关系人，良好养育的基本原则都是一样的。[1] 在世界不同地区、不同种族和群体、贫困家庭和富裕家庭，以及父母离异、分居和已婚的家庭中进行的研究，都证实了良好养育的基本原则。无论你是亲生父母、养父母还是继父母，是普通孩子的父母还是有特殊需求孩子的父母，同样的原则都适用。它们甚至适用于与孩子打交道的从业者，比如教师、教练或顾问。证据就是这样有力。

是什么造就了好父母[2]

简而言之，最有效养育的父母既有爱心，对孩子也有要求。他们富有包容心，充满感情，而且全身心投入养育孩子的过程。他们喜欢和孩子一起做事，并为他们的成就感到自豪。他们认同父母有义务理解孩子的需求和感受，把孩子的兴趣和问题视为有意义的，并表现出真正的关心。同时，他们设定了明确的界限。他们要求孩子遵守高标准，制定明确的行为规则，并严格一致地执行这些规则。他们是民主的，因为他们在就寝时间和家庭计划等问题上征求孩子的意见。同时，因为他们不认为自己是绝对正确的，所以他们允许孩子表达不同意见，并尝试说服他们重新考虑。他们重视好奇心和自我管理，希望孩子了解父母为什么会提出这样的要求和限制。当孩子行为不端时，他们会尽一切努力解释为什么这种行为不恰当。然而，当说理失败时，他们会毫不犹豫地维护自己的权威。心理学家称这样的父母为权威型父母。

权威型父母不会要求孩子无条件地服从，也不允许孩子太过无拘无束。他们的规则建立在理性的基础上，他们的要求建立在爱的基础上。他们与"宽容"或"放任"型父母形成了鲜明对比，后者深爱自己的孩子，但很难设定限制或强加规则；他们与"独裁"或"专制"型父母也不同，后者掌控孩子，对孩子管教严厉，没有足够的关爱或沟通。

如何成为权威型父母

没有完美的父母，我们中最优秀的人也有糟糕的日子。当父母处于压力之下、疲惫或心事重重时，他们往往会陷入专制（"我怎么说，你就怎么做。"）或放任（"想做什么就做什么。"）的行为模式。实际上，一些年轻人比其他人更容易讲道理。糟糕的一天或压力重重的决定，不会对孩子产生深远的影响，重要的是你将长期执行怎样的总体养育方式。

良好的养育方式需要时间和精力，但付出这些努力是值得的。与孩子保持良好关系的父母在与青少年建立良好关系方面有着明显优势。但对那些风格倾向于放任、专制甚至忽视孩子的父母来说，一切努力都不算太晚。你可以学着做权威型父母，青少年的行为也会因此得到改善。如果到目前为止你还没有树立起权威，那么改变还是有可能的；如果你一直都很有权威，那么你需要将这一风格持续下去，直到孩子的青少年期结束。

从爱和信任开始

用太多的爱和感情"宠爱"青少年是不可能的。青少年甚至比年幼的孩子更需要知道你在他们身边。许多青少年有意无意地担心，当他们不再是小可爱时，父母是否会继续爱他们。他们要求摆脱父母的控制，但担心随着他们的长大，父母会（在心理上甚至身体上）抛弃他们。父母可能会无意中通过谈论孩子小时候有多可爱，或者当他还是个小男孩时他们有多开心，来加剧孩子的恐惧。青少年需要得到保证，任何事情——无论是他们的日益成熟、情绪化、行为不当，还是你对他们所做的事情感到愤怒——都无法动摇你对他们的根本承诺。

然而，表现出你的关心和满足青少年的每一个愿望是有区别的。只要保持权威，你就不必担心自己溺爱过头。那么，如何保持亲密的亲子关系呢？

共度时光。父母经常把青少年对朋友的高度感兴趣误解为对家庭不感兴趣。他们认为，一个14岁的孩子根本不在乎和爸爸一起打保龄球、和妈妈一起购物或参加家庭野餐。事实上，研究表明，大多数青少年愿意花比现在更多而不是更少的时间与父母在一起。在一起的时间可能意味着去参加一个特殊的活动，分享一项你们都喜欢的活动，一起完成一项工作，或者只是一起待在家里，没有特别的计划（但没有互动地并排看电视是不算数的）。

重要的是，当花时间和孩子在一起时，你真的对你们两个正在做的事情感兴趣并乐在其中。有些父母在与孩子相处时不专注：他们可能会和孩子交谈或一起打牌，但当电话铃响起时，他们会分心。你的孩子知道你什么时候只是走过场或心不在焉地交谈。

忙碌的家庭面临的一个问题是，经常很难协调时间表。你可能认为周六晚上是家庭聚餐的最佳时间，大家可以聊聊本周发生的事情，但你的孩子可能已经计划好了周六晚上与朋友聚会。记住，如果你的孩子拒绝了你的邀请，去做他平时喜欢的事情，那很可能是因为你的邀请时机不对，而不是他不感兴趣。为了融入孩子的生活，你需要在他们的时间里至少花一些时间与他们在一起。

留点儿时间和孩子独处。为了了解你的孩子正在成长为青少年，或者你的孩子正在成长为年轻人，你还需要花时间与她单独相处。当你和配偶都在场时，孩子往往会被忽视；当其他孩子在身边时，他们会争夺你的注意力。谈谈青少年的兴趣和担忧。几乎所有青少年都喜欢做的一件事就是聊天。如果你对青少年生活中发生的事情以及他对问题和事件的看法表现出真正的兴趣，他就更有可能敞开心扉。如果你只是走过场——例行公事地问一句"你今天过得怎么样？"，或打开报纸的时候说了一句"这个很有趣"——他会知道的。父母和青少年的谈话往往集中在家务、日程安排、打扮和其他世俗的话题上。"你什么时候打扫房间？""你什么时候开始练习？""别再抠你的脸了。"这些都不是谈话的开场白。

分享你的感受和担忧。帮助孩子成长的一个方法是，让她进入你的世界。这并不意味着你和你的孩子应该成为"朋友"，因为她仍然需要你做家长。把你与母亲、婚姻和老板的所有问题都推到她身上是不合适的。分享你的感受和担忧是让她看到你是一个有感情、有希望、有梦想、有挫折、有失望的人。知道你并不总是对自己有把握,会让孩子认为成年看起来不那么可怕。

相信你的孩子。许多父母在孩子进入青少年期时,认为孩子会表现失常,他们的关系会恶化。这些父母是在挑毛病,而且经常挑。如果你因为女儿经常约会而指责她滥交,她可能会决定,"为什么不呢?"如果你经常告诉儿子,他的朋友是一群会给他带来麻烦的无用之人,他就会停止带朋友回家。与其怀疑最坏的情况,不如假设最好的情况。当出现问题时,要相信你的孩子是出于善意。

尊重你的孩子。大多数成年人不会想着(用语言或身体)贬低、羞辱或欺负另一个成年人。但同样是这些成年人,他们中的许多人却认为把正处于青少年期的孩子当作无足轻重的人来对待没什么大不了的。父母应该像礼貌地对待陌生人那样对待自己的孩子。

给予支持。在与成年人的问题做斗争时,你很容易将青少年的问题看得微不足道。"你不知道什么是麻烦……"不要让事后诸葛亮让你变得麻木不仁。作为一个成年人,你知道你不是世界上最聪明的人,但你还有其他品质(毅力、幽默、想象力)可以帮助自己渡过难关。你知道,有时你对一个亲密的朋友(或者他对你)态度确实很恶劣,但你们两个人总能和好如初。你喜欢你拥有的朋友,而不必担心自己是否受欢迎。你不喜欢秃顶,但你不会为此日夜烦恼。一个十几岁的孩子多年的数学成绩都是 A,但在代数考试中得了 D;他最好的朋友不和他说话了;他是朋友中最后一个不刮胡子的人,而这时他没有你的经验和分寸感,他可能觉得这是世界末日。你要让他知道,你明白这有多痛苦。

使用幽默,但要明智地使用。如果时机得当,幽默可以化解紧张的局面,并打开一扇心灵相通的大门。但你要确保用幽默来帮助她对自己的处境付之一笑,而不要用幽默来取笑她或她所担忧的问题。很少有青少年喜欢在沮丧或烦恼时被取笑,即使这种取笑是善意的。

不要因性别而疏远。当你的孩子开始看起来像男人或女人时,父母往往会陷入性别刻板印象。父亲经常会疏远处于青少年期的女儿,对向一个开始变得性感的人表达爱意感到尴尬。他们无法想象自己的女儿仍然想去踢足球或周末去钓鱼。女儿会因父亲的退缩而感到受伤和被拒绝。母亲经常担心自己与青少年期的儿子没有任何共同点,并希望父亲能代替她。性别不应该决定你与孩子的关系:她仍然是父亲的女儿,而他也仍然是母亲的儿子。

当父母因自认为青少年不再想要或需要他们的爱而退缩时,青少年会感到被抛弃。当父母因期望青少年振作起来并有所作为而对他们严加管教时,青少年会感觉受到虐待。虽然这些听起来很老套,但爱是你能给青少年的最重要的东西。不过光有爱是不够的。

设定清晰合理的界限

认为青少年会反抗任何控制他们的尝试的想法,纯属无稽之谈。事实上,大多数青少年觉得他们的父母在大多数时候都是通情达理和耐心的。[3] 超过一半的人承认,"当我的父母严厉时,我觉得他们是对的,即使我很生气"。

导致青少年叛逆的不是对权威的主张,而是对权力的任意使用、对规则的解释很少,以及没有让他们参与决策。"因为我这么说,所以你就该这么做"根本不适用于青少年。如果你坚持制定规则,不容许任何反驳,青少年会继续唠叨和抱怨(如果你幸运),或者背着你为所欲为(如果你不幸运)。

当父母尊重青少年的观点,愿意和他们讨论规则,并解释为什么必须坚持这样做或禁止那样做时,青少年就不太可能反抗。[4] 她可能并不总是喜欢你的最后决定,但是如果看到你已经考虑了她的观点,并且有充分的理由说"不",她至少会认为你是公平的。研究表明,与父母坚持永远正确的年轻人相比,那些父母愿意与他们讨论的年轻人更有爱心,更尊重父母,更有可能说他们想像父母一样。研究还表明,青少年会区分父母设定的规则是有意义的(被视为正当的)还是武断的(有待商榷的)。[5]

让青少年参与决策并不意味着父母放弃了自己的权威,而是意味着承认青少年正在成长，并有权参与影响其生活的决定。权威型父母仍然控制着孩子，但他们会征求并真诚地考虑孩子的意见。

在何处划定界限

然而，有时你不得不划清界限。父母和青少年应该清楚哪些家庭规则可以协商，哪些不能协商。[6]

涉及身心安全和根深蒂固的家庭价值观的问题，属于不可谈判的规则范畴。在这些领域，父母确实不应该，也绝不能允许青少年自己做出决定。举例来说，"别人的家里没有成年人时，你不能去参加聚会"；"禁止搭乘饮酒的司机开的车"；如果你的家人有宗教信仰，要告诉青少年"你应该去教堂（或寺庙）"。

青少年可能会挑战这些规则，但如果你把不可谈判的规则限制在真正重要的问题上，他们更有可能遵守这些规则。你对这些规则要有充分且合乎逻辑的理由，并且无论何时被质疑，你都愿意提供你的理由。随着青少年年龄的增长，也更加成熟了，你愿意协商其中的一些规则，比如参加无成年人陪伴的聚会。

时间要灵活

与家庭责任和个人行为有关的问题，应由青少年及其父母共同解决，同时要考虑双方的需求和愿望。例如，青少年如何整理自己的房间，如何穿衣，预计什么时候回家，什么时候做作业，花多少时间打电话，以及什么时候可以使用家庭汽车，这些都应该是可以协商的。这些都不是生死攸关的问题，但是如果你和青少年无法达成共识，你可能会发现你们经常在吵架（我在第三章中讨论了解决冲突的技巧）。

我们有时都会犯的一个错误是，将行为与价值观混为一谈。假设宗教对你的家庭很重要：你关心儿子的精神发展，就像关心他的身体健康一样。当他抱怨每个星期日都要和家人一起去教堂时，你会生气。他的反抗看起来就像是对你的攻击。你的第一反应是"去教堂没有讨论的余地"。他听从你的命令，但会想尽办法让每个人看到他对这种事是多么不感兴趣。如果你花时间和他讨论这个问题，你可能会发现他根本没有拒绝你的价值观。他抱怨的原因可能是，星期日是他一周中唯一可以睡懒觉的一天（星期六早上他必须8：30去上班），所以你们可以通过参加上午11点的礼拜来解决这个问题；他可能更喜欢和朋友坐在一起，而不是和家人坐在一起（你难道不应该高兴他有和你同教派的朋友，他们的家庭和你有共同的宗教价值观吗？）；他也可能想去另一个有更活泼的青年项目或特色唱诗班的教堂。也就是说，他想更多地参与宗教活动，而不是更少。当然，他可能会质疑有组织的宗教的价值，在这种情况下，你可以和他讨论这个问题，或者让他与你的牧师谈谈。牧师可能会建议，在一段时间内，你的儿子可以在教堂为无家可归者提供的项目中做志愿者，来代替去教堂做礼拜。关键是，即使是不可谈判的规则也应该开放讨论。

讨论和协商的目标一方面是达成你、青少年和其他家庭成员都可以接受的规则；另一方面是教导青少年对自己的行为负责，并为他人着想。

平衡控制与独立[7]

虽然给予青少年再多的爱和支持都不为过，但控制过度却是可能的。青少年不仅需要指导，也需要自由。他们想尝试新的形象和新的感觉，练习做自己，而不需要你的帮助。

控制多少算控制过度？ 每当你的孩子要求更多的自主权，而你没有花时间找出他真正想要什么以及为什么要，你条件反射性地说"不"会招致他的反抗。如果不考虑青少年的年龄、需求和能力，控制就会过于严格。16岁的孩子不应该像13岁的孩子一样受到父母的控制，而一个成熟的13岁孩子比一个判断力差、自制力差的孩子应该享有更多的特权。当你坚持几年前制定的规则时，你就是不合理的和武断的，因为青少年在不断变化，你的期望值必须定期修正。

分阶段给予自由。 亲子关系的最终目标是自主。但是，即使国家允许，你也不会在女儿16岁生日时把车钥匙递给她，并祝她"一路顺风"。

相反，你可以先让她参加驾驶培训，获得学习许可证[①]，并在成年人的陪同下练习驾驶。即使在她拿到驾照后，你也要先看她下午短途驾驶中的表现，然后再允许她晚上开车或在高速公路上长途驾驶。同样的原则也适用于其他成年人的特权。因此，应分阶段逐步授予孩子自主权。对于衣服，你可以从让孩子选择他们想买的运动鞋和衬衫开始；让他们自己购买，但确保他们在扔掉价格标签之前与你确认；给他们一笔买衣服的零花钱，让他们在这个范围内随心所欲地消费。在你晚上不再需要保姆之前，你的孩子应该有很多下午独自在家的经历。

将特权与责任联系起来。自主并不意味着"搭便车"。青少年需要明白特权也承载着责任。如果你的儿子想使用家里的汽车，你应该要求他在回家前加满油，并定期检查机油和轮胎。你可能会在周六晚上把钥匙给他，但条件是他帮忙洗车和收拾车库。如果你的女儿想在你外出时邀请一些朋友来家里，她应该遵守家庭规则，比如禁止饮酒，禁止吸烟，禁止不速之客参加，不要留下烂摊子让你收拾。

退后一步。当父母知道孩子犯了错误时，出手干预的诱惑是很强烈的。但是，除非孩子的健康和安全受到威胁，否则尽量抵制这种诱惑。青少年需要从自己的错误中吸取教训。当你想掌控他们时，问问自己："如果我不干预会发生什么？"即使后果很严重（如果你儿子一直忘锁自行车，自行车就会被偷；如果你女儿晚交另一篇论文，她这门课就会得到 D），也要允许这种情况发生。当你掌控他们时，你是在阻止你的孩子发展和锻炼个人责任感。

假设你的女儿上学经常迟到。你已经厌倦了说服公交车司机一次又一次地等着你们，你可以把她从床上拖起来，把她带到早餐桌上，并警告她，如果她再迟到一次，周六一整天就别想出门。当你禁足她时，她会生气，对你充满怨恨，并想办法和你对着干，比如，整天生闷气或拒

[①] 在美国，获得正式的驾驶执照之前，必须先获得一个学习许可证。学习许可证允许持有人在有成人监督的情况下进行驾驶练习，并且必须在持有此许可证期间通过笔试和路试后，才能获得正式的驾驶执照。——编者注

绝做家务。她只知道，你让她的周末过得很痛苦。相反，你为什么不在早晨 7 点敲她的房门，提醒她离出门只有 15 分钟了？她肯定会迟到并要承担后果：来不及吃早餐，步行上学，用她的零花钱支付打车费，被第一节课的老师拒之门外或放学后被留下来。让她受到应有的惩罚，但也不要得理不饶人。自主也意味着有偶尔犯错误的权利，而不被父母羞辱和轻视（比如，"我没有告诉过你吗？"）。

在孩子的青少年期，父母应该退后的情况会增加，而必须干预的情况会减少。

坚定而公正

每个青少年都有违反规定的时候，家长应该如何回应呢？

不要反应过度。你关了灯，正要上楼睡觉，这时你 16 岁的儿子跌跌撞撞地走了进来，很明显他喝醉了。当你和你的配偶都不在家时，你不允许 12 岁的女儿邀请朋友到家里来，但有一天你提早下班，发现她和苏珊单独在家。不要发火，听听他们的解释吧。也许有一个完全合理的解释：他不知道饮料里被偷偷掺入了酒；她和苏珊正在合作一个学校项目，可图书馆很早就关门了。除非你的孩子有闯祸的历史，否则在你发现事实并非如此之前，先假定他是无辜的。

惩罚不是唯一的解决办法。正如一个孩子所说："惩罚是父母对你做的事情，后果是你对自己做的事情。"[8] 惩罚是想让青少年合作的最无效的手段之一。通常家长最好的做法是袖手旁观，让青少年自己承受他们行为的自然后果，比如宿醉、成绩不好或任何可能的结果。

第二种替代惩罚的方法是简单地说："我很失望，我不希望这种事情再次发生。"与父母关系良好的青少年希望得到父母的认可，通常会尽量避免让父母失望。假设你的女儿在只有学习许可证的情况下，开着家里的车带着几个朋友去兜风，那就告诉她你对她所做的事情的感受，这比拿走她的学习许可证、推迟她的驾驶考试，或者其他一些具体的惩罚更有效。我并不是建议父母试图让青少年感到内疚，比如说："我一直信任你，可你怎么能做出这种事？"但是要表达你对这种行为的不满，而不是针对青少年这个人来表达，比如说："我很生气你在没有驾照的情况下开车，这是一件愚蠢而危险的事情。"

施加替代惩罚的第三种选择是问青少年，他认为自己的不当行为会带来什么后果。你儿子醉醺醺回家后的第二天早上，你可以和他谈谈适度饮酒的问题。如果他同意以后不会喝酒了，但两周后又醉醺醺地回家了，请指出他违反了你们之间的约定，并问他觉得应该承担什么合理的后果。使用这种方法的父母经常会发现，青少年对自己的惩罚比父母实施的惩罚更严厉。你可能正在考虑对他禁足一周，而他可能会提议下个月不允许他参加聚会。惩罚的严重性不如他实施自我惩罚本身重要。当父母单方面决定惩罚时，青少年的悔悟会与怨恨交织在一起。当青少年决定自我惩罚时，他们不能哭诉"不公平"。不过，要确保你们之间达成的任何约定都是可执行的。即使是青少年自己提出的禁足两个月——这不是不可能——也很难执行。

必要时采取行动。 当青少年的不当行为是习惯性的或有危险的时候，你应该采取行动。与青少年讨论你不能允许这种行为发生的原因，并努力达成约定。如果你不同意这个约定，提前让你的孩子知道违反规则的惩罚是什么。

惩罚应该"依罪而定"。如果青少年再次在宵禁后外出，她将被禁足；如果拒绝遵守有关驾驶安全的规定，她将不被允许使用汽车；如果她以你禁止的方式使用金钱，比如去你禁止她进入的舞蹈俱乐部，你会削减她的零花钱；如果她总是不做家务，你会给她额外的家务；等等。

对重大违规行为要进行严厉惩罚。当你对忘记修剪草坪这样的事小题大做时，你就失去了信誉。对酒后驾车的惩罚应该比在宵禁后外出更严厉；对迟到的惩罚也应该比没把卧室打扫干净更严厉。提前制定惩罚措施可以鼓励青少年思考不同行为的严重性。

无论青少年做了什么，都不要使用体罚。 一项又一项研究表明，暴力会导致暴力。打女儿的脸或把儿子扔到墙上，不是管教，而是虐待儿童，即使这个青少年和你体格一样大，或者比你还大。体罚不仅是错误的，而且会适得其反。研究表明，殴打并不能阻止不良行为；相反，它还会助长青少年的叛逆行为和攻击性。辱骂青少年、谴责他们也会产生类似的后果。父母采取这些体罚的策略于事无补，反而助长了问题的产生。

当你和孩子生气时，请推迟讨论。当情绪激动时，必然会有人受到伤害，即使不是身体上的，也是心理上的。让青少年知道你的感受（"我现在太生气了，不能说话。"），但要推迟讨论和做出决定，直到你们都冷静下来。如果你曾经失去控制，不要试图为自己的行为辩解，而是要道歉："我不应该打你，这是错误的，我很抱歉，这种情况永远不会再发生了。"如果你或你的孩子经常失去控制，你和家人就需要接受专业帮助（参见第三章相关内容）。

保持一致。这意味着：

第一，执行一致。不要因为这次你累了或想避免冲突而强制执行一条规则，而下次就放任不管。当你行动不一致时，青少年会认为任何规则都是武断的。

第二，与你的配偶保持一致。如果你和你的配偶对希望孩子做什么有严重的分歧，那么先私下里解决你们的分歧，并向孩子表明你们有着统一的立场。（只要孩子看到通情达理的人可以持有不同意见但仍然相互尊重，那表达小小的分歧就是可以的。）但最重要的是，不要让孩子挑拨你们之间的关系。

第三，与你的价值观和信念一致。如果你强调诚实的重要性，当你的儿子诚实地告诉你他连续三天旷课时，不要大发雷霆，坐下来和他谈谈为什么逃学，以及你们能一起做些什么来解决这个问题。（如果他逃学却不告诉你——你接到了学校的电话——那就另当别论了。）

第四，在面对来自孩子的压力时始终如一。青少年都有挑战极限的时候。他们可能会抱怨别人的父母更开明，指责你对他们过于吹毛求疵，当你不让步时，他们会抱怨和生闷气。有时父母确实让步了，因为他们有意无意地担心，如果太坚持自己的原则，孩子会不喜欢他们。但青少年不喜欢的是随意使用权力，所以不用担心有那么一两天你不受欢迎。

要接纳你的孩子是一个独立的人

和任何其他年龄的人群一样,青少年也具有个体差异。那些接受对青少年的刻板印象并将其应用于自己孩子的父母,不考虑孩子的特殊需求和能力,最终自己的行为也会变得刻板。一种常见的模式是,当孩子进入青少年期时,一些与孩子关系融洽的父母会在没有任何征兆的情况下突然压制孩子。为什么?因为他们认为青少年期会带来麻烦。毫不奇怪,青少年认为父母行为的这种变化是不公平的。父母的过度警觉产生了与他们的初衷相悖的结果:青少年叛逆,父母认为所有青少年都叛逆的假设得到了证实。

如果你能做到以下几点,就可以避免这种恶性循环。

把你的孩子当成你的孩子,而不是一个刻板印象里的青少年。一个13岁的女孩在镜子前制作自己的MTV(音乐电视)视频,她正是5年前在自行车上练习特技时撕破衣服、擦破膝盖的那个人。青少年期可能会产生偶尔的情绪低落,但不会导致性格的变化。[9]如果你的女儿在小学时是一个喜欢炫耀的人,那么她在高中时也会是一个这样的人,尽管方式不同。如果她小时候对自己要求很高,那么到了青少年期她也会这么做。如果她8岁时胆小,需要很多支持和鼓励,那么她18岁时仍然需要支持。如果她小时候很合群,那么她青少年期就会很外向。当青少年适应初中、约会等新情况时,可能会有暂时的不适,但她对人和新体验的基本取向不会有太大改变。

如果你和你的孩子在孩子童年时就学会了适应彼此的个性,那么在孩子进入青少年期时,你们可能也会很好地相处。如果你的孩子在小学时期就很难相处,那么你们之间的问题在孩子进入青少年期时就不会消失,甚至可能会变得更糟。大多数符合"没有原因的叛逆"这一刻板印象的青少年,并不是在青少年期变成这样的,而是他们一直都很难相处。

把你的孩子当作一个人,而不是某个性别的成员。如今,许多父母希望自己的孩子摆脱过去的性别刻板印象:他们鼓励男孩有感受力、有艺术感，鼓励女孩在数学和竞技体育方面表现出色。然而，当他们的孩子进入青少年期时，父母的这种中立性就会减弱。现在，家务是根据性别分配的："年轻男性"不需要帮忙收拾餐桌，"年轻女性"可以不做让人汗流浃背、脏兮兮的庭院整理和汽车修理工作。这传递了什么信息？男孩可以期待被服侍，女孩应该得到供养。如果青少年是男孩，父母往往会变得更加宽容；如果青少年是女孩，父母往往会变得更有控制力。这对男女性都不公平。

提醒自己，青少年的大多数选择都不是终身承诺。 很少有青少年会与高中时的恋人结婚，在13岁时走上他们为自己规划的职业道路，或者与九年级的朋友做一辈子的朋友。只要他犯的"错误"不是真正危险的，或后果不是不可挽回的，就让他犯吧。这样他会学到更多关于生活的知识。

让你的孩子成为他想要成为的样子，而不是你曾经或希望成为的样子。 父母把孩子视为自己在各个年龄段的延伸。但是，在孩子的青少年期，通过你的子女间接体验生活的倾向会加剧。一个原因是成年人更容易回忆起自己的青少年期（"当我在你这个年龄的时候……"），而且父母往往认为青少年现在做出的选择是不可改变的（"如果你现在不加入管弦乐队，你就永远不会成为一个音乐家。"）。

另一个原因是，成年人可能正在经历自己的身份危机，因为他们进入了中年期，而此时他们的孩子正处于青少年期，这可能会促使他们试图通过青少年的经历来解决自己的问题（参见第一章）。一个从未成为运动员的父亲可能会鼓励儿子参加体育运动，以弥补自己的缺憾；一个十几岁时非常害羞的母亲坚持要让女儿成为聚会的主角。

回过头来看，作为父母，我们很容易发现我们原本可以做出更好的选择，抓住更多的机会，更好地照顾我们的身体，把我们的注意力放在正确的位置。我们怀旧，与其说是对青少年期的怀念，不如说是我们如何用现在的认知来重温我们的青春。把孩子的青少年期看作你的第二次机会是很诱人的，但是考虑到你的经验和成熟度，期望青少年像你一样行事是不公平的。

青少年有做自己的权利。事实上，你曾经是舞会上的焦点、曲棍球队的队长、高年级的年级主席、优等生协会会员或政治活动家，并不意味着你的孩子将会或应该和你一样。同样，你曾经是一个害羞、动作不协调或成绩为 C 的学生，并不意味着你应该强迫你的孩子做到你没能做到的一切。青少年需要发展自己的长处，追求自己的兴趣。如果你和孩子对棒球或巴赫有共同的兴趣和热情，那就更好了。如果你的孩子觉得棒球很乏味、巴赫很无聊，不要把这看作是对你的拒绝。

让你的孩子成为他自己，而不是哥哥或姐姐的复制品或补偿。期望迈克尔追随马特的脚步，或者期望埃米莉弥补杰茜卡的所有过错，是不现实的。当青少年觉得自己经常被拿来和别人（兄弟姐妹、街对面的青少年、你过去的样子、一个理想的人、一个刻板印象）比较时，他们的自信心就会下降。无论这些比较是负面的（"你为什么不能更像萨拉？"）还是正面的（"如果我有你的天赋……"），其潜在信息都是，青少年被爱是因为他们达到了某种武断的标准，而不是因为他们自己。

如果你十几岁时并非可以效仿的榜样

许多十几岁时有点狂野的父母，在自己的孩子进入青少年期时，发现自己陷入了真正的困境。虽然他们可能以"性和摇滚"为信条而自豪，但他们不希望自己的孩子追随他们的脚步。对那些无论出于何种原因，对孩子都能敞开心扉讲述自己曲折过去的父母来说，这尤其困难。假设你的孩子问："如果当时觉得（性、饮酒等）对你来说没问题，为什么现在对我来说就是问题？"以前狂野过的父母应该如何回应？以下是一些需要记住的事项。

青少年需要权威人物，不仅是为了挑战，也是为了求助。你可能还记得你和父母因为头发、宵禁和朋友的问题发生的争吵，但可能不记得你内心深处享受过的特有的安全感，这种安全感缘于你知道你的父母有他们愿意坚守的价值观和信仰，他们也足够爱你，愿意和你辩论关于价值观的事。你可能仍然认为自己内心是一个叛逆或无忧无虑的青少年，但你的孩子需要把你当作父母。请扮演好父母的角色。

仅仅因为你年轻时做过这件事，并不能说明这就是正确的。也许你足够幸运，避免了一场可怕的车祸、意外怀孕或因持有非法药物被捕。现在你该清楚了，这就是父母存在的意义。

理解危险行为和支持危险行为是有区别的。当你得知孩子做了你在他这个年纪做过的事时，不要反应过度。但是也不要因为你想表现得冷静或宽容，或者因为你正处于中年危机的痛苦之中，就鼓励或宽恕那些你明知道对孩子健康和幸福不利的事情。要通情达理，但最重要的是做好父母该做的事情。

今天的风险比你十几岁时更大。你可能会发现自己很难说出这样的话，比如"我答应过不会像我父母对我说话那样和我的孩子说话……"，但这是真的。50年前艾滋病还没有到处传播，当时的娱乐性药物不像今天的药效这样强，邻里、学校和社区通常也更加安全。虽然让这些危险把你变成一个过度控制的暴君是错误的，但过度纵容或放任的养育方式并不能为你的孩子提供他在当今世界所需要的认知建构和指导。

第三章
家庭沟通与问题解决

很少有父母为青少年期的到来做好充分的准备。你的孩子不想让你窥探他的隐私，这可能使你很难接受。你知道她不需要你来管理她的生活或解决她的问题，但你担心她会做出错误的决定，与错误的人混在一起，浪费她的青春年华。关于家庭规则、家务、个人习惯、朋友（你的和她的）、电话、电视、金钱和许多其他大大小小的问题的争吵，几乎是不可避免的。有时，你们会让对方感到紧张。即使是一个"随和"的青少年，有时也会做一些看起来愚蠢、轻率和伤人的事情。

你无法避免分歧，但可以防止它们破坏你们的亲子关系。当家庭成员之间相互争吵而不是相互沟通，避免或升级冲突而不是寻找解决分歧的建设性方法，以及在需要时无法获得专业帮助时，日常麻烦就会成为主要问题。在本章中，我将介绍改善沟通和解决冲突的技巧，并告诉你在需要时如何获得专业帮助。

跨过"沟通障碍"这道坎[1]

我们所有人都本能地知道，沟通是健康关系的重要组成部分。在商业和社交生活中，我们都会尽量小心说话，注意自己的说话方式，然而在家庭中，我们有时会忘记这一点。

沟通的障碍

在家庭内部建立良好沟通的第一步是减少消极因素。如果没有意识到这一点，父母有时会单方面输出，从而切断与青少年的沟通方式。罗伯特·博尔顿在他的经典著作《人际关系学》中称这些为"路障"。一些最常见的沟通障碍是：

批评和嘲笑。对倾听者的负面评价是沟通的杀手。贴标签（"你这个浑蛋。""你什么时候才能不再这么爱发牢骚？""你就像一个十几岁的孩子。"）、人身攻击（"你的问题是你太懒了。""你看起来很可笑。"）、讽刺〔"这是个'好'主意。"（意思是这个主意很糟糕）"非常感谢。"（实际是在说对方什么都不做）〕和贬低（"当我想要你的意见时，我会问你的。""你表现得像个孩子。"）都属于这一类。父母有时会觉得，如果他们不批评孩子，孩子就永远不会学习。批评不会让人们想要改变，反而会使他们产生戒心。

下达过多命令或给出过多建议。命令（"现在就做！""把它关掉！""我告诉过你多少次不要那样做！"）、威胁（"现在就做，否则……""别让我发脾气。""等着你爸爸听到这件事吧！"）和说教（以"你应该/不应该"开头的话）显然是令人反感的，尤其是对那些正在为自主而奋斗的青少年来说。主动提出的建议也是如此。当告诉孩子"如果我是你，我会做X、Y或Z"或"你应该做的是……"时，你是在告诉他们，他们没有能力解决自己的问题。

对青少年的问题轻描淡写。当父母试图安抚孩子（"振作起来，明天会更好。""别担心，我相信一切都会好起来的。"）或者转移他的注意力（"老想着这件事没有意义。""你认为你很难，当我和你一样大的时候……"）时，父母的意图可能是好的，但潜在的信息是，孩子的担忧微不足道。

贬低、命令和轻描淡写的安慰非但不会促进沟通，反而会引发戒备、抵抗和怨恨，并伤害自尊。对于沟通，一个很好的规则是避免对你的孩子说一些你不会对另一个成年人说的话。

说出你的想法

令人惊讶的是，父母常常不说出自己的想法。尤其是感到沮丧或愤怒时，父母往往会解读孩子行为中的含义，而不是简单地说出他们的感受。

对青少年来说，说出你的感受（"当……时，我会感到沮丧/愤怒/难过。"）比羞辱和指责他们（"除了你自己，你永远不会考虑任何人。"）更有效。前一种说法可以让孩子选择改变自己的行为，这样你就不会再有这种感觉了。因为这不是你强加的解决方案，所以孩子就不太会觉得和你在一起是一种屈服，他可以改变自己的行为而不会感到丢脸。相比之下，后一种说法就让他陷入了困境，他只有两个选择：要么屈服，要么反击。说出你的感受也可以阻止孩子的反击。青少年可以就自己的动机和意图发表声明："我真的很在乎你和爸爸的想法。"但你是最了解自己感受的，孩子可能认为你的反应是疯狂的或不合逻辑的，但他不能否认你的感受。

心理学家称以上两种表述方式为"我的信息"和"你的信息"。"我的信息"是指我们对特定行动或情况的感受的非评判性陈述。"你的信息"是对他人动机、态度或性格的评价。

"我的信息"有一个简单的公式：

当你____（非评判性地描述行为）时，我觉得____（透露你的感受），因为____（阐明这种行为对你生活的影响）。

在描述困扰你的行为时，一是尽量**具体**，比如"当你把衣服扔在地板上的时候"，而不是模糊的表述，比如"当你的房间一团糟时"。二是**要客观**，避免性格攻击（"你是个懒汉。"）和泛化（"你总是/经常/从不……"）。三是**简明扼要**。如果你对儿子说："你如此沉迷于足球比赛，以至于忘记了家人，这么晚才回家，浑身脏兮兮的，我感到很生气。"他很难知道是什么让你生气：你是不想让他踢足球，还是不希望他那么关心体育？你是不想让他花那么多时间和朋友在一起，还是想让家人更多地参与他的比赛？（"以至于忘记了家人"是什么意思？）你反对他回家晚，还是希望他在用餐前先把自己收拾干净（尽管这会让他用餐时间更晚）？如果你一次只针对一个问题，你的想法就更有可能被理解。通过练习，你应该能够用一句话就表达清楚"我的信息"。

"我的信息"和"你的信息"

情境 1：青少年打了一个小时的电话。

你的信息："除了你自己，你从不为任何人着想。"

我的信息："当你打了一个小时的电话（行为）时，我会感到很沮丧（感觉），因为在这个过程中别人就接打不了电话了（后果）。"

情境 2：青少年下午吃了一些零食，吃完后也不打扫卫生。

你的信息："你在家什么事都不做。"

我的信息："当你吃完零食后不打扫（行为）时，我会很生气（感觉），因为这会给我带来额外的工作（后果）。"

情境 3：青少年在宵禁一小时后才回家。

你的信息："你就是想让我生气。"

我的信息："当你没在宵禁前回家（行为）时，我会感到很不安（感觉），因为我担心你可能发生了意外而失眠（后果）。"

你在表达感受时，试着用一个能准确反映你内心感受的词：愤怒比烦躁更强烈，不安和沮丧是不同的，忧虑和恐惧传递着不同的信息。父母往往会过度愤怒。当孩子忘记告诉你他要和朋友过夜时，你的第一反应可能是恐惧。当你的恐惧得到缓解时，你会生气，因为他让你如此不安。当你能够表达自己的第一反应时，孩子才更有可能理解你的想

法，比如"当我不知道你在哪里时，我会感到害怕"。

在描述后果时，要尽可能具体。强调孩子的某些行为会让你花额外的钱、损失你的财产、浪费你的时间、给你带来额外的工作或干扰你的活动。如果孩子看到他们所做的事情确实对你产生了不好的影响，他们更有可能改变自己的行为。

一开始，公式化地与孩子交流可能会显得很尴尬。事实上，孩子很可能会注意到你正在做的事情，并要求你停止"像心理学家一样说话"。但如果你坚持下去，说出你的想法会变得越来越自然，家庭成员之间的理解会增加，小问题升级为大冲突的情况也会大大减少。

积极倾听

说出你的想法只是沟通的一个方面，另一个方面是倾听。青少年有时会说这样一些话，比如"我的朋友会倾听我说话，但我的父母只是听到我说话"。通常他们是对的。熟悉导致疏忽。一般情况下，一个家庭成员非常确信他知道另一个家庭成员会说什么，所以他懒得听。他会补全说话者所说的句子，会在听到问题之前就给出答案，或者干脆不说话。有时他看起来是在听，但实际上是在关注其他事情，比如电视、你们前面的车、球赛等。其他时候，他可能听到了对方在说什么，但很少注意对方的感受。倾听不是一个被动的过程，而是一个主动的过程。父母如何才能更好地倾听孩子的心声呢？

足够专注。如果你在做饭、翻阅报纸或洗车，你就无法真正倾听孩子的声音。真正的倾听需要停止其他活动，抛开其他想法，全神贯注地听，并表现出兴趣。放下报纸，身体前倾，建立眼神交流，用点头和简短的短语（"嗯，嗯。""真的吗？""然后发生了什么？""我明白了。""我听到了。""哦，太可怕了！"）让孩子知道你在参与和他的对话。如果你现在真的听不进去，建议另找一个合适的时间，你可以说："我想听听，但现在赶时间，晚饭后我们能谈谈吗？"

用眼睛和耳朵"倾听"。言语只能描述事情的一半。要了解孩子对自己所说的话的感受，以及他在字里行间的意思，你必须注意他的肢体语言。青少年可能会说他不在乎，但他低垂的眼睛和无精打采的姿势告诉你实际上他很在乎。当你从他的言语和肢体语言中得到不同的信息时，请相信肢体语言。

不要用提问和评论打断别人说话。和成年人一样，青少年也需要发声。当他们生气或沮丧时，他们不想要建议，只想被理解。当你认为你理解了孩子所说的要点时，不要插话，让她说出自己的观点。当她停顿时，让她知道你还在那里，但尽量保持沉默。我们大多数人对沉默感到不舒服，会有一种继续对话的强迫性需求。但专注的沉默能让说话者集中在自己的想法上，可以促使青少年更深入地了解自己，并表达自己的真实感受。

如果孩子说了一些批评你的话，不要做出防御反应。当我们受到批评时，无论批评是否合理，我们都很难保持沉默。如果孩子在批评你或者你对他的行为，你在回应之前要仔细倾听。

用你自己的话重述孩子的评论。你对孩子的第一反应应该是用自己的话简单地复述他所说的话，比如，"听起来你好像还不确定是否要试演这部戏。""你对萨姆很生气，因为他把你排除在外。""所以现在你很困惑。"心理学家称之为"即证性倾听"。重新表述孩子的信息有三个目的：它可以让你检查自己是否正确理解了孩子的想法；它可以告诉孩子你正在关注并试图理解他所说的；这让孩子能够"重新思考"自己所表达的内容。

积极倾听的目标是理解他人的观点，从他人的角度看问题，设身处地为对方着想，并分享自己的感受。这并不意味着你和你的孩子总会达成一致，这是不太可能的，但是，当家庭成员停止假设并开始倾听时，家庭的沟通氛围就会改善。

"但我的孩子不和我说话"

父母的一个常见抱怨是，他们的孩子在青少年期就不再和他们说话了。青少年确实比小孩子更需要隐私，拥有自己的想法和感受是独立的一部分。有时，他们不想谈论某件事，因为他们想自己解决问题，不管这个问题是什么。但有时，青少年的沉默表明你们的家庭沟通渠道不知何故被切断了，这时你能做些什么？

听听你说了什么，又是怎么说的。孩子放学回家时神情沮丧，你怎么回应？你会批评他吗？（"你这次又干了什么？"）你会给出空洞的保证吗？（"下周这个时候，你甚至都不记得今天发生了什么。"）你是不是太急于给出建议了？（"闷闷不乐无济于事，你为什么不去跑步呢？"）这些反应都会关闭沟通的大门，它们让人听起来好像你并不知道问题却得到了问题的所有答案。

你可以通过评论青少年的肢体语言（"看起来你度过了糟糕的一天。""你的脸上洋溢着笑容。"）来打开这扇门，并邀请她告诉你更多（"想谈谈吗？""我想听听。""你在想什么呢？"）。用眼神交流和积极参与的姿势来表示你对下面的谈话很感兴趣。保持沉默让她有时间决定是否要开口说话。如果她看起来很犹豫，比如没有说话但也没离开房间，你要让她知道你理解她的矛盾心理："这件事一定很难开口。"如果她对你的邀请"想谈谈吗？"的回答是"不太想"，那就不要勉强她（"你知道，你可以随时和我谈。""最好把心事说出来。"等等）。青少年有权对自己的想法和问题保密。强迫她说话是对隐私的侵犯，是对她的个性和独立性的否定。要让她知道，如果她需要你，你一直都在那里。如果你刚开始学习沟通技巧，建立相互信任需要一些时间。

在一些家庭中，问题不在于家庭成员不信任彼此会倾听，而是他们都太忙了，几乎没有时间进行真诚的谈心。如果你的家庭就是这种情况，你需要在可能的情况下创造一些时间。如果你们都是早起的人，可以利用早餐时间；晚餐时间可以讨论涉及全家的话题；睡觉前的时间也是一个好的选择。事实上，你的孩子正在成长，但并不意味着他不会感激你在熄灯前去他的房间里看看，但记得一定要先敲门。

合作解决冲突，而非压制、回避与妥协[2]

冲突是生活的一部分。人们不可能在不经历价值观、观点、欲望、需求和习惯差异的情况下共同生活或工作。每个人都能意识到冲突的消极方面，但我们往往会忘记它的积极方面。冲突促使我们表达而不是压抑自己的感受。它使我们摆脱被动，迫使我们思考我们认为理所当然的事情，改变我们习惯的做事方式，并找到解决问题的方法。解决生活中的冲突就是帮助自己不再局限于表面的关系和狭隘的世界。用博尔顿的话说，冲突是"一个危险的机会"[3]。

冲突发生在下列情况下：

- 一名家庭成员认为其他人正在威胁他的价值观、观念、生活方式、公平感或"领地"。
- 家庭成员对最终目标能够达成一致，但对如何实现这一目标存在分歧。
- 家庭没有足够的资源，这里的资源可能是有形的，比如金钱、空间、使用电脑的机会，也可能是无形的，比如时间、注意力、感情。
- 家庭成员之间的沟通已经中断。

由于上述一个或多个原因，你已经陷入僵局。除非你走出僵局，否则敌意和怨恨很可能会加剧，挑剔、调侃、批评、大喊大叫、相互回避和无情的沉默也会增加。

冲突可以改善和修复家庭关系，帮助家庭成员更好地理解彼此，更宽容彼此的差异，引导他们以某种方式澄清问题和想法，从而消除疑虑，并促使他们重新定义自己的目标或设定让每个人都更满意的新目标。[4] 当冲突以积极的方式得到解决时，每个人都是赢家。

冲突以人格攻击和权力斗争的形式出现时，会损害家庭关系。消极冲突会导致怨恨和敌意，造成混乱、不安全感和自尊心受损，对未来问题和行为进行富有成效的理性讨论也会变得很困难，甚至不可能。当家庭成员处于战斗状态时，没有人会是赢家。作为父母，你的目标应该是以积极的方式解决冲突，而不是避免或控制冲突。你在单方面认为拒绝冲突可能是有用的之前，请读一读心理学家研究冲突（包括家庭在内的各种环境中的冲突）而得到的结论。

没有赢家的解决方案

父母试图解决与孩子的冲突的最常见方式是压制、让步、回避和妥协。虽然每种方式都有其用途，但它们也有缺点。实际上还有一种选择，那就是合作，我稍后将对此进行讨论。让我们先看看其他方式。

结束与青少年争论的第一种方式是严厉压制。父母制定规则，就像军官摆官架子一样。当父母拒绝考虑青少年的需求和欲望，或拒绝让她参与决策过程时，她就不会有很强的动力来解决问题。相反，压制还会助长怨恨。所以应该只在紧急情况下使用严厉压制这种方式，例如当快速、果断的行动至关重要的时候，以及当父母最了解情况的时候。

结束冲突的第二种方式是让步于青少年的意愿。当父母意识到孩子是对的而他们是错的时，让步或迁就是合适的，这表明孩子愿意倾听和学习，而且他们的意愿是合理的。当某个问题对父母来说微不足道，但对孩子来说极其重要时，例如，你的儿子在和朋友聚会时的穿着，让步也是合适的。但这不应该成为一种习惯。正如一位心理学家所指出的，"如果你想恨你的孩子，那就让他一直赢。这是一个屡试不爽的方法"。[5]

第三种方式是回避。回避也很常见：父母尽其所能来回避与青少年的冲突。当出现问题时，他们会转移话题，暗示家人小题大做，或者干脆退出。当问题很琐碎时（比如孩子忘记了一件小事），当冲突各方压力太大而无法立即处理问题时（比如孩子第二天要考试），当孩子只是需要时间冷静下来时，回避是有用的。但回避并不能治愈创伤，只会让伤口溃烂。

第四种方式是妥协，即父母和孩子都各退一步。我们大多数人都被教导，妥协是解决冲突的最佳办法。但这句话只说对了一半。当某个问题不值得花费太多时间和精力时，比如今晚在哪里吃饭，妥协是有用的。当时间压力迫使快速解决问题时，这种方式也很有用，例如，当你在等一个长途电话，孩子也需要给他的朋友打电话时，你可以通过将他的电话限制在5分钟内来妥协。但妥协并不是解决严重分歧的长久之计，因为双方的需求都没有得到充分满足，换句话说，双方所得都低于自己的需求。

以上这些应对方式的问题在于它们不能解决冲突，问题依然悬而未决，需求和感受只是被掩盖了起来。此外，每一种方式都会有输家：压制，输家是孩子；让步，输家是父母；回避，两者都是输家；虽然妥协比以上三种方式更可取，但双方都放弃了一些东西。除了这些没有赢家的方式，我们还有一个选择。

合作解决问题

合作解决问题的目标是找到一个让每个人都满意的双赢解决方式。这种方式比我所描述的其他方式会花费更多的时间和精力。它要求不快乐的家庭成员要彼此面对，所以这并不总是令人愉快的。但在大多数情况下，它最大限度地减少了敌意和伤害，最大限度地增加了真正解决问题的机会。

合作解决问题有6个基本步骤。照搬这些步骤一开始可能看起来很尴尬，但在你做了几次之后，就会自然很多。如果你选择一个你和孩子都不会分心的时间和地点，将讨论限制在一个特定的问题上，并提前确保孩子同意尝试一个解决方案，这种方式效果最好。

步骤1：确定基本原则

解决冲突的基本原则是公平。双方同意尊重对方，不辱骂、讽刺或贬低对方，并听取对方的观点。父母可以在一开始就表达他们想要在公平的基础上进行这次沟通和讨论。让我们以父母和孩子之间最常见的冲突为例——青少年的房间状况——进行说明。[6]

> 母亲：汉娜，我们因为你的房间吵了很多回。我想坐下来，看看我们是否能想出一个双方都认为公平的解决方案。现在是谈话的好时机吗？
> 汉娜：是的，我想是的。
> 母亲：我想让你了解我对此的感受，但我也想了解你的感受。
> 汉娜：当然。
> 母亲：没有讽刺，好吗？我们正在努力共同解决这个问题。
> 汉娜：好的。

步骤2：达成相互理解

这一步是轮流被理解。这意味着你们每个人都有机会说出自己认为真正的问题是什么，以及对此的感受。重要的是要把它说出来。但同样重要的是，要避免使用带有情感色彩的词语，要避免指责和评价，并聚焦于问题而不是个性。你们每个人都有被理解的权利，这就是即证性倾听的作用。当你描述了你所看到的问题时，让孩子说出她的观点，然后重新表述她的观点，并请她重述你的观点，这样就可以确信你们相互理解了。

> 母亲：你把你的房间弄得真的让我很困扰，因为我不能进去用吸尘器除尘，房间看起来也很邋遢。此外，东西"总是"会丢失……
> 汉娜：这不公平，你怎么知道东西"总是"会丢失？
> 母亲：你说得对，但我担心东西会被放错地方。前几天早上你迟到了，因为你找不到你的蓝色毛衣。
> 汉娜：我想你永远都不会丢失什么东西吧？
> 母亲：好吧，你问住我了。现在你来告诉我你的感受。
> 汉娜：我觉得我的房间没那么糟糕，我知道我的大部分东西在哪里，我不认为总清理有什么意义。我受够了你对我的唠叨。

第三章｜家庭沟通与问题解决

母亲：让我确认一下我理解了你的意思。你认为你的房间没有那么乱，你知道在哪里找东西，而且你不喜欢我一直告诉你要打扫房间。

汉娜：对。

母亲：你觉得我的感受如何？

汉娜：你以为我的房间是一个灾区，你不能打扫，然后东西就丢了。

母亲：是的，我确实是这么认为的。

步骤3：头脑风暴

这一步需要你们每个人都要尽可能多地想出解决问题的办法。头脑风暴的目标是数量，而不是质量。在这个阶段，任何想法都不应该被拒绝，比如它太疯狂了，或者代价太高，或者你们中的一个人认为它很愚蠢。大胆的想法可以减少紧张气氛，保持创意源源不断。设定一个时间（5分钟足够了），把你能想到的解决办法都写下来。房间杂乱问题的解决方案可能包括：

- 汉娜的母亲不会再在她的房间里烦她了。
- 汉娜每天晚上都会把脏衣服放在洗衣篮里，每天早上整理床铺。
- 汉娜会打扫房间，但只在有人来的时候。有人来的时候，汉娜会把房门关上。
- 汉娜的母亲会把检查房间限制在每周一次。
- 汉娜将搬到车库上方的一个房间。
- 汉娜和父亲将会搭一个整面墙大小的储藏柜，这样她就有地方放所有的东西了。
- 汉娜的母亲会在大厅的壁橱里腾出一些空间，放一些汉娜不常用的东西，比如运动装备和过季的衣服。
- 家里将雇一个保姆。
- 汉娜会整理自己的房间，用吸尘器除尘。

步骤 4：同意一个或多个解决方案

最好的办法是让你们每个人都选择自己最喜欢的选项（但不要讨论每一个选项，这可能会导致无休止的且往往毫无结果的辩论）。然后看看你们的兴趣点在哪里重合。你们选择同样的选项了吗？在这个阶段，一些让步或协商是必要的（如果汉娜每天收拾衣服和铺床，她的母亲可能会同意停止唠叨），而且需要考虑实际情况（家里雇不起保姆），但你们都不应该同意一些你们仍然无法接受的事情。

步骤 5：写下你们的约定

这听起来可能过于正式，但记忆可能有缺陷。如果你们中的任何一方认为对方违反了约定，你就可以参考你们写下的约定。确保约定中既包括孩子应该做什么，也包括你应该做什么。

- 汉娜会把衣服放在洗衣篮里，每天早上整理床铺，每周（不是每天）整理一次房间，并及时把干净的衣服收起来（在母亲洗衣服的同一天）。

- 母亲会停止唠叨汉娜的房间；在汉娜整理好房间之后，母亲每周给她清洁一次房间；没有事先问过汉娜，母亲不会为她收拾东西；给汉娜腾出大厅壁橱里的两个架子。

步骤 6：为后续讨论设定一个时间，以评估你们的进展

这与前五个步骤同样重要。你们中的某个人可能没有遵守约定，或者解决方案可能没有你想象的那么完美，你们将不得不解决这些问题。

这个步骤可以应用于各种情况，从关于青少年宵禁的争论到关于家庭度假的决定。在某些情况下，你将无法达成约定。当涉及健康和安全时，你可能不得不单方面做出决定。但是，当青少年参与了决策过程，当他们看到你认真对待他们的需求和欲望时，他们更有可能支持你。

你需要专业的帮助

有时，家庭成员无法靠自己解决问题，而需要专业人士的帮助。不幸的是，有些人仍然认为看心理医生是他们作为父母失败的标志。当你的孩子因为持续头痛或高烧去看医生，你并不认为这是你的性格污点。如果你忽视了这些症状，你的邻居（和你的婆婆）会怎么想？对于慢性或急性的行为和情绪问题，寻求专业帮助也没什么不同。知道什么时候解决问题超出了你的能力范围，是做好父母的一部分。（知道你并不孤单可能对你会有所帮助，因为美国每年大约有 3000 万成年人和 700 万青少年接受专业治疗或咨询。）还有一些父母推迟寻求帮助，因为他们不知道该向哪里求助，我希望能纠正这种情况。

何时寻求帮助

以下是有青少年的家庭寻求咨询的一些常见原因：

- 青少年患有严重的疾病，如抑郁症、厌食症、药物成瘾或学校恐惧症。父母不能也不应该试图自己处理这些问题。在本书中，我将提醒你有关年轻人需要专业帮助的警告信号。
- 你知道青少年有问题，但不知道是什么问题。例如，一个孩子在社交上很孤僻，似乎也没有朋友。这可能是他极度害羞、抑郁、学习压力大或其他原因造成的。如果不知道问题出在哪里，你能帮上什么忙？专业人士可以做出具体的诊断和给出相应的建议。
- 你试图解决问题，但没有成功。频繁逃学、习惯性离家出走或反对任何权威，都属于此类问题。聪明的父母会在孩子陷入严重的麻烦之前寻求帮助。
- 你意识到自己是问题的一部分。家庭成员之间不断的激烈争吵就是一个很好的例子。一个人成为家庭长期不和的原因是极为罕见的。俗话说，一个巴掌拍不响。作为第三方，心理治疗师可以帮助你了解为什么争吵以及如何停止这种争吵。
- 当家庭压力很大（例如，家庭中有成员死亡或患有严重疾病，抑或父母正在办理离婚），而一个或多个家庭成员不能很好地应对（例如，抑郁或酗酒）时，经过培训的心理治疗师可以帮助个人以健康的方式应对短期危机。

认识到你的家人需要帮助是重要的一步，那随后该怎么办？

寻找合适的心理治疗师

如何为你的问题找到合适的心理治疗师？从你认识和信任的人开始，从那些了解你和你家人的人开始。如果你亲近的人正在接受治疗，问问他或她是否会推荐那个心理治疗师。即使心理治疗师不适合你，他或她也可以做出适当的推荐。从事心理健康工作的朋友、你的家庭医生、你的牧师或学校辅导员也是很好的信息来源。这些专业人士会有许多与心理治疗师合作的经验，并能够确定两三个可能与你合作良好的人。社区心理健康中心和机构也是很好的资源。美国心理学会官网（www.apa.org）、美国精神病学协会官网（www.psych.org）、美国婚姻与家庭治疗协会官网（www.aamft.org）和美国社会工作者协会官网（www.socialworkers.org）等，也是很好的信息和推荐来源。

医疗保险政策的改变对寻求心理咨询的个人来说既是好消息也是坏消息。好消息是，与过去相比，更多的人获得了心理健康服务的保险；坏消息是，很多时候你的保险规定了你可以在哪里以及从谁那里接受治疗。你的保险公司推荐网络中的许多心理治疗师可能都很合格。然而，与任何类型的医疗保健从业者一样，仅仅是一家特定保险公司的"经批准的咨询服务提供商"并不能保证心理治疗师的质量或专业知识，选择一位在与青少年和/或他们的家人合作方面有丰富经验的心理治疗师是很重要的。如果决定去看心理治疗师，你应该查看一下你的医保政策，看看你在选择心理治疗师时有多大的余地。如果几乎没有个人选择的余地，你可能会考虑你的家人是否能自掏腰包（以及掏多少）去看一位被强烈推荐的专家。在大多数情况下，这是值得的。

要查找的内容

在接受治疗之前，你应该和心理治疗师面谈。首先，确定这个心理治疗师是否有资格处理你的问题；其次，你觉得和他在一起是否感觉很舒服。有的心理治疗师会通过电话回答你最初的问题，也有的心理治疗师会要求你预约见面。这并不意味着他们在回避你：许多心理治疗师觉得他们只有面对面的沟通才能准确评估你的需求和与你合作的能力。无论是通过电话还是面对面，你对心理治疗师提的问题都应包括以下内容：

- 你有执业资格证书吗？
- 你的教育培训经历和背景是什么？
- 你提供或更喜欢哪种类型的治疗？（心理治疗师的理论是什么？他是如何与客户合作的？）
- 你在与青少年及其家庭合作方面有哪些专业知识？
- 你如何看待父母在治疗中的角色？
- 你有处理这个特定问题的经验吗？
- 我如何知道治疗有效？
- 你多久见一次客户（每周有多少次面谈）？面谈持续多久？
- 你什么时候见客户？（心理治疗师能否配合你的时间安排？）
- 治疗费用是多少？（大多数心理治疗师都会按次收取费用，因此费用部分取决于治疗时间的长短。）
- 我的医疗保险会覆盖部分或全部费用吗？（请带上相关资料。）

理想情况下，在做出决定之前，你应该和两到三位心理治疗师谈谈。他们对你的问题的回答，以及他们问你的问题，会让你更好地了解心理治疗师在方法和性格上的差异，以及谁能让你感到更舒适。如果你的个人询问只获得了一个人的名字，你不用不好意思向这位心理治疗师询问其他可能帮助你的人的名字。

防范什么

每个职业都有江湖骗子和庸医，心理健康领域也不例外。以下是一些警告信号：[7]

- 心理治疗师在不向你询问太多信息的情况下就快速做出诊断。（没有心理治疗师可以通过电话做出诊断，通过电话，心理治疗师最多可能会告诉你是否应立即寻求帮助。）
- 心理治疗师为你的问题提供快速或有保证的解决方案。
- 心理治疗师似乎对有关其教育背景、经验和执业资格证书的问题感到不舒服。
- 心理治疗师对费用问题含糊其词或不置可否。
- 心理治疗师说他有治疗方案，并拒绝了你的转诊请求。
- 第一次面谈涉及包括性或其他与你的问题无关的私密问题。
- 心理治疗师在黄页或互联网上刊登广告，并且大肆宣传。（职业道德限制广告内容只能列出姓名、学位、证书、专业、地址和电话号码。）

关于治疗的常见问题

我如何知道我、我的家人、我的孩子是否需要帮助？ 这个问题没有简单的答案。每个人都会时不时地感到沮丧、犹豫不决、气馁、失控和对家庭生活不满，包括青少年。每个家庭成员都会经历一个不太想和家里其他人相处的时期。通常情况下，这些感觉和争吵都会过去，如果它们一直持续，情绪上的痛苦会很严重，或者争吵已经失控，那么就到了寻求帮助的时候了。（我将在本书的许多地方给出警告信号。）遵循的基本规则是，当有疑问时，与别人谈谈。

我对心理治疗师说的话是保密的吗？ 是的，但有两种情况例外：一是当心理治疗师怀疑孩子受到身体或性虐待时，二是当心理治疗师得知某人（无论是客户还是客户希望伤害的人）的生命处于危险之中时。在这些情况下，心理治疗师有道德和法律义务通知有关部门。除此之外，职业道德规定你所说的一切都是严格保密的。

父母应该知道，保密不仅适用于成年人，也适用于青少年。如果你的儿子单独或作为家庭治疗的一部分正在看心理治疗师，未经他的同意，心理治疗师不会向你透露任何关于他的私人治疗的信息。许多父母很难接受这一点，但重要的是青少年能够完全信任心理治疗师。如果出现心理治疗师认为父母应该知道的事情，他会和你的孩子一起想办法告诉你。

如果心理治疗师建议进行家庭治疗，但一名家庭成员不配合怎么办？ 虽然家庭中的每个人都积极参与家庭治疗是可取的，但这并不是有效治疗的必要条件。在大多数情况下，不感兴趣的一方之后会决定加入，哪怕只是因为他们担心自己缺席时其他人会说什么。如果你觉得你的家人需要帮助，并且找到了你想要咨询的心理治疗师，请预约并邀请所有相关人员前来。如果家庭问题中最重要的角色不愿意或不感兴趣，那就随他去吧。心理治疗师多次遇到过这种情况，他会帮助你决定如何最好地应对。

第四章
当今家庭面临的特殊挑战

虽然所有父母都应该努力掌握一些科学养育和有效沟通的基本原则，但并非所有家庭都一样。有些孩子有两位家长，有些则只有一位家长；有些人经历过离婚，有些人则经历过离婚和再婚；在一些家庭中，父母双方都有工作，而在另一些家庭中，父母中只有一方（通常是父亲或继父）有工作。可以理解的是，父母想知道他们家庭的特殊情况是否需要采取特殊的方法来养育青少年。

总的来说，答案是"不"。越来越多的研究表明，离婚、再婚和单身本身不会干扰青少年的心理健康和发展，青少年的父母是否都在外工作也无关紧要。重要的是亲子关系的质量，而不是孩子生活在什么样的家庭中。然而，家庭生活中的一些变化确实给家庭带来了特殊的问题，在本章中，我将探讨身在职场、单身、离婚和再婚的父母面临的一些挑战，以及他们应如何应对这些挑战。

在职父母

总的来说，有一个身在职场的母亲对青少年有好处（尤其是当母亲在商业或其他领域有一个成功且令人满意的职业时）。正如我在第一章中解释的那样，在外有一份令人满意的工作或有爱好的父母似乎更容易处理亲子关系中的情绪起伏。但父母双方都在职场的家庭确实存在两个特殊的问题。

平衡职业与家庭

第一个问题是家务。父母双方都没有太多的空闲时间，所以青少年通常被期望在家里做更多的事情。青春期的女孩通常对此泰然处之，但青春期的男孩则急于展示自己的男子气概，因此有时会对做家务表现出抗拒，他们的母亲可能也会觉得让孩子帮忙做饭和打扫卫生有点尴尬。

如果父母做到以下几点，就能避免麻烦：

- 在男孩年龄尚小，开始担心被人看到拿着吸尘器之前，就给他们分配家务劳动。
- 将家务劳动视为共同事业，而不是女性成员专属的工作或母亲的责任。
- 强调母亲外出工作的好处（令人兴奋的假期，更多的大学学费，妈妈心情更好），而不是代价。
- 根据实际情况调整他们的期望。你的房子不必一定符合最严苛的"美丽之家"的标准。

课后监管

职场父母面临的第二个问题是课后监督，尤其是对青少年的监督。10~13岁的孩子不仅不适合参加幼稚的游戏，还可能开始对放学后保姆的监督感到不满。但美国很少有学校为刚进入青少年期前期的少年提供课外活动（如团队体育运动等）。（你孩子所在的学校可能有你所在社区的课后活动列表。）

虽然让孩子参加由成年人监督的完善的课外活动可能是职场父母能想到的最佳方案，但如果孩子知道父母关心他在哪里、在做什么，那么让他们在家度过工作日的下午可能是一个更合适的选择。那些不受监督的孩子往往更容易遇到麻烦，因为他们放学后可以自由闲逛，并且觉得没有人在乎他们。研究表明，这样的年轻人更有可能尝试性、非法药物和酒精，尤其是在放学后。

年龄大一点的青少年可以照顾好自己，但不应让年龄较小的青少年自行其是。父母应该提前和孩子制订一个计划。具体而言，处于青少年期前期的少年应该：

从学校直接回家或参加成人监督的活动。青少年独自在家比与无人监督的同龄人相处要好。如果和孩子事先达成了约定，你可能会允许她偶尔邀请朋友来家里度过一个下午。但如果她想每天都和朋友在一起，你就应该带她去参加一个有成人监督的青少年团体活动。

每天与父母或其他成年人联系。虽然这对高中生来说不是必要的，但年龄更小一些的青少年放学回家后应该给父母、邻居或其他成年人打电话或发短信。这不仅能让你确认你的孩子已经安全回家，而且在他们的脑海中强化了家长持续监督的概念，即使这种监督发生在几千米之外。

知道在紧急情况下该做什么。确保你的孩子知道在发生火灾、受伤、遇到可疑的陌生人或发生其他紧急情况时该怎么办。在固定电话旁备有警察、消防、医院、两三个邻居以及你和你配偶的电话号码。一些社区还指定了社区家长，他们通常下午在家，可以帮助遇到困境的青少年。

为下午的活动制订计划。你和孩子应该就课外时间安排达成一致。这个时间表里可能包括家庭作业、家务劳动、爱好，或者只是看电视。计划什么并不重要，重要的是是否有一个计划。青少年在尝试找事情做的时候最容易陷入麻烦，或者感到孤独。

离婚父母[1]

遭遇父母离婚对青少年来说是痛苦的，这一点没有必要否认。但越来越多的研究发现，生活在不幸福的家庭中对幼儿和青少年的伤害比生活在离婚家庭中更大。当父母不断地争吵或陷入冷战时，没有人会受益。父母处理离婚和离婚后的生活的方式会对青少年产生截然不同的影响。

刚刚离婚的父母会被烦恼所困，他们通常没有很多时间陪伴孩子，对孩子的需求不那么敏感，也缺乏足够有效的管教手段。如果离异家庭的孩子留下了持久的心理创伤，那是因为得到父母的关爱减少了，而非离婚本身造成的。为了孩子，父母应该：

- 诚实地与孩子讨论离婚事宜；
- 不让孩子参与婚姻纠纷；
- 一定要让孩子明白，离婚只是因为父母感情破裂，不是因为孩子；
- 父母将继续参与孩子的生活。

这些措施将有助于缩短父母离婚的不良影响持续的时间。

养育孩子

你应该如何告诉孩子你将要离婚？你应该什么时候告诉他们？又该怎么说呢？

提前告知孩子。即使他们早就怀疑你们相处得不好，可能会分道扬镳，他们也需要时间来调整。如果你和配偶还住在一起的时候就告诉他们，他们将有机会通过日常体验让自己相信即将分开的父母对他们的爱。对青少年来说，告诉他们的最佳时间，是在你们已做出明确的离婚决定，并且已经就监护权和未来的生活安排达成一致之后。我强调的是明确性。大多数夫妻都会经历不止一轮有关离婚的决定，然后试着解决婚姻关系中的问题，让你的孩子经历这些漫长的变化是残忍的，也是不必要的。同时，如果很明显你已经在与律师会面，决定财务、房产、抚养权等的归属，那么让孩子蒙在鼓里是错误的。然而，如果家里有年幼的孩子，你应该等到你们中的一方计划搬出去之前的几周再告诉他们。小孩子对时间只有模糊的感觉，如果从宣布离婚到彻底分开之间的时间拖延了好几个月，他们可能会认为你已经改变了主意。

如果孩子直截了当地问你是否打算离婚，你该怎么办？ 除非你心意已决，否则我建议你告诉孩子："我们遇到了困难，但我们正在努力解决问题。"孩子需要知道，人们之间发生争吵是正常的，即使是在他们相爱的情况下。这并不意味着你们可以在孩子面前打斗、撕扯，就像你们不会在朋友和邻居面前那样做。但孩子能够察觉到你们在争执。否认这一点会削弱他们对你们诚实度的信心。

一起告诉孩子离婚的消息。 当父母中的一方负责通知孩子时，这意味着另一方已经脱离了这个家庭。事实上，夫妻双方一起告诉孩子会让他们放心，你们两个人将来仍然是他们的父母。而且你们应该同时通知家中所有的孩子，即使他们年龄相差很大。与每个孩子单独进行沟通会营造出一种保密的氛围，让人怀疑你隐瞒了什么。现在，孩子比以往任何时候都更需要知道他们可以信任自己的父母。你们可以之后再单独回答个别孩子的提问。

解释你们离婚的原因。 青少年有权得到诚实的答案。即使是小孩子也能看穿半真半假的事实，更不用说完全的谎言了。离婚不是破坏孩子对父母信心的时候。不要谈论残酷的细节，只要告诉他们真相，即使这很伤人。比如，"妈妈爱上了别人""爸爸和妈妈经常吵架，无法继续住在一起""爸爸有需要自己解决的问题"都是合适的。尽量避免指责和愤怒的声讨。比如，"你妈妈和吉米的爸爸搞在一起了""你爸爸是个酒鬼，我再也受不了了"都不合适。最普通的说法可能是，你们曾经相爱，但现在已经分开了。知道他们是父母爱情的结晶对保护青少年的自我价值感很重要。或者可以这样说，你们认为彼此是对的人，但犯了一个错误。让青少年学会了解自己的父母并非完美，有时也会犯错，对他们而言也是成长的重要组成部分。

尽可能多地告诉孩子未来的生活安排。 他们将住在哪里，与父母中的哪一方住在一起，另一方将搬到哪里，以及他们何时能见到搬走的那一方。不要用细节淹没他们，而是帮助他们在脑海中形成一幅未来的图景,让他们放心他们的物质和精神需求会得到满足。例如,孩子可能想知道离婚会对他们的大学计划产生什么影响。

你们对即将到来的离婚的第一次讨论不会是唯一一次。第一次讨论的一个主要目标是营造一种开放交流的氛围。你们的孩子应该觉得他们可以提出任何他们想知道的问题,而且你们会尽可能诚实地回答他们的问题。

青少年对父母离婚的反应

青少年一开始感到愤怒、困惑、焦躁甚至沮丧是很常见的,也是很正常的。很难准确判断某个特定的青少年会有什么反应,但有以下这些可能。

一些青少年往往会以自我为中心(参见第七章)。他们有可能会认为离婚是你们针对他们做的事情,而你们怎么敢扰乱他们目前的生活!但是,对要搬出去的那方家长生气是很危险的,因为他们彼此可能从此不再相见了。对与他们一起生活的这一方家长感到生气也很危险,因为负责养育他们的父亲或母亲也可能会抛弃他们。因此,他们可能会以间接的方式表达自己的愤怒。一些青少年使用否认的方式:他们专注于户外活动,表现得好像什么都没发生。原因不是他们不在乎离婚,而是他们太在乎了,他们无法处理自己的感受,所以只能压抑自己。

一些青少年的行为表现会退回到幼稚、不成熟的状态(心理学家称之为"退行"),他们会无意识地试图回到你和配偶还在一起的时候,从而让他们确信自己会得到照顾。例如,青少年可能会出现头痛或胃痛,以此作为留在家里不上学、上床睡觉和接受照顾的借口。不过,有心身障碍的青少年可能不是故意装病,他们可能真的感到发烧和不舒服,尽管他们的身体没有任何问题。

一些青少年通过冒险或行为出格来表达愤怒。例如,他们可能会以"我做给你看"的精神选择离家出走,这会给他们一种掌控一切的错觉:要离开家的人是他们,而不是父母。实际上,他们是在惩罚父母,因为他们唤起了父母同样的感受——感到威胁和不安全。离家出走并不是青少年对离婚的常见反应，但有些人会做出过激的行为。青少年可能会醉醺醺地回家，把香烟和避孕药放在你肯定会找到的地方，或者开始和一群你不喜欢的人在一起，所有这些都是为了测试你对他的关心程度。

悲伤也是一种常见的反应。这些青少年正在经历一种惨痛的多重损失：他们失去了监管自己的父母，失去了已经习惯的家庭生活，甚至失去了天真和无忧无虑的童年。一段时间的悲伤是自然和健康的，然而，有时悲伤会加深为抑郁。青少年体会到的父母离婚是对自己的拒绝和抛弃，而不是对留在他身边的家长的拒绝和抛弃。他觉得自己不被爱，也不讨人喜欢。

这些最初的反应通常是短暂的。青少年之后将不再考虑父母离婚的事，而是在朋友、社交生活和课外爱好中重拾他们的兴趣。在接下来的一两年里，可能会有一些事情揭开他的旧伤疤（父亲忘记了他的生日，或者母亲交了一个较真的男朋友）。但几乎所有的研究都发现，两年后，父母离婚的青少年并不比父母仍然在婚姻中的青少年更容易受到困扰，并且比那些父母在失败的婚姻中继续维持关系的青少年更不容易受到困扰。

关于离婚对孩子的长期影响，目前还没有很多研究。一项为期 10 年的研究发现，一些父母在离婚多年后仍然处于情感混乱的状态，他们还没有恢复正常的生活。在这样的家庭中，孩子可能会过早地被迫扮演心理照顾者的角色。这些负担过重的孩子觉得有责任避免父母陷入抑郁，在某些情况下，他们可能会接管家庭的日常管理，结果自己的情感和社会发展可能因此受到影响。这项研究还发现了延迟或"睡眠"效应，尤其是在一些女孩身上。在高中时，他们似乎应付得很好，但当进入大学阶段，开始与异性建立第一段严肃的恋情时，他们会精神崩溃。他们在青少年期中期一直否认的被抛弃的感觉，现在表现为对背叛的强烈且难以控制的恐惧。

我提醒读者不要过于从字面上理解这些注定会受到离婚影响的孩子的描述。这些发现是基于案例研究得出的。研究人员没有将这些青少年与那些在完整但不幸福的家庭中长大的人进行比较。如果他们的父母保持婚姻关系，我们无法知道他们是否会有同样的遭遇，还是更糟。显而易见的是，当父母不再扮演父母的角色时，当父母深受情感困扰时，当父母不断争吵时，无论他们是已婚还是离婚，所有年龄段的孩子都会受到影响。

简而言之，父母应该对青少年表现出的对离婚强烈而不安的反应有所预期。然而，如果青少年的行为极端（比如离家出走）或持续超过两个月，那么他们可能就需要接受心理咨询或治疗（有关寻找和选择心理治疗师的信息请参阅第三章）。

关于监护权和生活安排的决定

过去，为了成功离婚和获得子女监护权，父母不得不打官司；但如今，美国许多州承认"无过错"离婚，许多州也承认共同监护权。然而，"共同监护权"经常被误解。共同法定监护权并不意味着孩子的一半时间与父母的一方在一起，另一半时间与另一方在一起——这是共同生活监护权（下文将会讨论）。相反，共同法定监护权意味着父母双方拥有作为父母的平等的权利和义务。法定监护权不是一件小事。有孩子的父母应该咨询律师或离婚调解员，以确保父母了解监护权决定的全部含义，而不是依赖自助离婚工具包。但就青少年的直接福祉而言，最重要的决定是孩子将住在哪里以及与谁生活在一起。

生活监护权是父母必须将孩子的利益置于自己的利益之上。如果青少年在家庭之外的生活尽可能少地受到干扰，那么他们的最大利益就会得到保障。理想情况下，他们应该留在他们原来的社区和学区，这样他们的朋友圈就不会因家庭的破裂而被破坏。朋友是重要的支持来源，尤其是在青少年期。理想情况下，家里所有的孩子都应该住在一起。兄弟姐妹可能会争吵不休，但当青少年的日常生活发生变化时，这些熟悉的争吵反而提供了生活的连续性和安慰。理想情况下，青少年不应该放弃他们喜欢的课外活动，比如周二的钢琴课或周六的小联盟棒球赛。

没有证据表明，与母亲或是父亲一起生活的孩子一定会过得更好，这取决于家庭。[2] 在某些情况下，父母中的一方显然比另一方更关心养育的细节，或者其中一个人更渴望回到单身的生活方式，没有孩子带来的担忧。然而，有些时候情况并非如此。当父母都爱孩子，都是称职的父母，都希望孩子和他们一起生活时，和谁生活在一起的决定就应该基于日常生活的实际情况。哪位家长更能监管好青少年的行为？如果父母的一方的工作需要频繁出差或需要在最后一刻参加商务晚宴，这一方就不是一个好的选择。哪种父母的生活方式最适合青少年？哪位家长有足够的空间？

青少年应该对他们的居住地有发言权吗？有，但又没有。你不应该让青少年当场做出选择，也不应该让他们在父母之间做出选择。但是，如果青少年通过家庭顾问直接或间接地表达了强烈的偏好，并且其他考虑因素也是平等的，那么父母可能应该尊重他们的意愿。当然，你应该听听青少年选择一个家而不是另一个家的理由。对一个被迫违背父母一方的意愿而与另一方生活在一起的青少年来说，一有机会或在与一方发生分歧后就离家出走去找另一方的情况并不罕见。虽然你不想让孩子在你们之间挑拨关系，但你确实想让她觉得自己对生活有一定的控制权。包括青少年在内的家庭咨询通常有助于做出决定。一旦做出共同决定，你就应该坚持下去，除非有令人信服的理由不这样做。

由于越来越多的母亲进入职场，越来越多的父亲希望成为活跃型而非探望型的家长，因此一些父母试图在离婚后共同照顾他们的孩子。[3] 结果就出现了一种新现象：双家庭或"穿梭"孩子，他们每周、每月或每年在两个家庭之间来回跑。[4] 这样的安排对父母来说可能是方便和放心的，因为他们都不想放弃自己的孩子，也不能全部承担父母的职责。有人说，孩子有两对父母不是更好吗？并非总是如此。现有证据表明，共同生活监护权对孩子没有好处，实际上可能是有害的，特别是如果父母相处不好，或者一直在争吵的已离婚的父母利用孩子互相监视或操纵对方。

共同生活监护权会造成问题，这一点很容易理解。在两个家庭之间来回穿梭会使孩子更难适应有规律的活动安排。每个家庭都有自己的个性和一套规则：青少年刚开始适应一种环境，就被要求改变方向，回到另一种环境。当问题出现时，青少年可能只是简单地接招并应付（或被应付），而不是试图解决这些问题。由于青少年正在努力发展身份认同感，这可能对他们而言格外困难。一个16岁的女孩与离异的父母轮流居住了几周，因为经常带着行李箱上学，她被同学们称为"流浪女郎"。另一个孩子哀叹道："我真的不觉得自己有家。我必须对两边的父母都有所不同……我没有任何稳定感。"在我看来，共同生活安排并不理想，青少年（和其他人）也需要一个家庭基础。请问：你想住在手提箱里，每周或是每月都要搬一次家吗？

离婚后的生活

青少年适应离婚的速度和程度取决于他们是否能够与父母双方保持良好的关系。当父母处于战争状态，或者父母在身体或心理上抛弃孩子时，离婚对孩子的创伤需要更长的时间才能愈合。

争吵中的父母

父母之间的感情并没有因离婚判决书的生效而消失。重要的是要把你对前任的感觉和你的孩子对父母的感觉分开。不要把你的观点强加给孩子。有时两种说法有着天壤之别，例如，"你父亲只为自己考虑，不在乎任何人"和"你父亲和我对如何理财有不同的想法"，或者"你的母亲永远长不大"和"我和你母亲有着不同的生活方式，这就是我们相处不好的原因"。青少年需要了解父母的每一个优点和缺点（就像一个完整家庭中的青少年所做的那样）。你的意见很重要，但不应该替他们下结论。

无论你对前任有何看法，都要支持孩子与对方的关系。不要把你的孩子当作间谍（前任正在和谁约会，或者他或她如何花钱，这些问题最常见）、信使（"告诉你父亲，你需要钱买露营服。""告诉你母亲，我邀请谁来我家不关她的事。")、盟友("现在你明白我为什么和他离婚了吧,他怎么会……")或者替罪羊("你的行为就像你妈妈,你甚至开始长得像她了!")。作为关心孩子的父母,你如果觉得你的前任把孩子介绍给了错误的人、吝啬鬼或挥霍无度的人,请告诉你的前任,而不是告诉你的孩子。你如果需要一个盟友,一个认同你的前任是个懒汉的人,那就去找一个成年朋友。感觉"被夹在中间"的孩子比那些不适应父母离婚的孩子要难得多。

事实上的遗弃

关于"周末圣诞老人",人们写了很多文章,比如离婚后的父亲不再是一家之主和孩子的管教者,而是送礼物的人。事实上,带或不带玩具袋的"周末圣诞老人"都是特例。大多数没有监护权的父母很少与孩子接触。离婚后的最初六个月或一年,他们可能还会非常关心孩子,但逐渐地就会变得越来越不关心,尤其是当他们再婚时。他们可能每年进行一次义务性的探望,也可能完全消失。

当父母抛弃他们时,孩子往往会责怪自己不值得被爱,而不是责怪父母没有能力爱他们。空洞的保证,比如"你妈妈很爱你,尽管她现在太忙,没时间来看你",并没有多大帮助。孩子有权生气。试着帮助孩子明白,就像在其他关系中一样,父母也需要通过努力来赢得孩子的爱和尊重。

心理上的遗弃

在某些情况下,父母虽然人在那里,但对分离感到心烦意乱,对新的责任感到不知所措,或者忙于开始新的生活,以至于他或她几乎没有时间和精力陪伴孩子。青少年可能会自生自灭,或者可能被允许或要求承担一些本应属于成年人的责任,例如照顾弟弟妹妹,或与收账单的打交道。在极端情况下,当父母在离婚后无法在情感上振作起来或开始酗酒时,孩子可能会成为成年人的看护人。

即使是有能力应对的父母,在离婚后也可能比其他情况下更依赖孩子。一种常见的模式是，母亲把青少年期的女儿当作自己最好的朋友。孩子一开始可能会感到受宠若惊，但后来会陷入困境。青少年建立独立性的方式之一是在自己和家人之间创造一些情感和社交空间。青少年寻求独立已经够困难的了，他们不应该同时感到失去或背叛了他们最好的朋友。

与你的孩子亲近是很重要的，要求他们参与进来也是合理的，但父母必须记住，无论自己的处境如何，我们首先是父母。孩子应该能够依靠父母，而不是被父母依靠。青少年需要时间来发展自己的社交生活，需要时间做孩子，无论他们的父母是否离婚。如果父母能够在离婚后的这段时间里维持权威型的养育风格，青少年在短期和长期内的表现都要好得多。

探访孩子是一项特殊的挑战。父母和孩子都可能对他们的团聚抱有幻想。父亲想弥补失去的时间，可能会忘记为人父母要付出多少努力；孩子可能会把看望父亲视为一次假期，忘记了父亲对他的要求有多高；孩子可能会对每隔一个周末或每年夏天不得不离开朋友、自己的房间和日常生活感到不满；继母和她的孩子（如果父亲再婚）可能更多地会把尊贵的客人看作不速之客。当探访结束时，每个人都可能感到失望和疲惫。

无监护权的父母应该尽可能地使自己和孩子的相处时光像普通家庭生活一样，包括完成家庭作业和做家务。[5]这意味着你欢迎孩子，但不要用礼物和短途旅行来淹没你对他的爱；你可以创造谈心的机会，但不要期望每次探访的每一秒都是有意义的；像对待家庭成员一样对待孩子，而不是像对待不受家庭规则约束的特殊客人一样；支持你前任的规定，如果不能，就直接与前任解决分歧，而不是通过孩子。这是一个艰巨的任务，但并非不可能完成。

单亲家庭[6]

单亲家庭有着复杂而忙碌的生活。单身家长需要挣钱养家、操持家务和履行父母的职责,为个人生活腾出时间并不容易。大多数(尽管不是全部)单身家长是女性。如前所述,他们面临着平衡工作和家庭的挑战。他们大多数人的收入比一般的双亲家庭少,如果他们离婚了,则比他们已婚时还要少。许多人都在应对离婚后的情感波动和单身之后的社交尴尬。对压力重重的单身父母来说,一个很好的资源是"没有伴侣的父母"组织,该组织在美国各地都有分支机构(www.parentswitoutpartners.org)。

维系权威

对家有青少年的单身父母来说,最大的问题是如何管教孩子。单身父母往往比其他父母给予孩子更多的独立性,这在一定程度上对青少年有好处。青少年需要管教,也需要自由。权威型养育方式需要时间和精力,而这两者在单亲家庭中都是稀缺的。当家里有两个成年人时,制定规则和监督青少年的活动要容易得多;单身父母则不得不承受更重的负担。为了弥补他们的负罪感,单身父母可能会竭尽全力让孩子快乐。如果家里没有其他成年人支持孩子的决定,单身父母可能会为了被孩子接受而向他们让步。青少年可能会试图站在缺席父母的立场上,表现得比实际年龄更成熟。负担过重的单身父母可能不会像平时那样密切地监督看似成熟的青少年。

因为单身父母更容易纵容孩子,所以他们的孩子更容易陷入麻烦。然而,如果单身父母坚持权威型养育,任何可能出现的问题都可以避免。

约会、性和同居恋人

单身父母想要开始约会并建立新的性关系是很自然的,但他们应该向孩子透露多少个人生活?在我看来,要很少。

青少年刚刚开始形成他们对约会、性和亲密关系的认识。正如父母很难接受青少年性行为的发展一样,青少年也很难应对父母性行为的出现或重新出现。青少年不喜欢去想他们父母的性行为。当父母保持婚姻关系时，青少年倾向于将父母身体亲密的表达视为爱。当父母都是单身并约会的时候，这种自欺欺人就很难了。

处理青少年复杂感情的最好方法是，不要把每个和你共进晚餐（或做了更多事）的人都带回家。相反，你要在家外与新的约会对象见面，并告诉孩子你要和朋友出去。如果你开始频繁地与某人见面，你可能会邀请孩子共进晚餐，但第一次见面最好让孩子与你的一群朋友一起参加，把你的约会对象介绍成朋友，并让约会对象表现得像个朋友。如果孩子问"比尔是不是你的男朋友"或者"桑迪是不是你的女朋友"，你只需说你们都是朋友，在一起玩得很开心。如果孩子直截了当地问你们是否已经发生了亲密关系，我建议你这样说："我不想和你讨论我的性生活，但如果我真的和某人有亲密关系，别担心，我会和你说的。"

不要每次约会都在家里炫耀，更不用说在家里发生亲密关系了，这有多个原因。一是因为这样会让每个人（你、你的约会对象和你的孩子）都感到不舒服。二是因为你的孩子可能会妄下结论。如果孩子希望你再婚，那么你的每次约会都会燃起他们不必要的希望；如果孩子害怕你再婚，那么你的每次约会都会让他们陷入不必要的绝望。这些反应在你看来可能很愚蠢——"这只是一次约会"——但你的约会对孩子来说可能比对你更重要。三是因为作为一个成年人，你可能会做出孩子所无法理解的性行为。研究表明，在所有其他因素相同的情况下，单身母亲的青少年子女更有可能发生性行为并保持性活跃。作为一个刚刚恢复单身的女人，你可能会在第一次约会时和某人发生亲密关系，但你想让你的女儿也这样做吗？你想让你儿子和他的约会对象也这样吗？作为一个刚刚恢复单身的男人，你可能会和一个对你只有性吸引力却没有感情的人约会。你想让你的女儿认为这就是男人想要从女人那里得到的一切吗？你想让你的儿子效仿你的行为吗？

当你和约会对象的关系变得正式起来的时候，才是把那个人作为男朋友或女朋友介绍给孩子的时候。你可能正在考虑结婚，也可能没有，但如果这段关系是有爱的、重要的、稳定的，那么是时候让你生命中重要的人见面了。在这一点上过双重生活是愚蠢的。此外，在关系进一步发展之前，你会想知道你的孩子和你的爱人是如何相处的；如果你们的关系继续发展，你会想把这个人纳入你的家庭生活。

当然，你不应该邀请你刚认识的人或你随便约会但并未将其视为潜在伴侣的人来家里过夜。如果你是认真的呢？这是你个人的决定。在我看来，如果你们两个人彼此深爱，并考虑共同生活，那么在一段时间后，恋人留宿甚至同居本质上没有什么错。许多经历过离婚的成年人都希望在冒险再婚之前先尝试与某人生活一段时间。然而，如果这段关系是试探性的，或者同居只是为了留住一个可能不想被留住的人，这就是一个严重的错误。你的孩子已经失去了与父母一方的日常联系，别让他再经历一次失去。

我们在这里所说的一切既适用于父亲也适用于母亲，既适用于无监护权的父母，也适用于有监护权的父母。

再婚家庭[7]

"继父母"一词过去指的是与寡妇或鳏夫结婚，取代已故父母的人。如今，这个词更多地形容一个人已经成为"编外"的父母，填补了一个仍然空缺的位置。由于这种新的社会角色没有既定的规范，而且角色本身也很模糊，因此每个再婚家庭都必须制定自己的规则。

如果说控制权是单身父母面临的最大问题，那么被分裂的忠诚则是再婚家庭面临的主要问题。当初始家庭一家人在一起时，夫妻之间没有冲突，他们既彼此相爱，也爱他们的孩子，而再婚家庭的人则陷入了逆流之中。在发生争执的时候，母亲应该站在她的新婚丈夫一边，还是站在孩子一边？喜欢继母是对亲生母亲的背叛吗？一个帮忙修理自行车或解答化学问题的请求会提醒继父，他不是在帮助自己的亲生孩子。一个母亲希望她的儿子喜欢她的新婚丈夫，但希望渺茫……头一两年可能很艰难。但是，如果父母和继父母知道会发生什么，一些问题就可以避免，另一些问题则可以大事化小，小事化了。父母和继父母应该知道，这些困难就像离婚后的困难一样，通常是短暂的：一年或最多两年后，人们通常都会习以为常。如果再婚两年后家庭问题依然存在，那么寻求一些专业建议可能是明智的。

成为继父母

夫妻往往怀着不切实际的期望步入第二次婚姻，然而婚后的现实却与期望背道而驰。孩子会非常清楚地表明，他们没有承诺爱、尊重和服从父母的新配偶。妻子可能开始觉得自己更像《灰姑娘》中邪恶的继母，丈夫会怀疑他这个青春期的继子是否正在试镜扮演哈姆雷特。

邪恶的继父母综合征

在新婚初期，孩子可能经常说和做一些敌视继父母的话和事情。这种反应是可以理解的。孩子已经失去了父母中的一方（与他不再生活在一起的父母），现在他担心自己会失去另一方，输给这位新配偶。与母亲关系非常密切的青少年期女孩尤其难以接受母亲再婚，她们觉得自己正在被取代，不再是母亲的盟友和知己。

亲生父母和新配偶正在结成伴侣关系，但成年人和青少年之间的关系不应该是平等的。无论多么喜欢新的继父母，青少年都会想："他会告诉我该怎么办吗？""她会评论我的衣服、朋友和房间吗？"从青少年的角度来看，这就像发现另一个管理层（继父母）被强加在你和你已经汇报了12年、14年甚至16年的老板（亲生父母）之间。或者更糟的是，你所在的这家公司（这个家庭）已经在你不知情的情况下被收购了。从青少年的角度来看，父母再婚可能感觉像是一场充满敌意的收购。

除此之外，青少年正在努力塑造自己的身份认同，并正在改变与成人权威的关系，而继父母自然成为他们发泄的目标。对亲生父母表达愤怒是危险的：他们已经抛弃了彼此，可能还会抛弃孩子。而对继父母来说，孩子没有什么可失去的。我的意思并不是说所有的青少年都会想尽办法去激怒他们的继父母。许多人欢迎另一个更中立的成年人出现在他们的生活中。但是,如果青少年一开始很难相处,再婚夫妻不应该感到惊讶,也不应该将他们疏远的言论和行为放在心上。处于青少年期的女孩经常让新继父过得特别艰难。

在新婚姻的早期阶段,青少年需要放心,没有什么能动摇父母对他们的持续承诺。再婚的亲生父母应该格外努力,花更多的时间单独陪伴青少年,做他们在再婚前做过的事情,偶尔在与继父母的纠纷中站在青少年一边。如果青少年对继父母的适应很慢,亲生父母就会在耐心、宽容和宽恕方面犯错。匆忙推进这段关系会制造更多的问题,而不是解决问题。

建立信任

密切的关系需要时间。信任需要赢得,感情需要分享,分歧需要面对和解决,关系需要反复测试,才能让每个人都感到安全。

继父母遵循的第一条规则是,不能也不应该试图取代孩子的亲生父母,也不应该与亲生父母竞争。相反,继父母必须发展自己与孩子的关系。例如,如果亲生父母比较一本正经,不要试图证明你有多有趣;如果亲生父母很有艺术细胞,不要觉得你必须培养同等的专业知识。做你自己。如果出现比较(通常都是这样),尽量保持中立。比如你可以说:"埃里克,你爸爸和我是不同的人,我想你可以向我们两个学习。"

遵循的第二条规则是,不要表现得过于急迫。青少年对那些假装亲近自己但实际上并不亲近的人,或者试图讨好他们的人反应并不好。继父母要友善和乐于助人,但要等待孩子来找你。就像任何友谊一样,继父母和继子女的关系也要建立在共同兴趣之上。如果你和你的继子女都喜欢西部片,而你的配偶不喜欢,那就在你的配偶加班的晚上租一部约翰·韦恩[①]的老电影来和他们看。邀请你的继子女一起去钓鱼。你们单独在一起做得越多,你们就会越早地了解彼此。你的配偶可以帮助你,

---

① 约翰·韦恩,美国影视男演员,以演西部片和战争片中的硬汉而闻名,代表作有《关山飞渡》《红河》《骑兵三部曲》《大地惊雷》等。——编者注

不要每次你和继子女去某个地方都跟着，不要每次你们有分歧都干预，而是让你们两个人学会一起解决问题。亲生父母需要勇气才能靠边站，但从长远来看，这是有回报的。

如果你没有像对待自己的孩子那样立即去爱你的继子女，或者没有像你认为应该的那样爱他们，不要感到内疚。每个人都需要时间来适应新的家庭，包括成年人，没有所谓的"即时父母"。

建立权威

作为成年人，继父母向年轻人提供指导和建议似乎是很自然的。然而，青少年可能会将继父母的指导视为一种武断的权力主张："你不是我的父亲/母亲，你有什么权力告诉我该做什么？"在某种程度上，他们是对的。情感上的融洽关系是树立权威的先决条件。在婴儿期，自然的亲子关系始于爱和信任。只有在奠定了这个基础之后，亲生父母才会开始处理控制和管教的问题。在青少年期控制问题再次出现之前，他们有整个童年期的时间来了解彼此。继父母和继子女没有爱和亲密关系的历史基础。在建立稳固的关系之前试图控制继子女，是一种支配。所以继父母的首要工作是建立情感上的融洽关系。在管教问题上，继父母应该谨慎行事。

当亲生父母和继父母有不同的风格时，管教最有可能成为一个问题。母亲可能倾向于放纵，继父可能有点儿传统，认为孩子应该恭敬和顺从。一些心理学家建议再婚家庭的父母应建立统一战线。我认为，在第二次婚姻的早期阶段，尤其是对于青少年期的孩子，继父母应该听从亲生父母的意见。这并不意味着他们应该让继子女随意摆布他们，而是应该遵守既有的家庭规则，并期望按照这些规则被对待。无论亲生父母设定了什么标准，都要努力说服孩子，这些标准代表了正确的方式，即"我们"的方式。对亲生父母来说，仅仅因为另一个成年人进入了生活就突然改变规则是武断的，青少年对此会迅速做出反应。让父母的新配偶接任管教对孩子来说是一种侵犯。下面两种说法有着天壤之别，一个是正常地说："约翰尼，你知道你妈妈希望你今天打扫房间。"另一个是大喊:"我不会容忍你房间里的脏乱,我不在乎你妈妈说了什么!"

重组家庭

当新家庭不仅包括一个而是两个家庭的孩子时,这些问题都将变得更加复杂。每个亲子团队都有自己的历史和规则,它们可能就像板球与棒球一样不同。你喜欢你的孩子趴在床上看电视或聊天,而你的配偶却总是说不许进入卧室。你希望你的孩子每天晚上都能准时吃晚饭,而你的配偶认为没有理由不允许青少年选择吃他们喜欢的东西、在哪里吃和什么时候吃。你密切监督孩子的功课,而你的配偶不会。现在你们必须在同一所房子里相处。

组建家庭的第一步是你和你的配偶需要单独讨论事情,并决定哪些家庭规则可以协商,哪些不能协商。比如,你的新配偶坚持要有自己的私人空间,而你觉得一起吃饭是家庭生活的一部分。第二步是与孩子讨论问题所在,看看你们是否可以一起找到解决方案。比如,"你知道有人随意翻你的桌子会是什么感觉吗?这就是比尔(你的新婚丈夫)对你随时来我们房间的感觉。你认为我们应该怎么办?"你可能会同意把你十几岁孩子的一个房间作为家人的深夜聚会场所;作为交换,你的孩子可能会同意在闯入你们的房间之前先敲门。"安、贾斯廷和阿什利(你的新婚妻子和她的孩子)总是作为一家人一起吃饭,我认为这是个好主意,你怎么看?"你可能会同意把工作日的晚餐时间从晚上 6:30 改为 7:30,这样孩子就不必从训练中赶回家或打断他们写家庭作业。或者,你可以决定将某些晚上作为成年人和孩子的家庭之夜,而另一些晚上作为他们的自由之夜。

在某些领域,谈判可能是不可能或不可取的。兄弟姐妹没有相同的需求和要求,继兄弟姐妹也一样。例如,一些青少年能够负责任地处理服装上的零花钱,而另一些则不能。正在约会的年龄较大的青少年可能比没有约会的年龄较小的孩子需要更多的零用钱。再婚家庭需要尊重和容忍个体差异。比如,"希拉和她的孩子每周六都会去寺庙,我想时不时地和他们一起去,我希望你也能来。但这取决于你。""艾丽斯花了很多精力装饰房子,她的孩子也和她一样喜欢整洁。我不会要求你在自己的房间里达到她的标准,但我希望你在你的房间之外可以尊重她的愿望。"

然而,就购物和特权而言,平等对待所有兄弟姐妹至关重要。这并不意味着每次你给一个孩子买一条牛仔裤,其他孩子就必须在同一天也买一条。但所有人都应该有相同的服装预算。如果16岁的亚当周末有宵禁,14岁的乔希应该知道,当他和亚当一样大的时候,他也会有同样的宵禁时间。当然,同样的公平规则也适用于兄弟姐妹,但再婚家庭的兄弟姐妹会对不平等现象更加敏感。

正在经历重组家庭的父母经常说,他们最担心的是孩子能否相处,如果他们互相憎恨怎么办。再婚家庭兄弟姐妹的相处方式取决于他们的性格、兴趣、年龄、性别和其他因素。有些人确实会互相憎恨,而有些人则很快成为朋友,还有一些人则基本上能和平共处。无论是继兄弟姐妹之间还是孩子与继父母之间,经历持续问题的重组家庭都应该考虑家庭咨询。

第二篇

青少年期前期和早期

10岁~13岁

第五章
变化的身体：青春期和身体健康

　　青少年期开始的时间比父母预期的要早得多，至少在生理上是这样的。8岁或9岁时，一般的儿童已经进入青春期的身体发育阶段，在此期间，他们幼稚的身体将转变为具有生殖能力的成熟男人或女人的身体。性成熟的外在特征可能要几年后才会出现，但他们需要提前为此做好准备。青春期与他们以前经历的任何事情都不同。

　　150年来，在营养和医疗保健条件好的国家，青春期的开始年龄稳步提前，近年来这种提前趋势在女孩中尤为明显。[1] 许多原因导致青春期的提前，比如健康和饮食的改善、肥胖率的增加（胖孩子往往会更早地进入青春期），以及儿童接触到食品和化妆品中的动物激素和激素样物质。如果你的孩子早于8岁（女孩）或9岁（男孩）出现青春期特征，最好带孩子去看看儿科医生。

成长和发育的特征

　　童年期，成长相对缓慢，而到了青春期，个体的发育变化迅速。在10~25岁这一生长高峰期，一般青少年的平均身高会增长12英寸（约0.3米），体重增长20~30磅（9~14千克）。在一年内，女孩能长高3~5英寸（8~13厘米），男孩能长高4~7英寸（10~18厘米），上个季节的衣服现在穿着小了是常有的事。正如《爱丽丝梦游仙境》里的爱丽丝所喊的:"我像有史以来最大的望远镜一样高大!""再见了,我的脚!"更为复杂的是,孩子的身体各部分并不是在同一时间以相同速度生长的。通常,手和脚在胳膊和腿之前快速生长,胳膊和腿又在躯干之前快速生长。如果青少年感到自己笨拙且体态古怪,那是因为他们的身体比例会暂时性地不协调。

在最想和其他人一样的阶段,青少年却发现自己与其他人最不像。他们的同龄人都在成长和变化中,但每个人都有自己的节奏。首先,平均而言,女孩比男孩早两年显现出发育的外在特征。六年级的女孩可能高过大多数的同龄男孩,这似乎与男性应该比女性更高大强壮的预期不符。相同性别之间的差异也非常大。有些女孩在 8 岁前开始发育,而有些女孩则要到 13 岁才开始发育;男孩的青春期外在特征可能在 10 岁时出现,也可能要到 14 岁或 15 岁时才会出现。有些青少年在一年半内就迅速完成了青春期发育,而有些人需要五六年才能成熟。这意味着有的青少年可能会在同龄人进入青春期之前就已经结束了青春期。好朋友之间可能在外表和感觉上差距很大。

似乎这还不够,青春期的发展结果也是不确定的。有些年轻女性会长出丰满的乳房,有些人的则较小;有些男性阴茎较长,而有些人的则较短;有些人有浓密的阴毛,而有些人的则较为稀疏。成年人知道身体有各种各样的体形,只要他们保持身材并根据自己的体形着装打扮,任何人都可以看起来富有吸引力,而且每个人都有能力成为好的性伴侣。但青少年并不知道这些。

此外,青春期还遵循一个独立的生物时间表,与其他方面的成熟关系不大。一个女孩可能外表长成了女人,但内心感觉还像个孩子;一个男孩方方面面都很成熟,但外表仍然看起来像个孩子。

难怪正在经历青春期的年轻人常常感到他们的身体失控了,觉得自己永远不会开始(或停止)生长,而且自己的外表看起来也是不正常的。对青少年来说,最紧迫的问题是:"我正常吗?"绝大多数人是正常的,但提前了解青春期会发生什么会减轻年轻人的焦虑。

> **生长疼痛**
>
> 约有 1/5 的年轻人真的会经历生长疼痛，表现为双腿的小腿前后或大腿疼痛。通常发作时间很短（持续几分钟，最多半个小时），最常发生在夜间，有时会让他们疼醒。在几个月甚至几年的时间内发生间歇性的疼痛不必担心。可以通过按摩或热敷来缓解疼痛，如果发作频繁，可在睡前服用一定剂量的非处方止痛药。然而，如果年轻人经历严重或慢性的腿痛，其父母应咨询儿科医生。

成为女人

对女孩来说，青春期发育最早的外部特征是乳头周围的肿胀，但约有 1/3 的女孩在乳房开始发生变化之前会长出一些阴毛。大多数女孩在乳房刚开始发育时都会感到很高兴，但是乳房完全发育需要几年的时间。在青春期中期时，乳房柔软且不成形，后来才会变得坚实和丰满。乳房开始发育后不久，阴毛开始长出。女孩的发育期开始和结束的时间都比男孩要早。8 岁时，女孩的平均身高和男孩一样；12 岁时，女孩比男孩高 3~4 英寸（8~10 厘米）；15 岁，当男孩的发育期开始时，女孩几乎达到了自己的最终身高。发育期不仅会增加女孩的身高，还会增加她的臀部尺寸。在青春期，不管是男孩还是女孩都会减去大部分"婴儿肥"，增加肌肉。但是男孩获得相对更多的肌肉，尤其是胸部、肩膀和手臂，女孩则相对更多地增加脂肪，尤其是乳房、手臂、臀部和大腿。变胖是女性发育的正常过程。但是，鉴于文化中对瘦的强调，处于青春期阶段的女孩可能会担心自己变胖（参见本章后面的"体形变化"部分）。有些女孩可能会养成不良甚至危险的饮食习惯，以试图阻止体内脂肪的增加。

月经的开始（又被称为月经初潮）是一个相对较晚出现的发育特征，在青春期开始几年后发生。女孩的内部性器官（卵巢、输卵管和子宫）一直在生长，但是无法觉察。第一次月经是发育的里程碑事件，表明她可能开始排卵并能够怀孕。女孩在青春期经历的其他变化是渐进的，而月经的开始是突然而令人印象深刻的。如果女孩有所准备，如果你把月经看作成为一个女人正常和自然的一部分，如果你尊重她对隐私的渴望，如果那是她想要庆祝的，那么她可能会从容应对月经。与40年前相比，今天的女孩对月经的消极态度要少得多。尽管如此，大多数人对此的情绪仍是复杂的。没有必要否认女孩的月经是一件令人讨厌的事情，每个女人都知道这一点。

在大多数女孩身上，阴道口被一种叫处女膜的膜覆盖着。处女膜是有韧性的，通常有一个足够大的孔，可以让手指或卫生棉条穿过。在大多数情况下，处女膜一直保持完好无损，直到女孩发生性行为。在她发生第一次性行为时，处女膜破裂可能会引起轻微的疼痛和出血。但在有些情况下，由于处女膜非常薄，在骑马或骑自行车等运动中也会自行破裂。

女孩发育顺序[2]

特征	首次出现的年龄
乳房发育	8~13岁
阴毛的生长	8~14岁
生长发育突增期	9½~14½岁
月经初潮	10~16½岁
腋毛的生长	大约在阴毛出现后两年
皮脂腺和汗腺的变化	大约与腋毛的生长时间相同

与青春期有关的还有许多烦恼和尴尬，例如油性皮肤、出汗和身体的气味。腺体分泌在青春期十分活跃。大多数女孩不会长严重的痤疮，但确实有很多女孩会时不时地爆发一下。现在保持清洁比童年期更重要。经常洗澡、每天洗几次脸、使用温和的止汗剂、除臭剂都是好方法。大多数青少年都不需要被告知这些。在童年期表现得好像对肥皂过敏的

孩子，在青春期时会独占浴室。

虽然很少有女孩在青春期早期需要接受妇科检查，但父母最好向女儿解释定期进行妇科检查是作为"女人"很正常的事儿。大多数妇科医生会建议女孩在开始或考虑性行为（性行为意味着进行过性交，即使只有一次）、有妇科问题或到18岁时接受妇科检查，以上述情况先出现者为准。

成为男人

对男孩来说，青春期的第一个外部特征是睾丸的发育。在童年期，睾丸很小并且靠近身体；在青春期，它变得越来越大，并且"下垂"在双腿之间，阴囊的颜色则变得越来越深。如果男孩很害羞，父母可能不会注意到这些变化，但是他们在更衣室的比较会让他们了解这些。在青春期早期，令他们尴尬的是，有些男孩乳头周围也会出现肿胀（又被称为"男性乳房发育"）。这是正常的，通常在一年内消失。随着睾丸中激素分泌的加速，身体其他方面的发育也会随之而来。他们会出现阴毛，阴茎开始发育，上唇开始出现细细的绒毛，嗓音开始"变声"。就整体生长而言，男孩起步缓慢，但是一旦开始长高，就会比女孩长得更快（每年10~18厘米），而且持续时间更长。在14岁或15岁时，一般男孩比女孩更高、更重、更强壮，并且还在不断生长。粗糙的面部、粗壮的体毛和低沉的声音是男性发育的最显著特点，这些发生在青春期晚期。

正如月经是女孩成为女人的明显特征一样，射精是男孩性成熟的标志。男孩从出生就有勃起的能力，但只有当睾丸中的睾酮在体内以足够的量循环时，他们的身体才能制造精子。有些男孩通过自慰发现了这种能力，有些则是在遗精或"梦交"时首次体验。大多数男孩也会出现自发的、无意识的勃起，通常发生在最不方便的情况下（比如刚刚在课堂上被点名，或者躺在沙滩上晒太阳时）。

男孩比女孩更容易出现皮肤出油、出汗（包括手心出汗）和异味

（尤其是脚臭）问题。与女孩一样，良好的卫生习惯以及经常更换内衣和袜子能够解决这些问题。然而，有的男孩的痤疮可能需要特殊治疗。

男孩发育顺序 [2]

特征	首次出现的年龄
睾丸和阴囊的发育	10~13½ 岁
阴毛的生长	10~15 岁
生长发育突增期	10½~16 岁
阴茎的发育	11~14½ 岁
变声	11~14½ 岁
胡须和腋毛的生长	大约在阴毛两年后
皮脂腺、汗腺的变化和痤疮的出现	大约与腋毛同时出现

进入青春期前孩子需要知道的身体知识

青春期是一个无知且不愉快的时期。[3] 那些对月经一无所知的女孩，或者认为月经是令人讨厌、肮脏、可耻的事情的女孩，比那些提前知道会发生什么的女孩更容易出现严重的痉挛、大量出血和其他身体问题。通常情况下，年轻人对青春期的了解越多，他或她就会感觉越轻松。

"**我应该什么时候开始和孩子谈论青春期？**"在青春期开始之前，孩子们应该了解有关青春期的知识：8 岁对女孩来讲比较适合（如果青春期已经开始了，这种了解可以更早），9 岁对男孩来说也不算太早（请记住，许多女孩从 10 岁开始就来月经了）。由于月经和遗精会突然发生，而青少年要经历的其他变化是渐进的，措手不及的年轻人很可能会感到不安和害怕，因此在这个阶段讨论月经和遗精特别重要。如果你一直在回应孩子关于男女为什么不同，以及婴儿从哪里来的问题，那么你已经为此奠定了基础。现在你想直接谈论他们的身体将会发生什么变化，你可能会想："但是我的儿子/女儿还只是个孩子！"这时，你就更加需要保护他/她不受可能的恐惧、错误信息和不愉快的经历的影响了。

"我应该如何开始？" 最好的方法是在不经意中讨论这些问题，而不要小题大做。比如，你和女儿正在摆餐具，她随口问道："妈妈，你多大开始来月经的？"这不是她无聊的好奇心。请利用这个机会讨论不同成熟速度的变化。"我快 14 岁的时候吧，当时很害怕自己永远也不会来。这是不是很傻？""我当时只有 10 岁，我的朋友那时经常嘲笑我，我想她们只是嫉妒。""我 12 岁的时候开始来月经的。你有朋友开始来月经了？她们跟你说了什么？"

"我的孩子从来不问。" 一些快进入青春期的孩子不好意思说出他们的想法。一些孩子可能不知道该问些什么问题，这意味着你可能需要主动一点儿。有青少年的家庭的来访就是一个好机会。比如，"你注意到简开始发育了吗？在她这个年龄，我还没有开始发育。你想知道你什么时候开始发育的吗？"或者你可能无意中听到你的儿子对朋友发表关于月经的粗鲁评论。朋友离开后你可以跟他谈谈。比如，"你知道女孩为什么会来月经吗？"一篇有关健康、经前期综合征（PMS）或男女关系的杂志文章也可以作为一个开场白。许多女性杂志和家庭杂志经常刊登自我认知测试，也可以让你的儿子或女儿向你提问，或者你们一起阅读并提问你的配偶。

要对间接或有所掩饰的问题保持敏感。当一个男孩问父亲是否读过《花花公子》时，他可能正在寻找一种谈论自慰的方式。当一个女孩询问母亲用什么牌子的卫生棉条时，她可能因为月经尚未开始而感到担忧。你通过提问"这就是你想知道的全部吗？"，可能会发现这个少年完全被他所读到的信息、身边朋友的看法或他自己的感受搞糊涂了。

如果他们对你试图讨论青春期的反应是"妈妈，我全知道"或"恶心，太恶心了"，请不要被吓到。表面上假装感到没兴趣、无聊、恶心或装聋的青少年，可能正在暗暗牢记你说的每个字。

"问问你的爸爸或妈妈。" 许多父母认为，与儿子谈论青春期是父亲

第五章｜变化的身体：青春期和身体健康　　077

的责任，与女儿谈论青春期是妈妈的责任。有些青少年也这样认为。一个与父亲畅所欲言地谈论自慰的男孩可能会因为得知母亲知道他在自慰而感到羞愧，一个女孩可能会竭尽全力不让她的父亲看到她的身体正在发生某些变化。但是也有一些年轻人认为，异性父母在青春期突然抛弃了他们。了解你的孩子是如何感受的。当你的儿子问一个关于女孩的问题时，建议你说："我不确定，让我们问问你妈妈。"如果他说"绝不"，那么请尊重他的意愿。从长远来看，你希望你的儿子或女儿在与异性相处时感到舒适，但年轻人可能需要一段时间才能培养出这种程度的自信。无论孩子选择父母哪一方，都不要将你的讨论限制在影响他或她自身性别的问题上。男孩需要了解女孩，女孩也需要了解男孩。

青春期前的儿童需要知道什么

进入青春期的孩子需要事实。尝试预测他们的问题，并为他们尽可能地提供准确的信息。在书架上准备至少一本关于青春期的有详细插图的书是有帮助的。当孩子提出问题时，不要把书递给他，并让他回到自己的房间里。那是一种逃避责任的行为。你们应一起阅读各个章节，并将其留在书架上以备日后参考。当你不在场时，孩子可能想要进行一些私人阅读。美国计划生育协会（http://www.plannedparenthood.org）和美国儿科学会（www.aap.org）为父母和青少年提供了很多优质的资料。

一般来说，为青少年提供比他们所问的更多的信息是一个好方法（例如，月经和排卵，勃起和射精）。可以将问题与答案混在一起，比如，"你是不是想知道……""你的朋友是否告诉过你……"。不要因为你认为他们还太小，不会考虑这些而无视他们的问题。鼓励他们未雨绸缪。

孩子不仅想要事实，还想知道感觉如何。你自己的经验和朋友的经验都是丰富的逸事来源。你高中时的照片可能比你说的任何话都更能令孩子信服，那些在青春期时身材矮小、身体笨拙或长痘痘的人也可以在成年后变成有吸引力的成功者。

更重要的是，青少年需要安慰。身高比班里任何人都高或低会令他们很尴尬，长痘痘会尴尬，适应月经很困难，第一次体验性兴奋很奇怪，不知道一两年后自己会是什么样子使他们感到恐惧。青春期前和年龄大一点的青少年需要被安慰。青春期并不奇怪，也不是痛苦或令人"恶心"的，而是一种自然的过程和成长的标志：他们不会被"外星势力"入侵；他们在出生之前就有成为男人或女人的基础，性激素一直在他们的身体中循环，尽管量不如现在这么多；他们不会突然变成陌生的人，他们仍然是他们自己，即使他们的身体正在发生变化。他们长大之后，仍然是你的儿子或女儿。

月经期

月经期值得特别关注和具有敏感性。女孩可能已经在健康课上学习了月经的生物学原因，但她们也接触了混杂的文化信息。"恭喜你，现在你是一个女人了"被"可怜的人，你每个月都要应对这可怕的诅咒"所抵消。女性用品广告承诺"新的自由"，但也暗示女孩需要用相关产品才能让她感觉清新，并在"每个月的那几天"保持愉悦的情绪。

以下是女孩最常问的问题。[4]

女孩为什么会来月经？ 你的女儿现在应该已经了解了生殖的基本知识，但再复习一遍也无妨。

女孩出生时，卵巢里就拥有大约200万个卵细胞，每个卵细胞都被包在自己的卵泡中。多数卵泡会退化，至青春期时剩下约30万个，此时女孩的身体开始产生调节生殖周期的激素。在这个周期的第一阶段，一个或偶尔两个卵细胞开始成熟，卵泡开始产生雌激素。雌激素有两个作用：第一，它使子宫内膜生长并变厚，为怀孕做准备；第二，当达到峰值（一个月经周期为28天的女性，雌激素峰值大约在周期开始后的14天左右，周期短的女性排卵较早，周期长的女性则较晚）时，它会引发排卵。现在成熟的卵细胞从卵泡中脱离出来，漂浮到输卵管中，然后顺着输卵管向子宫漂移。这个过程需要2~3天，这是女孩可以怀孕的时间。同时，空的卵泡停止产生雌激素，开始分泌孕酮，这是维持妊娠所必需的主要孕激素。如果卵细胞在到达子宫前没有受精，它就会分解，激素分泌下降，子宫内的血管被挤压，子宫内膜会随着月经排出，时间在大约排卵后 14 天（排卵和下次月经之间的时间大约就是 14 天，无论周期的总长度为多少）。女孩体内激素水平的下降表明下一个卵细胞开始生长，周期重新开始。

虽然年龄较小的青春期女孩可能不需要了解所有关于激素的知识，但是她应该知道什么时候可能会排卵，而排卵的确切时间因人而异、因周期而异。

我什么时候会来月经？ 没有标准、正确或最佳的月经开始年龄。每个女孩的身体发育速度各不相同。开始来月经的年龄不会影响她成年后的身材、生育能力、性生活愉悦程度或其他任何事情。10~16 岁之间的任何年龄都在正常范围内。确保你的女儿明白这一点。

如果女孩在 13 岁之前没有出现青春期的任何迹象（乳房开始发育、阴毛开始生长），或 16 岁之前还没有来月经，应该咨询医生。如果女孩的表现在正常范围内，但因晚于或先于朋友而不安，去看看医生可能会让她更放心。

月经会持续多长时间？我会失血多少？ 这因不同女性和周期而异。在三天到一周的时间内，月经量就是几茶匙或半杯。月经通常在开始时为棕红色，随着量的增加变为深红色，然后在接近结束时变成铁锈色。女孩可能会注意到月经中有看起来像血块的东西，这些是脱落的子宫内膜碎片。在开始来月经后的头几年，女孩的月经量可能比她长大后的出血量更大，持续时间更长。你可能应该告诉她，她的身体会产生额外的血液，除非她怀孕，否则这些血液本来就不需要被留存下来。

什么是"正常"的生理周期？ 这也因人而异。有些女性每隔 22 天来一次月经，有的则每隔 35 天来一次，还有的人介于两者之间。月经开始后的第一年，女孩的月经经常是不规律的。在某些情况下，没有模式可循；在其他情况下，女孩每隔 28 天左右规律来月经，来几次之后，隔一个月或更长时间，会经历比以前更多出血量、持久时间更长的月经。月经停止（称为闭经）可能是由于环境的改变（暑假旅行、转到寄宿学校）、突然而快速的体重减轻（由于疾病或极端节食）、非常剧烈的体育锻炼（每天上芭蕾舞课或长距离跑步）、情绪压力（家庭烦恼、友谊破裂）或者怀孕，这些可能仅仅是自然现象，通常不用过于担忧。随着女性的成长，她的月经将变得更加规律和可预测。如果闭经持续6个月之久，并且你确定你的女儿没有怀孕，最好去看看医生。

卫生巾和卫生棉条哪一个更好？ 这是个人选择的问题。大多数女性发现卫生棉条更可靠（卫生巾可能有时固定不好，因此可能会发生尴尬的情况），且更方便（卫生棉条容易装入小手提包中，即使穿紧身的衣服也不会露出，不会有气味，且可以冲进马桶）。与许多人所认为的相反，没有理由认为没有发生过性行为的年轻女孩不应使用卫生棉条。如前文所述，处女膜通常有自然开口，大小足以容纳卫生棉条。与许多女孩所认为的相反，卫生棉条不会在身体内丢失。阴道通道在顶部由宫颈关闭。如果卫生棉条找不到了，她总是可以用手指找到它。你需要和孩子说，卫生棉条不会掉出来（除非她上厕所的时候）。一旦女孩学会如何正确放置卫生棉条，她就不会有任何不适的感觉。卫生棉条的主要问题是要记得经常更换（每天换4~5次）。然而，有些女孩不喜欢将东西塞入自己的身体内，有些女孩则喜欢在出血量多的那几天同时使用卫生棉条和卫生巾。

月经有气味吗？ 当经血暴露在空气中时，确实有一种强烈的气味，这是许多女性喜欢使用卫生棉条的另一个原因。使用卫生巾要经常更换，立即处理，经常淋浴并勤换内裤，这样就不会有问题。

这个问题的背后可能潜藏着一种更普遍的恐惧，即"每个人都会知道"她正在经期。不是每个人都会知道的。但各种形式的"女性除臭剂"广告可能会加剧女孩的焦虑。这些产品不仅是没必要的，而且可能会引起不适和皮疹。但是，非经期的异常分泌物如果具有特别强烈的气味，可能是感染的迹象，女孩应该去看医生。

如果有意外怎么办？ 因为在来月经的头几年出血量有时较大，而且这时的女孩仍在学习如何使用卫生巾或卫生棉条，她可能会不时地弄脏内裤、衣服或床单。建议她穿深色的内裤，避免在更衣室尴尬，并给她多买几条。顺便说一下，处理经期或其他血渍的方法是尽快把有血渍的衣物浸泡在冷水中。如果她在晚上弄脏了被褥,告诉她要让妈妈知道,当她的父亲和兄弟姐妹不在周围时,妈妈会悄悄处理干净。

是什么导致了痛经? 没有人确切地知道痛经的原因。最合理的猜测是,一种类似激素的物质——被称为前列腺素类物质的过度分泌,导致子宫收缩,阻碍月经流出。无论原因是什么,大多数女性在生活中的某些时候都会感到不适,从隐隐作痛到断断续续严重的腹部痉挛不等。传统的疗法是服用成年人的非处方止痛药,如布洛芬或萘普生,这两种药一般比阿司匹林或对乙酰氨基酚更有效,并在夜间将暖水袋敷在腹部,这是目前为止最好的疗法。事实上,在这个月痛经并不意味着她下个月也会痛经,通常随着女孩年龄的增长,痛经会变得不那么频繁,症状也会更轻。

一些女孩和妇女在月经期间会感到极度不适,比如头痛、背痛、大腿内侧疼痛、恶心和严重痉挛。正如我们所说,痛经是不正常的。一个在月经前或月经期间有这种极度疼痛的女孩应该去看医生。痛经可能是由激素失调、盆腔感染或子宫内膜组织生长在了子宫外(子宫内膜异位症)引起的。所有这些问题都可以治疗。许多年轻女性发现,当她们服用避孕药时,经期不适会减轻。

月经期间进行哪些活动是可以的? 适当进行她喜欢的任何活动,比如徒步旅行、网球、体操、骑马、游泳等都可以。几年前,女孩经期时通常不上体育课,这可能是个错误,许多女性发现,适当的锻炼可以预防或减轻痛经的强度。

什么是经前期综合征? 经前期综合征是指一些女性在来月经前可能会经历的一系列情绪障碍,包括情绪不稳定、抑郁、易怒和嗜睡。由于经前期综合征不是青少年普遍经历的事情(它随年龄的增加而增加,在30多岁的女性中更为普遍),我建议在与你的女儿谈话时淡化经前期综合征。你可以告诉她,一些女性在月经前会变得敏感,但许多女性不会如此。在年轻的青少年中,与经前期综合征相关的许多症状很可能还有其他原因,如果青少年持续一段时间都会感到沮丧和烦躁,则可能还有其他问题(参见第八章)。来月经也不是招惹他人和发脾气的借口。如果你的女儿经常经历经前期综合征，最好告诉她多运动、健康饮食、限制咖啡因和减轻压力都是重要的预防措施。

在还没有开始月经之前可能怀孕吗？ 有可能。排卵发生在月经前14天左右。

在青春期的早期阶段，受孕的可能性较小。大多数女孩在月经开始后的一两年内都不会定期排卵，但这并不意味着不可能怀孕。没有办法预测刚开始来月经的女孩是否会在特定周期内进行排卵。需要告诫女孩的是，她们未成熟或尚没有经期并不意味着她们是"安全的"（参见第六章）。

即使没有怀孕，也可能不来月经吗？ 是的，尤其是在刚来月经的前几年，就像前文所解释的。然而，如果女孩可能怀孕了，请立即咨询医生。

余生会一直来月经吗？ 不，大多数女性在50多岁（更年期）时会停经。

除了向女儿解释月经的生物学知识并回答她的问题，你还应该帮助她为这件事做好准备——一起去超市选择她想用的卫生巾或卫生棉条。回家后，找个方便和私密的地方存储她的物品；然后过一遍说明书，确保她知道如何使用和处理它们。提前计划好如果她在离家外出时来月经应该怎么做。她的学校有自动售货机吗？如果没有，她可以去学校医务室。她知道哪些朋友的储物柜或手提包里有卫生巾或卫生棉条吗？提醒她经常更换卫生用品和洗澡会让她感觉神清气爽。最后，如果她是朋友中第一个或最后一个来月经的，让她放心，因为每个人都有自己的生理时间表。

被忽视的男孩

父母更可能让女孩而非男孩为进入青春期做准备，原因有几个。首先，最明显的是女孩需要处理月经问题。其次，同样明显的是，女孩可能会怀孕。虽然男孩会让女孩怀孕，但风险似乎不那么紧急或直接。再次，月经与性行为没有直接关系。与青春期前的女儿谈论她的月经与向年幼的孩子解释"鸟类与蜜蜂"①没有什么不同。勃起和射精会引起潜在的尴尬问题，如性幻想、性梦和自慰，许多父母希望避免这些话题。最后，性别刻板印象认为，男孩都非常渴望达到性成熟。然而，相当大一部分的男孩（也许是1/5）第一次射精或做性梦时会感到害怕，有些孩子不知道自己的身体怎么都"湿"了，一些男孩则担心他们感染了性病。

那么，男孩想知道什么呢？

男性和女性在内部有什么不同？ 男性和女性不仅有不同的性器官，还有不同的性激素。青春期后，男孩的睾丸会持续制造精子。精子在睾丸中盘绕弯曲的小管中生产，储存在睾丸、附睾和精囊中。如果它们没有被"使用"（没有射精），精子就会分解。无论男性射精的频率有多高，精子都无法"用完"。睾丸每个月会产生数十亿个精子（如果这个数量你觉得太多了，那你应该知道单次射精可能包含3亿~5亿个精子），虽然女性只能在每个月的两三天中怀孕，但男性可以在任何时间成为父亲。

男孩为什么会勃起？ 当男性被刺激时，阴茎中的静脉充血，阴茎就会变得硬而勃起。勃起可能是由于接触、摩擦、性幻想或性梦引起的。勃起可能会自行缓慢地消退，如果男性达到性高潮并射精，勃起会迅速消失。（我们假设男孩已经知道勃起的"目的"，严格按照生物学术语来说，勃起就是为了让他进行性交。）

在青春期，男孩很容易就能勃起。一些男孩发现穿着宽松的裤子可以让勃起变得不那么明显，并避免尴尬。到青春期中期，自发的、不必要的勃起变得越来越不可能，这很可能是因为激素水平变得更加稳定，同时男孩有更规律的性出口（自慰、亲热、性行为或以上行为的组合）。

什么是射精？ 当男性达到性高潮时，阴茎会喷出一种白色液体，这叫作射精。这种液体被称为精液，含有精子和液体。当精子穿过女性阴道进入子宫，并沿着输卵管"寻找"卵细胞时，这种液体可以保护精子。精子可以在女性体内存活四五天。

---

① 这个是国外特有的俚语，意指向更年幼的孩子解释"自己是怎么来的"一类与性相关的问题。——译者注

男性通过同一个开口排尿和射精,但在高潮期间,排尿管是关闭的。尿液不会与精液混合。

女孩能射精吗? 不能。当女孩变得性兴奋时,阴道壁会湿润,以便阴茎可以进入,一些起润滑作用的液体可能会滴下来。但是,女孩在性高潮时不会射精。

射精会削弱体力吗? 不会。射精后,男孩通常会感到深深的放松,这可能有点儿像虚弱的感觉。他可能在20分钟到一个小时内无法再次勃起。但射精,无论频繁程度,都不会影响男性的整体活力。

勃起而不射精有危险吗? 没有。变得兴奋而不能立即解除性紧张可能是很令人沮丧的,但它不会导致精子"积压"、男孩的睾丸膨胀,或可能想象到的任何其他结果。

什么是遗精? 青春期的男孩很容易被性唤起,梦可能就会导致他们在睡眠中勃起并射精(女孩也可能会有性梦,并在睡眠中达到高潮)。遗精是由性梦和男孩的睡衣、床单的摩擦或挤压的综合作用导致的。男孩不可能在清醒时自发地射精;如果他不触摸自己,勃起就会消失。他做梦的内容与他未来的性取向和行为无关(参见第六章的"性感受和性幻想")。与不自觉的勃起一样,随着男孩的成熟和性行为的活跃(自慰或性生活),遗精会变得越来越少。但成年男子偶尔也会有遗精。

家长应该告诉他们的儿子遗精没有什么好羞耻的,他不是"尿床",只是在成长。告诉他,如果他的睡衣或床单有污渍,他应该把它们扔进洗衣篮,你会给他铺上新的床单,让他换上干净的睡衣。

我的阴茎够大吗? 够了。环顾一下更衣室,男孩就能知道阴茎的大小和形状很不同。一部分原因是男孩处于不同的青春期阶段,另一部分原因是天生的个体差异。然而,勃起时,大多数阴茎长度为4~6英寸(10~15厘米),足以进行性交。自慰或频繁的性行为都不会影响阴茎的大小,这与许多男孩所认为的相反。所以没有理由试图使阴茎增长。

为什么我的乳头会肿胀? 大约有2/3的男孩在青春期早期乳头周围会有肿胀,但这并不意味着男孩正在发育乳房。乳头肿胀将在一年到一年半内消失。为什么会发生这种情况?两性都有相同的激素在体内循环,不同之处在于比例：女性的身体会产生更多的雌激素和孕激素，男性的身体会产生更多的雄激素。然而，在青春期，激素水平会有波动。有一段时间，男孩的身体可能制造过多的雌激素和过少的雄激素。这不会长期影响外貌，也不会影响性功能，最终男性的激素平衡将恢复。如果男孩感到担忧，例如，他在海滩上不会脱掉衣服，那就可以去看看医生，医生可以向他保证没有问题，他的乳房没有在发育。

家长须知

青春期也会让父母措手不及，以下是针对父母的一些指导方案。

不要把肌肉发育与成熟混淆。[5] 青春期发展遵循一个生物时间表，这与社交、情感和智力的发展几乎没有关系。一个年轻人看起来成熟并不意味着他有能力做出明智的决定、做事情负责任、能够很好地控制自己，或者达到其他衡量成熟的标准。家长及其同龄人都欣赏那些在十几岁就已经显得成熟的男孩，娇惯那些发育较晚的孩子。这对两者都是不公平的。早熟者可能在过小的年龄扮演了成人角色（例如，因为他们的体形被分配做额外的家务），并且被剥夺了幼稚和玩耍的机会（"如果你已经大到可以刮胡子了，你就应该懂点儿事了。"）。晚熟者可能因为看起来像孩子而被剥夺了在家庭中的权利，在学校也会因为没有承担相应的责任而受到批评。

避免"洛丽塔假设"。女孩生理上的超前并不意味着她性早熟。在她证明自己是无辜的之前，不要假定她"有罪"。她可能对约会感兴趣，也可能不感兴趣。如果她确实想和一个年龄大一点的男孩出去约会，你的决定要基于你对待其他孩子的相同的标准（她的成熟程度，你对那个男孩的了解，他们打算去哪里，是否会有成年人的监督，等等）。当你认为她太小，不能和年龄偏大的人群一起去露营时，她可能会松一口气。

"我讨厌我自己！" 青少年都会在某一时刻对自己正在发育变化的身体感到不舒服。不要以告诉他"你会长大的"来打消他们的焦虑，因为那样做并不能帮助他们。要耐心倾听青少年的抱怨。当他平静下来时，试着确定是否有什么特别的事情让他陷入沮丧，然后解决那个具体问题。

如果一个早熟的女孩不喜欢自己的胸部，帮助她找到能使她的体形不那么显眼的内衣和服装。不要强迫一个正在迅速发育的男孩穿太短的长裤。要寻找机会来提醒身体发育较慢的青少年，他们在情感上正在成长。

成长中的烦恼：肥胖、青春痘、容貌等

随着孩子进入青少年期，他们变得越来越关注自己的外貌，但往往忽略自己的健康。父母如何帮助他们的孩子看起来和感觉都良好呢？

饮食、运动和睡眠

在青春期这样的快速生长阶段，身体需要额外的营养，特别是需要蛋白质来增长肌肉，需要钙来增强骨骼和牙齿的坚固性，以及需要足够的维生素和矿物质。此外，女孩在青春期的饮食将影响很多年以后她自己和她宝宝的健康。但无论男女，他们都需要一日三餐，饥饿的时候都需要健康的零食。

在年轻人最需要均衡饮食的时候，他们却正在远离家庭餐桌。研究表明，青少年，特别是女孩，是美国最营养不良的群体之一。罪魁祸首就是不规律的饮食，尤其是不吃早餐、快速节食、吃垃圾食品和喝含糖软饮料。糖果棒和薯条不会引发粉刺，奶油夹心海绵蛋糕也不会引起情绪波动，但是它们不能为青少年的身体提供成长所需的基本营养。

体形变化

大多数青少年对自己的身材都会感到不满意。通常，男孩担心自己太瘦和发育不良，女孩更常担心自己不够瘦。这种新的自我意识可能会促使他们健康地尝试增肌或减肥，也可能会导致他们对饮食或节食的病态沉迷。

家长及其孩子了解"什么是正常"非常重要。在青春期，体重和体形的变化是正常的——青少年在10~14岁之间平均每年增加10磅(约4.5千克)。但是发育不总是均匀的。女孩可能在达到最终身高之前体重会增加,因此在一段时间内看起来胖胖的;男孩可能在体重增加之前就已经长高了,所以看起来显得很瘦。

美国国家卫生统计中心发布了生长曲线,显示了不同年龄儿童和青少年的身高和体重百分位数,包括男孩和女孩。通过使用身高和体重表,你可以确定你的孩子体重是否与他或她的身高发育不同步。一般来说,身高和年龄相同的人的体重与预期体重相差10%以内属于正常范围。如果一个青少年的体重比预期高出20%或更多,家长就要关注了(参见下文的"肥胖"一节)。虽然体重稍微低于标准不太值得担忧,但突然或显著的体重减轻可能预示着严重的健康问题,如果是自我诱导的,则可能是心理问题(参见第八章的"饮食失调")。

保持身材

现在的儿童和青少年比20年前更加肥胖,其中一个原因是饮食,另一个原因是今天的青少年久坐不动的生活方式越来越普遍。他们不太可能步行上学或骑车去朋友家,反而更喜欢花费数小时在电视机和电脑前。平均来说,美国9岁的儿童每天只有约三个小时的中度体育活动,到15岁,这个数字降至一个小时。另一个问题是学校强调竞技体育运动。只有少数青少年能够加入校队,花费下课后的几个小时时间进行训练。但是,普通学生每周只能得到两三个小时的体育课,而且很多时间都站着不动。此外,参与足球、篮球、曲棍球和其他竞技体育运动的可能性通常只在学校。鼓励孩子在学校之外进行体育活动,如游泳、网球、远足、慢跑、骑车、散步等,这些都是可以终身参与的体育项目。除了促进身体健康[6],运动还可以帮助青少年缓解紧张情绪[7]、建立自信、结交朋友,并且让他们感觉良好。

休息[8]

许多青少年早上起床困难、下午打瞌睡,通常不如童年期的精力。

一部分原因当然是他们熬夜（看电视、上网、和朋友聊天、阅读或者学习），但是另一部分原因是生理上的：在青春期，正常的睡眠周期发生了变化，导致个体渴望更晚地睡觉，因此早上需要更多的睡眠。这个变化在 20 岁左右开始逆转。当你的孩子抱怨他们不再像原来那样在睡觉时间感到疲惫，或者在被叫醒去上学时感到筋疲力尽时，他们可能是在说真话。虽然这种青春期的"睡眠—清醒"周期变化有生物学上的影响，但是这种生物学上的变化也受到各种诱惑的助力，例如有线电视、互联网、电子邮件等。这些诱惑可能会使青少年熬得更晚。虽然青少年在晚上不像童年期那样感到困倦，但如果没有太多熬夜的理由，他们依然会很快入睡。

对青少年健康来说，睡眠与饮食和锻炼同样重要。青少年每晚需要至少 8 个小时的睡眠。睡眠不足与学习问题、情绪问题甚至肥胖都相关。如果你的孩子经常熬夜到凌晨 1 点，上学的时候早上 7 点起床，那么她处于睡眠不足状态。事实上，她早上可能会因为太困而影响早自习甚至早课的表现。一周内，随着青少年逐渐适应了上学早起的生活，她的身体会"重置"内部生物钟到更早的时间，早起会变得越来越容易。周五早上的早自习她很可能会比周一早上更清醒（尽管还不是完全清醒）。

遗憾的是，当青少年周末早上睡懒觉时，这种重置就会被打破，这会使他们在周日晚上更晚睡觉，进而导致周一早上起床困难。为了避免（或至少减轻）这种恶性循环，在学年期间不要让孩子在周六和周日早上起得太晚。你不必和他争论周末晚上多晚睡觉，因为他几点睡觉并不重要，重要的是他起床的时间，这有助于帮他建立更规律、更健康的睡眠习惯。

肥胖：原因和治疗 [9]

原因

现在，肥胖的定义是通过将个人的 BMI（体重指数，计算公式基于体重与身高的比率）与同龄男女的标准进行比较。大约 15% 的美国青少年面临严重的肥胖风险（BMI 介于该性别和年龄的 90%~95% 之间），另有 15% 的人则属于肥胖（BMI 达到该性别和年龄的 95% 或以上）。你可以在 www.cdc.gov/growthcharts 网站找到计算青少年 BMI 以及他或她相对于同龄人的水平的信息。

肥胖通常在青少年期更加明显。为什么？基础代谢率（在基础代谢状态下单位时间内的能量代谢）在青春期下降约 15%，加上青少年比儿童更容易获得快餐和零食，这导致他们在童年期养成的不良饮食习惯的结果被放大。

肥胖有遗传和行为两方面的原因。许多人因为其身体的热量消耗速度比正常人慢而变胖。由于其体质化学成分的缘故，他们积累了比正常体重的人更多、更大的脂肪细胞。对他们来说，减肥或保持体重都更为困难。饮食和运动也很重要，不过，与遗传因素不同，这些都是青少年可以控制的因素，但是，家长可能需要提供帮助。

怎么办？

几乎所有超重的青少年都想减肥，但问题是，他们不知道该怎么做。有许多适用于超重儿童和青少年的有效的体重管理计划。大多数计划将饮食与自我意识训练（意识到何时以及为什么吃东西）、行为改变（例如在吃东西的时候放下餐具、在吃零食之前出去走一圈、选择健康的食物而不是不健康的食物等）和同伴支持相结合。不幸的是，50%~70% 通过这些计划减肥的青少年在计划停止后会反弹。因此，大多数专家认为体重管理必须从家庭开始。[10] 家长如何提供帮助呢？

- 不要老是让别人关注孩子的体重。青少年非常清楚自己很胖，不需要被提醒。除非他们先提到，否则不要谈论体重。
- 不要因为胖而唠叨甚至责骂他们。唠叨只会加深超重青少年的自卑感和不安全感。
- 不要坚持让青少年严格控制饮食，并计算她每一口食物的热量。来自他人的过度控制是不起作用的，超重的青少年必须学会控制自己的饮食。

家长应该鼓励全家人培养合理的饮食和运动习惯。从限制高热量、高脂肪、高糖食物的数量开始，并让家里的其他成员，即使不超重的人，也不要吃那些对他们健康不好的食物。你的目标应该是防止暴饮暴食，鼓励体育锻炼，而不是剥夺或羞辱超重的孩子。

许多超重的青少年会被那些承诺产生奇迹结果的速成减肥法所诱惑。这些应该受到抨击。青少年可能会在两周的液体饮食中减去10磅（约4.5千克），但这并不能教她如何在正常情况下合理饮食。此外，严格的节食可能会增加食欲并降低基础代谢率，使进一步或持续减肥变得更加困难。当青少年不再坚持严格的饮食，随之而来的就是体重增加，而且可能变得更难减重。

一个现实的目标是每周减重约2磅（约0.9千克）。大多数专家推荐采用饮食和运动相结合的方法。不要每周吃好几次汉堡、薯条和奶昔，要食用合理的正餐和零食，步行半小时去学校并保持良好的步伐，每周进行三次45分钟的剧烈运动，这些都能够缓慢但稳定地减肥。对一个需要减掉30磅（约13.6千克）或更多体重的青少年来说，减去2磅的体重似乎并不明显，而且需要持续几个月的节食似乎也是不可能的。要帮助青少年为不太遥远的未来设定具体目标，如在暑假后重返学校时减掉20磅（约9千克），或在圣诞节前减掉15磅（约6.8千克），抑或在常规的青少年服装区，而不是"加大号"服装区购买13码或11码的裙子。

青春痘：谬误与事实[11]

青春痘（青春期痤疮的日常说法）不是青春期的"正常"现象，它是一个值得认真关注的医学问题。导致青春痘的原因是什么？在青春期，包括皮肤表层下方的皮脂腺在内的所有腺体都变得更加活跃。油脂和细菌被堵在皮脂腺内并感染周围组织，就会出现青春痘。青春痘的第一个迹象是黑头或白头。随着时间的推移，它们可能会发展成脓疱，如果感染皮肤表层以下，可能会发展成囊肿或疖子。青春痘最常出现在脸上，尤其是在发际线，以及颈部、肩膀和背部，这些地方的油腺最多。

首先，青春痘不是由于邋遢造成的。青少年长痘痘并不是因为他们洗澡或洗脸不够勤快。感染在皮肤下面，无论多少次擦洗都无法洗掉，但是经常洗脸可以防止感染恶化。其次，青春痘不是由于吃垃圾食品引起的。减少摄入巧克力和薯条等食物对健康总体有好处，但不会改善青少年的面部状况。最后，青春痘与性没有任何关系。青少年之间可能会打趣地说，朋友长痘痘是因为性活动过多（尤其是自慰）或过少（"他没机会。"）。这些都是错的。

迄今为止还没有已知的预防青春痘的方法，但是它可以得到控制。在轻微的情况下，好的香皂可以防止油脂在皮肤上停留，防止尘土或化妆品堵塞毛孔，防止青春痘变得更加严重。勤洗头可以减少发际线周围的青春痘。每晚涂抹含有过氧苯甲酰的非处方制剂可以防止油脂在夜间积聚，并减少黑头或白头的数量。过氧苯甲酰乳膏不会迅速起作用，如果觉得有效，必须稳定使用。不建议挤压或擦洗青春痘，因为这样会进一步刺激已经发炎的区域。

在严重情况下，或者在非处方制剂无法起作用的情况下，我强烈建议带青少年去看医生，无论是保健医生还是皮肤科医生。如果不治疗，青春痘可能会在年轻人的脸上留下永久性疤痕，更不必说对他或她心理的影响了。为什么要让孩子受苦呢？医生可能会开一些处方药，其中包括：过氧化苯甲酰，但比非处方制剂的浓度高得多；维生素 A 的衍生物维 A 酸，市场上有几个不同的产品名称，包括 Retin-A；外用抗生素，如红霉素或克林霉素。在严重的红色痘痘局部涂抹类固醇药物，可以消除已经开始的感染并降低永久性疤痕的概率。局部治疗通常非常有效，尽管不同的治疗方法对于特定类型的皮肤问题的效果不同。

在非常严重的情况下，皮肤科医生可能会考虑开一种口服类处方药物——异维 A 酸。虽然效果很好，但这种药物有两个风险：一是，如果女性在使用它时怀孕，婴儿将面临很高的患先天性缺陷的风险；二是，这种药物会增加对阳光的敏感性，所以服用该药物应该使用防晒霜，而且要避免长时间暴露在阳光下和进行日光浴。

最后，有证据表明，避孕药可以减少皮肤油脂的产生，从而降低长青春痘的可能性。显然，这对男孩没有帮助，大多数女孩也不会仅仅因为长痘痘而开始服用避孕药。

整容问题[12]

童年期被忽略的微小缺陷可能在青少年期突然成为持续痛苦的来源。同样，身材与青少年期望的形象不符也可能如此。有些年轻人相信，只有改变外貌才能实现幸福快乐（或受欢迎，这是一样的）。与青少年争论外貌并不重要是没有意义的。外貌是重要的，而且不仅仅是对青少年而言。对一些青少年来说，不满只是一时的，而另一些青少年则真觉得自己很"畸形"。直接忽视青少年的抱怨可能只会让他们觉得你不想让他们变得有吸引力。

青少年常常要求的整容包括：去除多余的面部或身体毛发；打耳洞，有时还会打多个耳洞；去除胎记和痣；文身；鼻部整形；抽脂；乳房整形。

如果你的孩子提出要整容，你应该考虑下面几个问题。

问题有多严重？他的鼻子或她的痣是否真的让他们很难看？父母倾向于将孩子的缺点最小化，因为他们已经习惯了孩子的长相。但是在这个问题上，青少年更想得到同伴的认同，而不是父母的无条件"包容"。为了获得客观的意见，请询问你一个诚实的朋友或亲戚，或者咨询一位不会亲自为孩子进行该手术的医生。

真正的"问题"是普遍的自卑心理，而不是对外貌的不满吗？许多青少年（事实上也包括成年人）认为整形手术会改善他们的自我形象，但研究表明，通常情况下并非如此。有些人可能对自己面部或身体的特定部位做手术后感觉良好，而不一定会对自己感觉更好。广告与事实是相反的，没有证据表明整容手术能改善一个人的心理健康。

这种手术安全吗？ 通常应避免自行治疗。比起请朋友帮忙穿耳洞，更安全的方法是请医生或在知名的珠宝店进行。即使是经验丰富的医生进行的手术，也是有医疗风险的。

这种改变会持续多久？ 越是永久性的改变，决策中考虑的就应该越多。例如，文身很难在不留疤痕或变色的情况下去除。

时机是否合适？ 有些手术应该等到孩子长大后再考虑。例如，许多孩子的鼻子在成长过程中会变得越来越好看。许多女孩担心自己的胸部太小，但到20多岁时她们的胸部会变得更加丰满，这是体重正常增加的结果。等待几年并重新考虑该决定可能是有意义的。其他治疗，例如矫正突出的牙齿，最好是及时治疗。

青少年是否理解这种改变的代价和收益？ 年轻人有时会将所有焦虑和问题归结于一个小瑕疵。你的女儿可能想象去掉那个痣会像魔法一样将她变成迷人的美女和七年级最受欢迎的女孩。在同意进行手术之前，请确保孩子掌握了充足的信息且有现实的愿望。

请记住，在美国，青少年必须获得父母的同意才能进行整容手术，比如文身和穿孔等，具体年龄可能因手术内容和所在州的规定而异。

为青少年找到一位家庭保健医生

青少年期经常出现的新的医学和健康问题往往需要特殊的专业知识。你希望孩子有一位擅长与他们沟通的医生，并接受过与青少年期相关的医学方面的良好培训。青少年期医学培训不仅涉及与青春期激素和身体变化有关的生理学问题，还包括避孕、药物使用、抑郁症和性传播感染等行为和心理问题。

有些儿科医生擅长处理青少年期的问题，但并非所有的医生都擅长。当你的孩子进入青春期时，你应该问问他的儿科医生是否擅长处理青少年期的各类问题，如果不擅长，是否可以请他推荐一位受过青少年期医学培训的同事。（同样的建议也适用于为青少年期女孩寻找妇科医生，不要认为妈妈的妇科医生就是青少年的正确选择。）此外，青少年可能希望在进入青春期之前更换儿科医生。如果你正在为孩子寻找新的医生，可以从青少年健康和医学协会（www.adolescenthealth.org）获得有关此领域专业医生的信息和帮助。

对青少年健康保健需求敏感的医生会希望安排一些时间与你的孩子私下单独讨论各种话题。正如你所想象的，很少有青少年会在父母在场的情况下回答医生关于吸烟、饮酒或性行为的问题。医生会告知你的孩子，这些对话是保密的，不会透露给任何人，包括他的父母，除非讨论的问题危及生命，以及青少年同意让父母参与其中。如果你的孩子的医生这样做，你应该感到高兴，而不要抗拒。建立这种信任和保密机制是确保青少年在寻求健康咨询方面感到舒适的最佳方式。

第六章
你和你的孩子需要了解的性知识

青少年期的重要发展任务之一是学会将自己视为有性的生命,面对性感受,享受与他人所建立的新关系。帮助年轻人培养客观、积极、充分了解和负责任的性态度是父母的一项关键任务。

孩子想问却不好意思问的问题

所有青少年都对性很好奇,但许多人过于内敛或害羞,不敢说出来。他们在想什么呢?以下是青少年最常问的一些问题:

- 我脑子里总想着性,是不是疯了?
- 所有人都有这种感觉吗?
- 我想自慰是正常的吗?
- 我会变成同性恋吗?
- 我要怎么知道我什么时候可以开始尝试性经历?如何去尝试?

性感受和性幻想[1]

性感受对青少年来说并不是一种新体验,但是感到性冲动则是。特别是在青春期的早期,许多孩子都想知道这些感觉来自哪里,是否只有他们自己有这种渴望,以及该怎么应对这种渴望。

关于性感受从何而来的问题没有一个简单的答案。激素无疑是重要因素。在青少年期,由于身体激素分泌的增加,性感受似乎比成年时更强烈、更迫切。但激素只是其中的一部分原因。男孩应该有性冲动、女孩则应该浪漫的文化观念,同样在性觉醒中扮演了至关重要的角色。或许在童年期,他们早已经历过性方面的刺激和渴望,但只有在青春期,他们才开始将这些感觉贴上性的标签。

我们所知道的是,性欲和性幻想是正常的和普遍的,每个人都有,不仅是青少年,也不仅仅是男孩。对青少年来说,最重要的是要知道,任何想法本身都不是病态的、奇怪的或错误的。幻想不会伤害你,无论它们多么离奇或出格。几乎每个人都曾在生命中的某个时刻想象一些被禁止的行为,这是正常的。

性幻想中唯一真正的伤害是内疚感。那些认为自己的幻想和睡梦揭示了自己所隐藏的可怕之处的年轻人,最有可能对自己的性取向或性行为感到不安,也最有可能沉迷于性幻想。重要的是让青少年明白,幻想就是幻想,仅此而已。

超过 3/4 的青少年有过性幻想。他们最渴望的对象是他们当前的男女朋友,除此之外还有电视或电影明星、朋友和熟人、陌生人、摇滚明星、虚构人物和亲戚。女孩的幻想往往很浪漫,而男孩的幻想往往是露骨的。女孩幻想着被男孩拥抱。由于男孩的幻想经常是具体的,因此他们更有可能感到内疚。因为男孩的欲望和幻想可能会导致意想不到的勃起和遗精,所以他们更容易感到窘迫。因为许多女孩已被社会化,认为"好"女人不会想有关性的问题,所以她们更有可能认为自己是唯一有这种想法的人。

与成人所相信或担心的相反,许多青少年更喜欢幻想而不是行动。白日梦比实际行动更安全。在他们的幻想中,他们是制片人、导演、编剧和摄影师,想象力的润色可以掩盖缺陷,可以反复演练直到场景完美。

家长应该回答孩子有关性欲和性幻想的问题，但也要尊重他们的隐私。

自慰

自慰是青少年之间不会讨论的性话题，即使是在最好的朋友之间。如果向父母提起这个话题，他们的问题也可能是间接的。[2] 比如，"只要发生性关系，是不是就不再是处女了？"（是的，这就是处女的含义。）"男孩会用尽他的精子吗？"（不会，前面已经解释过了。）"如果女孩把手指放进阴道，会戳破处女膜吗？"（可能会，但这很少会发生。）

父母需要对青少年解释清楚，自慰是一种自然、无害地感受性愉悦和缓解性紧张的方式。大多数人有时候会自慰，即使他们已经结婚并且有良好的性生活。有些人频繁自慰，有些人很少，有些人则根本不会，所有这些模式都是正常和健康的。如果你喜欢自慰，没关系；如果你不喜欢，那也没关系。

家长应该坦诚并实事求是地回答孩子的问题。如果发现孩子在自慰，他们不应感到惊讶、生气或担心。

同性恋[3]

几乎所有青少年都在某个时刻担心过自己可能是同性恋。当大多数儿童进入青春期时，他们仍然更多地和同性相处，也就是说，他们的朋友几乎都是同性别的，并且他们的大部分时间都和同性别的人在一起。因此在接触异性之前，他们已经开始经历性冲动的痛苦。一个女孩可能在与她最好的朋友打闹时感到性兴奋，一个男孩可能在想到更衣室里那些湿漉漉的裸体时会出现勃起。这并不意味着他们有同性恋倾向，相反，他们的性发育暂时领先于他们的社会性发展。

在青春期的某个时候，大约 1/2 的男孩和 1/3 的女孩与同性别的人玩过性游戏。这些活动是出于好奇，而不是性吸引。大多数年轻人将这些尝试视为试验。但是有些人会感到内疚和羞愧,并开始怀疑自己。

在青少年期早期,年轻人经常对同性别的老师或年龄大一些的青少年产生"迷恋"。有些人会将英雄崇拜与性吸引混淆在一起,特别是当同伴和父母嘲笑他们这种对英雄不太隐秘的崇拜时。

发育较晚的青少年(其性欲没有他们认为的那么强)和年龄稍大一点但尚未尝试过性经历的青少年可能会怀疑自己不是异性恋,即使他们从未被同性吸引过。

此外,那些不符合性别刻板印象的青少年可能会遭到父母和同伴的干涉。劝导一个感情受到伤害而哭泣的男孩,或者一个对戏剧而不是对足球感兴趣的男孩,"要表现得像个男子汉",既残忍又无效。对于一个喜欢穿运动衣,对马比对男孩更感兴趣的女孩,强迫她穿上百褶裙和朋友的儿子约会,不会改变她的兴趣,只会产生冲突。这些兴趣并不是潜在同性恋的"症状"。这个世界给青少年施加了足够大的压力,迫使他们以性别刻板印象的方式行事,但他们不需要在家里承受更多的压力。

"潜在同性恋"并不存在。很多青少年可能会将同性恋的特征对应于自己,即使他们不知道这个术语。过于对同性恋感到恐惧、仇恨或者好奇,并不意味着这个人"真的是同性恋",它只意味着这个人害怕、有抗拒情绪或充满了好奇。

回首过去,很多成年同性恋者说,他们一直知道自己是同性恋,或者他们记得自己意识到自己是同性恋的那一天。我猜这种"肯定的认知"只是事后才形成的。性取向不会像电灯泡一样突然"打开"。对每个人来说,青春期都是一个充满好奇、幻想和尝试的时期。性承诺和性偏好也是试探性的。

没有人知道为什么某些人会发展出同性恋倾向,大多数人是完全的异性恋。试图将同性恋单一地归因于基因、性激素产生过多或不足、特定的家庭模式(强势的母亲/软弱的父亲综合征)或"关键体验",都被证明是错误的。这不应该令人惊讶。大多数人类特征都是多重、相互作用的结果。为什么性取向比学业表现更容易解释呢?为什么解释某人是同性恋比解释某人是异性恋更简单呢？

目前的思考表明，一个人的性取向不是一个有意识或自愿的决定。父母既不能也不应该阻止青少年成为同性恋者，也不能"治愈"年龄大一点的青少年或成年儿女的性取向。试图改变一个人的性取向会付出沉重的心理代价。猜疑、说教和恳求只会增加青少年的焦虑，无论他或她的性取向如何（另见第十八章中的"同性恋"）。

青少年对同性恋的焦虑是社会导向的反映。孩子很早就知道"娘娘腔""男同""兔子""拉拉"等是一种严重的侮辱。他们不假思索地把这些贬义标签抛给对方，但常常不知道这些标签的含义。对同性恋的态度在近年来变得更加包容，但包容并不意味着接受。青少年需要被教育，歧视同性恋和歧视少数种族、少数族裔或女性一样错误。认识到同性恋只是一种不同的爱的方式，而不是疾病或心理扭曲，青少年就不太可能担心自己的一些想法和经历。

色情

绝大多数青少年会在某个时候接触到色情内容：或是偷偷从父母或哥哥姐姐那里拿走的杂志上，或是越来越多地通过互联网下载色情照片或视频。不论年龄，男性比女性更容易被色情照片或视频激起性欲。这并不意味着女孩对色情照片或视频没有兴趣，她们通常更喜欢带有热烈爱情情节的浪漫小说。

多数情况下，对色情内容的迷恋只是一个短暂的阶段。当你发现孩子的床垫下面藏着色情杂志时，过度激动或生气只会使"禁果"变得更加诱人。如果你对色情内容强烈反对，请明确表态并说明原因。

在青少年对自己的身体和性能力有许多疑问的阶段，观看色情电影很可能会让青少年产生令自己不安的问题，提这些问题也会让青少年倍感难堪，因为这意味着他们观看了色情电影。

青少年很容易在互联网上浏览到色情电影，这给父母带来了新的挑战。家庭笔记本电脑正在被普遍地使用，你如果用儿子卧室中的笔记本电脑查看一个电话号码，却震惊地发现他最后查看的网站有色情内容，你该怎么办？

不要轻易下结论或采取极端行动。大多数青少年都是通过垃圾邮件或在查找其他资料时偶然看到色情内容的。当你有机会在私下讨论这件事时，告诉他你想与他谈谈。

解释为什么你认为年龄如此小的孩子看色情电影是不适当的，并告诉他不能这么做。重申有很多事情在成年人眼中可能是可以接受的，但对他这个年龄来说是不适当的。他需要再等上几年才能成为成年人，那时他就可以选择自己的娱乐方式了。

安装一个互联网过滤软件。有许多平价的软件可以过滤可疑的网络内容，多数互联网服务提供商也提供免费的过滤软件。和孩子解释说，你这样做是为了保护他，而不会使用软件来监视他，并相信他会尊重你的意愿。如果你（或你的配偶）喜欢在电脑上观看色情内容，请确保电脑设置了密码，这样只有成年人才能访问成人内容。

采取这些措施后，你发现孩子仍然在看色情内容，则需要采取更强有力的措施。如今许多青少年都精通电脑，即使是最好的过滤软件他们也能绕过。不要偷窥（参见第八章），但如果发现孩子仍然在使用电脑观看色情内容，请安装一个监控设备，以便跟踪他的互联网使用情况，并解释说他已经破坏了你的信任，让你别无选择。要明确表达如果他再违规，你将不允许他在卧室里用电脑。这样他只能在家里的公共区域使用电脑完成家庭作业和发送电子邮件，没有机会去看露骨的色情电影。

如何与孩子谈论性

一系列的研究表明，青少年想要了解更多关于性的知识。[4] 当问及他们应该从哪里获得性知识时，十有八九的青少年会说从他们的父母那里——是的，他们的父母——而不是从他们的朋友、健康课堂或者书中获得。然而，当问及他们是否真的与他们的父母谈论过性问题时，只有约 1/10 的人回答"是"。根据大多数青少年的说法，原因在于他们的父母对此问题支支吾吾，"无论什么时候我问她，她都告诉我'过会儿再说'。"

障碍

为什么父母不愿和自己处于青春期的孩子讨论与性相关的问题？

"**我不想鼓励性行为。**"许多父母认为与孩子讨论性会导致孩子过早发生性行为，孩子会将父母愿意交谈的行为解释为对性行为的许可。这些想法都是错误的。学习政治学并没有让你的孩子成为政治家，为什么学习性知识会使他们滥交呢？对这个问题进行广泛研究后，并没有一项研究表明性教育会导致性行为增多，但缺乏性教育会导致不安全的性行为增多。孩子从性讨论中得到的信息是你传达的，如果你说你认为青少年不应该发生性行为，你的孩子会听进去。当然，他／她也有可能不认同你的观点，但是如果你什么也不说，你就永远都不会知道你的孩子在想什么。

"**我的孩子比我知道的多。**"有些父母认为他们不需要讨论有关性的问题，因为他们的孩子已经从学校或其他信息来源中知道了他们需要知道的内容，一些青少年相信他们"知道一切"，但事实并非如此。

学校的性教育往往太少、太迟，也很无聊。因此，青少年会求助于朋友、哥哥姐姐，以及能看到的任何一本书、杂志和电视节目，他们会获得一些知识，但多数是半真半假的内容以及谎言。你的孩子可能知道一些时髦的性词汇，但这并不意味着他知道他在说什么。

今天的青少年对性问题表现出一种令人惊讶的老道和无知。父母需要了解孩子知道什么或认为自己知道什么，并纠正其错误的信息。在青少年期早期谈论性、亲密关系、怀孕和生育并不算太早。

有些父母回避和孩子讨论性，因为他们害怕自己不知道所有的答案，显得很愚蠢。如果你自己的性教育还有所缺失，请提前学习相关知识,但不要认为自己必须成为一个有问必答的专家。如果你不知道答案,就告诉孩子不知道。

"**我很尴尬!**"绝大多数父母对与青春期的孩子谈论性都会感到有些不安。有些父母认为青春期的孩子真正想问的是父母与自己的配偶在床上做了什么。虽然青少年可能会好奇你在他们这个年龄段的感受和所做的事,但大多数孩子并不认为父母有性生活,因此他们会说"你不可能知道我的感受"。无论好坏,他们在这个年龄阶段更关注自己而不是他人。

有些家长说,当他们试图告诉孩子,性对于成年人是可以接受的,但不适合青少年时,感觉自己像伪君子,尤其是如果父母本身处于单身状态并且还在约会。然而,要求青少年延迟性行为,与要求他们等到16岁才能开车或18岁才有投票权相比,并没有不公正。与开车和投票一样,发生性关系时人需要一定的成熟度和责任感,而12岁或13岁的孩子显然没有这种成熟度和责任感。区分成年人和青少年的权利并不是假惺惺的,因为青少年缺乏成年人的判断力和经验。因此,青少年在开车时更容易发生事故,也更容易出现意外怀孕或性传播疾病。

有些父母就是不喜欢谈论性,仅此而已。但是青春期的孩子非常擅长解读非语言信息。如果你感到尴尬,你的孩子会察觉到,但他不会知道你的不舒服是来自他提出的问题(因为这些问题很愚蠢或很难以启齿)还是来自你。诚实一点!"我的父母没告诉我很多,所以我真的不知道该怎么给你解释。我想我们需要一起学习。"孩子会松一口气,因为她知道你的那种焦虑感不是来自她一个人。

"**我不知道该如何开始。**"也许父母谈论性感到尴尬的主要原因是他们不知道该如何谈。今天的父母虽然是在性解放后成长起来的,但在他们的原生家庭中,性可能仍然是一个禁忌话题。当与孩子谈论性的时候,他们不知道如何以性开放的青少年的父母为榜样。虽然他们认为自己应该这么做,但是一部分人还是觉得在孩子的成长过程中坦率地讨论性是不合适的。一代人的禁忌有可能成为下一代人的禁忌。

如何与孩子谈论性

父母如何克服自己的犹豫和青少年的抗拒？

不要把关于性的讨论推迟到你认为青少年已经有恋爱关系的时候。理想情况是在孩子发生性行为之前就开始和他/她谈论这个话题。10~12岁的孩子不太可能将这些讨论视为个人攻击，做出防御性反应；相反，他们更有可能说出自己的想法。与基于昨晚已经发生的事或明天晚上可能发生的事讨论相比，提出和回答一个假设问题没那么尴尬。例如，如果你等到女儿15岁或16岁时才提及避孕措施，她可能会觉得你在指责她发生过性行为或侵犯了她的隐私。青少年在年龄较小的时候，不会像稍微成熟之后那样将你的观点视为对他的评判，此时的谈话不太会变得情绪化，未来的交谈（和青少年的房间）也不会被关闭。

话虽如此，但我必须补充一点：现在开始永远不会太晚。如果你已经推迟了，那么可以和孩子这样说："我们早该聊聊了，但我没意识到你成长得这么快，这是我的错。我现在想开始聊一下。"

不要试图一次性把所有话都说出来。很多人可能还记得大谈性行为的尴尬场面。父亲突然放下报纸，神秘地瞥了一眼你的母亲，然后说："儿子，我们出去散步吧。"或者你母亲来到你的房间，关上了门，然后严肃地说："是时候让我们进行一些女人之间的谈话了。"如果你还记得大谈性行为的事情，那么你可能会记得你和你的父母都很尴尬。（另外，你已经发现了你父母放避孕套的地方。）心与心的交流有其存在的意义，但这种过于夸张的"重要谈话"往往使性这种人类自然发展的问题看起来像是重大而神秘的事。此外，青少年不会从一次谈话中学到很多东西。

如果你希望孩子把性看作生活的一部分，而不是可怕的、强迫性的或者非常了不起的，那么最自然的方法是将性话题融入日常交流中。电视节目（无论是严肃的节目还是情景喜剧）、杂志文章、报纸上的建议栏目，甚至八卦栏目，都提供了充足的机会来探讨性行为和性价值观。（超过70%的最受青少年欢迎的电视节目都包含性内容。）通过一个关于青少年怀孕的节目，你可以和孩子谈论为什么（其他）青少年这么冒险，帮助孩子了解有关怀孕和避孕方面的知识（比如，虽然话题中的角色说她在吃避孕药时怀孕了，但在已经及时吃药的情况下还是怀孕了极为罕见，避孕药是一种非常可靠的避孕方法）。一篇关于艾滋病的文章、电视剧中的一个片段，或者一个随意评论说某人是同性恋，都可以引出关于同性恋的讨论。（比如，同性恋是一种疾病吗？如何判断一个人是不是同性恋？电视中的描绘准确吗？）如果女儿进来时，你正在和一个单身或离异的朋友讨论她是否应该和正在交往的男人发生亲密关系，不要马上让你的朋友闭嘴。你可以谈论一些关于女性不同年龄段的性压力，但不必谈论你朋友的性生活细节。如果你和她是老朋友，告诉你的女儿，你们两个人在她这个年龄时的一些经历和误解。

不要用大量信息压倒青春期孩子。如果你的儿子或女儿问问题，回答他们并询问他们是否还有其他想知道的。你的目标首先是了解孩子知道了什么，并纠正他或她所掌握的错误信息，其次是让孩子知道谈论性是可以的。打破僵局的最好方法，是向青少年表明你对他或她关于青少年怀孕和性骚扰等话题的看法感兴趣。

尊重青少年的隐私权。随着孩子进入青少年期，他们对隐私的渴望增加了。他们不希望他们在学校时你在家翻看他们的抽屉或电子邮件，也不希望你窥探他们的私人想法。性是隐私的，这一规则不仅适用于成年人，对青少年一样适用。

尽量让讨论保持客观。当你通过谈论其他人的事情开始一段对话时，你可以让你的儿子或女儿选择一般性的交谈，也可以让他或她就自己的经历提出问题。选择权在他们手中。

如果你的女儿向你倾诉她的秘密，不要立刻告诉你的丈夫或你最好的朋友她说了什么。让她决定谁需要或不需要知道她的感受。

当然，这个隐私规则是双向的。如果你对谈论自己的经历没有感到不适，那很好；但如果感到不适，那就实话实说。你和孩子可以针对性进行有效的、信息丰富的对话，而无须谈及亲密行为的细节。

谈论性

青春期前的孩子对性行为有疑问，即使他们的问题还只是假设性的。[5]年轻的女孩想知道发生性关系是否会痛，尤其是第一次。对她们来说，很难想象一个勃起的阴茎会怎样进入她们的阴道。一个客观的回答是，如果她的处女膜很紧，她第一次发生性关系时可能会感到疼痛和流血（因此更值得她等待一个爱她、关心她的伴侣），同时阴道具有足够的适应性，都可以让婴儿出生，所以疼痛不是发生性行为的常见特征。女孩也不应有过高的期望，大多数年轻女性第一次发生性关系时没有性高潮。男孩则担心自己的表现："我会知道该把它放在哪里吗？""如果我不能勃起或太快达到高潮怎么办？"因为焦虑和缺乏经验，所以很多男孩在第一次发生性关系时也不能达到自己的期望。通常，这些问题不会持续太久。

重申一遍，没有证据表明回答青少年的性问题会促进早恋，但这可以帮助他们避免不快乐。青少年应该知道享受性需要时间和经验，早期的失望并不意味着他们性冷淡或性失败。

在某个时候，几乎所有的青少年都会问："要多少岁才可以发生性关系？"不要认为你的儿子或女儿正在考虑这个问题。大多数青少年这么问的原因是想要拒绝发生性行为，他们希望得到父母的帮助。

青少年没有关于处理亲密关系的情感经验和成熟度。他们不知道看到男朋友或女朋友与其他人调情的感觉，不知道因小事争吵的感觉，也不知道发现自己不再相爱但不想伤害对方的感觉。他们仍在了解自己和其他人的感受。没有性方面的问题，恋爱和失恋也已经足够让他们痛苦了。

告诉青少年他们在情感上不成熟或他们只是觉得自己恋爱了，很可能不会让他们留下什么印象。与十几岁的孩子交谈的最佳方法是强调真正的风险。

无保护措施的性行为，不管什么年龄，即使只有一次，都可能导致怀孕。防止怀孕的有效方法是不发生性行为或有效避孕。但是，没有哪种避孕方法是100%有效的。年龄较小的青少年比年龄较大的青少年更不懂得采取避孕措施。

早孕在身体和心理上都存在风险。年龄很小就怀孕的女孩比 20 多岁怀孕的女性更容易患并发症，她们的孩子也更可能体重不足、容易生病、发育缓慢。在十几岁就成为母亲的女孩完成高中学业或上大学的可能性比其他女孩要小得多。她们也不像其他女孩那样嫁给孩子的父亲就算结婚了，这段婚姻也不会持续很久。因为年龄小，堕胎也存在极大的风险，年龄较小的青少年可能会因为不想面对自己怀孕的可能性而推迟看医生。

青少年患性传播疾病的风险很高。性传播疾病是导致不孕不育的主要原因，也会导致其他健康问题。太早有性行为会增加日后不孕不育的风险。避免性传播疾病的方法是避免发生性关系或使用避孕套（尽管避孕套并不能完全有效地预防所有性传播疾病）。

简而言之，青少年应该知道，拒绝在他们年龄还小时尝试性行为对他们的健康和未来非常重要。他们应该知道，发生性行为并不能证明自己很时尚、有吸引力和"与众不同"，性行为不能证明任何事情。在任何年龄，用任何理由，我们都可以说"不"。

谈论价值观

决定什么是正常的和被允许的性行为是性发展的核心部分。青少年想知道父母的立场，虽然他们可能是最后承认这一点的人。我认为大多数父母都会同意，由于前面给出的原因，青少年期早期发生性行为还为时过早。然而，现在开始讨论如何就性做出负责任的决定，以及进行性行为的好坏理由可能不算太早（这些话题将在第十四章中涉及）。你可以说，亲吻、拥抱和牵手是表达情感的好方式，成年人也享受这些。在海滩上手挽着手散步，或与自己在乎的人一起观看星空，对任何年龄的人来说都是美妙的。这些行为不必是发生性关系的前奏曲（在青少年期早期尤其不应如此）。

回答孩子关于什么是正常性行为这个问题非常重要，特别是如果你的孩子读过或看过强调性能力的信息。正常性行为的标准定义是"成年人之间同意的行为"，但是这个定义并没有告诉青少年足够多的信息。

正常的性行为是双方都喜欢的行为，在其中没有人会受到伤害，也没有人会在之后感到被利用、内疚或羞耻。良好的性生活并不取决于夫妻发生亲密关系的频率或者他们一起做了什么，而是取决于沟通和包容。自我感觉良好、与伴侣相处舒适以及感觉安全是必不可少的因素，这些都需要时间来培养。

给予孩子自由，也要保护他们免受侵犯[6]

青少年需要独立性，他们不想走到哪里都有人陪着和有司机跟着。然而，父母总会听到有年轻人被拖到树林或屋顶，甚至在车里被认识的人强奸的消息。父母如何既给予他们的孩子自由又保护他们免受性侵害呢？

帮助孩子建立自我保护意识

女孩在青少年期比男孩更容易成为性侵害的受害者，原因仅仅在于男孩已经学会了更积极、更有攻击性地保护自己。但男孩也是性侵害的目标。目前，约有25%女性和10%的男性在成年之前以某种方式遭受过性侵害。然而，与男孩相比，女孩更容易被强奸（大约有10%的女孩报告，在18岁之前经历过非自愿的性行为），或者有过自愿但不想要的性行为，比如发生性行为时自己太紧张、喝醉了或太累了想拒绝（这在年轻人中尤其常见）。

毫无疑问，当你的女儿还是小孩时，你已经教过她小心陌生人，现在她正在成长，你需要加强这些教导。你应该教导处于青少年期的女孩的事情有：

- 当她们独自在家时，永远不要为陌生人开门。如果对方说自己是电视机维修人员（或类似的人），而她没有听说电视机出了什么问题，她就应该告诉对方另约时间。
- 永远不要搭陌生人的车。搭便车很危险，即使你和朋友在一起。
- 始终避免去黑暗、荒芜和陌生的地方。说服你的女儿，你宁可接送她或让她打出租车，也不愿让她自己冒险回家。
- 有些强奸案光天化日之下发生在公共场所。如果女孩怀疑自己被跟踪，她不应该害羞，可以找警察、告诉公交车司机，或走进附近的商店寻求帮助。

女孩们还需要果断拒绝不受欢迎的追求和性挑逗，尤其是来自认识的人。我在第十四章中讨论了"约会时的性侵害"，在本章，我主要讨论成年人对十几岁的青少年实施的性侵害。

如果说被陌生人强奸是毁灭性的打击，那么遭遇受信任的成年人的性侵害则是极具创伤性的。这种情况也更为常见：70%~80%针对青少年的性侵害是他们所认识甚至爱的人实施的。（青少年男孩较少成为受害者，但并非没有。）近年来，儿童性虐待已经得到很多媒体的关注。每个阅读报纸或观看新闻的人都知道这样不可思议的事情确实发生了，但大多数父母几乎无法相信这种事情会发生在自己孩子身上。这些父母是错误的，这种情况可能会发生。

性虐待的真正悲剧是许多（如果不是绝大多数）女孩不敢告诉任何人，因此，侵犯可能会持续数月甚至数年。为什么女孩不敢说话？许多人认为，如果她们说出来，会被指责她们误解了大人的行为（比如，"他是你的叔叔！你怎么会这样想呢？"），或者编造故事以引起注意（比如，"你只是嫉妒你姐姐要结婚了。"），或者引诱成年人（比如，"如果你不穿得像个妓女，男人就不会这样对你。"）。当这些侵犯刚开始时，年轻的女孩可能不相信自己身上发生了什么。她可能怀疑邻居看她的方式有些奇怪，或者觉得哥哥希望她坐在他的大腿上有些不对劲，但她不敢说出来，因为那意味着她认为男人会对她产生性吸引力。很少有青少年有足够的自信说出这些事情，她的沉默使得犯罪者更加大胆，他们可能会采取更加过分的性侵害行为，甚至通过贿赂或勒索来让受害者保持沉默。当最终说出来时，她之前的沉默可能被视为某种对自己不利的证据，表明她应该受到责备或者与施暴者合作。父母往往会因此对女孩的活动加以限制，实际上这是在变本加厉地惩罚她。

没有父母相信他们认识的人会性侵害他们的孩子（或任何其他孩子）。保护孩子的第一步是承认即使在最好的家庭和社区中也可能发生这样的事情。第二步是武装你的孩子，而不是让他们感到不必要的恐惧。当他们还是小孩的时候，就应该教给他们"正常的触碰"和"不好的触碰"的区别，并告诉他们在有人侵犯他们的隐私部位时大声说出来。应该提醒青少年，他们有权决定谁可以触碰他们，以及他们可以触碰谁。如果女孩觉得某人让她感到不舒服，应该告诉父母，即使她不确定具体是什么让她不舒服。绝不要强迫她与不喜欢的人独处或表现出亲昵的态度。确保她知道，如果她遇到无法控制的情况，你不会责怪她。未成年人受到性侵害从来不是未成年人的错，无论儿童或青少年之前做了什么或没有做什么，她需要知道不管发生什么你都会站在她这一边。

互联网的安全性

色情内容在互联网上很常见，幸运的是，性侵害的内容并不常见。虽然媒体都在大肆报道该主题，但很少有青少年通过互联网成为陌生人的性侵害受害者，而互联网上的性骚扰几乎不会通过其他方式继续往下发展。让青少年遭受风险的是他们在网上的行为，而不是他们是否在脸书、MySpace（聚友网）或其他社交网站上有个人网页。与禁止青少年拥有个人账号相比，更好的策略是教他们如何在互联网上与他人交往，以及如何不与他人交往。一些常识会有很大帮助，以下是你应该告诉孩子的常识。

和朋友在线上闲聊关于性、约会和迷恋的话题是可以的，但与陌生人在线讨论这些话题是不合适的。与陌生人在线聊关于时尚、电影和足球等话题没有问题。但是，如果你的孩子不知道自己正在与谁交流，那么性和约会就不应该成为他们对话的一部分。即使对方似乎是一个合适的在线聊天对象，你的孩子也无法核实这一点。如果她得知自己关于"灾难约会"的聊天，实际上是与一个冒充八年级女孩的43岁男子进行的，她肯定会感到震惊。

对于身份不确定的人通过互联网发出的任何有关性的交流，不要回复。就像如果你接电话听到沉重的呼吸声或有关性的谈话时会挂断电话一样，如果与陌生人的在线聊天话题转向性，请立即结束聊天。即使是看似无害的回复也会引导对话继续下去，甚至不要回复说你不感兴趣或想改变话题，直接"挂断"。

不要利用互联网炫耀你的性感。发布挑逗性的图片或向全世界展示你最近的性经历会招来麻烦。个人网页可以足够个性化，但不必过于私密。向朋友展示你的新比基尼照片是可以的，但向全世界展示则不可以。

不要向任何你不认识的人透露你的电话号码或地址，在公共网页上也不要发布此类信息。这样如果有人尝试在网上找你，没有号码或者地址，他就无法真正接近你。如果他以某种方式获取了你的电话号码并试图联系你，请挂断电话并告诉你的父母。

如果你接到同一个人多次发送的不受欢迎的关于性的信息，请向大人寻求帮助。接到陌生人发送的不受欢迎的图片、信息和邀请可能会让你感到苦恼。互联网服务提供商或地方政府可能能够干预并追踪它，最终制止这种行为（就像电话公司可以终止骚扰电话一样），但你可能需要父母的帮助才能启动该过程。

如果一个青少年受到了侵犯

如果不可思议的事情发生了：你的女儿告诉你，她被家人或者亲近的人猥亵了，你应该怎么做？请向她保证，她来找你是正确的，你相信她，你对施虐者感到非常愤怒，但仍非常爱她。确保她知道你的反应是出于对施虐者的愤怒，而不是因为她的经历而感到羞耻和尴尬。无论如何，都不要问她是否做了什么引起了性侵害或引起性关注。最重要的是，向她保证你会一直信任她。

如果青少年遭受了强奸或性虐待，我强烈建议你联系性侵害危机处理中心。除了你的爱和支持，青少年还需要专业的指导。她应该进行身体检查，以确定是否受伤、怀孕或感染性传播疾病。她可能还需要心理治疗师的帮助来消除她的羞耻感、愤怒和罪恶感。性侵害危机处理中心的辅导员受过训练，可以帮助年轻人和他们的家人获得所需要的帮助。我还认为，任何儿童性侵害案件都应该向警察或其他相关部门报告。父母通常会掩盖这样的事情，以保护孩子免于尴尬。这种反应是可以理解的，但是当听到父母保证"我们不会告诉任何人"，青少年可能会得到这样的结论：如果人们知道了，他们会对她有不好的看法，就好像她被玷污和羞辱了一样。此外，她可能不是唯一的受害者。性侵害危机处理中心的辅导员和专门从事该领域的心理治疗师可以帮助你决定哪种做法最符合孩子的最大利益，如果你决定这样做，他们还会帮助你处理法庭事务。

如果一个青少年遭受性虐待但没有说出来怎么办？青少年有"可怕的秘密"的表现是：害怕独自离开或独自外出，不愿被任何人触碰，做噩梦。青少年犯罪、服用非法药物、突然的行为改变、频繁和无端的情绪爆发以及逃避，通常与青少年遭受性虐待有关。（即使与此无关，这些行为也需要你采取应对措施。）

虽然青少年男孩遭受性虐待较为罕见，但确实也会发生，在一些案件中，施虐者常是年长的男性。这些男孩遭受了被侵犯和并不想要的同性性行为所带来的双重耻辱。他们需要得到保证，他们不应为所发生的事情负责，并且作为受害者，他们没有犯任何错误。与对待女孩一样，我强烈建议遭受性虐待的男孩的父母寻求专业指导。

第七章
青少年的大脑和思维

在青春期，青少年不仅开始看起来更像成年人，也开始像成年人一样思考。[1]因此，他们看待自己、他人和生活的方式总体上发生了变化。虽然其中一些思维变化可能是由于多年经历和学校教育的累积效应，但科学家现在知道，青少年期是大脑发育的重要时期。事实上，除了生命的前三年，青少年期可能是大脑变化最剧烈的时期。在本章，我将简要介绍青少年的大脑，但首先让我们看看青少年的思维方式。

智力出现爆发式增长

青少年期智力的爆发式增长涉及新的思维方式。青少年正在进入运用抽象概念、假设情境和形式逻辑的世界。除非父母足够了解这种变化，否则从不成熟到成熟思维的转变很容易被误解。事实上，没能理解青少年思维方式的变化，是父母和青少年之间发生冲突的主要原因。

抽象概念

这一思维能力在智力上使儿童和青少年有了天壤之别。儿童会以具体的行为和事件，即他们能看到、触摸和抓住的事物为思考对象。当一个 8 岁的孩子被问及公正的定义时，他可能会说"让每个人都有份儿"或"将糖果分成两半"。对这个年龄的孩子来说，虔诚意味着星期天去教堂且行为得体。

在青少年期，公正、诚实和忠诚等抽象概念具有全新的意义。青少年知道公平是无法量化和衡量的。他们认识到诚实不仅仅是说实话，一个诚实的人还会审视自己的动机。对他们来说，虔诚取决于你是否真正笃信教义，而不仅仅取决于你的所作所为。抽象概念为年轻人的思维增加了新的层次。童年期简单的黑与白、善与恶、卑鄙与善良、聪明与愚蠢，变得不确定、模棱两可和值得争论了。

对可能性的思考

扩展的心智能力为青少年带来无限可能。对青少年来说，现实（当前存在的事物）只是许多可能性（可能存在的事物）之一。他们的精神视野并不局限于眼前的环境。他们可以设想一个没有战争的世界、一个没有成年人的社会、一个有不同父母的生活。对可能性的思考引发了身份认同问题。青少年思考他们的个性和社会生活在未来可能如何变化。对儿童来说，你是谁就是谁，身份是给定的；对青少年来说，你现在是谁只是可能性之一，身份是个问号。从思考"可能是什么"到思考"应该是什么"只是一小步。今天是幻想家和理想主义者，明天他们可能就会成为苛刻的社会批评家。他们做出最严厉的批评通常是针对自己最亲近和最爱的人——自己和父母。

逻辑和推理

青少年期是理性的年龄。青少年思考问题和看待不同立场或行为的逻辑后果的能力比儿童要强得多。

儿童能够理解逻辑和推理，但他们很少使用这些思维工具。面对问题，儿童会直接着手解决，青少年则会停下来考虑最佳策略，需要了解什么，以及其他参与者或玩家可能如何回应他们的举动。例如，在20个问题游戏[1]中，儿童通常会问一些具体问题："是一只猫吗？""是科比·布莱恩特吗？"青少年则会使用逐步限制可能性的问题，从而通过得到的回答缩小正确信息的范围，比如"是活物吗？""是的。""是动物而不是植物吗？""不是。""它可以吃吗？"儿童的提问是随机的，青少年的提问是有系统性和策略性的。

逻辑思维不仅局限于游戏和学校作业，青少年还会将他们新获得的推理能力应用于家庭规则和规定的"游戏"中。晚饭后，你的儿子一边拿起他的夹克一边和你说："我要去比利家看一部新电影。"你回答道："不行，你不能去！明天还要上学呢。"他反驳道："我下午完成作业了，为什么我必须在家里待着？"或者你的女儿"不经意"地提到有一个同学因服用非法药物被停学了。当你问她对朋友的行为有什么看法时，她说："她不应该在学校里这么做。"你说："她就不应该服用非法药物！""为什么？"你的女儿问。"你和妈妈每天晚饭前都喝一杯酒，这和服用非法药物有什么区别？"这些孩子已经预料到父母的反应，并准备好了合乎逻辑的反驳。

高级思维在青少年期早期（甚至在青少年期前期）就开始出现。大多数青少年在11岁或12岁时已经掌握了一些抽象概念、可能性和形式逻辑。然而，这些认知上的进步通常要到青少年期中晚期才会真正稳固。智力成熟具有"时隐时现"的特点。青少年可能在某些领域（数学课）应用高级逻辑，而在其他领域（管理他的零花钱）则不然，似乎在某一天聪明而有见解，但在另一天又呆笨和幼稚。这些不一致并不是有意的，也不意味着青少年在精神上是懒惰的。正如适应新的身体需要时间一样，适应新的思维也需要时间。有时，青少年在智力上是笨拙和协

---

[1] 20个问题游戏是一种情境猜谜游戏，也被称为情境推理游戏、"是/不是"游戏。出题者说出一个难以理解的事件，猜谜者可以提出任何问题以试图缩小范围并找出事件背后真正的原因，但出题者仅能以"是""不是""是也不是""不重要""没有关系"来回答问题。猜谜者需要通过这些回答来推理出谜底，猜出则视为胜利。这种游戏谜题本身并没有很强的逻辑性，而是注重能否发现关键线索并重现情境。——编者注

调不一的。

大脑的变化:运作更快,寻求快乐[2]

在脑成像技术出现之前,科学家只能推测青少年大脑的运作方式。然而现在,研究人员可以使用能够识别撕裂的韧带和肿瘤的仪器观察青少年的大脑,并观察他们思考时会发生什么。现在我们知道,除了0~3岁,没有哪个发育阶段比青少年期的大脑发育更加迅速了。

更高效的"首席执行官"

大脑的前部(前额叶皮质,位于前额后面和太阳穴之间)是大脑的"首席执行官"。当我们进行复杂思维,即权衡利弊、计算风险和奖励、制订计划、做出复杂决策时,这部分大脑会处于活跃状态。这也是青少年期大脑变化最重要的地方。在青少年期结束时,前额叶皮质的活动更加高效,与负责执行其他功能(尤其是与我们体验和感知情绪、奖励和威胁有关的功能)的脑区之间的协调也更加良好。

在青少年期早期,前额叶皮质的成熟促进了逻辑推理、事先计划和同时思考多件事情等能力的提高。虽然这些能力的改善不是一夜之间发生的(就像大脑发育本身一样,智力发展是渐进的),但青少年的思维方式有明显的变化。与青少年期前期相比,青少年期的大脑运作更快、更好。

大脑的成熟并不会在青少年期结束,影像学研究表明,在25岁左右时,大脑仍在发育,特别是负责调节情绪、控制冲动和平衡风险与奖励的脑区。心理学家区分了"冷"认知(当我们在思考一些没有太多情感内容的事情时,比如做代数题)和"热"认知(当我们在思考一些可以让我们感到高兴、愤怒或沮丧的事情时,比如和朋友一起去骑车,或者教训一下那个侮辱你女朋友的人)。负责"冷"认知的大脑系统在个体16岁时已趋于成熟,但控制"热"认知的系统尚未成熟,20多岁时它们仍在不断发育。这就是为什么在学校学业成绩优异的青少年与朋友出去时也会做一些愚蠢的事情。

增强的愉悦感

青少年大脑的成熟方式让他们变得更有能力进行推理思考,同时也在变化,使他们更倾向于做冒险的事情。

你还记得第一次热烈亲吻的感觉有多棒吗?你还记得青少年时代对流行音乐有多喜欢吗?你还记得和高中朋友大笑的时刻有多快乐吗?令人愉悦的事情在青少年期会感觉更好。科学家现在明白了其中的原因。

大脑中有一种叫多巴胺的化学物质,它负责产生愉悦感。当有令人愉悦的事情发生时,我们会经历一种被一些科学家称为"多巴胺喷发"的体验,从而产生愉悦感。它让我们想要引起多巴胺喷发的事物,因为它产生的愉悦感太强烈了。(有些刺激产生的愉悦感很大,以至我们在期待这种体验时就会有多巴胺喷发。)

我们现在知道,青少年期早期多巴胺活动会急剧增加。实际上,青少年期早期大脑奖励中心的多巴胺活动比生命中的任何时期都要多。因为青少年期早期会让人感觉特别愉悦,所以青少年会特别努力地寻求有奖励的经历。当然,在所有年龄段,我们都会寻找让自己感觉良好的事物,但是这种驱动力在青少年期早期比其他阶段都更加强烈。

寻求奖励和愉悦体验的驱动力是把双刃剑。好的一面是,它是青少年变得快乐的原因之一。但有时这种驱动力如此强烈,以至于青少年可能表现出一种"隧道视野":他们被驱使着去寻求快乐,以至于可能不会注意到相关风险。对青少年来说,超速驾驶、无保护措施的性行为和饮酒的感觉真的很好,以至于超速罚单(或更糟糕的事情)、意外怀孕或因为身上有酒气而被禁足都不会引起他们的重视。

这种高级(但尚未完全成熟)的推理能力和强烈的寻求刺激的冲动相结合解释了为什么本来聪明的青少年会经常做出令人惊讶的蠢事。更重要的是，青少年控制冲动的能力尚不成熟，同时对寻求刺激的兴趣比以往任何时候都要强烈，这使他们容易犯错误。

青少年期早期就像新手司机头回上路。作为父母，你需要经常提醒他使用刹车。有时，你甚至可能需要成为他的刹车系统，限制他陷入麻烦的机会。让他在没有成年人监督的情况下深夜和朋友外出，没有成年人在家的时候让他的女朋友到家里来，这些只会诱使他做一些他可能无法自控的事情。

判断能力不足

对父母来说，智力发展的一个明显（也是令人愉快的）结果是孩子变得更有趣了。与年幼的孩子进行谈话是单方面的，孩子缺乏生活经验，而你是她的教练。"对话"通常是你要倾听孩子的计划或问题，然后指出不同行为的后果。你处于青春期的女儿可以自己做到这一点（至少有些时候）。你们的对话越来越多地开始进行思想交流。她能够更好地理解其他人的观点，包括你的观点。分享你对家里老人的担忧或换工作的犹豫不决，她可能会提出有价值的看法，并且她肯定会喜欢你重视她的意见。

与此同时，青少年也会挑战你的立场和耐心。正如学会爬行的婴儿会不断活动一样，学会推理能力的青少年将会运用他的智力。他坚持辩论你认为已经解决的问题。他经常为了争论而争论，然后突然关上门，你不知道是什么困扰了他。当他整个晚餐时间都保持沉默时，你可能希望他和你大吵一架。

智力发展为青少年打开了一扇大门。学校提供新的课程，也包括一些成熟的科目（代数、几何、哲学、表演）。青少年将学习她的父母已经忘记或从未了解过的知识和技能。当父母完全被新网站搞糊涂时，哪里会有青少年不喜欢告诉他们"这多容易呀"，然后向他们解释如何操作，就像指导一个孩子？高级思维的好处不仅限于学习学校科目，它还能够思考人们内心的想法，站在别人的视角看待问题，打开亲密和友谊的新世界。能够独立思考同伴群体中出现的问题并提出解决方案，可以大大提高他们的社会独立性。

然而，生活并不是那样简单，事情也不是一成不变的，认识到这些会给他们带来新的焦虑。重新审视已有的信仰是青少年期的标志之一。曾经确定的、永久的和不容置疑的事情（比如，上帝爱人类，父母无所不知，如果我努力就能完成任何事情）变成了试探性的。并非所有青少年都是隐秘的哲学家，但这种问题在青少年期比其他生命阶段更为普遍。

值得注意的是，推理和判断是两回事。你的孩子已经发展出了成人（或成人般的）推理所需的智力水平。但是，这并不意味着他已经发展出成人般的判断能力，这种判断能力取决于经验和心理成熟度，还取决于推理能力。就像我在后面的章节中解释的那样，青少年（甚至那些和父母推理能力一样好的青少年）比成年人更容易面临同伴压力、冲动或缺乏远见等问题。为你的孩子获得新智力能力感到骄傲，同时也不要忽略她对你的指导和智慧的需求。

父母如何应对来自孩子的争辩与挑战

当你的孩子掌握了你曾经拥有的逻辑武器时，你就遇到了智力上的对手。青少年新获得的智力独立性可能会让父母感到迷惑。父母已经习惯了孩子认为他们无所不知、接受他们的决定（无论多么不情愿），并把遇到的问题告诉他们。突然间，父母受到了挑战。你的孩子可能会指出，而且是正确地指出，你变得易怒、脾气暴躁、不理智和专制。一些简单的指导原则可以让你和你的孩子生活得更加轻松。

不要把准备辩论和争论混淆

如果不是从小就叛逆，在青少年期突然变得好争论是少见的。青少年质疑你的判断并与你进行无休止的、令人疲惫不堪的辩论的原因是她的智力正在成熟。她认识到你逻辑上的缺陷和原则上的不一致，并乐于指出来。

你的孩子并没有经历性格改变，而且大多数情况下也不是在故意惹你生气。简单来说，青少年已经成为更好的辩手，这需要你做出调整。

一旦你的孩子开始像成年人一样思考，你就不能期望他只是因为你是父母就对你盲从。与成年人一样，青少年也在寻求要求背后的道理。如果他们被要求做某事或不做某事，他们想知道为什么。他们比童年期更容易看出规则的任意性。像成年人一样，当青少年感觉到要求不合理或不正当时，他们会以反抗的方式回应。但是当他们看到你要求的东西背后的道理，并认为父母有权提出这样的要求时，他们就更有可能遵守。你的孩子聪明到能分辨出你是仅仅想展示自己的领导地位，还是出于正当的目的。

太多的父母只看到了智力发展的消极方面（"我失去了对孩子的控制。"），而忽略了积极的意义（"她正在成为一个独立的思考者。"）。你想让你的孩子在其他环境中毫无主见和一直采取服从的态度吗？你想让你的儿子和朋友一起在学校的墙上喷涂有关种族歧视的涂鸦吗？你想让你的女儿在男友说如果她真的爱他就和他发生亲密关系时顺从吗？当然不是。你希望你的孩子相信他在电视上看到的一切吗？你希望你的孩子乖乖地坐在教室里，牢记老师说的话，从不反对，从不提问吗？不会。

试图展翅飞翔的青少年需要一片安全的地方来实践。与父母争论吸烟或者偷窃可以帮助他们发现和发展自己的立场。如果青少年在家里学会了如何反驳，如何坚持自己的立场，以及如何输掉争论而不失面子，他们就能更好地准备应对同伴和其他成年人的压力以及不正当的要求。

请记住，一个巴掌拍不响

如果你和你的孩子不断争吵，你可能会把他们走向独立视作对你权威的威胁（参见第八章的"自我意识增强，寻求独立"）。

比如，你在等着开车送女儿去参加她最好朋友的生日派对时，她穿着一件超大码的破洞 T 恤、黑色紧身裤和男式篮球运动鞋出现在厨房里。你告诉她不能这样出去，给她 10 分钟去换衣服。可这个年轻的思考者已经准备好了。"您难道不认为我已经长大了，可以自己选择衣服吗？"在开启一场争吵之前，请先思考一下你的反应：你真正反感的是她这套衣服，还是对你权威的挑战？你是不是只是因为这套衣服是她的决定而不是你的，就对她的品位和决策不屑一顾？

再比如，5 月的一个温暖的周六，你和你的妻子决定带孩子们去附近的公园徒步旅行。你最小的孩子高兴极了，而你那个正处于青少年期的儿子却呻吟道"不可能"。他计划和他的朋友一起度过一天，因为朋友刚买了一款新电脑游戏。你反对说："今天天气这么好，待在屋里太浪费了。"你妻子跟着说道："你是我们家的一员，儿子，和我们一起去吧！"你的儿子想知道："为什么我总是要按照你们的计划行事？"在卷入一场争吵之前，你要问问自己：你真正反对的是他的计划，还只是因为他不像你一样热爱户外活动？他有自己的朋友和兴趣爱好吗？他不想在家人的陪伴下去任何地方了吗？

对于该穿什么或周末要做什么的决定，妥协并不意味着你失去了作为父母的权威。你只是承认孩子正在成长。将争论留给真正重要的问题：安全、健康和决定青少年未来的事情。

研究发现，青少年和他们的父母一样，甚至更不喜欢争吵，知道这一点可能对你有所帮助。[3]

你想培养的是一个充满好奇心、有求知欲、独立的个体

年轻人发展高级思维的速度和达到的水平在一定程度上取决于他的经验。特别是那些家庭鼓励活跃且开放讨论的青少年，通常比那些家庭不鼓励思想分歧的青少年能更早地发展出高级思维。[4]

这意味着青少年的父母应该鼓励讨论和辩论，而不是打击和抑制。没有父母想要每天讨论为什么青少年应该打扫房间或实行宵禁背后的

逻辑。但是，如果问题很有趣，并且你手边的事情可以延后，那就抓住这个机会。闲聊可以提高智力能力。如果现在不是合适的时间和地点，告诉青少年你对她所说的感兴趣，并提议一个可以进行更深入讨论的时间。

让政治和道德问题、个人和人际关系问题成为你们家庭日常生活中的一部分。你能设法在繁忙的日程中安排跑步，就肯定可以找到时间进行智力练习。在餐桌上（而不是在电视机前）吃晚饭是一个明显的机会，但不是唯一的机会。如果家里每个人周五晚上都去不同的地方，那么可以计划在晚上11点回家一起喝牛奶、吃饼干、聊天。利用周日早上讨论一下新闻中的话题。当孩子放假而你没有放假时，带他或她去吃午餐。请孩子对于你写给参议院议员的信或者在社区委员会会议上发表的演讲提出批评和建议。不要强迫孩子讨论问题，家庭不是学校。但是，如果你为辩论创造了机会，辩论可能就会发生。与大多数父母所认为的相反，调查发现，青少年希望与父母花更多时间交谈，但是他们渴望真正的交谈，而不是片面的说教。

不要担心你的孩子希望你无所不知。当孩子问"为什么上帝允许饥饿和战争？""为什么人们知道吸烟会致癌还要吸烟？"时，许多父母会有点儿猝不及防。你怎么回答这样的问题？孩子想知道的不仅仅是答案，而是知道你在倾听他们讲话，并且你有和他们一样的困惑。知道你也发现了这些问题或他们感兴趣的话题是有难度的，这会让他们感到很欣慰。

最后，鼓励你的孩子在学校上具有挑战性的课程。安全而简单的课程可能有助于青少年维持高的平均成绩，但不会挑战他们的思维。特别是那些学习高级科学课程的青少年，往往比那些没有上过这类课程的学生更能发展出高级的抽象推理能力。现在是尝试学习高等数学或拉丁语的好时机。让孩子知道，如果她在一门有难度的课程中得到低于平时的成绩，你不会生气（我在第十章中会更详细地谈论青少年在学校中面临的选择）。

以自我为中心和其他思维局限[5]

能够像成年人一样思考并不会使青少年成为社交和情感迅速成熟的人。年龄稍小一点的青少年可能拥有"思考伟大思想"的心智基础，但他们没有太多将高级逻辑应用于日常生活、平凡现实的经验。我们认为典型的青少年行为之所以存在，很大程度上是由于思想和经验之间的差距。

想象中的观众

青春期的一个主要智力进展是能够思考别人在想什么。"他知道我知道他知道……"在青少年期早期，这种领悟可能会变成一种执念。青少年想象每个人都在时时刻刻地想着他！实际上，他构建了一个"想象中的观众"，观察和评估他的每一个举动。你知道今晚的音乐会有3000人，而你的孩子确信音乐会上的每一个人都会注意到他鼻子上的青春痘；他们不仅会注意到，而且会在背后嘲笑他。当家人外出用餐时，她总会缩在最黑暗的角落里，害怕朋友看到她有这么怪异的父母。想象自己是在百货公司的橱窗里工作或举办小型亲密晚宴，你就会知道你的孩子在很多时候是多么局促不安。想象中的观众是一种新能力的结果，这种能力可以思考别人在想什么，同时又无法区分自己的关注点和别人的兴趣。

个人神话

这种感觉就像自己是被关注的中心，会导致夸大的自我重要感。在青少年期早期，这种感觉会表现为个人神话。青少年认为自己是独一无二的、特别的，适用于其他人的社交规则和自然法则对他们并不适用。

在抽象的层面上，青少年明白，尝试一些药物可能会导致上瘾或药物过量，没有保护措施的性行为可能导致怀孕，超速驾驶可能会收到交通罚单或导致交通事故，但他们没有智力能力来将这些抽象的知识整合到日常生活中。就像一个母亲所说，她的儿子"真的认为由于他在哲学上反对青春痘，所以他不会长青春痘"。

青少年的独特感是以自我为中心的另一个来源：他们真诚地相信没有人像他们一样深爱过、如此痛苦过，或者如此清晰地理解事物。

表现虚伪

年轻的青少年可能会表现出异常的虚伪。他们一会儿阐述崇高的原则，一会儿又违背了同样的原则，如果成年人指出他们的言行不一致，他们会感到愤慨。你十几岁的儿子可能会谴责你过于关注外表，然后他会花一个下午擦车，并给他的车打蜡抛光。你的女儿和她的朋友可能会花数小时谈论她们不能忍受某个人，因为她是一个爱说闲话的人。一群少年可能会为环保举行集会，并留下满是易拉罐和传单的示威现场。这种表面上的虚伪是智力上的不成熟造成的，而不是道德上的软弱。当成年人虚伪时，我们可以认为他们意识到了理论与实践之间的联系。青少年很难建立这种联系。他们陶醉于发现抽象的理想和行为原则，却不愿费心处理具体细节。在这个年龄段，表达一个理想就等同于朝着那个理想努力奋斗。

过度思考

青少年常常会沉迷于他们获得的理解复杂问题的新能力，而忽略了明显、简单的解决问题的方法。将复杂的推理应用于简单问题让青少年看起来很固执，甚至很愚蠢。例如，青少年面临的一个困境是由于他们能够思考无数种可能性，因此决策变得很困难。决定穿什么或在餐厅点什么，甚至如何说话都会让他们很痛苦，因为有太多选择了。成年人已经无数次面临过选择的痛苦，因此设计出了淘汰策略。在圣诞节后的促销中，你选择一条米色的裙子是因为它与任何颜色都很搭，选择一件蕾丝衬衫是因为它能让你的普通套装显得很柔和。你的女儿则过于沉迷于能组合出多少种不同的造型，以至于她无法决定两周后要买什么或穿什么去参加聚会。能够同时记住许多变量是一项重要的技能，这将对你的孩子在现在的化学和物理课程上以及未来的商业中有所帮助。但在青少年期早期，年轻人很难知道何时使用高级思维是适当的，何时是不必要甚至适得其反的。

与年轻的哲学家一起生活

我刚才描述的这些特征不仅存在于青少年期，成年人有时也会为了想象中的观众而表演或表现得自己无懈可击、违背自己的原则，并把小事想得非常复杂。不同之处在于，在青少年期早期，这些逻辑错误更为常见。因此，曾经可爱的孩子现在可能看起来非常以自我为中心。父母该怎么办呢？

首先，试着不要生气。偶尔甚至经常的以自我为中心并不是性格缺陷的迹象。学习将理想和复杂的推理应用于日常生活需要时间。其次，要耐心。这些是阶段性的，青少年长大后就会逐渐摆脱这些困扰。

更具体地说，在大多数情况下，过度思考是无害的。如果你觉得你的孩子在试图用复杂的方式解决简单问题（比如，如何对待一个对朋友恶意的人，或者如何为一个聚会安排房间）导致他沮丧和感到失败，你可以建议一个更简单的方法（"如果有什么问题，你可以问问考特尼。" "为什么不先写好一个聚会活动清单呢？"）。但是请温柔地处理。你不想让孩子觉得你认为她很愚蠢，你也不希望阻止她在未来认识和解决复杂问题。

虽然虚伪极其让人恼火，但相对无害。试图说服一个不可救药的理想主义者和有完全不切实际想法的青少年是徒劳的。青少年在智力上还没有准备好将理论与实践联系起来。现在，他可能会把你的实际警告标记为"愤世嫉俗"或"懦弱"。随着他在尝试实现具体目标的真实世界中获得更多经验，他将自己发现妥协的价值。

想象中的观众有点难处理，因为它会带来很多不快乐。在这里，理智也可能会失败。如果你试图说服女儿没有人会注意她袜子上的抽丝，你只会让她相信"你不懂"。最好的方法是表现出同情并提供具体建议，而不要加强她的自恋想法。帮她补好袜子或借给她一双你的新袜子，但不要大惊小怪。如果女儿抱怨自己很胖，而你不这么觉得，请说出来。她可能只是想要得到你的称赞，希望你能打消她的疑虑。如果她坚持认为自己胖，那就承认她的感受，但不要赞成她的错觉。"如果你认为自己需要减肥，为什么不开始锻炼呢？"（参见第五章"饮食、运动和睡眠"）。

最后，治疗青少年"舞台中心综合征"①的最佳方法是发展深厚的友谊，分享内心的想法，并发现其他人也可能像他们一样自我意识很强，会有不安全感和孤独感。

需要提示的一点是：父母不应当在其他人面前纠正或嘲笑一个敏感的青少年，等到你能够与他或她进行单独谈话时再纠正。公开批评或嘲笑对任何人都是痛苦的，对青少年来说更是毁灭性的。

你如何回应你的孩子的个人神话取决于神话的性质。通常，你只需要鼓励他对幻想与现实进行对比。你儿子声称他可以在不学习的情况下通过历史考试。与其直截了当地告诉他正在犯一个大错误，不如问他是否过去做过这样的事或他的同学都是怎么做的。如果他坚持自己的幻想……那结果就是考试不及格，但是，如果是他自己发现这样的幻想有问题而没有受到你的强迫，他下次就更可能去努力学习。

然而，在某些情况下，个人神话是危险和具有毁灭性的，一个错误可能会导致不可挽回的悲剧。假设你发现你的女儿有性行为，她认为怀孕只会发生在其他人身上，或者只有在来了月经后才可能怀孕，或者她想象中产阶层的女孩永远不会遇到麻烦。你的儿子可能同样无知。那么现在就是你们认真讨论怀孕、避孕和性责任的时候了，也许你还要带他们去看看医生（参见第十四章）。对于酒后驾车、吸烟或服用非法药物

---

① 舞台中心综合征（center-stage syndrome）指人总喜欢将自己视为舞台中心的主人公，往往只关心自己的感受、想法和观点。这是青少年发展的常见表现。——译者注

是无害的这类幻想，同样需要有力的方法（参见第十六章）。

关键是你需要意识到青少年对个人神话的倾向，并知道你的孩子相信什么。不要建立自己的个人神话："我的儿子或女儿比那个人聪明。"如果能与孩子讨论有争议的问题而不是评判或对抗，你就能更好地知道何时需要采取行动。

正确与错误：帮助孩子形成健康的价值观[6]

所有父母都希望培养好孩子，这些孩子具有坚定的价值观，并有勇气坚持自己认为正确的事情。在青少年期，这似乎有些艰难。同伴群体可能会支持不利于父母教育孩子的规范和价值观。肥皂剧和其他电视连续剧将暴力、违法行为和随意的性行为作为正常的日常事件。在整个美国文化中，20世纪60年代嬉皮士的座右铭——"做自己的事情"，在80年代获得了新的、物质主义的、雅皮士的色彩，而自律、自我否定、牺牲和为他人服务等传统伦理观似乎过时了。

不要放弃。如果你了解你的孩子如何思考道德问题以及道德推理能力如何随着青少年期的发展而变化，你将能够鼓励他们发展更健康的价值观、态度和行为。

道德推理能力随年龄不断进步

道德推理能力的发展遵循可预测的模式。小孩子的道德基于自我利益。对6~7岁的孩子来说，公平就是平均分蛋糕。他们会避免诱惑，因为他们不想惹麻烦。如果他们做了对别人有好处的事，他们希望得到同样的好处。同时，如果一个同学对他们不好，他们也会以同样的方式回应。他们的基本行动原则就是以牙还牙。

在8岁或9岁时，孩子们开始关心别人如何看待他们。在这个阶段，正确的做法是不辜负你认识和关心的人的期望。做好事的原因是为了获得社交认可。高年级的小学生和青春期前的孩子认同"己所不欲，勿施于人"这一黄金法则。他们不仅着眼于个人行为的直接后果，还着眼于道德决策对他们与其他人的关系的长期影响。他们可以站在别人的角度看问题，想象如果自己丢失了 5 美元、被排挤出游戏或被恶霸欺负时的感受。他们认识到报复的局限性，理解"以牙还牙并非正义"的原则。他们不需要因被贿赂或威胁而服从，他们想要做到最好。最重要的是，他们希望别人对他们有好的评价。这被称为道德发展的"好男孩/好女孩"阶段。

这种思维方式的缺点是，"好"与别人的期望常被混淆在一起。当孩子试图取悦高道德标准的人时，这可能没问题，但如果观众报以掌声的行为是欺骗而不是诚实、是挑战而不是合作、是冒险而不是自尊、是势利和讽刺而不是慷慨和善良的，那会怎样呢？

当"好男孩/好女孩"阶段的道德推理首次出现在小学中高年级阶段时，父母会感到很高兴。孩子似乎更有爱心、更喜欢合作，通常也更容易相处。原因是什么？她渴望取悦她的父母。然而，在初中，同样的孩子可能会突然变得傲慢无礼、不合作和叛逆。原因是什么？她现在更喜欢取悦她的同龄人。在这个年龄，道德决策很可能基于她认为会让她受欢迎的事情。"但是妈妈，每个人都这么做"是一句常见的心声。一个女孩在六年级时对一个害羞、没有朋友的孩子很友好，因为她受过要善良的教育，但她在八年级可能变得排外和冷酷，以保持她在同伴中的地位。一个从未想过偷东西的人现在可能将小偷小摸视为一种游戏。因此，这种道德推理阶段的力量——希望获得认可——同时也是它的弱点。

促进道德发展[7]

更爱与同龄人交往，并受同龄人影响是青少年发展过程中正常和不可避免的部分。父母几乎无法阻止青少年在意他们的朋友的看法，但是，他们可以帮助青少年发展内在力量和安全感，以抵制那些违背他们小时候所学道德标准的压力。发展心理学家和教育学家托马斯·利科纳为激发青少年的最佳潜能提出了以下实用指南。

诉诸最高道德水平

当年轻人到了不再想成为父母眼中的乖孩子，而开始想与众不同并受同龄人认可的年龄时，父母很容易重新回到早期的道德推理模式："如果你知道这是为了你好，你就会这样做了。""你帮我做这件事，我就帮你做那件事。"这些向后看的策略不仅侮辱了青少年的道德智力，而且通常是无效的。

要唤起青少年更好的一面，你可以这么说：[8]

- "你不想被认为是一个负责任（或有爱心、真诚、诚实）的人吗？"
- "我们请你帮个忙。把它看作一种善行吧。"
- "请试着从我的角度来看这件事。如果你是孩子的父母，你会怎么做？"
- "我现在很累，心情也不好，我真的需要你的全力配合。谢谢。"
- "你这样跟哥哥说话，你听起来感觉怎么样？"
- "相信当我们不在家时，你会按我们的要求去做。我们能信赖你吗？"
- "我们期望你是一个有责任心的人，即使你周围的人并没有这样。我们对你的期望可能比其他父母对他们孩子的期望更高。我们对你寄予厚望，是因为我们认为你很优秀。"

父母有时会惊讶地发现，诉诸青少年的自我形象比其他策略更有效，当然，并不会总奏效，但这会让青少年获得更成熟的思维实践。

塑造积极的自我形象

青少年自我感觉越好，就越不容易屈服于同伴压力。青少年都经历过自我怀疑期，这也是他们非常需要认可的原因之一。父母如何支持他们不稳定的自我形象呢？

第七章｜青少年的大脑和思维

赞扬青少年的努力和成就。不管他们看起来多么独立，青少年都需要你的爱和鼓励。告诉他们你爱他们（即使他们表现得好像没听到），赞扬他们的努力（"你的海报做得很好。""你今天真的很乐于助人。""你的钢琴弹得越来越好了。"），尽量避免使用羞辱（"你应该知道得更清楚。"）、令人难堪（"人们会认为你来自什么样的家庭？"）、恐吓（"继续这样，你就会知道'痛苦'是什么感觉了。"）的语言或贬低的比较（"你姐姐总是得 A，为什么你不能？""在你这个年纪，你哥哥有一份兼职工作，你怎么就没有这样的动力呢？"）。后者这样的陈述可能旨在激励青少年表现得更好，但潜在的信息是负面的："你不合格。"

鼓励青少年做感兴趣和能掌控的活动。在某些学科表现出色，弹奏乐器，在单项运动或团队运动中展示才华，培养一项爱好，比大多数人更了解棒球比赛或旧电影，都会让青少年感觉良好。帮助青少年为自己设定现实目标也很重要。如果青少年期望过高，不可避免的失败可能会让他们感到沮丧。例如，当一个只是平均水平的运动员宣布自己有希望被选为四分卫时，暗示他入选球队本身就是一种荣耀。

赋予青少年真正的责任。正如利科纳所指出的，许多父母只要求孩子完成家庭作业并保持房间的整洁，但是这些责任是以自我为导向的。年轻人还应该承担其他导向的责任，例如监督弟弟妹妹、帮助做饭、照顾宠物、洗车和整理院子。其他导向的责任使青少年感到自己是一个有用且重要的家庭成员。当然这不限于家庭。社区工作，比如在疗养院或日托中心做志愿者，为无家可归的儿童或癌症基金会进行年终筹款，都可以让他们拥有更大的成就感。

鼓励青少年独立思考。小孩子会表现出某种不假思索的独立性：说出心里想说的话，坚持自己的权利，即使这意味着要打架。青少年更善于反思，更谨慎，而且在一段时间内更顺从。你不能强迫青少年变得独立，但你可以为此奠定基础，比如，强调独立的价值。一个父亲说："每当我的孩子说'但是爸爸，每个人都在做'时，我都会说'我不相信统计道德。⁹我不会依据大多数人的做法来决定什么是对的'。"另一个父亲告诉他的儿子："如果人们知道你有自己的想法，他们会更喜欢你。

如果他们看到你在费力地取悦每个人,他们不会尊重你。"再比如,挑战群体(或统计)道德。你可以说:"你已经告诉我你的朋友说了什么,但你自己怎么想?""如果每个人都进行秘密投票,并且没有人知道你投了什么,你会做出什么决定?"

支持青少年的友谊。拥有支持自己的朋友的青少年,甚至只有一个好朋友,也不太可能被人群左右。用利科纳的话说:"如果得到了某人的认可,你就不需要得到每个人的认可。"[10]父母可能厌倦了听孩子说她的朋友朱斯蒂娜说了什么、想了什么,到处去度假,还独自前往,但请试着理解,就目前而言,朱斯蒂娜对你的孩子来说是一个安全的港湾。

与青少年谈论真正友谊的意义。朋友是喜欢你的人,会理解你的问题,试图帮助你,在其他孩子取笑你和给你惹麻烦时与你站在一起。[11]朋友不会通过你穿什么衣服或者你是否随大溜来评价你,不会试图让你做伤害自己或陷入困境的事情,不会在你遇到困难时抛弃你。

第八章
新的感受和情绪

　　长久以来，青少年期被视为不可避免的情感动荡时期。事实上，绝大部分年轻人在成长过程中都没有遇到严重的问题。有些青少年在情感上有困扰，但是这类问题很少在青少年期首次出现。有问题的青少年几乎都有在学校、同伴和成年人之间出现问题的历史。

　　这并不是否认青少年的情绪波动。青少年期早期是情绪起伏不定的时期。但是知道青少年正在感受什么以及原因，可以减轻伤人的言论和轻率行为的刺痛，减少父母和青少年之间的冲突。

自我意识增强，寻求独立

　　青少年想要并需要掌控自己的生活，做出自己的决定，选择自己的朋友，计划自己的活动，思考自己的想法，努力实现自己的梦想。不告诉你所有的事情（甚至是任何事情）是这个过程的一部分。根据定义，成为成年人意味着独立于父母。对青少年和父母来说，这是一个既令人兴奋又令人害怕的前景。

　　随着青少年变得不再是家庭的延伸，而更像一个独立的个体，父母和孩子之间的关系不可避免地会发生改变。心理学家称之为个体化。[1]在这个过程中，他们放弃了对父母无所不知、无所不能的幼稚印象，转而对他们进行更现实（和批判）的评价。青少年可能不知道自己是谁，但他知道自己不仅仅是父母的儿子。他的家庭曾经是他情感生活的中心，现在同伴和其他成年人对于他的自尊感和自我价值感同样重要，有时甚至更重要。不出所料，青少年和他的父母都可能对这些改变感到矛盾。

走向独立的成长很容易被认为是叛逆。青少年突然开始质疑你的价值观，挑战你的观点，和你辩论规则，并以无数种方式告诉你少管他的事。同时，她可能把自己的朋友视为一切事物的最终权威，从发型到全球政治。这并不意味着她在脱离家庭，否定自己的成长经历，加入反抗上一代的战争。在某种程度上，青少年需要摆脱家庭的束缚，并拒绝父母对自己形象的塑造，以成为独立的个体。

独立的早期发展阶段几乎总是在家里完成的。你一直有最后的决定权，现在，青少年想要在影响他生活的决策中拥有平等的发言权。同样重要的是，青少年知道（至少在潜意识中知道），家是一个安全的地方，在家里犯错误并不会付出太大的代价。

在现实生活中，用日常用语来说，这意味着亲子冲突往往在青少年期早期增加。青少年通常通过批评和争吵、沉默和保密表达脱离父母的独立需求。家庭成员可能需要一段时间来适应这个"新出现的人"，因此可能会有一个失衡期。[2]在大多数情况下，这是短暂的。父母和孩子之间的冲突通常在七年级至九年级之间达到高峰，然后逐渐减少。虽然在这个过渡阶段分歧是正常和普遍的，但持续的争吵和彻底的叛逆行为（逃跑、吸烟、旷课、犯罪）并不是。这种行为表明青少年在确立自己的独立性方面遇到了困难，同时父母可能对其控制过多或过少（参见第十七章）。

可能会出现的 6 种情况

青少年想要控制自己的身份和所做的事情。问题在于，青少年在这一点上根本不确定自己是谁：她已经开始脱离对家庭的全面认同，但尚未形成个人的自我意识。这种不安全感会产生一些可预测的后果。父母可以预期以下任意一种或几种情况发生。

青少年会把与父母亲近或依赖父母看作是"幼稚"的。做好心理准备，你的孩子会拒绝你的帮助、安慰或亲昵行为。当你主动提出帮他修理自行车时，他可能会暴跳如雷，不是因为他不需要帮忙，而是因为他不想被提醒他仍然需要帮助。你13岁的女儿不再想坐在父亲的腿上。提醒她去关心一下一年没见的苏茜姑妈，她会躲在自己的房间里。青少年认为熟悉的亲昵举动不仅显得幼稚（因此对他们来说不合适），而且显得虚伪。"别碰我"并不意味着"走开"，而是意味着规则正在改变。青少年希望拥抱和亲吻是自然而有意义的，而不是公开的。

青少年不想被人看见和父母在一起。许多青少年都经历过不愿意和父母一起外出的阶段，特别是如果可能会碰到他们的朋友。他们不是因为你而感到尴尬，而是想让自己看起来更成熟、更独立。应对这种情况的方法有：邀请他带上一个朋友；允许他单独坐（例如在电影院）；选择不是学校聚会场所的餐馆和电影院（这样他就不会是唯一一个和父母在一起的人）；允许他偶尔独自在家。

青少年不仅需要身体上的隐私，还需要情感上的隐私。小孩喜欢告诉父母在学校、操场或者梦里发生了什么事情，而青少年则非常注重自己的生活隐私。当你问处于青少年期的女儿一天过得怎么样时，你可能只会得到一个词的答案（甚至没有答案）。如果你询问她最近是否见过某个朋友，她会怪你太爱打听了。这并不意味着她在隐藏不好的行为。青少年通过把自己的想法和感受憋在心里来建立情感独立。

青少年会寻找（并发现）你的个人弱点。小孩把他们的父母视作理想的对象，而青少年可能会非常挑剔。将父母去理想化是个性化的一部分。除此之外，去理想化的过程使成为成年人看起来是一个可以实现的目标，没有人会认为自己必须完美。做好心理准备，青少年会比你希望的更频繁地指出你的缺点。同时，青少年可能会理想化其他成年人。你可能会一遍又一遍地听到"教练史密斯理解我""鲍勃叔叔真的很棒"

"山姆的父母（不像你）会做这个或那个"。说出这些有时会伤人的言论的原因并不是青少年反对你，而是他正在扩大自己的身份认同网络。在某种程度上，青少年意识到，除非他想成为你的一个复制品，否则他就需要一系列其他成人作为榜样。

青少年经常选择朋友而不是家人。你曾经跟孩子一起度过周六，陪她去看电影或溜冰，带她一起去超市和商场购物。现在她宁愿和朋友在一起，你必须好说歹说才能争取到她的时间。这不是针对你个人的拒绝，而是她开阔视野的一种表达。她不仅想尝试新的态度和行为，同时也想尝试新的穿衣风格和指甲油颜色。

青少年将家庭中的日常决策变成了对他们的能力和你的信任的考验。你认为他周六应该在户外玩篮球或骑自行车，可他想在空闲时花费所有的时间在电脑上。你觉得她在开学的第一天应该穿上新裙子，她却决定穿一条破旧的牛仔裤。他可能会突然宣布一个你们没有讨论过的重要决定："我不去营地了。""我决定不再弹钢琴了。"这类争论和主张的根本问题是青少年是否有权做出独立决策。比如，与儿子争论他是在晚饭前还是在晚饭后完成作业，不是一场关于家庭作业的争论，而是一场关于他是否已足够成熟来决定如何安排自己的活动并承担后果的争论，也是对你是否信任他的决策能力以及信任程度的考验。

如何做出回应

走向独立的成长是整个家庭共同的事情，这需要父母和青少年的态度与行为都要做出改变。当父母试图保持对青少年的控制，就像他们还是小孩子的时候，或因为他们觉得青少年不值得信任而应加强控制时，青少年往往会反抗。当父母接受青少年日益增长的自主性需求时，从依赖到独立的过渡会进行得相对平静。感到父母给予他们足够自由的青少年比其他青少年更有可能说他们感到与父母很亲近，喜欢与家人一起做事情，与父母几乎没有冲突，会寻求他们的建议，并希望长大后能像父母一样。

大多数父母会对孩子的独立产生复杂的心情。[3] 在孩子进入青少年期之前，父母已经习惯了行使不受质疑的权威。从这种权力位置转变成需要协商和妥协的更平等的关系，可能会对父母产生威胁。这不仅仅是一种"权力争夺战"。成年人知道现实世界充满危险和失望。让一个无辜的、没有经验的孩子独自走向世界可能会让父母感到害怕，特别是当青少年似乎对潜在的危险和自己的脆弱毫不知情时（参见第七章"个人神话"）。

更微妙的是，父母的角色满足了我们很多的需要：控制欲、正确性、被需要、被信任和被爱的感觉。当青少年要求控制自己的生活、表达自己的观点、把曾经向父母倾诉的秘密告诉最好的朋友，以及通过其他方式表现出他们不再那么需要父母时，父母很容易感到被拒绝。

所有的父母都对孩子有着希望和梦想。有些人为了能够为孩子提供他们从未拥有的所有优势感到自豪；有些人决心防止孩子犯自己青少年时犯过的错误；还有些人梦想孩子能够实现他们自己未曾实现的抱负，如上医学院或成为一名爵士乐手。当他们的孩子表现出对如何经营生活有自己的想法时，他们的父母可能会感到被忽视和愤怒。有些父母仅仅想帮忙，当孩子说"不用了，谢谢"时，他们会感到很受伤。

那么，父母应该如何处理他们自己的矛盾情感呢？如何在不失去控制的情况下放手？如何在不让孩子暴露在危险中的同时给他们自由？

不要把青少年朝向独立的步伐当作是针对自己。 试着记住，你的孩子是在回应你作为父母的角色——是你所代表的，而不只是你个人。无论你有多么理解她，她都会想要一些隐私；无论你的品位有多么高，她总会向朋友寻求建议；无论你多么民主，她总会在日常决策中挑战你；无论你认为自己有多么与时俱进，她总会质疑你的价值观。像青少年一样行事或说话以阻止这些行为的发生是行不通的，这只会让你显得很愚蠢。

不要偷窥。 新技术提供了许多新的窥探理由（电子邮件、上网、脸书页面）和实现方法（查看手机通话记录，用全球定位系统监视行踪，在卧室安装隐蔽摄像头）。除非你有足够的理由怀疑正在发生一些非常糟糕的事情，否则请抵制这种窥探的诱惑。因为好奇心驱使你去查看孩子的电子邮件，与她在和朋友私下交谈时偷听分机电话没有什么不同。在卧室里安装隐藏的摄像头或翻看孩子的抽屉只是为了看看她关上门时在做什么，这和雇用私人侦探跟踪她没有什么不同。

小学生通常很乐意与父母分享所有细节。你已经习惯了知道孩子的朋友、他与别人的交谈和经历的所有事情（或几乎所有的事情）。现在，这个曾经对你完全开放的世界似乎有一些部分不再向你开放，这让你感到有些奇怪，甚至担忧。一些父母会去窥探，因为他们好奇（她一直在和谁发信息？她浏览了哪些网页？），另一些父母则因为焦虑而去窥探（她在向我们隐藏什么？她和男朋友发生亲密关系了吗？）。这两种理由都不足以支持你侵犯孩子的隐私。如果孩子的生活中某些事情是你完全不能忍受不知道的，请直接问她（"我觉得我在你的衣服上闻到了烟味，我把它们送去干洗了。你是在抽烟吗？"）。这表明你关心她，而不是你不信任她。

良好的亲子关系是建立在信任基础上的，监视孩子是对信任的侵犯。尽量给予孩子信任和理解。你认为孩子和朋友讨论的是"可怕"的事情，但如果你能够访问他们的电子邮箱，你很可能会感到相当乏味。也就是说，如果你真的怀疑孩子处于危险之中，例如认为孩子涉嫌违法活动或有自杀倾向等，也无法通过直接问他获得满意的答案，那么别无选择，你必须采取必要的措施查出到底发生了什么。但是在你背着他去调查之前，你应该耐心尝试直截了当的方法。青少年可能会与他们感到亲近的父母分享信息，而对他们感到疏远的父母保守秘密。当你的孩子发现你在监视他们时（他们总有一天会发现的），这会让他们感到与你更加疏远（"你不信任我！"），而不是更加亲近。

在一定范围内允许叛逆。青少年通过拥有选择权来学会做出决策。在这个阶段，你的工作不是为他们解决问题或保护他们免受犯错的影响，而是保护他们不犯会造成不可挽回的伤害的错误。

考虑一些可以安全放权给孩子的问题。其中一些不错的选择是，让孩子自己选择穿什么、如何装饰她的房间、听什么音乐、做作业的时间、何时上床睡觉、（在合理范围内）如何支配她的零花钱，以及周末要做

第八章｜新的感受和情绪　　137

什么。一件篮球球衣、超大号的短裤和荧光蓝的网球鞋可能不是你认为的时尚首选，但它们不会损害他的健康或影响他的未来。开着电视和音响做作业可能对你来说不合理，但如果她的成绩很好，又有什么不可以的呢？

同时，在这些"自由领域"内清楚地表明你希望孩子达到的标准。你不会告诉他穿什么，但你期望他的衣服干净整洁；你不会告诉她什么时候做作业，但如果她拖沓了，你期望她花周末的一部分时间赶上进度；你不会告诉他如何度过周六，但你期望他告诉你他要去哪里、跟谁在一起，以及他们计划要做什么。

你赋予孩子多少自由取决于每个孩子的情况。有些孩子有能力承担很多责任，他们可以自己做作业，每周的零花钱也有剩余，会喂狗遛狗，会拒绝朋友的建议搭便车去市中心，等等。而有些孩子则需要你帮助他们思考选择的后果，并不断提醒他们的责任。是否将控制权授予他们应根据孩子的成熟程度而定。例如，如果你儿子花钱很谨慎，你就可以给他买衣服的零花钱，并允许他自己购物。如果他通常会把你给他买第二双运动鞋或昂贵的T恤的钱花掉，然后抱怨他需要新鞋，你就应该控制好你的钱包，他需要什么，就只允许他在这些类别内进行选择。

但是，如果你从不让孩子自己做决定和选择，那么你就不会知道他们能承担多少责任。

要预料一些可能的错误。青少年由于智力的不成熟、经验的不足以及只关注短期的利益，会做出一些草率和愚蠢的决定。有时候，青少年没有考虑行为后果。你的儿子和他的朋友可能乘巴士去海滩，花半个下午玩游戏，之后才意识到他们没有足够的车费回家。青少年期前期的孩子可能无法意识到给他们建议的人有时会从他们的决定中受益。你的女儿可能会哭着回家，因为她把买生日礼物的钱花在了一身看起来很难看的衣服上。为什么她会买这个？因为售货员告诉她这身衣服很好看。有时青少年不会获取更多的信息或寻求建议，因为他们感到这会承认他们没有独立性。如果你因为他们的错误判断而生气或嘲笑他们（"你怎么会这么笨？"），你会削弱他们自己做决定的信心，而这个信心已经动摇了。

我们要帮助青少年挽回面子（"每个人都会犯错。"），并通过经验教训帮助他们学习避免类似错误的方式。他是否考虑了购买往返票？她是否问了商店的退换货规则？建议他在钱包里放一张 5 美元的钞票，以备不时之需，或者让她带着一个朋友一起去购物。这些安全措施对你来说可能是显而易见的，但对那些第一次独自旅行和购物的新决策者来说却不是这样的。

当你认为孩子会做出错误的决定时，请使用问问题而不是命令或评判的方式。"你有考虑过这个问题吗？""考虑过哪些替代方案？""有没有其他解决问题的办法？""你有尝试过列出利弊对照表吗？""如果一个月后再复盘，你会对此感到满意吗？"提问可以帮助青少年避免愚蠢的选择，同时避免让他们感到自己被逼到了一个死角，不得不坚持错误的决定来维护自己的独立性。帮助孩子避免做出他们以后会后悔的错误决策的一个好策略是建议他考虑一个月。你会惊讶地发现，许多青少年声称"不能没有"的事物，一旦被暂时搁置，就完全从他的记忆中消失了。

不要害怕说"不"。青少年需要自由地犯错（并从中学习），但他们也需要指导和控制。无论如何抱怨和愤怒，青少年都会感激父母的限制。就算没有，设置限制也表明你关心他们。父母没有设定规则的青少年会寻求同龄人的建议和情感支持。由于同龄人经验同样不足，因此他们很少会学到新东西，也会反复犯错。这些年轻人也往往是人云亦云的追随者，他们在心理上依赖同伴的认可，害怕采取独立的立场或为自己做决定。

要确定底线在哪里。"不，你不能在晚上 10 点独自走回家，这是不安全的。""不，如果没有成年人监督，你不能去参加聚会。""不，你还太小，不能喝酒。"一个和青少年相处的好规则是，当你觉得合适的时候就说"好的"，当你觉得不妥时就说"不行"。[4] 但不要停止讨论。与父母辩论争议性问题，如性，有助于青少年发展和表达自己（而不是同伴）的价值观和信仰。

脆弱、焦虑、喜怒无常的青少年

青少年期是年轻人第一次能够思考并担心在他们身上会发生什么的时期。用一位作家的话说："担忧是因为我们知道未来的结果。当我们思考未来并看到它可能在某些方面令人不舒服、不愉快或危险时，我们会担心。"[5] 小孩子不会想得太远，但青少年会。青少年最常见的担忧是：他们在学校的表现如何，他们的外貌如何，以及他们是否受其他同伴的喜欢。

焦虑的来源

自信心在青少年期早期往往会暂时下降：与年龄较小的孩子相比，10~13岁的孩子更有可能对自己的外貌感到不满意，对自己的能力不确定，并对人际关系感到担忧，同时，自我意识也在增强。年龄小一点的青少年会想："我能做到吗？""我会看起来很蠢吗？""我会交到朋友吗？""他们会怎么想我？"

一般来说，女孩比男孩更容易经历强烈的自我怀疑（尽管有很多例外）。这有几个原因。第一，女性社会化强调与他人相处，而男性社会化则强调独立性。受欢迎对所有年龄段的女孩来说都很重要。她在初中遇到的小团体和派系可能会影响到她自我形象的这个基本部分。第二，女孩的青春期通常比男孩开始得早。男孩通常在初中上了一两年后才开始发育；女孩可能进入初中时看起来就很成熟，但内心仍感觉像个孩子。第三，我们的社会对女孩逐渐显露的性魅力传递了矛盾信息。[6] 迷人而性感的女人受到极大的赞赏（"展示你自己。"），但好女孩却要划清界限（"不要穿得太暴露。"）。给男孩的信息则简单得多（"小心点"意味着"去尝试吧"）。第四，我们的社会还向女孩传递了有关成就的矛盾信息：在学校要做到最好，但不要太好胜，智力不一定能吸引肌肉（能够击败班里每个男孩的网球技能并不一定是一种优势）。

你会说："等一下，这不是我养育女儿的方式！"但你不是你女儿对性别角色理解的唯一影响力。电视情景喜剧、杂志广告和音乐视频仍然在推广刻板印象，同龄人也是如此。仅仅因为男孩和女孩不确定如何表现得像男人和女人，青少年就往往比父母更容易选择保守和刻板化的性别角色。

第五，男性刻板印象的核心——在职业上取得成功——被推迟到成年期早期，女性刻板印象的核心——在约会中取得成功——却从初中就开始了。难怪青少年女孩更可能说出消极的话，对自己的能力缺乏安全感，担心别人不喜欢她们，而男孩也难免会自我怀疑。

这是坏消息，但好消息是，这段脆弱性增加的时间是暂时的。在九年级时，自尊心开始稳定；在青少年期中期，自我价值感通常会增强。换句话说，脆弱性在进入青少年期的过渡期达到高峰，但不会持续整个青少年期。[7]

可能会出现什么情况

当孩子进入青少年期时，你可以预料一下以下这些脆弱性表现。

喜怒无常。青少年可能在某一刻感到极度兴奋，下一刻又感到很沮丧。他们情绪的强烈程度似乎与激发它们的事件完全不成比例。

闷闷不乐。青少年没有太多谈论感受的经验。他们可能感到沮丧，但不知道为什么，无法用语言表达他们的感受，或者不想表达。他们可能把正在经历的所有不适都归因于某个特定的评论或事件，而无法思考其他事情。

隐私。一直站在舞台上是很累的，即使观众是假想的。关闭房门可以让青少年放松一下。独自一人的时候，他们可以沉溺于英雄幻想中而不被发现。他们可以用音乐分散注意力，也可以用童年时熟悉的旧物包围自己，而不让别人知道他们并不像他们假装的那么成熟。

脾气暴躁。在很少有或没有挑衅的情况下，青少年可能会对他们的父母和兄弟姐妹发脾气。这是我们每个人都会偶尔使用的一种常见的防御机制。当受挫或焦虑时，我们就会把这些感受转移到另一个人身上：

在学校遭受恶作剧捉弄的男孩会折磨他的小弟弟；即将面对啦啦队选拔、有点儿紧张害怕的女孩，会指责她的母亲给她压力。父母经常成为他们坏情绪的发泄对象，因为青少年无论做得多糟糕，他们都相信父母会爱他们。

如何应对

脆弱和喜怒无常是从童年期到青少年期这一过渡期的正常反应。大多数青少年能够自己处理自我形象的混乱，而且也愿意这么做。你可以给予他们支持和同情（参见第七章"塑造积极的自我形象"），但你不能代替他们经历这个阶段。你可以做的是处理自己对青少年行为的情绪反应。

不要过度反应。父母普遍对孩子不可预测的情绪反应感到苦恼和愤怒。在面对孩子的痛苦时，他们感到无助，对试图让孩子振作起来的不成功尝试感到恼怒，并且对于孩子生命中所发生的重要事件感到日益疏远。对于孩子进入青少年期，父母最痛苦的一个教训就是，在大多数情况下他们不是孩子不快乐的原因（尽管他们可能是被转移怒火的对象），也没有责任把他们从困境中拉出来。

青少年和其他人一样，在沮丧时最需要的是一个倾听者，而非一个演讲者。如果你的女儿因为男朋友离开了她而感到心烦意乱，你开心地宣布"天涯何处无芳草"是没有帮助的。那个男朋友现在是她唯一重要的人。暗示她会再次恋爱，或者一年之后她不会再记得他，可能会激怒她。毕竟，如果这是她第一次失恋，她不知道自己是否能够恢复。你可以尝试共情的方式，讲述你的第一次浪漫恋情破裂时的难过感受，但不要期望被相信。当她说"妈妈，你不知道爱情的意义"时，她是认真的。（回想一下第七章讨论的青少年以自我为中心和独特的个人神话）。

试着给予支持而不是评判。向青少年保证，因考试或首次约会而感到紧张，因不及格或失恋而感到沮丧，都是正常的。不管青少年看起来多么独立，他们都希望并需要你的认可。

不要打探私事。在某些情况下，父母是最后一个知道孩子烦恼的人。尽量不要把孩子的保密当成刻意针对你。追求隐私不一定是拒绝父母。尊重孩子的想法，让他知道你注意到他心情低落而你愿意倾听，但不要强求他解释到底有什么烦恼，也不要坚持要求他向你倾诉。他不说话并不一定意味着他在隐藏什么。他可能不知道自己为什么不快乐，或者他可能知道，但并不愿意说或不准备说。他需要知道的是，你是站在他这边的，并且在家里可以做他自己，包括宣泄坏情绪也是安全的。

与情绪多变的青少年相处的最佳策略可能是分散他们的注意力。策划一些孩子喜欢的活动，这些活动会让他走出家门，并迫使他去考虑一些与他的烦恼无关的事情。看电影或打一场篮球比赛，换一个新发型或买一副太阳镜，周末去拜访住在另一个城市的在夏令营中认识的朋友，这些都可以使人变得开朗。但不要试图过于努力地让他高兴起来：对情绪低落的青少年一直唠叨只会使问题更加严重。

要设定底线。没有理由容忍无礼和不尊重。孩子感到困惑并不是她能够把你教导过的礼仪和文明统统抛弃的借口。对于孩子的脾气或情绪变化，你要说出你的感受，而不是训斥或批评她。例如，如果孩子因为你问她今天过得怎么样而突然发飙，你就可以说："我不喜欢因为问一个简单的问题就被人斥责。如果你今天遇到了糟糕的事情，不想谈论，就直接说出来。我自己也有这样的时候。"

心理问题：有哪些危险的信号

父母如何区分普通的脆弱、情绪多变与心理问题之间的区别？下面是一份危险信号清单。如果以下任何一种描述与你孩子的情况相符，请与学校辅导员、心理治疗师和医生交谈。在青少年期可能首次出现的一个问题就是抑郁。

> **心理问题：危险信号 [8]**
>
> 如果孩子表现出以下任何一种迹象，你应该寻求专业帮助。
>
> - 青少年在很长一段时间内都很孤僻，对他人毫无兴趣。
> - 青少年没有同龄朋友（年龄相差不超过两岁），也没有融入同龄人群。
> - 青少年放学后和周末的活动模式突然改变（不愿意让你见到新朋友）。
> - 青少年尽一切努力避免与你或其他成年人接触。
> - 青少年很温顺，从不独立行动，也从不主动参与活动。
> - 青少年的学校表现（出勤率或成绩）突然变得很糟。
> - 青少年经常离家出走或逃学。
> - 青少年经常打架斗殴。
> - 青少年与许多人进行无保护措施的性行为。
> - 青少年经常酗酒或受药物影响。
> - 青少年经常性或持久性地感到焦虑和抑郁。
> - 青少年过分关注外貌，体重下降到了危险的程度。
> - 青少年谈论自杀或威胁要自杀。

抑郁症

　　情绪低落是生活中正常的一部分，就像下雨天一样，来了又走。心理学家将"抑郁症"定义为需要治疗的严重情感障碍。临床抑郁症不正常，也不会自行消失。

　　临床抑郁症患者会感到悲伤、无助、没有价值、内疚、一无是处、疲惫。他们沉浸在过去的错误中，看不到未来的希望，经常想结束自己的生命。他们曾经喜欢的活动和人不再吸引他们。他们似乎没有精力做任何事情。他们会在话说到一半时忘了说什么，忘记自己为什么要从一个房间到另一个房间。他们可能特别易怒，日常活动（比如刷牙）似乎都会让他们不知所措。在糟糕的日子里，一位年轻患者告诉她的医生："我只想回到床上，躲在被子里……整天都待在那里。"[9]

在某些情况下，抑郁症是对特定事件的反应，比如亲人去世、离婚、未能达到预期的目标或做了后悔的事情。但反应可能会延迟，个体的情绪似乎与事件的影响不成比例。这种抑郁症状会突然发生，当通过心理治疗与事件和解时，它会消失。大部分时候，抑郁症状会缓慢积累，没有明显的原因，并持续很长时间。患者个人可能不记得何时或为什么开始感到沮丧。抑郁症状可能会在一两天内消失，然后再次出现，原因也不明确。即使接受治疗，恢复也更慢、更困难。

抑郁症的症状[10]

如果青少年在两周内至少出现下列症状中的 5 种，并至少有一种症状是抑郁情绪，或者对所有活动都失去了兴趣与快乐，那么他可能已经患有抑郁症。

- 抑郁情绪：一天中的大部分时间都情绪低落，而且几乎每天都处于抑郁状态，表现为悲伤、空虚、易流泪和易怒；
- 对所有活动都丧失了兴趣或快乐；
- 明显的体重减轻（非节食所致）或体重增加；
- 失眠或嗜睡（比正常睡眠时间更长）；
- 极度不安或动作缓慢；
- 精力不足，慢性疲劳；
- 价值感缺失或过度（且不适当）的内疚感；
- 经常性的注意力集中困难或决策困难；
- 反复出现死亡或自杀的想法。

认识青少年抑郁症

青少年抑郁症经常被忽视。一个原因是，对青少年情绪不稳定、陷入沉思和喜怒无常的刻板印象可能会使父母和其他人认为青少年仅仅是在"经历某个阶段"。另一个原因是，青少年期早期的抑郁常常伴随其他痛苦的迹象，如焦虑或易怒。以下是一些需要注意的事情。

无聊和焦躁不安。情绪低落的青少年可能会寻求持续的刺激，热情地投入新的活动中，但很快会失去兴趣，并拼命地寻找其他活动。这种不断寻找刺激的行为可能是逃避内心空虚感的无意识尝试，或者反映了更广泛的焦虑感。

疲劳和对自己身体的关注。有些抑郁的青少年感觉大部分时间都很疲惫。有时候是失眠的问题，有时候他们可能睡了8个、10个甚至14个小时，但醒来仍感觉筋疲力尽。他们对自己身体的关注可能远远超过正常青少年的担忧。许多人抱怨头痛或胃痛。他们并没有装病，持续的紧张和焦虑对身体确实产生了影响。他们可能也会忽视外貌和卫生，尤其是女孩可能会过度进食。

注意力难以集中。抑郁的青少年经常难以集中注意力，因此，学业成绩会下降。当被问及原因时，他们通常说无论他们如何努力，似乎都无法记住任何东西。与成年人不同，他们没有将注意力难以集中与自己的情绪状态联系起来。抑郁的青少年最常因学业问题引起学校老师的关注。

逃离或接近人群。一些抑郁的青少年害怕独处。如果父母下班晚了5分钟，他们可能会恐慌，或感觉有必要随时给朋友打电话。在某些情况下，抑郁会导致行为放荡：亲密接触暂时缓解了他们对被抛弃的恐惧。有些抑郁的青少年则会远离人群，而不是走向人群。他们不再外出，并做一些似乎有意疏远以前的朋友的事情。感觉自己格格不入、没有价值和不受欢迎的年轻人会通过避免与人接触来免遭拒绝。

虽然不应对青少年期正常的情绪波动过度反应，但是认识到问题何时变得更严重是至关重要的。学业成绩、活动模式或水平，以及社交行为和朋友圈的显著变化都是出现问题的征兆。如果这种悲伤感与年轻人遭受的损失或经历的失望相比显得过于不成比例，特别是时间持续很久，那么也是出现问题的信号。

获得专业帮助

当青少年初次陷入抑郁时，父母通常会表示同情并试图帮助他们。然而，当抑郁症状持续存在时，他们可能会变得沮丧和愤怒。这是一个错误：青少年无法摆脱它。抑郁是一种严重的情绪障碍，父母不应尝试自行治疗。青少年需要专业的帮助。

抑郁症是可以治疗的。最有效的治疗方法是心理治疗和药物治疗相结合，但许多人，特别是那些患有轻度抑郁症的人，仅仅通过心理治疗就能成功缓解。不幸的是，抑郁症复发率也很高，许多人会第二次或第三次患上抑郁症。识别和治疗青少年抑郁症是很重要的，因为越早发现和治疗，青少年就越不可能在未来患上严重的抑郁症。

你可能已经读到过，在青少年期使用抗抑郁药物是危险的，因为这会增加自杀的风险。美国国家卫生研究院是负责监督医学研究的政府机构，与任何制药公司都没有联系，它资助的科学家对此进行了非常仔细的研究。这项研究的结果表明，抗抑郁药物对青少年的潜在益处通常超过潜在风险，但任何服用抗抑郁药物的青少年都需要接受医生的密切监测。与任何处方药物一样，重要的是父母（或青少年）严格按照医生的处方指示服用药物。突然停止或开始服用抗抑郁药物，或服用量超过所开剂量，都是极其危险的。美国国家精神卫生研究院提供了有关抑郁症和其他情绪障碍的成因与治疗方法信息，以及有关自杀和预防自杀的信息，是一个极好的资源（www.nimh.nih.gov/health/index.shtml）。

自杀威胁

即使在实施自杀或企图自杀后，成年人也很难相信青少年会故意结束自己的生命。青少年有健康、外貌和一切值得活下去的东西，谈论自杀的青少年只是"想引起注意"，持有这种想法的成年人是错误的。

由于药物和酒精滥用以及枪支的可获得性的推动，美国青少年自杀率在1950—1990年大幅增加，但在20世纪90年代有所下降，因为新的和更有效的抗抑郁药物进入市场。在任何一年中，接近20%的高中生报告曾考虑过自杀（这个数字在15岁左右达到高峰，然后稳步下降），约10%的人尝试过自杀。只有少数青少年的自杀企图成功。然而，任何有自杀念头或尝试自杀的青少年都需要得到认真的医疗关注。

青少年自杀很少是对单一事件（如与男/女朋友分手或与父母争吵）的冲动反应。[11]通常，青少年可能已经多次尝试解决他们的问题，比如通过药物、性或其他形式的发泄，试图向他人传达他们的苦恼，但都以失败告终。（在一项研究中，85%的人告诉过别人他们打算自杀，40%的人已经尝试过自杀，但没有成功。）从成年人的角度来看，他们对生命的负面评价似乎完全不现实；从他们的角度来看，他们已经用尽了其他所有选择。许多青少年企图自杀都是经过仔细规划的。青少年在结束生命之前会整理好自己的房间，并将最喜欢的物品送给朋友，这并不罕见，实际上，他正在立遗嘱。

研究人员确定了使一个青少年有自杀企图的四大风险因素：患有精神问题，如抑郁症或滥用药物；处于压力之下，特别是在学校或浪漫关系中；经历家庭破裂或家庭冲突；家族中有自杀史。青少年身上存在越多上述风险因素，自杀风险就越高。

任何自杀威胁都需要立即得到专业关注。不要因为你知道你的孩子不是那种真的会尝试自杀的人，或因为这种威胁似乎很夸张或不真诚（你的女儿去药柜拿出阿司匹林，然后问你服用多少阿司匹林会致命，而她完全知道你会在她打开瓶盖之前拿走药瓶）而忽视她自杀的言论。也许她只是试图恐吓您。但是她如此不顾一切地想要引起你的注意的原因，你或者心理治疗师必须找出来。

此外，青少年不一定知道什么是致命的。你的女儿可能会误认为只吃几粒镇静类药物不会让她死亡（但实际上可能会）。正在考虑自杀的儿子可能会意外地打开枪支的保险锁。一旦最糟糕的情况出现，追究青少年是否真的打算自杀就已经没有意义了。

任何自杀威胁都是寻求帮助的呐喊。你无法确定自杀威胁或自杀企图是否严重，就像你无法确定你乳房或腹股沟的肿块是不是恶性肿瘤一样。在美国，你可以拨打国家自杀预防热线，该热线会让你联系到你附近自杀危机中心的顾问。如果你的女儿已经服用了一些药物，请立即将她送往医院急诊室，不要等着看她是否能缓过来。

你对自杀企图的反应至关重要。父母对青少年自杀企图的反应有深刻关切、悔恨、不信任、漠不关心、怒斥、轻蔑甚至嘲笑等不同维度。父母斥责青少年制造麻烦或嘲笑他们试图引起注意是常有的事。这些负面反应是可以理解的：自杀是终极拒绝。愤怒和轻蔑使父母能够避免自己的无助感和自责感，但是，这也可能导致青少年"更加努力"地选择自杀。当父母严肃对待自杀威胁或自杀企图，表现出对年轻人问题的关注，并愿意重新评估导致自杀企图的态度和事件时，青少年更有可能用建设性的方法来应对困境，并对治疗有反馈。在这些情况下，难以提供支持的父母应为自己寻求咨询，也可以与青少年的咨询相结合。

如果孩子身边的某个人自杀了，你有必要和他谈谈。当亲戚或同学自杀时，青少年可能会感到内疚，因为他们想知道自己可以做些什么来帮助别人，同时也感到害怕，因为他人的死亡会提醒他们自己的死亡（这是青少年很少考虑的事情）。

有时候，一起青少年自杀事件会引发一系列的自杀。这些自杀事件是由媒体宣传（把青少年自杀描述得很光彩）、个人建议（朋友们相互说服，自杀是可行的）、共同事件（社区大量裁员会导致普遍的家庭问题，并且可能引发青少年自杀）还是由其他因素导致的，尚不清楚。但是有证据表明，与成年人相比，青少年更有可能与自杀的青少年或名人产生共鸣。

大多数自杀是孤立的事件，集体自杀很少发生。然而，家长和学校应该认真对待模仿式自杀的可能性。[12] 最糟糕的做法是假装什么事情都没有发生。如果一起自杀事件被媒体大肆报道，你应该与孩子进行讨论，并帮助他形成对自杀的现实认识。媒体报道很少讨论自杀伴随着的痛苦和毁容，因此，让你的孩子想象一下从 15 楼跳下、服用过量药物或"爆头"自杀之后的样子。此外，媒体很少讨论应对不快和压力的其他方法，比如心理咨询、拨打热线和求助自助小组。你的孩子还能想到哪些选择？如果媒体报道的自杀案件是一名青少年，让你的孩子谈谈如果他的一个朋友说正在考虑自杀他会做什么。向他解释自杀是求助的呼声，并告诉他向你或其他负责任的成年人求助并不是背叛信任。如果你孩子认识的人自杀了，请鼓励他谈谈自己的感受。他需要得到安慰，成为一个更好的朋友或一个更好的儿子并不能阻止当事人自杀，而正在考虑自杀的人需要专业的帮助。

饮食失调

美国社交名媛巴贝·佩利被认为是"钱和体重永远不嫌少"的座右铭的创造者。不幸的是，不是每个人都有基因或代谢上的优势，能够如时尚杂志所说的那样瘦。一些青少年尤其是少女变得如此担心体重增加，以至于他们采取极端而危险的方法来保持身材苗条。患有厌食症和暴食症等饮食失调症的青少年需要专业的治疗。

虽然厌食症和贪食症最重要的症状与青少年的饮食模式有关，但大多数专家认为，这些障碍的潜在原因与食物或节食关系不大，相反，它们应被更好地理解为严重的情感问题，并且作为此类问题来治疗会更有成效。[13] 与抑郁症一样，美国国家精神卫生研究院网站是一个有用的信息来源（http://www.nimh.nih.gov/health/index.shtml）。饮食失调转诊和信息中心是提供厌食症和暴食症治疗专家的权威信息来源（http://www.edreferral.com/）。

厌食症

厌食症主要是一种青少年疾病。据估计，每 200 名少女中就有 1 人患有厌食症。这种障碍可能始于朋友评论女孩长胖了，或她发现穿 8

码^①的衣服太紧了。她开始节食。减肥让她感觉良好，因此她减少了食物摄入量，并加强了自身锻炼计划。避免摄食成为她的执念。在体重低于正常体重的 10%~15% 后，她看起来瘦骨嶙峋，但在自己的意识中，她仍觉得自己很胖。厌食症的一个奇特之处在于，虽然不吃东西，但她仍然对食物感兴趣，并且可能收集食谱，请求帮家人购物，为他人准备丰盛的饭菜。然而她自己吃东西的想法会让她感到焦虑和恶心。

我们不知道是什么原因导致了厌食症。一些专家认为，最好将它理解为抑郁症的一种表现（确实，许多患有厌食症的女性对抗抑郁症药物有良好反应）。其他从医者观察到，这种障碍通常缘于对成长和独立的矛盾心态。一方面，节食让青少年感到自己对生活有控制力。减肥是一项不依赖别人的成就。另一方面，极端的减肥使她能够保持儿童状态。她的父母担忧她的健康，就像她小时候一样。她瘦弱的身体看起来像孩子一样。她停了月经（极端减肥的副作用之一）。在否认自己的快乐时，她也否认或至少推迟了自己的性特征。无论原因是什么，一旦出现厌食症，父母就会卷入其中。厌食症患者成为家庭关注的焦点，迫使父母关注她。同时，她拒绝他们的影响和养育，将他们推开。

下面是厌食症的危险信号。在相对轻微的情况下，厌食症会导致营养不良、肌肉力量丧失、激素失调、停经、易受感染、低血压、慢性便秘以及面部、躯干和手臂上长出细毛（小绒毛）。在严重情况下，厌食症可能导致因饥饿而死亡。这比人们想象的要常见：15%~20% 的厌食症患者因这种疾病而死亡。

厌食症需要立即就医。父母不应尝试独自处理厌食症问题，有两个理由。第一，因为它太危险了：父母无资格判断青少年是否处于饥饿边缘。第二，自我饥饿的心理"目的"之一是摆脱父母的控制。如果父母试图在没有专业帮助的情况下改变厌食症患者的不良行为，青少年就会感觉自己像被控制，于是产生相反的效果，导致他们进一步走向极端。

---

① 美国服装 8~10 码相当于通用尺码的 M 码，对应身高为 167~172 厘米的人。——编者注

此外，大多数厌食症患者积极抵制治疗。他们不认为自己有问题，他们害怕变胖，并视任何鼓励或要求他们吃饭的人为敌人。医疗专业人员接受过处理抵抗和敌意的训练，父母却容易因为干涉太多而无法冷静有效地应对厌食症患者。

厌食症的危险信号 [14]

- 极度害怕变胖，即使体重降低也不能消除对变胖的恐惧感；
- 对身体形象的认识扭曲，认为自己看起来"很合适"甚至"感觉很胖"，即使自己已经骨瘦如柴；
- 极端的减肥，导致青少年的体重和身高比正常同龄人低15%。

治疗厌食症的第一步是停止减肥。在许多情况下，医生或心理学家会建议女孩住院治疗，直到她从营养不良的状态恢复并达到可接受的体重为止。第二步是帮助厌食症患者建立更为现实的身体形象以及更健康的实现自主生活和控制生活的方式。治疗的这一阶段可能包括家庭治疗，特别是在父母过度控制青少年行为可能加剧病情的情况下。其他厌食症患者则从支持性个体治疗中受益更多，这种治疗旨在帮助恢复准确和健康的自我形象。因为一些患有厌食症的青少年也患有抑郁症，所以可能会建议他们服用抗抑郁药物。

暴食症

暴食症是一种无法控制的暴饮暴食模式，通常伴随着自我催吐、过度使用泻药、剧烈运动或禁食。暴食症患者可能在一两个小时内消耗12个蛋糕和几加仑①的冰激凌（1万~5万卡路里），然后把手指伸进喉

---

① 1加仑（英）≈ 4.5 升。——编者注

咙,将不需要的热量吐出来。她也可能连续两周狂吃,然后在接下来的一个月里饿着自己。

与厌食症一样,暴食症最常发生在女孩和年轻女性身上。虽然这两种疾病的症状可能重叠(厌食症患者可能会暴食,而一个暴食的青少年可能会经历一段时间的自我饥饿),但暴食症有其独特的特点。厌食症患者倾向于孤立和反社会,暴食症患者则通常表现得很外向和适应能力很强。不吃东西会让厌食症患者感到一切都在控制之中(即使外人也能看出来,她是被自己的执念所控制的),而暴食症患者感到失去了控制。变得越来越瘦会增强厌食症患者的自尊感,暴食症患者则处于情绪的过山车中:当他们暴饮暴食时,他们充满了自我厌恶感;当他们催吐或饿着自己时,他们会感到欣喜若狂。厌食症患者为自己的体重减轻而感到自豪,暴食症患者为自己的饮食习惯而感到困扰,并试图隐藏其行为。虽然他们的体重在一个月内可能会波动10磅(约4.5千克)或更多,但平均体重通常在正常范围内。因此,暴食症通常不易被发现。

暴食症的危险信号如下面的小贴士。柜子里的食物以惊人的速度消失以及隐秘的饮食习惯也是青少年有问题的迹象。虽然通常不至于危及生命,但暴食症可能会导致严重的健康问题,包括牙釉质被腐蚀、唾液腺增大、食管病变、胃部痉挛、化学物质和激素失衡。

暴食症的危险征兆

- 反复发作的暴饮暴食,摄入的食物量明显大于其他人在同样情况下摄入的食物量,并感到无法控制自己的进食行为;
- 经常使用自我催吐、泻药、严格节食或禁食以抵消暴饮暴食的影响;
- 自我形象过度受到身体形态或体重的影响。

暴食症并没有像厌食症一样得到深入研究。但临床研究表明,这个

问题与普遍感觉的自卑感、无价值感和抑郁有关。暴食症患者相信瘦能神奇地缓解压力。当略微超重的女孩试图节食但未能达到目标时，暴食症可能会被触发。心灰意冷的她用暴食来安慰自己；暴饮暴食让她感到自己很恶心；为了恢复自信，她会催吐和/或重新开始严格的饮食控制。暴食症患者可能会在一段时间内进入正常的饮食模式，但在压力下会恢复暴饮暴食和催吐的行为。这种模式持续的时间越长，她就越有可能觉得自己无法控制自己的行为。

父母往往不知道他们的女儿（儿子会更少见）患有暴食症。暴食症患者寻求医疗帮助通常是在 20 岁出头（但报告说，他们暴饮暴食和催吐的行为已有 4~6 年了）。因为他们想要得到帮助，所以治疗暴食症比治疗厌食症更容易。一些心理学家喜欢把几位暴食症患者聚在一起进行治疗，还有一些则更喜欢进行个体化治疗。在大多数情况下，有各种各样的治疗方式，如洞察力治疗，帮助患者理解自卑的原因，培养健康饮食习惯和进行营养教育，学习应对压力的技巧，以及旨在减少暴饮暴食和催吐行为的行为矫正。

第九章
同伴群体的力量

在童年期,同伴群体由成人组织和监督。和谁社交取决于住在谁的附近,哪个家长愿意举办睡衣聚会,哪些人属于同一个社团,等等。在青少年时期,同伴群体由他们自己主宰。

小团体关系到"我是谁"[1]

儿童的友谊往往是靠不住的。孩子可能会宣称某人是他最好的朋友,但大多数人都愿意和几乎所有人玩。在青少年期早期,青少年往往会组成6个左右最好的朋友构成的紧密小群体,或者说是小团体。小团体的成员认为自己是与众不同的:他们在"我们"和"他们"之间划了鲜明的界限。在小团体内部,个体差异受到打压。成员穿着相同款式的服装,听同样的音乐,形成自己的内部笑话和短语,并采取类似的应对学校和家长的态度。大多数小团体都是没有伤害性质的朋友圈。

小团体为青少年提供了亲密的友谊,但他们的作用远不止于此。在青少年正在思考"我将成为谁?"的阶段,小团体提供了一个身份认同:"我是这个团体的一员。""我应该穿什么?""我是否应该参加团队选拔?""我应该熬夜学习吗?""对这个人应该友好吗?""要与那些男孩开玩笑吗?"小团体都提供了答案。

根据突出的形象，青少年也会被识别为某个群体的成员。几乎每所初中和高中都有自己的学校精英（"受欢迎的人""预科生"）、运动健将（"运动达人"）、学霸（"书呆子"）、叛逆者（"烟鬼""颓废者"），以及不合群者或局外人（"失败者""独行侠"）。群体的成员不一定相互联络，甚至彼此不认识。群体只是一个社会身份。

然而，群体所做的不仅仅是为青少年提供标签。一旦进入群体，青少年可能会感到被迫遵守群体的规范，模仿领导者的行为和态度。如果一个青少年视自己为运动达人群体的一部分，他将试图像运动达人那样穿着打扮、说话和行动（他是不是运动达人并不重要，重要的是他的着装和行为）。一个将自己定义为预科生的女孩将以此方式表现自己。

在某些方面，青少年群体类似于并反映了成人社会的社会阶层和群体。有些群体地位比其他群体高。在学校，运动达人群体或预科生群体是最受欢迎的。像社会阶层一样，群体也助长了势利行为：学霸群体不想与烟鬼群体在一起，反之亦然。与群体的联系并非完全自愿的。身体发育缓慢的男孩没什么机会成为运动达人群体中的一员，而一个早熟的男孩可能被视为运动达人群体中的一员，即使他更感兴趣的是学习而不是运动。群体标签是刻板印象，就像其他刻板印象一样，越来越难以摆脱。除非转学，否则一旦与特定的某一群体联系在一起，就很难转换到另一个群体。

小团体和群体是瞬息万变的社会场景中的安全港湾。在青少年期早期，融入群体的渴望和突然被排除在外的恐惧比其他年龄段都要强烈。青少年最不想做的事情就是从群体中脱颖而出。直到青少年期中晚期，年轻人才有独当一面的自信。

大多数情况下，加入特定的小团体或群体是无害的。（你可能希望你的女儿选择的榜样不是学校最时尚的潮流引领者，但这没有什么可担心的。）然而，对那些社交圈围绕着反社会或反校园活动的青少年来说，情况就不一样了。所有青少年都需要一个可以称之为自己的小团体，但安全比归属感更重要。当青少年所属的小团体或群体涉及违法或令人担忧的活动时，父母应该介入。帮派是禁区。

受欢迎与被拒绝[2,3]

谁不想受欢迎？但在青少年期，受欢迎有着特殊的紧迫性。对青少年来说，归属感、成为团体中的一员，意味着你是"有所作为"的，而被拒之门外意味着你"什么都不是"。"我受欢迎吗？"是年轻人遇到的首个身份认同危机（其后是在青少年期晚期和近成年期想到的关于"我是谁"和"我将走向何方"的问题，到了中年时又会开始思考"我这一生都做了什么？"的问题）。

为什么有些青少年受欢迎，有些则不受欢迎？一个主要原因是个性。通常，受欢迎的青少年友好、乐于助人、热情、善良、幽默并且聪明。（与谣言相反，智力是一种社交资产而不是负担，可能是因为聪明的孩子擅长找出让自己讨人喜欢的方式。）他们理解并回应其他同伴的需求。他们自信而果敢，但不傲慢自大。他们喜欢找乐子。他们的行为举止在同伴看来与他们的年龄相一致。不受欢迎的青少年缺乏这些社交技能。有些人自负，以自我为中心，不断吸引别人的注意力。有些人易冲动且咄咄逼人：总是处于防御状态，将最无辜的评论看作人身攻击，并迅速反击。有些人则过于严肃、不热情或在社交上让人不自在，以至于让其他人感到紧张。在某种方面上，他们干扰了其他同伴的乐趣。在这个年龄段，受欢迎的个性标准与儿童或成年人的标准大致相同，但还有更多。

青少年期早期的受欢迎还取决于是否合群、是否符合同龄人外貌和活动的标准。这是父母与孩子之间产生误解和冲突的常见原因。从青少年的角度来看，成为另类的代价很高，这不仅仅是被推到群体的边缘或被排斥在群体之外的问题（两者都令人痛苦）。青少年是基于表面特征对彼此进行分类的（"他是个书呆子，因为他穿得很滑稽。"），而一开始就被贴上失败者标签的青少年会发现自己很难摘掉这个标签。父母不应该鼓励孩子随大溜，但他们应该对孩子的担忧保持敏感。男孩坚持穿最新摇滚服装、女孩不穿任何没有名牌标签的衣服，并不只是为了随大溜，他们都是在寻求社会认同。同样，放弃合唱团转而学习打架子鼓或摔跤的男孩以及从热衷手工艺品转向化妆品的女孩也是如此。

遵循性别刻板印象是青少年试图融入的另一种方式。事实上，青少年期早期是人生中性别歧视最严重的时期之一。青少年对其性别认同感到不安，有时会走向极端的女性化和男性化来安慰自己。一个总喜欢和男孩一起玩的女孩突然对衣服和化妆着迷，一个整天练习小提琴的男孩转而打起了曲棍球。这些并不意味着他们在"出卖自己"，他们只是试图与朋友们保持一致。至少在一个方面他们是对的：在这个年龄段，符合传统的性别角色确实会影响受欢迎程度。那些希望培养不受这些传统约束的孩子的父母无须失望。如果男孩对小提琴有真正的兴趣，随着时间的推移，他会找到一种将音乐和男子气概结合在一起的方式。女孩可能会也可能不会放弃对时尚的兴趣，但许多在非传统领域（科学、金融、体育）中非常成功的女性也很会穿衣服。

当然，如果适应意味着染上不良习惯、学业成绩表现不佳、采取其他有害的行为或违背青少年的信仰，父母应该介入。但允许青少年在品位和风格方面随大溜是很重要的。

被拒绝[2]

区分不受欢迎和被拒绝是很重要的。如果你的孩子不是特别受欢迎（不是所有青少年都可以成为舞会上的明星），那么没关系，但成为被拒绝和嘲笑的对象就不是一件小事了。很多研究发现，被拒绝的青少年更有可能自卑、学习成绩不好、辍学、沾染不良行为，以及在成年后产生各种心理问题。如果青少年遇到以下情况，父母应该感到担忧：

- 几乎所有的空闲时间都独自度过；
- 很少提到其他青少年或社交活动；
- 在与同龄人交往中表现笨拙、攻击性强、孩子气或有其他不当行为；
- 经常抱怨自己没有朋友（没有明显的原因，例如换学校）；

- 在童年期的大部分时间都没有朋友。

如果以上几条描述了你的孩子，请考虑与你信任的老师或孩子同学的家长谈谈，以获得真实的答案。为什么约翰尼不被邀请去任何地方？他是否爱吹牛、粗鲁、傲慢、有破坏性或者是个书呆子？他穿得很滑稽吗？说话方式奇怪吗？他会拒绝同学的邀请和提议吗？如果你发现你的孩子正在疏远同伴，你（或心理医生）可能会帮助他发展一些基本的社交技能，例如询问他人关于他们自己的事，赞美他人，分享与合作，以及在集体活动中不试图主导他人。

害羞

被拒绝并不等于害羞。虽然内心的体验可能相似，但有些害羞的青少年很受欢迎，而有些外向的青少年则普遍不受欢迎。害羞的人是自我意识的囚徒。在极端情况下，他们害怕做或说任何可能引起他人注意的事情，因为他们确信其他人会觉得他们荒谬可笑，并且坚信人们对他们的友好只是出于同情。害羞是痛苦的，但不必使人沮丧。

有些青少年天生害羞，在社交环境中总是很胆怯。实际上，新的研究表明，这种害羞可能有一定的基因基础。害羞的孩子不会在青少年期突然变得善于社交。如果青少年看上去很快乐，并且有一两个亲密的朋友，父母就不必担心，并不是每个青少年都必须成为聚会的焦点人物。

有些青少年在面对一大群人或结识新人时会感到紧张和退缩，但在家人或亲密朋友面前则放松自在、开朗。有些性格外向的年轻人在进入青少年期后会突然变得害羞和说话结结巴巴。这种短暂的羞涩在这个年龄段相当普遍，会随着时间的推移而消失。父母可能做的最糟糕的事情就是让孩子过分关注它。只有当青少年明确（"我讨厌聚会！"）或间接地（不断找借口不去新学校）表达极度痛苦时，父母才应关注害羞这个问题。这种情况下，父母最好与孩子谈一下，告诉他们每个人都担心被拒绝，大多数人都有过不知道该说什么的情况。

虚拟朋友

　　青少年的社交活动越来越多地发生在互联网上。他们通过键盘和发短信来"交谈",而不是打电话。许多父母想知道,在网上建立和维持关系是否会妨碍或促进正常的社交发展。这个答案很复杂。

　　研究人员最近才开始研究青少年的网络关系。研究表明,青少年和同伴在线交流的大部分时间都是在与他们在学校或其他场所认识的朋友交流。在这方面,网上闲聊时谁对谁感兴趣与前几代青少年通过电话聊天是一样的。

　　如果这描述了你家孩子的情况,你应该像评估她使用电话(本章后面会讨论)一样评估她的这种行为。她花在与朋友交往(上网或打电话)上的时间是否过多,以至于无法参与其他活动,比如做作业、练习乐器、运动、呼吸新鲜空气、阅读或休息?如果是这样,你需要设定一些准则,规定她每天可以将多少时间用于网上社交生活。如果她在学业上落后,没有练习而让教练感到失望,脸色苍白,或者一周没有看过书,那就到对她设定一些限制的时候了。

　　如果青少年与没有经常面对面接触的人建立联系,并将大量的时间耗费在上面怎么办?同样要看具体情况。是与远在他乡的夏令营朋友进行网上交流吗?这就像笔友,很难看出有什么问题。那么,与从未见过面的人进行网上交流呢?在这种情况下,假设交流的内容是适当的(谈论《幻想足球》①、名人八卦和最喜欢的乐队都可以,而自我节食和自残的技巧则不行),那么主要问题就是这种在线友谊是不是青少年唯一的社交来源。在这种情况下,问题不在于有没有在线朋友,而在于她日常生活中有没有朋友。青少年不需要很受欢迎,但是他们需要朋友。如果你的孩子在学校或在其他定期去的场所(比如教堂、当地足球队)有朋友,同时也有广泛的在线朋友圈,就不用担心。但如果她整个社交生活

---

① 《幻想足球》(Fantasy Football)是一款模拟足球经理的游戏。在这款游戏中,玩家会组建并管理一支虚拟的足球队,与其他玩家的球队进行比赛。——编者注

都是线上的,那可能表明她被同伴排斥了。

在社交平台,如脸书或 My Space,青少年有自己的个人主页的危险性被过分炒作了。正如我在第六章中指出的(参见"互联网的安全性"),只要你的孩子在发布内容和人交流时使用一些常识,这些网站就不会对他们造成任何真正的威胁。对一些青少年来说,社交网络最大的危害是这种活动变得如此耗时间、耗精力,以至于取代了其他更有价值的活动。当然,如果被社交网络取代的是真人秀电视节目,那么很难看出问题所在。至少社交网络需要你的孩子积极参与,对一些青少年来说,建立和维护一个个人主页是一项真正的创造性活动。

警惕校园霸凌与网络社交安全

受到霸凌该怎么办?[4]

很多人都有关于校园霸凌,以及被霸凌者如何竭尽所能避开霸凌者的记忆。虽然霸凌者的面容已经改变,但他们的影响仍然存在。可能有1/3 的青少年(特别是初中生)生活在被嘲笑、威胁或殴打的恐惧之中,特别害羞或胆小的青少年容易成为目标,最有可能成为受害者。如果你的孩子是受害者之一,该怎么办?

首先,让你的孩子知道你会帮助他。接下来,向孩子解释制止霸凌者最有效的方法是忽视他。在这个年龄段,青少年已足够成熟,能够理解霸凌的心理,这将帮助他们理解如何做好应对。霸凌者通常会欺负比自己身材矮小、身体瘦弱的同学,喜欢在其他人的目光下对受害者得寸进尺,这让他们在同龄人眼中显得强大。要帮助青少年弄清楚如何变得自信而不是胆怯(屈服于霸凌者的要求)或具有攻击性(喜欢打架),因为后两者几乎总是会招致更多的霸凌。鼓励你的孩子表现得自信,不要流露出沮丧的迹象——这是霸凌者试图达到的目的。幽默有时可能会起作用,只要不是为了侮辱霸凌者。坦率地说,如果可能,最好的策略是正视霸凌者的眼睛,从他身边走过去,不要与他接触。当你需要走近他时,有朋友在旁会对你有帮助。告诉青少年避免和霸凌者单独在一起。当霸凌者无法成功接近潜在受霸凌者时,通常会寻找其他目标。

如果这些都无效,如果你的孩子受到霸凌者的身体伤害,或者霸凌者的威胁严重到令你的孩子害怕上学,那么你下一步该做什么呢?应该与校长谈话。从你的孩子离开家门出发到回家为止,在法律上学校对你孩子的安全负有责任。如果他们在上学或放学的路上遇到了什么问题,学校可能会被起诉。此外,学校有法律和道义责任,对在校园内外欺负其他学生的学生进行纪律处分,并召集他们的家长开会。有时学校会声称他们对校外发生的事情无能为力。如果学校不作为,请向当地学校委员会提出正式投诉。但是不要等待你的投诉得到关注才开始保护你的孩子。

你下一步应该电话联系霸凌者的父母。在某些情况下,霸凌者的行为是由于经常被忽视:他们的父母不知道自己的孩子正在与一群人到处闯祸,或恐吓年幼的孩子。你的电话可能会提醒他们,并促使他们采取行动。但另一种情况是,霸凌者的父母会否认自己的孩子是霸凌者。还有一种情况,父母本身就是霸凌者:许多研究发现,校园霸凌者是在他们家中遭到身体攻击的受害者。如果是这种情况,他们的父母对你可能会像对待他们的孩子,以及他们的孩子对待你的孩子一样辱骂你。

如果你与他们的父母谈话没有结果,请坚持与学校校长和霸凌者的父母进行会面。正视这个问题,以及他们的儿子可能被停课,通常会使霸凌者的父母认真对待自己孩子的行为。确保学校会跟进会面后的行动。

如果所有方法都失败了,你可以诉诸法律。聘请律师(或寻求法律援助)并对霸凌者的父母及其本人提起诉讼。毫无疑问,这是极端的一步,但是任何孩子都不应该害怕去学校。

有些父母对采取这一措施犹豫不决,因为他们怀疑(或希望)他们的孩子夸大了事实。虽然在某些情况下这可能确实如此,但更为普遍的是,青少年不告诉父母或教师他们正在受到欺负,是因为他们担心被报复。相反,他们会选择逃学或装病。如果总是喜欢上学的孩子突然变得害怕上学，原因可能是受到了霸凌或被团伙威胁。问问你的孩子，是否有其他孩子在学校给他带来麻烦，如果是这样，请采取行动。

关系攻击

并不是所有伤害都是身体上的。有些青少年是心理学家称为"关系攻击"的受害者，即通过八卦消息、羞辱和陷害来伤害他人。有关关系攻击的大部分文章都集中在女孩身上（人们认为，因为女孩受到社会化的影响很少打架，所以她们通过社交方式表达攻击性），但女孩并不是唯一试图以这种方式伤害别人的人。在过去的10年中，关系攻击受到的关注越来越多，没有人知道这是因其发生率的增加，还是仅仅因为对该问题的认识提高了。但是清楚的是，许多青少年是其他学生恶意行为的受害者，受害者可能会出现抑郁、焦虑和学习问题。如果你的孩子是关系攻击的受害者，那么重视这一点很重要。因为许多青少年不愿意告诉父母自己成了关系攻击的目标，所以父母可能需要主动询问一个性格反常、总是闷闷不乐或焦虑的孩子来确认情况，问问她的同学是否给她带来了麻烦。

关系攻击往往缘于攻击者对自己在同龄人中地位的不安全感。在一个追求受欢迎度的社交环境中，提高自己地位的一种方法就是贬低别人。经常在身体上欺负同学的青少年经常不受其他青少年的喜欢，但那些试图通过社交排斥或传播谣言来伤害他人的青少年通常是同龄人中更具社交能力的成员。在身体上攻击他人的青少年经常难以理解别人（这就是为什么他们经常会将无害行为误解为威胁并发起攻击），而进行社交性攻击的青少年则非常擅长理解别人的想法。

与身体霸凌一样，处理关系攻击的最佳策略是拒绝攻击者想要的：通过损害他人的名声来提高自己的地位。如果受害者无视攻击者的企图（如果她遭受某些同学的排斥，则会选择与其他朋友在一起）或通过一笑了之、不理睬谣言（"我很抱歉打破你的幻想，但没有人真正关心你在想什么。"）做出回应，则会破坏攻击者的努力。父母最好不要立即直接干预（向学校反映或联系攻击者的父母），而是帮助孩子想出如何应对攻击的方法。在家中演练一下如何应对并不是一个坏主意。除非关系攻击者和受害者之间存在真正而持久的敌对情绪，否则大多数攻击者会失去兴趣，并转向更容易攻击的目标。

在你的孩子尝试忽视或转移攻击但没有成功的情况下，请和孩子的老师约个时间讨论一下这个情况。关系攻击已经得到广泛的关注，许多学校已经制订了培训老师如何处理这种情况的计划。

网络霸凌

网络霸凌已经受到了很多媒体的关注，青少年通过互联网或手机受到骚扰，但网络霸凌和面对面霸凌（无论是身体上的还是社交上的）的主要区别在于媒介，而不是动机。大多数在网上欺负人的青少年也曾在现实中欺负同龄人，而大多数在网上受到骚扰的青少年也曾在学校受到过伤害，通常伤害他们的人就是那些在网上骚扰他们的人。与网络霸凌者是匿名攻击者或伪装身份者的刻板印象相反，大多数受到网络霸凌的受害者都知道肇事者是谁。因为欺负他人（无论是通过网络还是其他方式）的主要动机是提高自己的地位，所以匿名欺负某人没有多少意义。大多数网络霸凌者希望至少有一些人知道他们在做什么。

应对网络霸凌的最佳方法是无视它。虽然这很难做到，但你的孩子应该在怀疑是骚扰者发来信息的情况下删除电子邮件和短信，然后阻止那些人再发送邮件和短信，或将它们作为"垃圾邮件"自动删除。（一些专家建议保存这些信息作为证据，以防需要采取进一步行动。但将这些令人不快的邮件和信息保留在孩子的电脑上可能会让他很难抗拒打开它们，这只会让他感到心烦意乱或生气）。你的孩子应该以同样的方式对待其他人发布的诽谤信息（流言蜚语、被篡改的图片，以及他所声称写过的信息）。无视，无视，无视。回应网络霸凌正是霸凌者希望受害者做的事情。很少有网络霸凌者有耐心继续骚扰那些没有回应的人。

如果你的孩子受到了性骚扰和暴力威胁，或者成为无休止的网络霸凌的受害者，你需要采取行动（参见第六章的"互联网的安全性"）。如果霸凌者是同学，请与学校和霸凌者的父母联系。（许多学校会惩罚学生不当使用互联网的行为，即使他们使用的计算机不在校园内。）如果霸凌者是未知的，请通知互联网服务提供商和相关机构。在美国大多数州，通过互联网骚扰他人的行为都是犯罪行为。

毋庸置疑，如果你的孩子参与了任何形式的霸凌行为，不管是身体上的、社交上的还是网络上的，你都必须采取坚定的立场制止这种行为。

被高估和误解的同伴压力[5]

多年来，专家们将青少年的种种问题，从犯罪和药物滥用，到从众和消费主义，都归咎于同伴压力。不管观察者是否有特定偏见，人们的假设都是这样的：如果任其自生自灭，青少年就不会干好事。

谬误与事实

目前的研究表明，同伴压力被高估和误解了。以下是一些常见的谬误和相应的事实。

同伴总是有不良影响。这个谬误是基于一种假设，即青少年本身都是千篇一律的，他们相信存在一种"青春文化"，这种文化支持一切成年人反对的东西。实际上，青少年的世界和成年人的世界一样多种多样。同伴压力既可以是亲社会的，也可以是反社会的。根据青少年所处的社交圈子，他们可能会感到压力：要成为一个守规矩的人还是一个不良分子；要在学校取得好成绩还是整天混日子；要把性行为保留在成熟、有爱的关系中并直到走进婚姻，还是现在就可以尝试。真正的问题不是青少年是否会感到同伴压力，而是他们会感受到哪种压力。

父母和同伴是对立的力量。第一个谬误的变种是所谓的代沟很大。[6]事实上，青少年比他们愿意承认的更加认同他们的父母并遵循父母的建议。一般来说，青少年在重大问题上（道德和宗教价值观）接受父母的观点,但在风格问题(音乐、服装、发型、整洁等)上追随同龄人。在关于未来的问题(大学和职业选择)上,他们更愿意听父母的话而不是听同龄人的话,但在影响他们当前社交生活的问题(朋友和活动选择)上,他们更听同龄人的话而不是听父母的话。当父母和青少年争论关于性和非法药物等有争议的问题时,他们之间的分歧往往只是程度的不同。例如,父母可能认为情侣只有在结婚后才该发生亲密关系,而他们的孩子可能觉得情侣在计划结婚后就可以发生亲密关系。他们的争论可能很激烈,但就国家规范而言,两代人都是保守派或传统派。无论对错,当青少年相信他们的父母对某件事缺乏经验或专业知识时,或者当他们的父母似乎无能力或不愿意为他们提供建议(例如关于性)时,他们最有可能转向同伴求助。

同伴会把青少年带入歧途。这个谬误意味着青少年会像绵羊一样盲从和像旅鼠一样不顾后果地自毁。事实上,青少年和成年人一样,会选择与自己的态度和价值观相似并以自己希望的方式看待自己的朋友。实际上,青少年选择志同道合的同伴的倾向要比朋友对彼此的影响力大得多。一个强烈反对毒品的年轻人不会交"吸毒者"朋友,就像一个不喜欢上学、成绩差的学生不会和班上的优等生交往。同伴压力不是单向的,而是循环的。[7]在学业上苦苦挣扎的青少年会和有类似问题的同学交友:他们互相安慰说学校无关紧要,嘲笑比他们更成功的同学("所有的聪明人都是懦夫。"),在课堂上捣乱或是逃课,并将精力投入可以使他们成为明星的活动(通常是违法行为)中。他们的态度和行为使他们更有可能在学业上失败,进而辍学或被开除。同样的相互强化也发生在烟鬼和预科生、运动员和学霸之间。

确实,青少年会受他们朋友的影响,特别是在学校、时尚品位和娱乐方面。拥有重视学习的朋友会随着时间的推移帮助你的孩子表现更好,而有喝酒和抽烟的朋友会逐渐增加你的孩子做这些事情的风险。但是把孩子的过错归咎于同伴的父母没有抓住重点。真正的问题不是谁让孩子走错了路,而是孩子在第一次选择朋友时为什么选择了这些朋友。为了扭转负面的同伴压力,父母必须同时考虑孩子个体的问题(如对学校缺乏兴趣）和支持这种行为的同伴。

随大溜是青少年期的一部分。这只说对了一半。每个人都会感到迎合他人愿望的压力，成年人和青少年都是如此。所有的青少年都是无助的顺从者、所有的成年人都是坚毅的个体主义者的想法是荒谬的。"攀比"这个词不是为了描述青少年而发明的。

所有青少年都会屈服于同伴压力。这是另一个半真半假的说法。青少年易受同伴压力影响的程度存在差异。[8] 一般来说，易受同伴负面影响的敏感性在青少年期早期不断上升，在八年级或九年级达到顶峰，此后逐渐下降。

了解这个时间线非常重要。看到自己的孩子在 11 岁或 12 岁时成为典型的青少年，父母经常感到绝望。因为他们一直认为青少年期在 14 岁或 15 岁时才真正开始，所以他们认为事情只会变得更糟："如果我的孩子现在就沉迷于发信息和谈论鼻环，那么她 15 岁和 16 岁时会是什么样子？"不要灰心。从众心理在高中阶段达到顶峰，之后事情会变得越来越好。

男孩在每个年龄段都容易受到同伴压力的影响，特别是如果他们被迫参与高风险活动。产生这种差异的原因还不清楚。一个合理的猜测是，美国的文化期望男孩（不包括女孩）证明他们的独立性，允许男孩（不包括女孩）放荡不羁，允许女孩（不包括男孩）以"我父母会杀了我"为理由拒绝。另一个可能性是，青少年期早期的女孩比同龄男孩在情感上更成熟，更能够维护自己的权益。

父母无能为力。即使在最易受影响的年龄的青少年中，也有一些更容易被朋友影响的人和一些不会被影响的人。与父母保持温暖、亲密的关系，喜欢自己的父母，父母也喜欢他们并表现出来这种喜欢的青少年，比与父母疏远、关系淡漠的青少年更不可能同意做他们不想做的事情。一个原因是他们往往在自尊心方面更强，自尊心提高了自信和果断。另一个原因是他们往往选择父母喜欢的朋友，选择相信那些远离麻烦、在学校表现良好和承担责任的朋友。

帮助你的孩子应对同伴压力

除了亲密的陪伴，父母还能做些什么来帮助孩子应对同伴压力呢？

通过帮助青少年发现他们的优点和特长来建立自尊心。喜欢自己的青少年不太可能屈服于消极的同伴压力，因为他们想要被别人喜欢。在这个年龄段，想要变得受欢迎可能会取代想要与众不同的愿望，但孩子们仍然需要知道他们的父母认为他们是特别的。一对夫妇为他们12岁女儿的足球奖章做了相框并作为圣诞礼物送给她，而他们10岁的女儿虽然也四肢协调，但不太喜欢比赛，于是她得到了演出服和爵士舞蹈课程。这些礼物表明父母认真对待女儿们的喜好，并将她们视为独立且同样有才华的个体。

鼓励家庭内部的独立和决策。在家中被视为负责任的青少年更有可能在家庭以外做出负责任的决定。听听你儿子关于如何分配家务活的想法，允许你的女儿自行决定何时学习，承认孩子提出了一个你没有考虑过的观点。从不被允许在家中为自己辩护的青少年将难以在同伴间为自己辩护。

谈论需要在竞争压力和要求之间做出选择的情况。青少年不是唯一感受到同伴压力的人，成年人在社交生活和工作中也会如此。与你的孩子分享你自己的经历，包括过去和现在的事。例如，有一年夏令营，在你们宿舍里，一群人联合起来对付一个新来的女孩，你们的恶作剧最终把她逼出了营地。你当时做了什么？你希望自己当时做什么？为什么？

鼓励你的孩子预测困难情况并提前计划。谈论他们可能遇到的情况，以及他们该如何应对。假设儿子的朋友计划拔掉他脾气暴躁的邻居的玫瑰花丛，或者搭乘一辆公交车前往一个你告诫过你儿子不要前往的市区，或者将一个不受欢迎的同学锁在看门人的壁橱里，你儿子会怎么做？

鼓励你的孩子与有共同价值观的同伴建立友谊。这并不意味着你应该强迫孩子与你认为是模范公民的孩子交朋友。强迫可能会适得其反（她会认为对方是个"书呆子"）。但是，如果一段牢固的友谊正在形成，建议你的孩子邀请朋友来家里，并带她的朋友参加特别的家庭郊游。询问她的朋友的个人情况（"康迪斯喜欢露营吗？""她在校剧里获得她想要的角色了吗？"等等）。同样，如果你的孩子开始与一个态度和行为都让你不喜欢的朋友交往，请尽力以巧妙的方式阻止他们联系（"你上周末刚和埃米莉一起玩过，要不试着今天换个人打电话？"）。

家长及其孩子的朋友

当青少年与同伴的关系发生变化时，家长的应对方式会使这段经历变得非常美好（亲密的友谊，愉快的时光）或者非常糟糕。所以关键是要持续参与青少年的生活，但不要进行不必要的干扰。

家长指南

以下是在参与和干扰之间寻找平衡的一些通用规则。

了解青少年的朋友。青少年选择朋友的标准反映了他是谁，以及你不在他身边时他可能要做什么。如果你儿子的朋友是运动健将，那么他在运动场上可能感觉最成功，也最能体现自我。如果你女儿的朋友是预科生或头脑聪明的人，那么她就是这样看待自己的，并希望别人也如此看待她。在不强迫的情况下，试着将他们看作独立的个体去了解孩子的朋友。这并不意味着你应该试图成为他们中的一员，那就变成打扰了。但当他们的朋友来访时，你可以去孩子的房间聊一会儿天，问问他们的朋友近况如何，赞美他们的穿着或祝贺他们获得奖项，等等。当父母对孩子的朋友表现出真正的兴趣时，孩子就不太可能在家庭之外保持秘密的社交生活，与他们的父母对抗。相反，如果每次孩子带朋友回家时父母都感到不悦，或者似乎漠不关心，那么孩子就更容易把同伴和父母看作对立的力量。

不要根据外表、着装、语言或兴趣草率地下结论。在这个年龄段，青少年有时会采取极端的行动来证明他们与父母不同、他们是独立的成年人。他们也在尝试不同的社会身份。今年穿着皮衣并阅读摩托车杂志的男孩，明年就可能穿着学院装并竞选班长。恶毒的评论只会让青少年觉得他不能把朋友带回家。

然而，如果你真的认为你的孩子正在和错误的人混在一起，或与错误的朋友交往，那么你应该表达你的感受。比如，你的女儿是一个非常好的学生和优秀的运动员。在初中时，她开始和一群只关心购物的女孩子混在一起。找一个安静的时候和她谈谈。告诉她选择与谁做朋友是她的自由，但你认为这些朋友并不像她那么聪明或有趣。她在她们身上看到什么？是不是有你没有注意到的地方？你可能会发现，她确实同意你的评价，但又有些难以融入其他圈子。你的支持可能会给她勇气，让她邀请一个全A同学一起做一个项目，或在训练后邀请一些队友回家。除非你确定你的孩子最好的朋友有不良嗜好，或者他的朋友需要对许多破坏行为负责，否则你不应该禁止孩子与某个人交往，但你应该表达你的观点。青少年确实会听父母的话，即使他们可能假装和你对着干。父母常常会惊讶地发现，他们种下的种子最终会生根发芽。

为同伴活动留出空间。青少年需要和朋友在一起的时间。出去玩可能在你看来是浪费时间，但是他们的"胡闹"是了解自己和他人的重要方式。他们并不是无所事事，而是在探索自己，努力成为想要成为的人。你可能希望填满孩子的空闲时间，让他参加网球课和小提琴课，参观博物馆，观看体育赛事，与有趣的人共度周末，以及进行其他充满活力的活动。但是，如果没有为他和他的朋友留出时间，你就剥夺了他成长过程中的一个重要部分。

与青少年保持亲密关系。有些父母无意中会把青少年对同伴的兴趣看成对父母的拒绝，于是与他们拉开了距离。有些父母则暗自松了一口气，认为青少年不再需要他们了，于是这些父母在心理上将自己隐身了。还有些父母会以放手为自豪。这些都是错误的做法。与父母保持亲密关系是青少年选择父母喜欢的朋友并抵制同伴压力负面影响的最佳保障。

什么时候应该担心

父母什么时候应该担心青少年与同伴的关系？

如果青少年没有朋友。有时青少年会抱怨:"没有人喜欢我。"在几乎所有情况下,这种抱怨都是夸张的。青少年可能有不愉快的一天(他成为笑柄,或者她听到有个朋友在背后议论她),或者有一两个亲密的朋友,只是不像他想象的那样受欢迎。在少数情况下,青少年会被孤立,并经常独自一人。然而,持久的没有朋友是有问题的征兆,并可能导致未来的问题,包括行为不端和抑郁症。[9]如果是这种情况,父母应该寻求心理咨询。

如果青少年对自己的社交生活保密。与朋友分享秘密是一回事,保守朋友的秘密则是另一回事。如果青少年从来不谈论他的朋友,从不带朋友回家,拒绝透露给他打电话的人是谁,并且在你去接他时故意不和同伴走在一起,那么这些都是有原因的。他可能正在与你不喜欢的孩子一起玩(理由很充分),或者他可能确信你不会喜欢他的任何一个朋友。无论出于什么原因,你都应该弄清楚。

如果青少年突然失去了对朋友的兴趣。每个人都想偶尔独处一下,包括青少年。但是,突然完全失去对社交活动的兴趣超过两个星期,可能是抑郁症的征兆(参见第八章)。

如果青少年的朋友都比他大。因为有共同的音乐偏好、越野摩托车兴趣,或者住得很近而结识了一些年龄较大的朋友,这没有什么问题。但是,特别是当女性青少年将大部分时间都花在和年龄较大的人在一起时,她们可能会在还没有成熟到能够做出负责任的决策之前就受到成人活动(性、饮酒)的压力。男孩比女孩更有可能与不同年龄的男孩搭帮结伙。如果男孩比他的朋友小很多,或者是一群人中唯一一个十一二岁的孩子,他可能不得不以有害的方式(比如吸烟)来证明自己。有年龄较大的朋友不一定是需要担心的事情,但一定是需要关注的事情。

早恋、聚会、穿衣打扮等 7 个常见问题

青少年和朋友在一起是非常享受的。父母应该预料到孩子在向青少

年过渡期间社交生活会发生变化。以下是这个过渡期可能会出现的一些常见问题。

早恋[10]

虽然今天的父母所认为的"约会"（即两个正处于浪漫关系的青少年作为情侣在餐馆、电影院、聚会或某些活动中相处）越来越少见，但浪漫关系对青少年的重要性与之前的任何一代人没什么不同。如果你问孩子是否在和某人约会，他或她可能会以看外星人的眼神看着你，就像你的父母问你是否在谈恋爱时你的反应一样。"约会"可能是一个过时的词语，但如今的青少年对男朋友和女朋友的兴趣并未减少，只是他们改用了不同的术语来描述（其中包括"出去玩""聊天""恋爱中"）。为了方便沟通，我使用"约会"来指代所有这些。顺便说一句，"和某人在一起"并不意味着"建立关系"，而是指"与某人发生性关系"。"有利益关系的朋友"意味着非恋爱关系的性伴侣。

一般来说，青少年在青少年期早期或中期开始尝试约会，女孩的平均年龄是13岁，男孩为14岁。一些早熟的女孩可能在11岁或12岁时就开始约会。我认为这是一个错误，原因有几个。在大多数情况下，青少年期早期开始约会的女孩几乎都会与大她几岁的男孩一起出去，即使只是因为这个年龄段的男孩在男女关系中还处于懵懂期。年龄大一点的男孩在异性关系中比青少年期早期的女孩更有经验，并且很可能在心理和生理上压制她。对她来说，发生性关系只是一种模糊的浪漫幻想，而对年龄大一点的男孩来说，这可能是现实。

早恋也会影响同性友谊。因为女孩正在与一个年龄大一点的男孩约会，所以她可能会被允许加入年龄大一些的小团体，但只能作为边缘成员。为了向这些年龄大一点的朋友证明自己，她可能会认为自己必须浓妆艳抹或者穿性感的衣服，甚至吸烟、喝酒，并像有性经验的人一样交谈。（实际上，15岁之前开始认真约会的女孩更有可能吸烟、饮酒、发生性行为和参与违法犯罪活动。）这些行为可能会使她被年龄大一点的伙伴临时接受，但会使她与同龄女孩的关系越来越疏远，后者会觉得她不再是"我们当中的一员"。结果，她可能会失去建立亲密友谊的宝贵经验。

过早约会还可能会影响个人成就。很早就开始约会的女孩会比那些仍然与朋友一起度过空闲时间的女孩更加关注个人形象，更容易感到焦虑。她们渴望保持自己对男孩的吸引力，因此可能在学业成绩上表现不佳。她们沉迷于参与社交场合或迷恋于某个男孩，这会导致她们没有太多时间做作业、开展课外兴趣和爱好，或是与朋友和家人相处。对女孩来说，更加健康的方式是在同伴和成年人的监督下逐渐发展约会所需的社交技能。当她们稍微长大一点，情感上更加稳定，与男孩在团体中有更多有趣的经历，和异性相处更自在，对自己也更有信心时，她们将更有能力处理约会和潜在的浪漫关系。

虽然很少有男孩过早约会的相关研究（部分原因是这种情况很少见），但我认为影响是相似的：在年龄大一点的群体中地位较低，过早地参与"成人"活动，在学校和其他活动上更易分心。

聚会[11]

聚会可能是早期青少年社交生活的高潮，也可能是低谷。一项调查发现，大多数五年级学生喜欢同性别聚会；到七八年级，许多青少年开始享受男女混合聚会；到九年级，混合聚会就成了常态。

什么能让一个聚会成功或失败呢？青少年（五到七年级）更喜欢有组织的聚会，例如室内或室外游戏，看电影，去溜冰场或海滩，等等。在他们看来，当聚会无事可做，父母太严格和专断，场面失控，或一些客人吸烟或饮酒（这会让青少年感到不舒服）时，聚会就会失败。稍大一点的青少年更喜欢自由形式的聚会，有好听的音乐和好吃的食物，或者跳舞，或者只是坐着聊天。在他们看来，当父母在场、灯光太亮、客人过于不友好，而且男女之间的交往太少（男孩在一角，女孩在另一角）时，聚会就会失败。

到五年级或六年级时，你应该允许青少年自行策划聚会。青少年比你更清楚他的朋友喜欢什么。年轻的主人可以邀请几个朋友在聚会前来帮忙准备。你在计划中的角色应该是很小的（确保青少年没有忘记重要的事情，比如预备冰块）。

在聚会期间，大多数青少年希望他们的父母在家里但不在视线范围内。这是一个很好的建议。父母应该在客人到达时打招呼（并向送孩子来的父母打招呼），让他们感到受欢迎，然后退到另一个房间（厨房、书房或卧室）。如果父母在整个聚会中都与客人在一起，会让青少年感到紧张和不舒服。青少年想得到父母的帮助和支持，但仅在需要时。当出现不当行为时，作为主人的青少年不应该独自应对。当父母介入时，青少年不会丢面子。

如果有许多有趣的事情可做，就不太可能产生麻烦。但是当聚会失控时，父母应该立即介入。如果可能，请把违规者单独带到一边私下谈话，这样他们就不会在朋友面前感到尴尬。如果这也行不通，请打电话给他们的父母。他们宁愿从你那里听到孩子的不当行为，也不希望从流言蜚语中听到。

父母应在聚会开始前与孩子制定基本规则，包括：

- 不要随意闯入。过于开放的氛围很可能会吸引一些年龄较大的青少年群体，他们对如何"找乐子"往往有不同的想法。
- 不能吸烟和饮酒。对聚会的规定应与对孩子的规定相同。
- 在非聚会场合不被允许的行为也不要在聚会上出现。当然，除了不间断的音乐和噪声。
- 不能在房子里到处走动。将聚会限制在特定的房间或后院。不允许青少年封闭在卧室中，无论他们做什么或不做什么，也不允许他们在附近闲逛。

当你的孩子晚上外出参加聚会、舞会、体育赛事或其他活动时，你应该知道：

- 你的孩子会去哪里，和谁在一起；
- 是否有成年人在场（如有必要，请打电话确认）；
- 你的孩子计划做什么；
- 活动安排的开始和结束时间；
- 你的孩子计划如何前往和返回。

一般来说，父母应该禁止青少年在上学日的晚上举行聚会（有些活动，如看棒球比赛或看一场戏剧，可能偶尔会被允许）；仅允许在周末的一个晚上参加聚会；尽量确保青少年在忙碌的白天或夜晚与宁静的休息时间之间取得平衡（例如，周六全天在海滩聚会后，周六晚上就应该安静休息；在周六晚上的聚会之前，周五晚上应在家里休息）。

电话

安排约会、策划聚会、告诉好朋友今天早上或昨晚在西班牙语课上发生了什么——对话是青少年社交生活的核心。当青少年日夜不停地打电话时，父母常常会很生气。为防止电话引发战争，父母和孩子之间需要商定每个家庭成员都能接受的规则。

曾经有一段时间，关于电话的主要问题是争夺家庭电话的使用权，但今天这个问题比过去少了。原因有两个：首先，大多数青少年今天都有自己的手机；其次，许多青少年与朋友之间的交流都在线上进行。除非你们家依赖拨号连接网络（这已越来越少见），否则你的孩子与他朋友之间的线上聊天不会妨碍你。

这些解决方案可能会消除大多数因争夺家庭电话而产生的老式冲突，但青少年被允许在电话上社交多长时间的问题仍然可能引起冲突，比如他的电话费超过了手机月度套餐，以及对在通话时间多长算长这个问题上存在分歧。解决这些问题最简单的方法是明确约定每天允许青少年使用手机的时间。规则应明确规定当青少年的通话时间（或短信）超出套餐范围时，由谁支付额外费用（并且应该讨论这笔费用仅适用于青少年手机还是适用于家庭共享的套餐）。确保向青少年明确如何监控他的通话时间，他可以在手机上进行跟踪。

规则还应包括每天青少年可以花多长时间通话，无论这是谁的电话或由谁支付费用。（这里的问题是每天的配额，而不是每月的配额。）参加课外活动并为做作业分配足够时间（对好学生而言至少为每晚一到两个小时）的青少年应该没有那么多时间进行通话聊天。如果她的每分每秒都花在与朋友保持联系上，那么你需要与她谈谈如何分配时间并设置一些合理的限制。无论她的社交方式是说话、打字还是发短信，这些规则都是适用的。

穿衣和打扮

穿衣和打扮在整个青少年期都是问题。青少年的穿着经常让父母感到焦虑。但是关于青少年外表的争论几乎总是可以避免的。

把穿衣和打扮看作一种沟通方式是有用的。关于穿什么、开什么车、去哪里度假，甚至吃什么，部分是基于我们想向他人传递我们的价值观、态度和地位——关于我们是谁。像成年人一样，青少年想管理自己留给他人的印象。与成年人唯一的区别是他们的受众不同。坚持穿着超大码裤子去学校的青少年，因为他的所有朋友都是滑板爱好者，其实与他的父亲没有什么不同——他的父亲坚持穿海军蓝条纹西装去上班或穿粗花呢夹克去大学听课。男孩和成年人都是在通过他们的外表说："这就是我。"

有些父母认为，青少年试图塑造自己的形象只是又一次提醒他们，孩子正在成长，而这是他们不想面对的事实。另一些父母不理解，青少年是在为不同的观众打造自己的形象。还有一些人认为，如果他们在穿衣上让步，那么孩子离犯罪也就不远了。这些父母需要问问自己，他们真正担心的是什么。据我所知，穿着当前青少年流行的服装并不会导致问题行为，就像穿粗花呢夹克不会增加智力一样。父母经常比青少年更重视外表。

在合理的范围内，青少年有权穿或戴着他们的同龄人认为时尚的衣服和饰品。父母有权坚持要求青少年的外表要干净（出于卫生原因），不要具有挑逗性（青少年也许不知道她的衣服发出的信号可能会招致性骚扰或更糟的情况），不会影响学习和其他活动（女孩穿着高跟鞋很难在学校里走动；穿着满是污言秽语的T恤去上学不仅令人不舒服，而且具有攻击性），并且衣服的价格在家庭预算范围内。即使青少年有自己的赚钱途径，他们也不应该把所有钱都花在衣服上（参见第十五章的"金钱和金钱管理"）。

发表对青少年外表的意见本没有错，但在大多数情况下，不值得为他们的着装而争吵。

音乐和音乐电视

音乐一直都是代表代际和谐的一种表达形式：在20世纪40年代，是爵士乐；在50年代，是猫王；在60年代，是民谣音乐；在70年代，是嬉皮士音乐；在80年代，是朋克和重金属；今天，是嘻哈音乐。但父母很少赞同他们的孩子在音乐上的品位。当今天的父母是青少年时就是如此，而当今的青少年成为父母后也将如此。

像过去一样，今天的父母担心音乐会对孩子的行为产生影响。然而，很少有证据表明青少年将歌词作为行为指南。听带有暴力歌词的音乐的青少年不太可能成为施暴者，就像读谋杀悬疑小说的成年人不太可能变成杀人犯一样。和阅读闲书一样，音乐只是一种逃离日常生活和沉迷于幻想的无害方式。如果你觉得孩子的音乐品味冒犯了你，那就叫他把门关上或者为他买一副耳机。不需要担心到底有什么信息被灌输到他们的耳朵里或是在MTV（音乐电视）上被展示。青少年受父母和朋友的影响更大，而不是小甜甜布兰妮或卢达克里斯。

摇滚演唱会最好被看作有很多陌生人参加的大型聚会，关于聚会的规则同样适用于此。聚会和演唱会之间的区别之一是后者会查找酒精和违禁品。一个被抓住有这种行为的青少年可能会被捕，而在私人聚会上这种事情不太可能发生。对于 16 岁以下的青少年，父母应该考虑开车送他们去看演唱会，并在指定时间和地点接他们。对所有青少年而言，父母应该了解谁要去演唱会、在哪里举行、何时结束以及青少年如何去和返回。

互联网

今天的青少年不仅通过电视和音乐来娱乐，还可能会在互联网上花费相当多的时间。互联网上的一些内容是具有教育价值的，但大多数是枯燥乏味的，而几乎所有的内容都是商业性的。不要认为你的儿子盯着电脑屏幕而不是电视屏幕，他就是在做什么有价值的事情（就像看电视一样，他可能在看一些值得看的东西，也可能没有）。这里的问题是你的孩子花了多少时间上网，更重要的是由于上网他没有做什么活动（阅读、打篮球、弹吉他）。青少年需要锻炼身体和大脑，而上网，至少大多数青少年的上网方式是无法满足这些锻炼的。适度地探索互联网是很好的，然而，像任何其他娱乐形式一样，上网也可能会失控。请以你对待电视的态度对待这个活动（可参阅第六章的"互联网的安全性"）。

父母需要关注的一个问题是互联网盗版，即未经付费下载应付费内容。大多数青少年所涉及的盗版是音乐，但窃取（是的，就是这样）电影、软件和其他内容也很普遍。当青少年（或成年人）未经付费下载数字资料时，他们正在夺走他人的合法收入。当受害者是一个大型且非个人的主体，比方音乐公司、电影制片厂、主要的软件生产商、图书出版商时，这一点很容易被忽略。

你的孩子可能没有想到的是，这些企业虽然规模庞大、距离遥远，但它们雇用了成千上万的员工，这些员工的薪水取决于雇主的销售业绩。音乐家、编剧、软件工程师或作者通过创造能够产生销售利润的产品来谋生。（如果你的孩子有一天想成为一名自由艺术家或作家，你可以问问他们，如果是他们遇到这种情况会怎么想。）数百万人预计将来靠退休账户生活，这些账户的价值取决于这些公司的利润。请告诉你的孩子：未经付费下载音乐曲目并不比其他形式的偷窃更合理。这与从别人的钱包中拿走钱、侵入某人的银行账户、从靠养老金度日的老年人那里偷走钱财没有什么区别。

盗版是错误的，大多数形式的盗版都是非法的。虽然个人被抓到的机会微乎其微，但并不意味着这种行为是道德的。鼓励你的孩子拒绝参与那些不太可能被发现但却违法或不道德的活动。

零花钱

与朋友外出、拥有合适的着装和最新的电子游戏都需要花钱。大多数家庭在孩子进入青少年期前会重新商议零花钱的问题。

给青少年多少零花钱取决于你的预算、家庭生活方式、社区标准以及孩子的需求。如果有不止一个孩子，你必须考虑当前的物价以及孩子的不同年龄和需求。通常情况下，晚出生的孩子会吃亏，因为父母认为他们在2005年大儿子上高中时给的30美元，对于2011年刚上高中的小儿子来说也是足够的，但2011年30美元已经不如过去那么值钱了。

一种计算零花钱的方法是要求青少年记录两周的开支。青少年应该写下自己支付的一切费用（车费、零食费用、看电影费用、音乐下载费用）、你为她购买的一切东西（服装、学习用品）、她未来几个月需要的东西和大约需要花费多少钱（俱乐部会费、兴趣装备、给亲朋好友的礼物）以及一个"愿望清单"（她想要并希望存钱购买的东西）。在她这么做的同时，你也应该列出她可能没有考虑到的开支（比如手机账单），还可以与其他家长讨论他们如何确定孩子零花钱的额度。

在两周结束时，你们可以坐下来回顾一下这份清单。如果你认为他在电子游戏上花费过多，讨论一下这个问题。如果他想要大幅度增加额度，他会分担你一直承担的一些费用吗？如果他想要购买自己喜欢的衣服，你也同意，那么可以制定一个合理的服装预算。讨论一下他如何为自己愿望清单中的一些项目存钱（如果你同意他的愿望），然后决定他的零花钱数额和支付时间（每周、每两周或每月）。写下你们各自的责任。同意每个月或每两个月检查一下青少年的支出和储蓄计划，或者在他遇到问题时进行检查。如果你有好几个孩子，请确保他们理解为什么他们会得到不同的零花钱（年龄大一点的青少年通常有比年龄小一点的青少年更多的合理开销）。

有些父母将青少年的零花钱与家务联系起来，我认为这是一个不好的主意。青少年应该做家务，因为他们是家庭的一员，而不是因为他们会得到报酬。没有人会为你做晚饭、割草坪或者洗衣服支付报酬。你的女儿不应该因为清理雪地或者偶尔照顾弟弟妹妹而获得报酬。还有一些父母为青少年取得好成绩提供奖金，这也是一个错误。因为当青少年是在为你的钱，而非自己未来的成就努力时（参见第十章），奖金会降低而不是提高他的学习动力。

你应该如何处理超出青少年支付能力的重大开销（如电脑、汽车、滑雪旅行等）？在我看来，向青少年提供一大笔钱并期望他们将来会偿还，或者预支零花钱，都是不好的主意。首先，你正在帮助他建立一种不好的习惯——花自己没有的钱。其次，贷款会让亲子关系变得非常商业化。你是父母，不是银行家。如果请求是合理的而且你有能力支付，可以考虑。也许你可以把滑雪旅行作为儿子的生日礼物。你可以说你认为买一台新的、运行更快的电脑是个好主意，但如果你买了它，就没有钱支付下一季夏令营的费用了。如果青少年的请求不合理（比如要买一辆摩托车），和他解释为什么你不允许（因为骑摩托车很危险）。如果家里负担不起，你也要诚实地说出来。青少年往往比他们的父母所认为的更加通情达理。

第十章
你在青少年学校教育中的角色

当孩子进入初中后,许多父母感到他们在孩子的教育中承担的任务已经完成了。这是一个错误认识。教育不仅仅是学校的责任,还是一项合作事业,在这个过程中,老师和家长应该成为合作伙伴。学校希望青少年的父母参与更多而不是更少。但是,为了有效地参与进来,父母需要被告知相关信息。

小升初

从小学升入初中是很困难的。在小学,孩子有一个很熟悉他们个性的老师,而初中每一门科目都有不同的老师。在小学,孩子会因为努力而得到奖励;在初中,成绩更多地取决于表现而不是努力。在小学,孩子整天受到监督,而初中他们大多数时间都是靠自己分配的。在小学的最后一年,孩子是"大孩子"之一;进入初中,与九年级的大孩子相比,他们又会重新成为"小孩子"。

出于这些原因,许多学生在小升初的过渡期会暂时失去方向。他们的自尊心会有所动摇,成绩通常会略微下降,对学校活动的兴趣和参与度也会下降。他们感到自己是无名小卒,被疏远且脆弱。转学时学生年龄越小,出现适应问题的可能性就越大:10岁的学生比12岁或13岁的学生更难适应"小孩子"的标签。后者不仅个子更大,而且在小学中拥有更多的"高年级学生"的经验。他们在小学的保护氛围中掌握了分数、小数和基本语法,因此在学业上有了更坚实的基础。如果孩子同时经历其他重大变化(青春期、搬家、父母分居或离婚),那么适应调整会更加困难。几乎所有青少年在初中都会恢复小学时对学校的热情,但这个过渡可能会很困难。

父母可以通过以下方式帮助孩子:

- 与孩子谈论初中会有哪些不同之处,让他知道将要面对什么。了解学校是否有针对新生的迎新计划,并确保孩子会参加。
- 融入新学校。现在不是退出家长会或减少家长会的时候,你对学校了解得越多,就越能帮助孩子。家长积极参与孩子的教育,孩子在学校表现也会更好。
- 鼓励孩子上初中前在家独立学习并监督自己的进步,这将有助于他为以后一些需要他独立完成的工作做好准备。
- 支持孩子在小学时期建立的友谊(了解哪些朋友将和他初中同校或者同班,帮助他们在暑假保持联系,也可以安排他们共同上下学)。与朋友一起升学的孩子过渡起来会更容易。
- 安排一些校外活动,让孩子与同龄人竞争(运动联赛、青年戏剧俱乐部)或者与自己竞争(私人课程),而不是经常被大一点的学生超越。
- 如果初中的成绩比小学时略差,请不要着急。

恰当地择校与分班

不同学校对是否按能力对学生进行分组的明确程度各不相同,但几乎每所学校都会进行某种形式的能力分组,或者追踪记录学生的能力发展。追踪记录学生的能力发展并形成结果的具体时间各不相同:一些学校在初中（通常是八年级）时按照能力对学生分组或分班，另一些则要等到高中时才开始。追踪记录的含义也各不相同。在一些学校里，学生被分配到不同的大学生培养班、普通班或职业教育班中，并开始学习不同的学科。在另一些学校中，所有学生学习同样的基础学科，但根据能力水平的不同被分配到不同的班级（尖子班、普通班、补习班）中。

并非所有学校都会承认它们追踪记录学生能力水平并进行分班，许多学校也不会用显而易见的方式标记课程，部分原因是他们不想伤害学生的自尊心。学校可能不会将七年级的数学课标记为"补习"、"普通"或"尖子"，而是将这些课程标记为数学7A、数学7B和数学7C。这意味着你的孩子可能不知道自己所在的学校中有分班系统，也不知道如何解释课程名称和编号。这种无知可能对孩子的自我认知有好处，但你不希望你对孩子的课程水平一无所知，因为她现在所学习的课程会决定她今后（当课程水平非常重要时）能否学习更高级别的课程。如果你不确定你孩子所在的学校是如何分类课程的，最好向学校行政或教学办公室的人员咨询，询问不同的标签代表什么，以及这些课程之间有什么不同。许多孩子最终没有学习他们应该学习的课程，因为他们的家长没有了解足够的信息。

追踪记录能力水平的影响[1]

追踪会带来短期和长期的影响。一般来说，高水平班级的学生有更好的老师、更好的设备和更好的教育。他们的老师强调概念性学习，更经常地与学生互动，鼓励讨论，帮助学生开展独立项目。在较低水平的班级中，老师倾向于讲课，注重于基本技能和记忆，在课堂上花费大量时间进行训练和纪律约束，与学生互动较少。这些班级的学生没有太多机会辩论想法、产生知识，很少去阅读或写作任何实质性的东西。当然，在补习班里也有一些敬业的老师，而尖子班里也有缺乏能力的老师。但那些被认为是大学潜力股的学生确实享有教育资源倾斜的优势。

分配到较低层次的教学轨道会限制学生的选择，特别是在数学和科学方面。数学学习是累积性的：每门课都是下一门课的先决条件。学生必须在学习几何前学习代数，学习三角函数前学习几何，学习微积分前学习三角函数。一个没有学过代数的学生无法直接学习微积分。同样，学习通用科学课程的学生，与学习生物、化学和物理的学生相比，在大学里学习高级科学课程的机会会更少，甚至学习必修课程也会感到困难重重。虽然在文科中，普通课程和高阶课程之间的区别不太明显，但它们确实存在。例如，八年级或九年级开始学习外语的学生会为大学所要求的语言课程做好更充分的准备；高中研修文学或心理学高级研讨班的学生也会在大学有先发优势。

同样重要的是，青少年通常会与他们每天在课堂上见到的人交朋友。如果你孩子的同学和朋友非常重视教育，炫耀他们在考试前夜通宵学习或者暑假读了多少书，并且辩论哈佛大学和加州大学伯克利分校的相对优势，那么你的孩子很可能也会表现出相同的学习态度。相应地，如果同学和朋友认为学校是可恶的，炫耀他们的学习少、做事不努力，并且讨论去报个秘书学校或者去做建筑工，那么你的孩子很可能也会有相同的表现和态度。除了父母，朋友最能影响青少年的学业抱负，以及他们日常的学校生活（例如，在家庭作业上花多少时间，选择高难度还是简单的课程，在课业上是努力学习还是持续后退）。

追踪记录能力并划分不同水平的影响是难以逆转的。从一种能力水平切换到另一种的学生是极其罕见的。在不同水平的班级，学生使用不同的教材和学习材料。即使仅仅过去一个学期，一个学生想要从低水平班级换到高水平班级，也需要学习高水平班级学生已经掌握的知识，以及适应新老师、新同学和新的学业要求与社交期望。

最后，虽然高中毕业和大学申请似乎还很遥远，但现在考虑如何选择课程将影响以后的选课。大多数了解大学录取情况的专家都会建议学生尽可能地选择一些有一定难度的课程（参见第十五章的"大学看重什么"）。但是，想在高三时有资格学习有一定难度的课程通常需要在初中时就学习更高阶的课程。

出于上述原因，父母及时了解学校如何划分不同学生以及学校为自己的孩子制订的计划至关重要。并非所有学生都适合上高水平班级，将能力一般的学生分到难度比较高的高水平班级，只会导致他感到挫败和学习动力下降。将能力卓越的学生分到低水平班级，也可能产生类似的影响。大多数学校都很好地将不同能力水平的学生与不同课程进行匹配，分班也基于考试成绩、年级评估和教师推荐。然而，在大型学校中，辅导老师可能需要负责几百名学生，无法给予每个学生个别的关注，这时候就需要家长出面了。

家长应该问什么[2]

父母应大胆提出关于孩子学业课程选择的问题和建议。作为父母，你的首要任务是了解关于划分的决定何时做出、使用哪些标准以及对你的孩子将会产生什么影响。为了帮助你做到这一点，我在下文对最常见的测试类型进行了简要概述。

你的第二个任务是帮助学校将你的孩子视为一个独特的个体。假设你的女儿是一个热爱阅读、英语成绩很好但在数学方面有困难的学生，学校可能会将这些信息输入计算机，然后制定一个课程表，让她上数学课补习班和其他科目的普通班。当你质疑这个决定时，你会得知九年级英语的高级班和数学课的补习班在同一时间。你会建议在暑期课程或数学辅导中，让她跟上数学课的平均水平并参加英语高级班。鉴于你的积极参与，学校可能会同意。假设你的儿子一直是一个优秀的学生，但在他进入初中的那一年，你和你的配偶分开了，你儿子的成绩下降了。如果学校知道了这个情况，他们可能会愿意给他第二次机会在八年级上高级课程。

当你与孩子的班主任会面时，你可能要问一些具体问题：

"我的孩子至今在标准化智力测试中的表现如何？"你的孩子在中学阶段可能已经参加了几次标准化智力测试。了解孩子的表现可以帮助你设定切合实际的期望。如果孩子的测试成绩在平均范围内，你可以期待她在学校表现良好，但你不应该强迫她在所有科目中都取得 A 的成绩。

如果她的测试成绩高于平均水平，你需要确保她的课程具有挑战性，以免她感到无聊。如果测试成绩低于平均水平，你需要知道她是否被分到与同等能力的孩子同班或得到特殊的帮助，以免她感到困惑或受到羞辱。

我不建议家长闯进学校会议，要求立即了解孩子的智商分数。许多学校不愿意提供孩子的智商分数，因为他们担心家长会对一个数字给予过多的关注。相反，你需要寻找一个合适的机会。如果老师告诉你，他担心萨莉的成绩，那这就是一个问问她以前的测试结果的好时机。假设她参加了智力测试，最近的得分是103（在平均范围内）。询问一下这是不是她参加的唯一一次智力测试，如果不是，这个分数与其他人的分数相比如何。假设她的分数在100到105之间。你下一个问题应该是她与学校其他学生相比表现如何。如果学校的平均分是117，那么她就要与那些比她学习得更容易的学生竞争。在这所学校的背景下，萨莉可能处于第30个百分位，这意味着在有100名学生的班级中，她将位于第70名。在这种情况下，她得到C+的平均分可能看起来相当不错。

"我的孩子在成绩测试中的结果如何？"通过成绩测试结果，家长不仅可以看出孩子在同龄人中的成绩排名，还能看到他在优势学科和劣势学科方面的情况。假设你五年级的儿子约翰在12月（这是上五年级的第四个月，或者说成绩水平记为5.4）参加了成绩测试。他班上的大多数学生在这个特定的测试中超过州平均水平4~6个月（得分为5.8~6.0）。约翰数学科目的分数是6.4，但词汇和阅读理解科目的分数分别为4.8和4.2，低于州平均水平，并且比他的同学落后了一年以上，这显然是一个令人担忧的问题。

"我的孩子在能力测试中的结果如何？"能力测试一般在中学阶段进行，以帮助学生做出有关高中课程的决策。在查看这些分数时，你要面向未来。假设你的女儿珍妮在一所私立学校上学。在八年级中期的家长会上，她的班主任告诉你，珍妮在能力测试中数学达到了50%以上学生的水平，在语言推理方面达到了60%以上学生的水平——这是很好的成绩，但不足够好。然而，在语言技能方面（旨在测试学习外语的能力），她的得分达到了 75% 以上学生的水平。你下面的问题应该是：这项测试的评分标准是什么？珍妮的成绩是与一个州或全美国学生的样本进行比较，还是仅与其他私立学校的学生进行比较？如果老师参考的是私立学校的标准，这个标准比全美国或各个州的标准更高，这意味着虽然珍妮可能不符合就读她所在高中的高级课程的要求，但在全国范围内她是高于平均水平的，有很好的机会被录取到竞争激烈的大学。

"学校对我的孩子有什么规划？"最后，你想了解学校如何利用这些信息。鉴于她的能力，萨莉表现良好，学校可能会建议她进入大学预科班，但不要尝试学习像代数、化学或外语这类高难度课程。对于珍妮，学校可能会采取等待和观望的态度。如果她在八年级的成绩保持在 B+ 的平均分，他们可能会建议她继续学习数学和科学，在九年级开始学习外语，并在十年级和十一年级选修英语或社会科学。至于约翰，这个年龄段的男孩在数学方面比在阅读和写作方面表现得更好并不罕见，然而，对约翰来说，这个差距太大，因此不能忽视。学校很可能会建议进行进一步的测试，以确定问题所在，并根据测试结果提供额外的指导、不同类型的指导，以及暑期学校或家庭计划，来提高他的语言能力。

测试：概述 [3]

在美国学生的学业生涯中，他们通常需要参加三种类型的测试。家长应该知道这些测试是什么以及它们的评分方式。

智力测试旨在衡量学生的智力水平。这一测试需要一定程度的文化素养或常识。但是，其目标是测试学生整体的反应速度、推理能力和学习能力，而不是特定的技能。智力测试是标准化的，因此 100 分表示该学生在同龄人中具有平均智力水平。

关于这一测试有两个常见的误解。第一个误解是认为智商等于智力。智力这类复杂而多面的事物是不能简单地用一个数字来描述的。智力测试无法测量到像独创性、开放思维、敏感性或在行动之前善于思考等这类品质，但是它们确实可以衡量一个人在学校获得好成绩的可能性。第二个误解是，智力是固定不变的。实际上，智力测试的得分可能的波动幅度会高达 20 分，尤其是在青少年期。家长不应将单个智力测试得分视为孩子智力的一个指标。但是多次测试，且间隔两到三年，可以提供有关孩子学习潜力的有用信息。

成绩测试衡量学生在特定学科中的知识水平。大多数学校每年都会对所有年级进行成绩测试。它们衡量的是学生相对于其他学生的水平、她自上次测试以来的进步，以及学校在教授不同学科方面的成功程度的指标。成绩测试的得分通常以年级等值（GE）为单位报告。在计算方面，8.2 GE 得分意味着学生在测试中的表现相当于八年级第二个月的平均学生水平；在阅读理解方面，9.0 GE 得分则表示她的表现相当于九年级刚开始时的平均学生水平。

能力测试旨在预测学生在他学习的科目和他还没有正式学习的科目中的未来表现。大多数学校在八年级时进行能力测试，以确定个人的优势和劣势。能力测试得分通常以百分位数表示。例如，如果你的儿子在机械能力方面的得分为第 75 百分位，就意味着在标准化测试的学生中，他在这个领域的得分高于 75% 的学生，但低于 24% 的学生。

有特殊需要的学生

青少年对自己的感受反映了他们在学校的经历。由于各种原因，与同学相处不好的青少年需要特殊关注。

天才学生 [4]

天才学生是那些在智力发展方面远远领先于同龄人的学生。他们的学习速度比同龄人快得多，可能会在同样的时间内学习更多的内容。通常，他们都是自学，远远超越了学校所教授的内容，没人指导。（天才学生可能会自行发现高等数学原理，掌握音乐中的赋格结构，或者自学拉丁语。）他们通常比父母和老师知道得更多。有些人在所有方面都非常出色；有些人则在某个领域（如数学或科学）很有天赋，但在其他方面（人文学科）则不是。

非常聪明的孩子和天赋异禀的孩子之间的区别微妙而重要。非常聪明的孩子考试分数高，成绩优异，被选为荣誉学会会员。这样的孩子在班里排名靠前，感到学习既有挑战性也能得到回报。天赋异禀的孩子在知识和理解力方面远远超过自己的同学。她的智力和能力测试分数相当于比她年龄大得多的学生。她毫不费力地就能获得高分，并将额外的精力投入自己的特殊项目中。常规的学校课程让她感到无聊。

如果你认为你的孩子天赋异禀，该怎么办？第一步是寻求客观意见。有经验的老师会认识到你的孩子"仅仅"是聪明还是非常出色，以至他从常规课堂活动中得不到什么。这样的意见将确认或反驳你的这种感知。

第二步是提醒自己，天赋异禀的孩子也是孩子。像其他孩子一样，他需要学习如何与同龄人一起工作和玩耍。虽然他在智力上可能比同龄人领先几年，但在身体和社交方面，他并不比一般同学更成熟。事实上，他可能在社交方面不成熟。那个在童年时下棋、做化学实验或编程的孩子可能已经错过了与朋友玩耍和发展日常社交技能的机会。

智力上有天赋的孩子的挑战在于防止他们变得无聊。那么有哪些选择？

丰富知识

一种方法是给予天赋异禀的孩子更有挑战性的工作。一些学校和学区为有天赋的学生提供了特别课程。参与特别课程的学生学习与其他学生相同的学科,但是该年级水平的常规教材他们在前 1/3 或 1/2 学期就完成了,其余时间用于深入研究。

在规模较小的学区,可能没有足够的有天赋的学生,不需要特别课程。在这里,必须为个别学生设计丰富多彩的内容。学校可能建议为天赋异禀的学生在课程表中增加一门额外的科学课程。或者,常规班级老师可能会给这类学生布置特别的任务:进阶读物,研究项目,在有特殊兴趣的领域进行有监督的独立学习,或辅导其他学生。请注意,课堂内的丰富并不意味着给予学生更多相同的内容。给已经掌握基本代数的孩子分配两倍于其他学生的问题不是激励,而是扼杀灵感;相反,应引导学生去解决更复杂的问题。

丰富知识不必局限于课堂时间。天赋异禀的学生可以在当地大学做实验室助理志愿者,参加博物馆的成人讲座,或报名参加计算机编程、创意写作、地质学或海洋生物学的暑期课程。

丰富知识的好处在于让天赋异禀的学生与同龄人在一起学习和生活,并参加同龄人所享受的社交和课外活动。

高阶课程

对于智力超常的学生,第二种途径是给他们提供高阶课程。如果测试表明孩子已经掌握了即将在下一年学习的内容,学校可能建议他跳过一年,如果他在高中,可以开始修一些大学课程。在考虑高阶课程时,父母应该问自己三个问题:

- 孩子是否真正准备好接受更高等级的学习?(跳过六年级会错过什么重要的课程吗?如果是这样,他可以在暑期班上学习这些课程吗?)
- 孩子是否在情感上成熟到足以处理跳级后的社交结果?(他的老同学和新同学都可能暂时视他为局外人,他是否有足够的自信来克服这一点?)
- 孩子身体发育到哪个阶段了?(如果有天赋的学生甚至还没有

进入青春期，而他的大多数新同学已经进入了成长高峰期，那么他可能在未来多年里被视为社交空气。）

如果你觉得孩子可以跳过一个年级而不会有过多的痛苦，跳级最好的时间是在其他孩子也在换学校的时候。（如果你所在的学区的初中从七年级开始，天赋异禀的孩子可以跳过六年级；如果高中从十年级开始，他可以跳过九年级）。这样，这个提前升学的学生就不会是唯一一个需要适应新学习环境的人。

今天的大多数教育工作者认为，尤其是在青少年期，高阶课程是极端的一步。学习书本知识只是学校生活的一部分。跳过七年级的女孩错过了和她的闺密闲聊的一年，错过了虽然没人真正想跳舞但还是得去的舞会，错过了与同龄且身材相仿的同学一起参加运动队，以及其他有助于从儿童过渡到青少年的早期青少年活动。在许多情况下，跳级带来的社交成本超过了智力方面的益处。

专门学校

第三种可能就是专门学校，你的社区可能有，也可能没有。例如，纽约市有一所为有天赋和有才能的学生设立的马克·吐温学校，洛杉矶有文艺复兴学院，芝加哥有芝加哥数学和科学学院。（你若想了解所在地区的学校情况，以及家长评分和考试分数，可登录 www.greatschools.net）。如果所在地区没有专门学校，你可以调查专门的私立学校。通常这些学校比公立学校有更多的资源，并且能够更好地为天赋异禀的儿童提供丰富多彩的课程。私立学校学费很昂贵，但是许多学校会为那些因为无法支付学费的天才学生提供奖学金。

学习障碍青少年[5]

"学习障碍"一词指的是智力一般甚至高于平均水平的孩子，但出于某种原因而学习困难。问题可能是知觉障碍、脑损伤、轻度脑功能障碍、阅读障碍、发育性失语症或注意缺陷。这些可怕的术语的含义是，这个孩子不能像其他孩子那样学习，而不是说这个孩子不能学习。学习障碍不能被"治愈"，但青少年可以学习如何弥补学习障碍，让自己过上正常甚至是与众不同的生活。上大学不是不可能，事实上，有一种特殊的SAT考试[①]版本供学习障碍的学生使用。

学习障碍不是在青少年期首次出现的，今天的学校比40年前更加意识到这些问题。几乎所有学习障碍，都能在孩子进入初中或高中阶段之前被发现。然而，在极少数情况下，孩子在小学期间能够有令人满意的表现，但在面对高年级的大量作业和难题时感到不堪重负。如果一个喜欢学校并认真学习的青少年的课堂成绩和考试成绩缓慢而稳步地下降，可能是由于学习障碍引起的。家长应该带孩子进行专业诊断评估，通常包括医学检查和家族史调查，以及接受教育优势和劣势的测试。

如果这个评估证实了孩子有学习障碍，下一步是家长和学校需要制订个性化教育计划（IEP）。根据孩子的需求和学校的资源，该计划可能包括：

- 在普通班级中获得特殊帮助；
- 全天在特殊班级上课；
- 在普通班级中接受部分时间的学习，在特殊班级中进行另一部分的学习；
- 转入专门学校。

个性化教育计划的第一个目标是帮助学生学会如何学习。第二个目标应该是尽可能使孩子的学校生活正常化，这样孩子就不会感到被孤立

---

① SAT（scholastic aptitude test），中文为"学习能力倾向测验"，简称"学能测验"，这是美国大学入学考试委员会于1926年编制的一种测量工具，旨在测量高中生言语推理能力和数学推理能力。——编者注

或被污名化。

PL94-142公法[①]要求美国各州向包括有学习障碍在内的所有残障儿童提供"免费、适当的公共教育"。该法案还要求家长同意测试和特殊安置，参与计划过程，并定期了解孩子的进展。在制订计划会议上，你应该问以下问题：

- 在特别课程、辅导、咨询等方面，具体会提供什么服务？
- 这个计划能给孩子带来什么收获？（孩子将会掌握哪些信息和技能？孩子的成绩水平与平均水平的学生相比如何？）
- 谁会负责与孩子合作？如果有多位教师参与，谁会监督孩子的进步？
- 孩子的进步将如何进行评估？（美国联邦法律要求每年至少进行一次评估，但一些州和许多学校会提供更频繁的进展报告。）

此外，你可以要求提供类似计划中其他孩子家长的联系方式以获取信息，以及其他孩子在这些计划中的表现。（他们达到目标了吗？有没有返回普通班级的学生？）在评估会议中，不仅要询问孩子的教育进展情况，还要了解他们的社交和情感发展情况。（孩子与老师和同龄人相处得如何？孩子对这个计划感觉舒适还是常常感到沮丧？）

学校有责任来帮助学习障碍的学生，但家长要确保这一责任得到履行。同时，家长也要确保孩子的自尊心不受影响。让孩子知道你了解待在学校对他而言是多么困难，也很敬佩他坚持下去，即使他的成绩没什么可炫耀的。赞扬他在其他领域的成就，并且提醒自己，人生的成功并不仅仅取决于在学校里的好成绩。

---

① PL94-142公法，即《全体残障儿童教育法案》，也被称为《残障儿童普及教育法》，是美国第94届国会通过的第142项联邦法令（1975年），简称"PL94-142公法"。该法案对特殊教育产生了深远影响。——编者注

家长应该做什么，不应该做什么[6]

青少年家长在学校和学校作业方面的参与程度怎么算是适当的？父母应该如何保持参与？

与学校联系

家长的有效参与不仅仅是监督青少年完成作业，还应该利用返校活动、家长组织、家长会和其他学校项目来了解并参与孩子的教育。许多家长在孩子小升初时就"退出了"，这是个大错误。由于初中时学校规模更大，老师很难关注每个学生的发展，因此孩子需要家长持续关注。

在美国大多数学区，家长可以参加多个旨在支持学校和为学校提供建议的组织。最著名的是当地的 PTA（美国家长与教师协会）或 PTO（独立的家长教师组织）。过去，这些组织关注的是筹集资金购买乐队制服和为参观日提供志愿者等事务。然而今天，许多组织积极参与教育规划，并让家长了解考试、学校资金、残疾人教育和其他问题。在美国几个州和许多地方社区，法律要求家长参与教育规划和评估学校项目的委员会。如果你关心药物滥用、性教育或学校花费多少时间进行标准化智力测试，这些组织可以让你发表意见。

许多学校也欢迎家长志愿者，比如在图书馆工作，指导社团，为俱乐部提供建议，利用他们的特殊技能为天才学生提供丰富多彩的课外活动，陪同孩子参加聚会，等等。

家长会和家长－顾问会议是你通过学校更详细地了解孩子的能力和成就，并向学校提供更真实的孩子的兴趣和问题的机会。询问学校如何评估孩子的能力、他在班级中的表现以及学校对他的规划。询问作业情况：他被分配了哪些学习任务？完成这些任务需要多长时间？这当然因人而异，但是老师可以给你一个大致的框架，让你知道孩子是否在家里像他应该的那样努力学习，他是否充分利用了在学校的时间，是否参与了课堂讨论，与其他学生相处得如何，等等。大多数学校每年定期会举行两到三次家长会。然而，如果你发现孩子有问题，不要等待。你发现问题越早，解决得越容易。

家长的合法权利[7]

你可能还未意识到，在孩子教育方面，你有很多合法权利。这些权利包括：

- 要求与老师或校长会面。
- 收到关于孩子正在学习的内容、使用的教材和方法，以及学校将如何评估成绩的信息。
- 了解孩子将参加哪些测试，这些测试的目的是什么，孩子的测试分数意味着什么，以及这些分数将如何被使用。如果学校希望对孩子进行心理测试，需要事先得到你的许可。
- 查看孩子的学校记录，可以质疑你认为具有误导性的信息，并在必要时插入书面评论以澄清情况。
- 对孩子的记录一定要保密。未经你的许可，除了学校工作人员，任何人都不能查看你孩子的记录。
- 了解孩子是否被分配到对应水平的班级，如果你认为分班有误，就要提出来。
- 提前了解学校规则，并对任何影响孩子权利的决定（如停学）提出上诉。
- 无论在学校还是上下学的路上，要求学校保障孩子在身体和情感上都是安全的。对于老师造成的身体或情感伤害，或者同龄人的恐吓，你可以提起法律诉讼。
- 对于有特殊学习需求或者有身体或情绪障碍的孩子，你可以期望学校在最不限制其自由的环境中提供适当的教育。

家庭作业[8]

第一条规则是：不要替青少年完成他们的作业。一旦孩子从小学毕业，家长与其提供过多的帮助，不如提供少一点的帮助。有几个原因。首先，父母和孩子之间的关系是基于爱的。父母的职责之一就是让青少年知道无论发生什么事，他们都会爱她。爱是首要的，评价是次要的。当父母扮演老师时，情感会阻碍他们的交流。青少年会将指正和批评视为对自己的人身攻击，而父母则会感到困惑，好像自己犯了错。

其次，替青少年完成作业会让他们变得更加依赖你。孩子会认为你是专家，而自己是无能的。如果孩子认为自己无能，就很难充满热情和有自我导向性。

再次，如果在孩子交作业之前，你检查了他们所有的作业，老师可能会对学生的理解水平产生错误的印象。孩子在语法中没有理解不同的过去时态，这个事实会在小测验中暴露出来。但与此同时，学生和老师都失去了宝贵的时间。

最后，你的指导可能是错误的。你关于光合作用的记忆可能已经模糊了，你的西班牙语可能没有你想象的那样流利，你 30 年前学习代数的方式可能与今天的教学方式不同。在这些科目上给孩子辅导可能会让他们更困惑，而不是更具启发性。

父母希望孩子表现好是可以理解的，但是，通过在家辅导并检查孩子的作业来保护他们免受失败，会阻止他们从错误中学习，还可能削弱他们实现目标的动力。

这并不意味着当孩子来找你帮忙做作业时，你应该说"走开"。如果她有问题（比如，"土耳其的首都是哪里？""方言是什么意思？"），建议她自己去找答案（比如，"你在地图集或字典里找过吗？"）。如果她在字典里找不到这个单词，就让她写下来（但不要去检查她的作业是否有拼写错误）。如果她解决不了一个数学问题，建议她尽可能地在上课前询问老师。如果她在写论文时遇到困难，并向你寻求帮助，你可以给出建议（比如，"还记得我们的那次旅行／你给我发的那篇文章吗？为什么不写那个？"），并帮助她组织思路（比如，"这是个好主意，为什么不这样开头？"），但不要告诉她怎么写。如果她被课本中的一段文字难住了，请让她大声读出来并一起理解其中的含义。如果她要求你测试一下她的词汇量，听她准备的一个演讲或读一篇文章，你要充满热情地配合，但在老师看到她的作业之前要谨慎判断。总之，要成为孩子的支持者和助手，而不是她的家庭教师或替身。

有些青少年需要家长帮助，特别是在小学毕业后的头两年。如果孩子只是做不完功课，你可以培养他有规律的作息时间。在学习时间里，他应该坐在桌前认真学习（不能看电视，不能娱乐性地使用电脑，不能打电话）。如果孩子在桌前坐了几个小时，但似乎什么也没做，你需要帮助他培养更好的学习方法。有些青少年是在地板上躺着、开着电视、戴着耳机与外界隔绝，或在上学日的早上5点到7点之间有最佳学习状态。俗话说，如果没有问题就不要修理它。除非必要，否则不要干预。

如果孩子根本就不想做功课，那该怎么办呢？生气不会解决任何问题，相反，你需要了解孩子为什么不愿意学习，这时应该与孩子和老师谈谈。

当青少年被问及为什么不学习时，他们最常见的回答是："我讨厌老师"或"这门课很无聊"。这些笼统的回答经常掩盖了青少年的困惑（课程难度太高）或无聊（课程水平低于他的知识和能力）。如果你认为你的孩子是这样的，就与老师交谈一下，给他安排一些额外的帮助或更具挑战性的任务。

如果青少年几乎每门学科都落后，有一种可能是他有阅读问题。（正如我在本章后面将要讨论的那样，这比大多数家长想象的更普遍。但大多数学校会提供专业帮助。）第二种可能是青少年过于忙碌：家庭责任、课外活动或工作可能使他很少有时间学习。第三种可能是青少年认为不做作业是她能够掌控自己生活的少数几种方式之一（参见本章后文的"过度控制"）。

一旦你确定了问题所在，你和孩子就应该坐下来，做一个关于何时做作业、在哪里做作业等问题的约定。你的任务不是让青少年在每科作业上都能得到 B 或更高的成绩（那是他的任务），而是确保他按时完成作业。如果孩子抵制，可以考虑签订一份"合同"，给予孩子完成不同学科作业的积分，这些积分可以换取特权，以及对未完成作业进行扣分，并取消部分特权。再次强调，这些积分不应该基于孩子得到的分数，而应该基于他（她）完成自己的任务。

成绩[9]

家长对待孩子成绩的反应很重要。一方面，你希望清楚地表明你重视成绩。获得三个 A 和一个 B，或者在一个她肯定会不及格的考试中获得 C+，都值得鼓励。另一方面，当孩子成绩表现不佳时，你需要支持他。不要过多强调失败，而要先承认他的失望感，然后谈一谈他可以在下次考试中如何提高成绩。

在与青少年讨论成绩时，了解青少年为什么觉得自己表现良好或不佳很重要。研究表明，成功的学生认为他们的成绩是能力和努力的结果，而不受机遇、星座或老师性格的影响。他们把自己的胜利归功于能力（"我得了 A 是因为我聪明。"），把失败归因于缺乏努力（"我得了 C-是因为我没有学习。"）。他们认为如果更加努力，就可以做得更好。

相反，不成功的学生觉得在学校的成功或失败不由自己掌控。他们认为高分是由外部因素引起的（"我做了一些幸运的猜测。""这次考试很容易。"），而把失败归咎于个人品质（"我得了 D 是因为我不擅长学数学。"）或偏见（"老师不喜欢我。"），而这些都是他们无法改变的。认为自己获得 A 只是因为运气的学生不会思考自己做对了什么，也不会去想如何才能保持好成绩。那些认为自己得到 D 是因为自己笨的人（她一直怀疑自己），就会停止努力。如果她只会失败，为什么还要学习呢？

听听孩子对成功和失败的解释。如果她主动表示自己可以更加努力，那你可以放轻松一点，因为她有正确的态度。然而，如果她把成绩不好归咎于老师无聊或不喜欢她，或者归咎于缺乏能力（而所有迹象都表明她有能力完成这项工作），并且她把高分或高测试成绩视为幸运，那么她就有问题了。当然，有时候特定的老师和学生可能会有冲突。如果你怀疑这可能是原因，就应该调查一下。但是把学校表现归因于不可控因素的模式表明问题可能更加严重。

家长也应该听取孩子的意见。对不佳表现的同情反应（"非常遗憾，我知道你很努力。""我在数学方面也不擅长。"）只会加强青少年的悲观和消极情绪。你不仅暗示他无法胜任，而且暗示他的学习障碍是遗传的！

当孩子表现良好时，家长可以通过关注他们的能力和努力（"你一直擅长科学，而且这次为这个考试而进行的额外学习真的很有回报。""你的写作很好，因为你花时间积累了这么多有趣的词语。"）来培养他们的建设性态度，当孩子表现不佳时父母可以关注孩子的努力（而不是能力）（"你可以再努力一点吗？""你可以做些什么来改进吗？"而不是"我想科学可能不适合你。"）。

家长不应该为好成绩提供金钱或其他物质奖励。为表现出色的孩子提供奖励是一种本质上缺乏信任的表现：如果你相信她想做好一项工作，你不会感到有必要贿赂她。通过贿赂她，你剥夺了她自由地、由她自己选择地、纯粹为了做好某件事而获得的满足感。研究表明，当家长因孩子表现良好而给予报酬时，孩子的成绩往往会下降，而不是提高。在学生完成了一项特别困难的任务或项目，或在一门他或她一直被困扰的学科中获得好成绩后，进行一个小型庆祝活动（比如在家做一顿特别的晚餐或全家出去吃冰激凌），是认可孩子成就的更好方式。

你的家庭环境

最后，家长需要营造一个有助于学习和取得学业成就的家庭环境。

和你的孩子谈论学校中正在发生的事情，就像你和配偶谈论工作中的事情一样。这学期他们在英语课上读了哪些作家的作品？青少年最喜欢哪个作家？历史课上讲过南北战争吗？几何老师有趣吗？科学项目进展如何？不要只是走走过场，看看你能从孩子那里学到什么。学习植物学的青少年可能能解释为什么你的园艺书上说要这样做或那样做；学习《权利法案》的青少年可能会帮助你理解新闻中的最高法院审判的案件。你对青少年的学习越真诚地感兴趣，青少年对学习就越感兴趣。

和青少年谈谈你自己在读什么。在晚餐时间讨论一下时事，而不是仅仅谈论谁没有做好家务。当有人提出一个没有人能回答的问题时，去查一下。计划一些去博物馆、历史遗址、自然保护区、政治集会地等的游览活动。研究表明，在其他条件相同的情况下，善于利用社区资源的家庭中的青少年比那些不利用社区资源的家庭中的青少年能取得更好的成绩。

利用日常事件帮助孩子看到她在学校学到的知识是如何与现实相关和有价值的。"那个电视节目让我想起你去年学的社会学，那个皇帝叫什么来着？""我记不清这些树是否在秋天掉叶子，你的科学老师教给你的那个记忆诀窍是什么来着？""帮我算一下我们这笔存款应该能拿到多少利息——几周前你不是在做这道数学题吗？"

如果合适，与青少年谈论一下你的"成绩"（工作评估），你如何处理成功（以及同事的嫉妒）和失败（以及暂时的失去信心），以及你如何处理难题（获取信息，进行成本效益分析，列出优缺点，等等）。

所有这些似乎都很明显。但是今天很多父母因为压力过大、疲惫不堪或过于专注自己的事业而无法积极参与孩子的教育。他们认为自己已经给了孩子一个良好的开端，并认为学校将负责接下来的教育。然而，教育不仅仅局限于课堂教学，你可以在孩子的态度、成就和愿望方面产生重大影响。

初中作业问题和应对方法

有时孩子轻松度过了小学，但在初中却会遇到一些常见困难。以下是一些年轻青少年遇到的常见困难，以及家长如何帮助孩子克服这些困难。

不愿意阅读

事实上，青少年所学的每门课程都离不开阅读，不仅是英语、历史和其他"文学"的科目，还包括科学和数学。阅读能力差的青少年在每个科目上都会处于严重劣势。

大多数学校认为孩子们应该在四年级结束时掌握基本的阅读技能。阅读方面的具体指导通常在那个时间点结束，之后老师不再定期监控孩子的阅读技能。大家可能没有意识到青少年的问题在于不能阅读数学问题或理解历史文本，认为他的低成绩可能是因为缺乏动力或注意力不集中，而不是阅读障碍。（这里故意使用"他"来表示，因为对于阅读问题，男孩比女孩更为普遍。）

以下迹象表明青少年存在阅读障碍问题：[10]

- 不会为了兴趣和获取信息而自发地阅读；
- 声称"找不到"任何阅读材料；
- 当被分配阅读作业时，他会感到沮丧，并且阅读速度非常缓慢；
- 在日常阅读时会遇到困难（如阅读标志、包装说明、食谱等）；
- 在朗读时，经常会吞吞吐吐、发音错误、跳过单词、颠倒顺序或说错单词（如把 was 说成 saw，把 done 说成 bone，把 men 说成 man 等）。

小学后，孩子出现阅读问题有三个常见原因：

- 孩子有器质性障碍，这使他难以感知和解码单词，或者视力或听力问题干扰了学习。这些问题几乎总是在小学阶段被诊断出来，但如果你有任何疑问，请向家庭医生或校医咨询核实。
- 孩子很难学会阅读，没有得到他需要的额外帮助，或者受到了不够好的教育，因此产生了对阅读的厌恶或敌对态度（学习问题）。
- 孩子完全能够阅读，但选择不阅读（动机问题）。

父母不应该试图自行诊断或治疗阅读问题。如果你怀疑孩子有问题，第一步应该与老师或学校辅导员交谈。以下是可以尝试做的。

假设你排除了器质性障碍。解决学习问题的方法就是学习。一些初中为需要额外阅读帮助的学生提供了治疗、咨询的诊所。如果没有，学校会推荐一个私人诊所或导师。这些项目非常成功：平均而言，青少年每接受一年结构化的个性化阅读指导，就会获得两年的进步。不建议在家尝试自己辅导青少年阅读。对青少年来说，父母给自己读书似乎显得自己很幼稚，仿佛自己还是个不会看书的婴幼儿。

不要让情绪干扰判断。当发现孩子"不能阅读"时，大多数父母会非常沮丧。虽然孩子在数学方面的困难可能会被暂时放在一边（很多聪明人解不开一个方程），但阅读方面的困难则意味着有些严重的问题。青少年可能也会感觉在学业上的挣扎意味着自己很笨，在许多科目上反复失败则会强化这种自我挫败感。事实上，一些小学生的阅读问题没有被发现，因为他们智力超群，足够聪明，可以在小学课程中蒙混过关，通过猜测来学习。但在需要更多独立学习的初中阶段，蒙混过关就变得越来越困难了。

那么青少年有阅读能力但选择不阅读怎么办？阅读动机的问题通常始于家庭。往往父母自己不阅读，从学校正式毕业后他们就会放弃阅读。如果两个人都在工作，他们可能没有时间读一本好小说。只有大约一半的成年人会为了乐趣而阅读。有时候家庭环境并不适合阅读，因为有太多的干扰（电视声响、人来人往等）。

再次强调，父母不应该试图独自解决孩子阅读困难这个问题。逼迫孩子读书，让她读经典而不是读漫画，并且盘问她的阅读情况，可能会产生相反的效果。这样阅读就成了一件苦差事，而不是一种乐趣。如果有人想督促孩子阅读，这个人应该是老师而不是父母。但是父母可以帮助孩子设置安静的阅读时间和提供合适的阅读场所（例如晚饭后在客厅或餐厅阅读半小时）。不要强迫孩子阅读，而是要通过自己的阅读习惯为孩子树立榜样，并保持安静。你还可以通过和配偶、朋友、孩子谈论你所读的内容来树立榜样，即使你只有时间阅读早报。试着向青少年灌输阅读是获取信息的途径。"嘿，还记得你那天晚上问我的那个问题吗？我找到答案了。"要大声朗读。大多数青少年不想听故事，更不用说莎士比亚的历史了。但是他们会听一封有趣的信件、书中的一个段落，或一篇关于青少年离家出走的杂志文章。家庭成员可以一起阅读福尔摩斯探案，猜猜凶手是谁。不要期望不爱读书的孩子能够一下子从不读书成为小书虫。订阅一本符合他或她特殊兴趣的杂志（例如《体育画报》《道路与赛车》《十七岁》等①）。问问孩子是否想在超市里找一本关于徒步旅行的书。如果她喜欢爱情小说，别生气，读点儿书总比不读书好。（当然，也有一些11岁的孩子痴迷于《白鲸记》，他们听不见你叫他们吃晚饭，甚至一直读到《美国偶像》②节目结束。）

对数学的恐惧

初中是学数学的一个转折点。在美国大多数学校，六年级或七年级开始教算术，七年级或八年级开始教高等数学（使用符号、公式和逻辑推理来解决问题）。计划上大学的学生通常需要学习两年代数和一年几何，三角函数和微积分被视为选修课。

与阅读困难一样，数学方面的困难也很常见，甚至更普遍。许多青少年无法顺利过渡到学习高等数学，一些人仍然没有完全掌握基础算术。但是学校、家长和学生通常没有像对待阅读那样严肃地对待数学上的失败。毕竟，大多数成年人只需要基本的算术知识和计算器就能正常生活。一个成年人可以毫不犹豫地承认自己对高等数学一无所知。大多

---

① 《体育画报》(*Sports Illustrated*) 是由时代华纳主办的美国体育周刊。《道路与赛车》(*Road & Track*) 是一本深受欢迎的美国汽车月刊。《十七岁》(*Seventeen*) 是日本集英社发售的一本女性时尚杂志。——编者注

② 《美国偶像》(*American Idol*) 是美国一档选秀节目，目标是寻找美国流行音乐的天王天后。该节目播出时长会根据具体的播出季和电视台的安排而有所不同，一般情况下，在星期二和星期三的东部时间20点或者中部时间19点播放，每集的播出时长约为45分钟。——编者注

数学校没有为学习数学困难的学生设立医疗诊所，相反，它们建议学生跳过高等数学，特别是女学生（下文将有更详细的解释）。

数学问题的症状与阅读问题相似：回避、情绪困扰（"我讨厌数学！""数学老师讨厌我。"这些话年复一年地被重复着），以及无法进行简单的日常计算。[11]造成数学问题的原因也类似：学习方法问题、缺乏动力，更为罕见的是某种器质性损伤。许多心理学家认为，在数学方面存在一种特殊的习得性无助："一旦一个人对数学感到恐惧，他就会开始害怕各种计算和任何与数量有关的概念，以及像比例、百分比、方差、曲线和指数这样的词。"

数学焦虑的特殊和重要之处在于，女孩比男孩更常见。[12]在开始上学时，男孩和女孩的数学水平差不多。然而，到了青少年期，女孩对数学的兴趣通常会有所减退，选择学习高等数学和相关科目的女孩也比男孩少。社会科学家和教育家对此有很多争议。虽然一些人认为女孩与男孩数学能力不同，但研究并没有证明这一点。相反，更有可能的原因是，我们的社会将数学定义为不符合女性角色，允许甚至鼓励女孩在数学方面可以一无所知。这就解释了为什么"数学差距"首次在青少年期出现，因为这时女孩开始关注性别角色。对女孩而言，数学焦虑是一把双刃剑：她们担心自己无法理解高等数学，同时又担心如果她们学了高等数学就会显得不像个女孩子。

无论是什么原因导致了男孩和女孩在学习数学上的差异，很明显，女孩需要额外的支持和鼓励。学校经常会让一个数学能力平平的男孩上更高级的数学课程，但将拥有相同数学能力的女孩分到艺术史或外语课程中。女孩可能会同意这种决定，甚至申请这样做。女孩需要懂得，不学好数学将失去申报大学里许多专业的机会，不仅包括物理学、工程学、经济学和计算机科学，还包括医学、心理学、商学、建筑学等。不学习这些专业就意味着不会有这些领域的就业机会。

我强烈建议不管男孩还是女孩都至少要学习必修的高等数学课程，如果能力允许，还可以选修难度更高的课程。（虽然青少年在这些课程中只得了C，但是到了大学，他们会因为在微积分上得到了B+而受到赞赏，参见第十五章。）当然，每个学生都应该学好基本的算术和代数。

如果父母怀疑自己的孩子在学习数学方面有问题，请咨询学校。再次强调，家庭辅导不是一个好主意，但你可以通过让青少年意识到数学的日常应用及其价值来培养他们的兴趣。我们一直在不知不觉中使用数学。体育统计数据就是一个明显的例子——击球率是什么意思；调整食谱也是一个应用数学的例子，你需要数学知识来计算你们四口之家如何吃 12 份食物；你要为一场聚会而去商场购物，根据预计出席人数调整物品购买量。木工需要具备几何学知识，为了完成更高级的木工活，甚至需要掌握三角函数的知识。设计也一样：你如何布置家具，以最大限度地利用起居室的空间；如何让草药园呈对称式规划；购物是一种算术练习。让你的孩子应用数学知识帮你完成这些日常应用。如果你喜欢数学谜题，那就全家一起做吧。

改善孩子学习动机，父母要做对 5 件事[13]

当家长高度重视教育、为孩子设立高标准、表扬孩子取得好成绩，并鼓励孩子的好奇心和独立性时，青少年在学校里就会有很好的发展。权威型父母（一种结合温柔和要求的教养方式，见第二章）会给孩子带来自信和对成就感的强烈渴望。但是，父母可能会对孩子施加过多或过少的要求，抑或提出错误的要求，这可能会削弱他们的学习动机。

过分的要求

过分苛求的父母将高分看作一种道德要求。他们希望孩子在每个班级中都是尖子生，无论他们的能力和兴趣如何。当孩子只取得 B 的成绩时，父母会感到愤怒和背叛。在某些情况下，这些父母自己是成绩全拿 A 的学生，于是认为他们的孩子也可以做到。在其他情况下，父母觉得自己小时候没有孩子现在所拥有的受教育机会，或者认为自己在学校时浪费了时间，没有好好学习，希望孩子弥补他们的遗憾。家长也可能会将孩子与其他具有特殊才能的兄弟姐妹进行比较，命令、贿赂并威胁青少年要表现更好，而无视学校的评价——考虑到孩子的能力水平，他现在已经表现得很好了，而青少年只知道自己没有达到标准。

青少年被困在这种无法获胜的局面中可能会有几种反应。有些人为自己设定不切实际的高目标，这些目标几乎注定会失败。在设定了无法实现的目标后，他们只会敷衍了事地去实现这些目标。当他们的成绩平平时，他们有两个借口："没有人能跟上我这个学期的功课，我很惊讶我做得这么好"和"我没有真正尽力，我相信如果我更努力地学习，我会考得很好"。

有些青少年通过避免任何冒险来应对不切实际的家庭压力。在课堂上，他们坐在教室的后排，希望不被注意到。他们从不主动参与课堂讨论。当被点名时，他们会很紧张。他们害怕说自己不理解作业，也不敢在课后寻求帮助。最轻微的批评（"这是一个好观点，约翰，但你并没有回答我的问题。"）就会让他有强烈的羞耻感。在家庭作业方面，他们是完美主义者。但他们太痴迷于记忆所有的事实和数字，以至于忽略了作业的重点。他们常常因考试而陷入恐慌。

这些年轻人的动力并非出于对成功的渴望，而是出于对失败的恐惧。他们明白自己永远无法取悦父母，因此想出了避免风险，至少避免责备的策略。

过度控制

专制型父母会制定严格的标准，规定青少年要就读哪所学校、学习哪些课程，当青少年不听话时，他们会采取严厉的惩罚措施。他们并不教导青少年要更加努力，相反，他们会毫不客气地告诉青少年："你太丢人了！"这些家长将孩子的学业成绩当作个人荣辱问题。学业成绩变成了一场意志之战，父母坚持"你必须……"，而青少年会反驳道："我不会做的！"

对于过度控制，青少年通常的反应是被动攻击式的反抗：青少年会反击，但其方式并不直接表现为争取独立。学生会"忘记"写作业，读错章节，迟交论文，考试当天睡过头，上课时做白日梦，以及通过其他方式导致成绩不好。实际上，他们已经进入了学习罢工状态。一位心理学家回忆起一个叫保罗的14岁学生，他很聪明，但即将被寄宿学校开除。保罗来自一个富裕、社会地位显赫的家庭。他的父亲是这样一位家长：他认为没有必要与儿子讨论任何事情，他的话就是法律。父亲曾就读于同一所精英预科学校，后来进入了一所著名的大学。他期望——不，要求——儿子也要和他一样。在一次旨在找出保罗失败原因的治疗会议上，心理学家认为保罗可能将此视为他对父亲反抗的一种方式："保罗面带笑容，像猫一样满足，'你说得对，他什么也做不了；当他从校长那里听到消息时，他勃然大怒，但他无能为力。'"[14]

过度保护

父母也可能犯相反的错误。最近对成功者的研究表明，虽然父母的温暖很重要，但真正使成功者的父母与众不同的是，他们培养孩子的独立性：从幼儿时期开始，他们就鼓励孩子探索、实验、有好奇心、主动、独立思考和自我实现。

因此，父母的过度保护会阻碍孩子的成就动机也就不足为奇了。替孩子回答所有问题，而不是建议她自己找到答案；在孩子交作业之前检查每一项作业，而不是让老师发现拼写或语法错误；在孩子似乎遇到困难时，每次都代替孩子做事情，这些做法对孩子都不会有长远的帮助。孩子与玩伴或兄弟姐妹发生争执时，父母每次都介入，而不是让他们自己解决问题，这样做对孩子也是没有帮助的。无论出于多么良好的意图，"帮助"所传达的信息都是孩子无法独立处理事情。这些年轻人避免挑战并不是因为他们害怕被打败，而是因为他们没有机会去检验自己并发展自信心。

过度保护在青少年期早期尤其有害，因为在这个时期，年轻人开始积极寻求自主权。青少年不希望也不需要一个无所不知、随时准备干预的父母。

父母的课程

青少年对学业成绩的态度是无数童年经历的累积结果。但是，如果父母做对以下 5 件事，孩子的态度和动机就可以得到改善。

- 把你的要求和期望建立在对青少年能力的实际评估上。
- 不要把你的目标强加给青少年，也不要把他们的不同抱负视为对你权威的一种威胁。
- 要持续关注孩子的学习进展，并积极参与为家长设计的学校项目，但不要过度干涉孩子的学业。学习是他的工作，不是你的。
- 检查一下自己对教育的态度，以确保不会向青少年传递矛盾信息，比如，"好好学习，但不要太用功""学校很重要，但不要太重视""要保证有足够的时间做作业，但要记得这周每天晚上还有曲棍球训练"。
- 最重要的是，确保你的孩子知道你爱的是他这个人而不是他所取得的成就。

如何应对孩子学习成绩不好[15]

在所有学生中，最令父母和老师沮丧的是成绩不好的学生——智力达到平均水平或优越水平，但成绩远低于其潜力的学生。那些成绩测试分数比他们的能力测试分数低 35 个百分点或以上，以及成绩下降超过一个等级（成绩从 A 降至 B 和 C，或从 B 降至 C 和 D）的学生都属于这一类。请注意，小升初过渡期间成绩暂时下降是常见的，原因在之前已经讨论过：评分更严格，升学本身可能会造成压力，社交活动会夺走学生的注意力。八年级学生的头脑里有更多的事情要考虑，而不仅仅是取悦老师。家长只有在出现以下情况时才应该担心：

- 学业成绩的下降非常严重——从全A降到C，从全B降到D；
- 问题持续一个学期以上。

如果一个青少年持续成绩不好，父母通常会开始这样恳求："你很聪明，老师说你本应该得到A。你曾经很喜欢学校，为什么现在不努力呢？"当恳求失败时，他们会施加压力：在晚饭后，青少年会直接被送到房间学习，禁止使用电话，禁止看电视，周末被要求待在家里，并被威胁要削减零花钱，禁止参加体育队，或被安排去暑期学校。当没有任何结果时，家长就会寻找替罪羊（学校或他的朋友）。

恳求和施压的第一个问题是，它们是指责性的。虽然告诉学生他很聪明可能是想发掘他的自信和动机，但其潜在信息是："你懒惰、粗心，一无是处；你浪费了自己的才华和我们作为父母的努力。"第二个问题是，恳求和施压假设的是，如果告诉青少年他能做得更好（并把他束缚在书桌前），他就能做得更好。但这不一定是事实。

父母需要做什么

步骤1：排除法

确定成绩不好的原因是一个运用排除法的过程。该方法要从青少年无法控制的事情开始。

安排一次身体检查。如果青少年在过去一年没有进行过身体检查，现在安排一次。视力或听力方面的问题可能会阻碍孩子的进步。医生还可能发现青少年对青春期、青春痘以及真实或想象中的肥胖感到沮丧，这些都可能干扰他们对学业的专注力。

与校方交谈。确保青少年已经接受了能够识别学习障碍以及阅读或数学方面特定问题的测试。确保你对青少年的期望是现实的。如果学校认为孩子非常聪明，那么她的课程是否足够有吸引力？如果她的智力水平不如学校平均水平，那么学校是否会考虑这一点？询问心理辅导员或老师为什么认为孩子有问题。

检查自己的态度和行为。你是不是过于苛刻、过于挑剔，或过于事无巨细？你对她的兴趣表现出兴趣了吗？你听取她的观点、同情她的问题、表扬她在校内外的成绩了吗？你是否以身作则，通过阅读、讨论、自我探究来树立榜样？你认为学校像你说的那样重要吗？你是否在传递有关成绩的矛盾信息？

步骤 2：沟通

接下来，请与孩子进行一次安静、没有压力的谈话。不要指责他不努力，相反，你应该假设他和你一样因他欠佳的成绩而烦恼。"我知道你想在学校表现得更好，让我们看看为什么今年你遇到了问题。"问问他认为哪里有问题。下面是一些常见的回答及其背后的含义：

- "作业太难了，我跟不上。"这表明青少年可能需要在学习方法上得到帮助，或者在一门或多门课程中得到额外辅导。
- "太无聊了。"青少年告诉你她的头脑里在想其他事情。她为什么那么冷漠呢？是害怕失败还是害怕她的朋友？
- "我试过了，但就是无法集中注意力。"这可能是潜在焦虑的一个迹象（参见下面的步骤4）。
- "所有的同学都嘲笑我。"社交问题可以转化为对学校的不满（参见第九章的"受欢迎与被拒绝"）。
- "老师讨厌我。"青少年可能与某位老师存在冲突，但不太可能所有老师都不喜欢他。青少年可能会把他对学校作业或者你的赞许的焦虑投射到老师身上。
- "你总是烦我。"这可能是真的，也可能半真半假。问问她你做了什么让她心烦，听听她的抱怨。

不要指望一次沟通就能找出问题的根本原因。但是如果你表现出关心，而不是愤怒和受伤，之后的沟通可能会让你准确地找到孩子能够解决的具体问题，而且只需要你提供一点帮助。

步骤3：目标和奖励

成绩不好往往与自律有关。家长可以通过教育青少年如何设定短期目标，以及完成这些目标后如何奖励自己来帮助他们。

有些青少年不喜欢阅读。因为他们还没有掌握基本的学习技巧，例如将长篇阅读任务分解成小步骤，划重点，在段落或章节结尾处停下来回顾作者所说的内容。他们可能只是做做样子，并没有真正吸收很多，因此，阅读似乎是在做无用功。与孩子共同学习基本的学习技巧，然后制订一个奖励计划。如果他在两周内每晚都能完成作业，并获得老师的肯定，证明他在此期间为上课做了准备，那么他的奖励可能是去听一场音乐会，为他的房间换上新海报，或者可以通宵看他喜欢的任何电视节目。

对于那些认为学习"超级无聊"的学生。帮助她思考为什么她需要了解不同学科的知识。玩一个幻想未来的游戏：如果她是芭蕾舞的布景设计师（她的激情所在），她可能需要在舞台上重现18世纪的伦敦（这周历史课的内容）；如果她要和一群朋友环游世界，她需要一定的几何学知识才能看懂航海图；如果她从事时尚业，讲法语会很有用。她在历史、几何和法语课上努力学习（定期完成家庭作业，按时提交作业和论文）的奖励可能是一场芭蕾舞演出、一天的帆船之旅，或一下午的购物时间。

对于那些满不在乎的学生。让他写下需要学习的理由（为了上大学，让你不再烦他，不再感到内疚，等等）以及他不愿意学习的原因。或者让他想象一下，如果他上或不上大学，他的生活会是什么样子（是打算做一个快递员还是在锡拉丘兹大学打长曲棍球并最终成为一名教练）。如果他同意上学很重要，那就制订一个计划：如果他本周每晚学习一个半小时，下周每天下午他就可以训练一小时的长曲棍球；如果下周继续这样学习，他就可以邀请朋友来参加下周六的训练和比萨聚会；诸如此类。

这些练习的目的不是贿赂青少年努力学习，而是教他们如何使不愉快的任务变得不那么痛苦，甚至有益于自己。准备一份期望的特权清单，青少年可以随时将自己的想法添加上去，但学习需要循序渐进，每两周或每次小测验进步一点。一开始，要引导她完成整个流程，帮助她设定目标，监督她的进展，并提供一些奖励。之后，她应该自己做到这一点（你可以提供支持，比如认可和支持某项活动，提供交通工具，特别是给予赞扬）。准备好这个过程中时不时会有愤怒、退步和低迷。不要过多地强调这些失误，只要尽力让青少年重新回到轨道上。

步骤 4：寻求帮助

如果以上这些策略都没有起到作用，家长应该与学校的辅导员或私人心理治疗师预约见面。心理治疗师可能会进行进一步测试，与你和孩子分别或一起见面，然后推荐一个行动方案。

这并不意味着成绩不好的青少年有精神疾病。那些长期焦虑或抑郁的青少年很难集中精力完成他们的学习任务（成年人也是如此）。青少年可能不知道自己为什么烦恼或羞于与任何人讨论自己的问题。青少年心理治疗师接受过培训，可以发现学生出现问题的原因，并帮助他们纠正自我挫败的思维和行为模式。

给父母的希望

一个成绩不理想的人随着年龄的增长而最终走出困境也并非不可能。初中生和高中生正处于青涩期：他们年龄太大，不能只为了取悦父母和老师而努力学习；他们又太小，还没有考虑过大学入学和未来职业。有些人会在九年级或十年级"醒悟"。与此同时，做你能做的事，尽量不要唠叨。

第十一章
香烟和酒精

为什么青少年会尝试烟酒[1]

研究表明，年轻人尝试吸烟和饮酒的原因非常一致。最常见的原因是从众，成为小团体的一部分，被人喜欢。同龄人的认可对青少年来说至关重要。许多人认为吸烟、饮酒是受欢迎的关键。

"我认为如果我不吸烟，就会被孤立或与其他人格格不入；如果我吸烟，每个人都会仰视我，我会感到快乐或者得到了什么。"

第二个最常见的原因（与第一个密切相关）是感觉自己像个成年人。有的青少年认为吸烟是一种成年礼，是证明自己成为成年人或不再受家长控制的一种方式。

"我当时只有12岁，和一些比我年长的孩子在社区闲逛。他们问我想不想吸烟，我说想，因为我不想让他们认为我是个小屁孩儿。"

"上初中时，我真的害怕比我大的孩子，他们恐吓我……所以我开始吸烟来给他们留下好印象。"

第三个原因比家长想象的更普遍，那就是无聊。

"我们只是无所事事地闲逛，没有事情可做，然后约翰尼说，'我们喝点啤酒吧'。"

有些孩子尝试吸烟是出于反抗。

"我记得我第一次和表兄吸烟时感觉是偷偷摸摸的，这让我们之间建立了一种共同的情感，反抗权威，反对父母。"

有些孩子只是出于好奇，他们想知道饮酒或吸烟的感觉。

年轻人滥用药物的原因很复杂。香烟、酒精和某些药物的上瘾是后天逐渐习得的。当第一次尝试吸烟或饮酒时，他通常会感到晕眩和恶心；在服用某些药物时，他通常感觉不到什么。那么，青少年为什么会继续索取这些东西呢？一个可能性是，缺乏社交技能的年轻人发现，这些药物可以缓解他们在同龄人周围感到的不适和压力。他们无法控制别人是否喜欢他们，或者他们在社交场合中感到的自卑和挫败感，但是他们可以控制药物给他们带来的感觉。一旦他们开始使用药物，化学效应——欣快感或飘飘欲仙的感觉——就会自我强化。

香烟、酒精和青少年大脑[2]

今天的美国父母可能还记得他们曾嘲笑使用非法药物会"腐蚀他们的大脑"的警示语，以及使用夸张的恐吓图片的反非法药物广告。在那个时候，怀疑这些观点在很大程度上是正确的。但是今天的科学为这些警告提供了一些事实证据。非法药物可能不会腐蚀青少年的大脑，但它们可能会以某种方式改变大脑，使青少年更容易产生药物滥用甚至成瘾问题。在青少年期早期接触香烟、酒精和非法药物对青少年的伤害要比在成年期接触同样程度的这些东西更加严重。

青少年期早期是大脑对奖励反应发生重要变化的时期，主要是由于多巴胺（一种在我们体验愉悦时起着特别重要作用的神经递质）的受体数量暂时增加。由于多巴胺活动的增加，青少年期前半段的愉悦体验比其他年龄段感受到的更加强烈，这也是青少年总体上如此热衷于寻求刺激和乐趣的原因之一。

许多药物中的活性化学物质的分子结构与多巴胺非常相似，它们作用于同样的受体。这就是为什么药物会让人感到很舒适：它们激活了与食物、性和其他愉悦感所激活的相同的脑回路。就像年轻人能够体验到比成年人更强烈的自然快感一样，青少年从药物中获得的快感也比成年人更多。这不仅仅是一种文化现象。将"青少年"啮齿动物（刚刚经历了青春期的老鼠或大鼠）与成年啮齿动物进行比较的实验发现了三个重要的差异。首先，当实验者允许它们自行控制酒精、尼古丁和其他药物活性成分的摄入量时，"青少年"啮齿动物会摄入成年鼠两到三倍的数量。其次，在摄入药物后，"青少年"啮齿动物体验到了更多的愉悦效应（如行为的自控力降低），但只受到较少的损伤（如入睡）。最后，在药物作用消失后，"青少年"啮齿动物表现出较少的我们可能称之为"宿醉"的症状，从过量饮酒中也恢复得更快。在人类中也可以看到相同的基本模式（除非你有酗酒的毛病，否则你过度饮酒时所体验到的快感比你在青少年期要少得多，宿醉反应也会比青少年期更严重）。

大脑的不同区域在发育的不同阶段对环境因素的敏感程度也不同；无论是好的还是坏的经历，大脑区域在成熟期的敏感度最强（科学家称之为可塑性增强）。因为与奖励相关的大脑区域是在青少年期经历最大变化的区域之一，所以这些区域在那个年龄段特别具有可塑性。在这个大脑奖励区域可塑性增强的时期，反复接触这类药物会以某种方式对大脑产生影响，使其必须使用药物才能体验到正常的愉悦感。对于对科学或医学感兴趣的青少年，父母可能会建议他们看一看美国国家药物滥用研究所（美国国家卫生研究院的一个部门）为青少年开设的关于药物滥用科学的网站（www.teens.drugabuse.gov）。

青少年在14岁之前首次接触酒精、香烟或非法药物时，比21岁之后才首次接触酒精、香烟或非法药物的人更有可能出现问题。在青少年期早期就开始饮酒的人在青少年期酗酒的可能性是平常人的7倍，他们在生命中的某个阶段滥用药物或产生药物依赖的可能性是平常人的5倍。同样，在14岁之前开始定期吸烟的人成年后，比青少年期晚期才开始吸烟的人更容易患尼古丁依赖症。

"等一下，"你可能会反驳，"我和我的朋友在青少年期尝试了各种药物，现在我们都好得很。我们只是小心不让它失控。"很多人都有过类似的经历。显然，大多数在青少年期尝试药物的个体不会成瘾。但有些个体携带的基因让他们特别容易出现问题（如酗酒家庭的孩子）。科学家近年来才初步确定了哪些基因特征让某些个体比其他人更容易产生药物滥用问题。直到最近，许多人还认为非法药物相对无害，但是新的研究发现，大量服用非法药物可能会引发精神病，并增加携带某种特定基因的个体患上精神分裂症的风险，但对于携带相同基因不同变体的个体则没有这种影响。你不知道你的孩子可能具有哪些特定的基因缺陷。

鉴于青少年期早期大脑的这种可塑性，你为什么要冒险呢？所以不要让你的孩子尝试酒精、香烟或非法药物。

谬误与事实：你和青少年应该知道的事情

几乎所有专家都同意，管控青少年烟酒问题的关键在于预防。年轻人越早开始吸烟或饮酒，吸烟或饮酒就越有可能成为他们生活方式、个性和自我形象的一部分，他们也就越难戒掉。如何帮助你的孩子拒绝烟酒？第一步是提供信息。[可靠的信息来源包括由美国国家药物滥用研究所（www.nida.nih.gov/Parent-Teacher.html）、美国国家酒精滥用和酒精中毒研究所（www.alcoholfreechildren.org）和无烟世界基金会（www.tobaccofree.org）维护的网站。]但是，如何与你的孩子谈论烟酒问题同样重要。

青少年最不想从父母那里听到的就是有关烟酒问题的说教。他们已经知道你要说什么："这是不好的，是错误的，不要尝试。"大多数青少年都会同意这种看法。

然而同时,年轻人也从媒体、朋友和父母那里了解到了"好药"和"坏药"的概念,安全和不安全的用药方式,以及什么是酷的、什么是不酷的观念。很多人都认为吸烟或饮酒具有神秘感。

对父母来说,关键是要在不疏远孩子的情况下教育他们。在本节中,我将描述关于香烟和酒精的常见谬误,并给出相应的事实。我建议你与你的孩子分享这些内容。

香烟

我怀疑你找不到一个不知道吸烟会致癌的美国孩子。但癌症是在你变老(40岁及以上)时发生的事情,而青少年并不关心遥远的未来,他们关心的是他们生活中正在发生的事情。多项研究表明,向青少年宣传癌症和心脏病的残酷事实对阻止他们吸烟几乎没有任何作用。阻止青少年吸烟的最好方法是讨论与他们紧密相关的问题,比如他们的外表、身体表现和受欢迎程度。

谬误:吸烟很性感。

事实:吸烟会导致口臭、牙黄、牙龈疾病、咳嗽、痰多、头发发臭、手指染色、最喜欢的衣服被掉落的烟灰烧出破洞。调查显示,大多数青少年不想和吸烟者交往,更不用说亲吻他们了。

谬误:吸烟可以使人放松。

事实:实际上情况恰恰相反。只要吸一口烟,心率和血压就会升高。吸烟者感到香烟有放松作用的原因是他们对尼古丁上瘾。当一根香烟中的尼古丁逐渐消失时(大约在吸入后半小时内),他们的身体就会渴望更多,只有再来一根才能放松。香烟产生的紧张感只有香烟才能缓解。

谬误:运动可以抵消吸烟的影响。

事实:香烟是有毒的。每一口烟的烟雾都含有一氧化碳(汽车尾气中含有的一种有毒气体）、焦油和 15 种已知的致癌物。烟雾会使纤毛麻痹，纤毛是类似头发的结构，可以清除肺部的刺激物和细菌，因此吸烟者更容易患感冒、流感和支气管炎。一个每天吸一包香烟的人，一年下来，他的肺部会积累约一夸脱（约 1.14 升）的焦油。所有的运动、维生素和健康食品都不能清除这些毒物。吸烟会降低血液中的氧气含量，导致呼吸急促，减少体力和耐力，使运动更加困难。

谬误：吸烟有助于减肥。特别是女孩，她们可能把吸烟视为改善外貌的一种方式。

事实：这种说法有一定道理，事实上，这经常被人们当作继续吸烟的原因之一。平均而言，吸烟者比不吸烟者体重轻 5~7 磅（2.3~3.2 千克）。但这个平均数掩盖了个体差异的范围：有很多肥胖的吸烟者，也有很多瘦小的不吸烟者。吸烟者体重稍微轻一些的原因可能是他们吃得少，吸烟刺激了他们的新陈代谢，使他们更快地燃烧热量。所以，吸烟可能会有暂时的减肥效果，但它也具有反弹效应：当吸烟者戒烟时，即使他们吃的东西并不比吸烟时多，他们也往往会体重增加，并且更难减掉这些体重。

谬误：我可以随时戒烟。

事实：大多数吸烟的成年人在青少年期就开始吸烟。他们开始吸烟的时间越早，成为重度吸烟者的可能性就越大。当重度吸烟者试图戒烟时，他们通常会在戒烟后几天或几周经历戒断症状（紧张、易怒、睡眠障碍），几个月后会梦到香烟，并且多年后仍然会有烟瘾。建议你的孩子询问几位吸烟的长辈："如果有重新选择的机会，你会开始吸烟吗？"十个吸烟者中会有九个说"不"，并继续描述他们试图戒烟的次数。大多数吸烟一两年的青少年（90%）都希望自己从未开始。很多想要成为"社交吸烟者"的人都无法逃脱成瘾的命运。如果你早早开始吸烟，成瘾的概率将大大增加。

谬误：但是每个人都这么做。

事实：并非所有人都吸烟。最近的研究表明，大多数青少年认为吸烟并不酷。虽然在高中毕业前尝试吸烟的青少年不到一半，但只有不到10%的青少年定期吸烟。越来越少的青少年吸烟：在过去10年中，青少年吸烟者的比例下降了50%以上。不吸烟者占多数，吸烟者反而只占少数。

谬误：至少我的孩子没有使用"硬毒品"。

事实：这在某种程度上取决于你对于"硬毒品"的定义，因为根据所有指标，尼古丁是最严重的毒品之一。尼古丁是一种极易上瘾的药物。研究表明，尼古丁像海洛因或可卡因一样令人上瘾。像有些药物一样，尼古丁会让人兴奋，同时刺激大脑和放松肌肉。吸烟者对尼古丁会产生耐受性：一旦习惯了这种成分，他们就会需要越来越多的香烟才能感觉正常。他们会强迫性吸烟，尽管很清楚吸烟会对健康和社交生活产生不利影响。

酒精

年轻人死亡的主要原因是车祸，而酒精是许多致命车祸的罪魁祸首。酒精还与其他类型的事故、违法行为、成绩不好、社交和情感问题、自杀以及使用其他药物有关（75%中重度饮酒的青少年服用非法药物，而不饮酒的青少年中这一比例仅为14%）。美国青少年饮酒是一个普遍现象。最近一项针对高中毕业生的全美调查发现，接近75%的高中毕业生尝试过饮酒，约25%的人在过去两周内有过一次饮酒5杯或以上的经历（换言之，已经醉了），3%的人承认每天饮酒。这些饮酒者中，很高比例的高中生在青少年期早期就开始接触酒精：15%的八年级学生定期饮酒，20%的人至少喝醉过一次，10%的人有过暴饮的行为。甚至四年级的学生都认为，饮酒是他们这个年龄的孩子面临的一个重要问题。

与吸烟一样，青少年将接收大量有关饮酒的错误信息。以下是一些较为常见的谬论以及予以反驳的事实。

谬论：酒精无害。

事实：酒精是一种药物，就像尼古丁或海洛因一样。许多成年人可以适度饮酒，但有些人会对酒精上瘾。后者需要这种化学物质来避免身体感觉不适：他们是酗酒者。如果一个人在青少年期早期就开始饮酒，那么他出现酗酒问题的可能性远高于其他人。

然而，酗酒者并不是唯一会因饮酒而受到伤害的人。酒精会影响大脑中的控制中心，损坏协调能力，削弱抑制力，产生一种虚假的自信，甚至是天下无敌的感觉。当饮酒时，他们可能会冒他们在其他情况下不会冒的险，例如将车开到 90 英里每小时（约 145 千米每小时）、深夜下海游泳或发生没有保护措施的性行为。因为他们不够成熟，经验也不足，所以青少年比成年人面临更大的危险。

谬误：饮酒可以消除烦恼。

事实：酒精往往会加剧情绪问题。问题在于，人们无法预测会释放哪些情绪。不同的人对酒精的反应不同，同一个人在不同的场合下可能也会有不同的反应。饮酒可能让人感到放松和快乐，也可能使人充满敌意、暴力、沮丧或忧郁。无论让你感觉如何，它都无法解决你的问题，甚至可能会带来新的问题。

谬误：饮酒是聚会的最佳方式。

事实：每个人都会有感到害羞的时候，尤其是在他们不认识很多人但又想留下印象的聚会上。有些人觉得一杯酒可以让他们更放松、更自信、更有趣。但是，当人们确信除非他们饮酒，否则他们不会玩得开心，也不会被喜欢时，问题就出现了。这些人往往发现，他们需要不止一杯酒，而是需要两三杯才能开始放松。当喝了两三杯后，他们的判断力已经下降，无法很好地读懂别人的信息。其他人可能觉得他们无聊、讨厌或只是喝醉了，但他们喝得太多了，以至于没有注意到。第二天早上他们可能什么都不记得了……于是会再喝点酒来治疗宿醉。这样，因为

"酒壮尿人胆"而开始饮酒的人就会成为一个问题饮酒者。避免这种堕落的最好方法就是不要开始饮酒。许多饮酒问题严重的成年人在青少年期就开始饮酒，正是为了克服在社交场合感到尴尬。

谬误：饮酒让你更有趣。

事实：醉鬼既不好笑也不好玩。醉酒会影响到记忆、思维、语言和协调能力。有时候醉鬼会开始讲一个故事，但讲到一半就忘记了自己正在讲什么；有时候他们会一次又一次地讲同一个故事或是播放同一首歌；有时候他们的言语含混不清，让人听不懂。他们会打翻饮料，撞到家具上，甚至会呕吐。这听起来像是一件有趣的事吗？

谬误：饮酒会改善性生活。

事实：酒精确实会降低抑制力，但会干扰性能力和性快感。喝醉会让人失去知觉，即使喝一两杯也会让人感觉迟钝。男孩可能会发现自己不能勃起或无法达到性高潮，女孩可能什么都感觉不到。第二天早晨，两个人可能会感到尴尬、羞愧、内疚和恐惧，因为他占了她便宜，她听从了他，他们没有采取保护措施就发生了性行为。没有统计数据显示有多少不希望怀孕的青少年因酒精而怀孕，但实际数字肯定很高。

谬论：但是每个人都这样做了。

事实：许多青少年和成年人也选择戒酒。一些人之所以不饮酒是因为宗教或道德信仰；一些人不喜欢酒精的味道或醉酒后会失去控制感；一些人不想摄入过多的热量（酒精会使人发胖）；还有一些人不想让身体接触任何可能危害健康的东西。不饮酒的原因与饮酒的原因一样多。

建立规则

调查告诉我们，吸烟的年轻人更可能会饮酒，饮酒的年轻人更可能服用某些非法药物，服用某些非法药物的年轻人更可能吸烟和饮酒。最明智的做法是一刀切地禁止所有药物使用，没有例外。

　　药物是规则应该非常明确的一个领域。告诉青少年"你太小了，不能吸烟""你还不能喝酒""我禁止你使用这些药物"都太模糊了。鼓励一个十几岁的孩子吸烟，因为你认为这种体验会让他感到不适，从而阻止他再次尝试，或者让一个年龄稍大一点的青少年在家庭的特殊场合饮酒，同时又期望他在家以外的场合拒绝饮酒，传达的都是矛盾信息。让青少年帮你调酒，或者把酒端给你，或者让他们给你找打火机点燃你手里的香烟，抑或让他们参与你（作为成年人）对药物的使用，也是在传达矛盾信息。

　　告诉青少年你期望什么，以及为什么。

　　理由1：这些药物对青少年有害。在大脑和身体发育的关键时期，包括青少年期，这些药物的有害影响会加剧，滥用或成瘾的风险也会增加。科学家还知道，如果孕妇饮酒，那么婴儿甚至在出生之前就会受到伤害，而在怀孕期间吸烟的女性更容易流产或早产。他们知道服用非法药物可能导致暂时性不育。他们还知道，长期大量饮酒甚至适度吸烟都会对身体有严重的有害影响。不要用自己的身体进行试验，这是你唯一拥有的身体。

　　理由2：这些药物不适合出现在学校、体育运动和其他青少年活动中。成长并不容易，青少年需要清醒的头脑和健康的身体，才能成长为幸福、成功的成年人。这些药物会让青少年在学校表现良好变得更加困难。它们会降低你的耐力和体力，打乱你在运动中的节奏。它们可能会对你造成心理上的困扰。那些可能让你感觉暂时良好的物质随着时间的推移会导致你抑郁（是的，就连香烟也会）。不要让你的生活变得更加艰难。

　　理由3：未成年人使用这些药物是非法的。任何未满18岁的人购买香烟都是非法的（在美国一些州，购买香烟的法定年龄是19岁），未满21岁的人饮酒也是非法的。如果你在尝试非法药物，会因此违反法律。在美国许多州，毒品犯罪被视为刑事犯罪，因使用非法药物被捕的年轻人甚至可能会被视为成年人审判并被关入监狱。此外，我们也不认可在家里发生违反法律的行为。

另外，讨论一下违反禁药规则的惩罚措施。首先询问你的孩子认为哪种惩罚合适。参与规则制定过程的青少年不太可能违反规则，也不太可能在你实施惩罚时哭诉不公。例如："如果我抽烟，你就扣掉我一个月的零花钱。""如果我服用非法药物，我将被禁足6周：不能约会，不能参加聚会，不能周六下午看电影。""如果我饮酒，我在法定年龄（16岁）后的6个月也拿不到驾照。"

你还应该考虑为孩子远离这些东西创造一些激励措施。告诉她你多么希望她能远离这些东西，并要求她想想21岁对她来说有很多非常重要的事情：一辆新车，一次出国旅行，一大笔钱。

你应该坚决反对，但重要的是不要切断沟通。你不希望你的儿子害怕告诉你他的某些朋友放学后喝啤酒，而他不知道该怎么处理。总的来说，你也不希望孩子养成对他们的经历和活动绝口不提的习惯。告诉年轻人，你随时愿意和他讨论规则和惩罚（并确实这样做）。如果你的儿子出于好奇喝了一杯啤酒，但他不喜欢这个味道，并告诉了你，那就破个例吧。"很高兴你告诉了我这件事，也很高兴你决定下次拒绝喝酒。我们信任你。"（如果他醉醺醺地回家，或者啤酒经常从你的冰箱里消失，那是另一回事。请参阅第十六章。）此外，寻找机会讨论和强化你的规则：如果你听说有孩子在聚会上饮酒和吸烟，请问问你的孩子对此有何感受；如果她发现一个亲密的朋友在服用非法药物，她会做什么。

帮孩子学会说"不"[3]

制定规则是一回事，实施规则又是另一回事。你的孩子很可能会被提供我们讨论过的那些药物之一或全部，然后被迫参与其中。你不能时时刻刻跟着你的孩子，但你可以帮助他学会说"不"。

在家练习

尝试吸烟或饮酒的冲动可能来自同龄人，但家庭要开始预防。（第九章更详细地讨论了应对同伴压力的方法。）

倾听。青少年对烟酒感到困惑。如果一提到酒精或某些其他药物你就表现得生气或沮丧，你将失去改变孩子想法的机会。如果使用积极倾听的方法（参见第三章），你就可以帮助他理清思路。鼓励他自己找出其他青少年可能饮酒或吸烟的原因（他们在试图证明什么？），为什么他感到被迫加入他们（为了成为小团体中的一员？），以及一个好朋友应该做什么（"我更喜欢你清醒的样子。"）。

练习。帮助你的孩子预测她在什么情况下会接触烟酒，并教会她如何说"不"，且不失面子。在餐桌上尝试角色扮演。看看你和其他家庭成员可以想出多少种说"不"的方式。将这些方式制作成表贴在冰箱上，想到什么就添加什么，比如：

- "我正在训练（你的孩子喜欢的任何运动项目）。"
- "我要把脑力用在更重要的事情上。"
- "我宁愿坐在这里看你们变傻。"
- "我不喜欢啤酒（或香烟）的味道。"
- "我必须吸烟（或饮酒）才能做你的朋友吗？"（两个朋友可以借此达成协议，一起拒绝烟酒。这样，他们就会知道如果拒绝，他们的朋友也会支持他们。）
- "糟糕，我忘了（有个朋友要给我打电话／我爸爸说他可能会早点回家／我今晚要做饭／我妈妈今天下午会开车送我去上课，以及其他任何能够离开或让朋友离开的理由）。"在涉及烟酒的情况下，可以宽恕善意的谎言。

在许多情况下，简单的"不，谢谢"或"今天不行"就足够了。

做一个"坏蛋"。在紧急情况下，青少年总是可以把拒绝的原因归咎于父母。比如,"如果我带着烟回家,我爸爸会把我的音响拿走一个月。""如果我不喝酒,周六晚上我就可以用我妈妈的车。"

分析广告。同龄人并不是社会上唯一推荐烟酒的人,香烟和酒类广告也有同样的影响力。与孩子一起分析广告。为什么香烟广告总是展示波光粼粼的山中湖泊或广阔的空间?(他们不希望你们想到吸烟时所吸入的肮脏热气。)为什么啤酒广告会展示这么多运动员?(他们不希望你们想到酒精是如何破坏你的协调性的。)如果你足够聪明,就不会被这种浅薄的圈套欺骗。帮助孩子了解,真正高明的人可以看透这些肤浅的手法。

鼓励参加其他活动。参加学校的俱乐部和委员会。有运动、音乐和其他爱好的青少年,或者喜欢家庭活动的青少年,比只是在青少年期无所事事的人更不容易沾染上非法药物,因为他们没有时间和精力浪费在非法药物上。鼓励孩子发展出特别的兴趣爱好。花时间和家人在一起(即使只是看电视或者闲聊)。允许青少年参与家庭出游和度假的决策,并允许他们带上一个朋友。如果青少年喜欢网球,就和他们一起去看比赛;如果他们更喜欢看恐怖电影,就下载一些老电影和他们一起看。

给青少年提供监管。在父母或其他成年人不在身边时,年轻人有可能会触碰这类药物,通常是在下午的晚些时候。如果你比孩子晚几个小时才回家,你一定要知道他放学后去了哪里、和谁在一起以及他们在做什么。向他们明确声明,出售烟酒的商店以及已知使用非法药物和酒精的场所是禁区。如果你是孩子的同龄人的家长中唯一下午在家的人,鼓励孩子把他的朋友带到家里。给他们相对独立的空间,但让他们每个人都知道你在家里。不允许孩子参加没有成年人监管以及允许饮酒的聚会。这并不意味着你必须充当孩子的假释官,而是要做一个负责任的父母。青少年往往会松一口气,因为他们知道他们可以依赖一位成年人来设置限制,而不必自己处理同伴压力。与你孩子的朋友的父母谈谈,确保每个人都同意不允许参加无成年人监管的聚会或者允许饮酒的聚会。

不要独立作战。父母不应该独自应对问题。许多学校都有预防项目，其中一些好的项目是让年龄略大一些的青少年向年龄较小的青少年传达烟酒的有害影响，并展示抵制同伴压力的方式。如果你孩子所在的学校或社区没有这样的项目，请询问原因。在某些社区，家长已经组织起来制定了统一的政策，监督孩子的活动，并呼吁学校加强严格的管制，并在校外提供更好的娱乐活动和设施。如果你在家长会或社区联合会议上提出这个问题，你可能会惊讶于有许多父母也想参与。不要等到你的孩子或其他孩子已经有了问题才采取行动。

给父母的建议

对饮酒或吸烟父母的建议

即使父母不想或不打算成为孩子行为的榜样，他们也是孩子行为的样板。研究表明，如果家里有人（父母或兄弟姐妹）吸烟，青少年吸烟的可能性是在非吸烟家庭中长大的青少年的 5 倍。父母饮酒的青少年比那些父母不饮酒的更可能尝试饮酒。那些父母使用和滥用某些非法药物的青少年比他们的同龄人更有可能使用这些药物。这些父母如何保护他们的孩子？

不要认为因为自己喜欢饮酒或无法戒烟，你就没有权利禁止你的孩子参与这些活动。许多在成年人中允许的活动，在未成年人中是被禁止的。为你的孩子制定与你自己不同的规则并不意味着你是一个伪善者，而是关心他们的福祉。要向你的孩子说明这一点。"我们偶尔喝酒，当你达到合法饮酒年龄时，你也可以这样做。但现在，你太年轻了，不能喝酒。"

不要以为你的孩子在年幼时经常唠叨你不要吸烟或不要饮酒，就意味着她不会尝试这些东西。许多在青少年期之前坚决反对这些的孩子后来会屈服于诱惑或同伴压力。小时候的"禁酒（烟）主义者"进入青少年期后尝试烟酒的可能性与普通的青少年一样大。

解释你为什么吸烟或饮酒以及如何使用。"当我开始吸烟时，人们并没有意识到香烟是多么有害。现在我已经成瘾了，很难戒掉。"戒烟是你能为孩子树立的最好榜样，也是你应该为自己而做的事情，但如果你还没有准备好戒烟，至少要诚实。"你听到我早上咳嗽，看到我上楼气喘吁吁，我不希望你像我一样愚蠢。"对待其他药物也要采用同样的方法。"你妈妈和我喜欢在周五晚上和朋友一起喝鸡尾酒，或者我们两个人单独喝鸡尾酒。"同时，一定要提到你用来放松和娱乐的其他方式：锻炼身体，看一部好电影，玩一局拼字游戏。"我喜欢葡萄酒的口感，也喜欢尝试不同种类的葡萄酒。"但要指出，像品尝冰激凌一样，葡萄酒也有其适宜的时间和地点：如果你每天只吃香蕉蛋糕，那它就不再是一种享受了。

花一些时间分析你自己的习惯。孩子学习的不仅仅是你告诉他们的，还有他们观察到的。他们能看到你什么时候饮酒、为什么饮酒、饮了多少。如果每天晚上你在情绪低落、吵架、独自一人（如果你是单身或你的配偶正在外出）或感到任何不舒服时都饮酒，你的孩子就会学习到酒精是一种药物。如果你在朋友还没脱下外套时就给他们送上一杯酒，强迫已经拒绝饮酒的成年人饮酒，嘲笑不饮酒的人，笑谈你曾经喝醉的时刻，并把酒精当作从商务午餐到足球聚会的所有成年活动中的重要部分，你的孩子就会认为，酒精是区分有趣的人、无趣的人和书呆子的重要标志。如果你酒后驾车、划船、游泳、打猎或从事任何需要身体协调和判断力的潜在危险活动，你的孩子就会学习到冒这种险是可以接受的。研究显示，在无风险的情况下，成年人轻度或适量饮酒不会对年轻人产生负面影响，但每天饮酒或大量饮酒（在许多场合都会喝醉）会对年轻人产生负面影响。

最后，如果你家里或家族中有酗酒者，请不要否认或对孩子隐瞒这一点。他们应该知道家庭中存在的问题，并有权知道问题所在。他们可能会感到在某种程度上要为酗酒者的行为负责，或感到内疚，因为他们生那个人的气，那个人给别人造成了如此多的痛苦和混乱。你和你的孩子可以加入 Al-Anon①和 Alateen②的当地分会，这两个组织帮助家庭成员应对酗酒者（www.al-anon.alateen.com）。

对不饮酒或不吸烟父母的建议

不要以为你和你的配偶既不饮酒也不吸烟，你的孩子就会以你为榜样。研究表明，令人惊讶的是，1/10 的酗酒者来自不饮酒的家庭。你只是你的孩子的众多影响力之一。花点儿时间和孩子解释为什么你不饮酒、不吸烟，也不使用其他非法药物。

---

① AI-Anon（Alcoholics Anonymous 的简称），匿名酗酒者协会，1935 年 6 月 10 日创建于美国。匿名酗酒者协会是一个国际性的互助组织，所有成员通过相互交流经验、相互支持和相互鼓励而携起手来，解决他们共同存在的问题，并帮助更多的人从酗酒中解脱出来。——编者注

② Alateen 是美国一个专为受酗酒问题影响的青少年提供支持的组织。Alateen 是 Al-Anon Family Groups（AI-Anon 家庭团体）的一个部分，它特别关注受酗酒问题影响的青少年，为他们提供一个安全、非评判性的环境，以分享他们的经历、情感和困惑。——编者注

第三篇

青少年期中期

14岁~18岁

第十二章
身份的探求

出于各种各样错综复杂的原因，对身份的认同成为青少年期中期的一个核心问题。[1]青少年期使青少年对变化有着敏锐的意识。看看镜子里的自己，青少年知道自己已经不再是曾经的那个孩子了，但又不知道自己会变成一个什么样的成年人。性的觉醒引发了他们与异性之间一种新型的亲密关系，这与青少年以前所知道的任何关系都不同。为成年做准备不再是一场游戏。他们将不得不在不久的将来做出关于自己接受教育的决定（尤其是是否上大学；如果上大学，去哪里上），这些决定将产生长期的影响。在我们的社会中，成年人可以从事的职业和采取的生活方式种类繁多。青少年该如何选择呢？同时，青少年有反思自己和思考他们未来的能力。他们可以想象去活成不同于现在的一个人，过的生活与父母现在过的或父母为他们所想象的截然不同。他们也意识到，他们的父母和同龄人看待他们的视角不同，他们在不同的情形下表现不同，而且他们在别人面前的表现并不总是能表达他们内心的感受。

青少年面临的挑战是将这些不同的自我碎片整合成一个能为自我意识和社会地位服务的运转良好的整体形象。他们必须将童年期培养的技能和才干与现实的成人目标联系起来，将他们的个人形象与其他人在他们身上看到的，以及对他们所期望的形象相协调。一方面，他们需要体验独特和特别；另一方面，他们也需要归属感或融入感。

经过一段时间的探索，去尝试不同的角色和身份，是这个过程的必要组成部分。当青少年从各种限制尝试的成人责任和义务中获得相对的自由，并且可以去考察各种可能的未来而不用做出无法改变的决定时，他们需要一个延期，也就是一段停止时间。理想情况下，探求将带来认同。当年轻人能够对职业、生活方式、性取向以及政治和宗教信仰做出至少初步的认同时，他们就获得了一种身份认同。

在前几代人中，人们认为"身份危机"主要发生在青少年期。然而，随着青少年期的延长（参见第一章），身份的发展期也随之延长。因为大多数青少年都知道自己会上大学，而且许多人希望在学校待的时间更长，所以一些青少年直到进入大学才会全身心地投入尝试和探求中。我在这里讨论身份的探求，是因为这是大多数人开启身份探求历程的时候。如果你家的高中生似乎对这些事情不感兴趣，也不必担心，他可能只是在遵循一个有些延迟（但完全正常）的时间表。

尝试追求身份

对大多数青少年来说，身份认同的发展是一个渐进的、累积的、相对平静的过程，从青少年期中期开始，一直持续到成年期早期。大多数青少年能够在不失去童年期所获得的价值观和标准的情况下"找到自己"，能够在不陷入麻烦的情况下"回归正轨"，只有少数青少年会经历一场全面的身份危机。尽管如此，许多人还是会经历忧郁、优柔寡断和自我怀疑的时期。虽然有时很痛苦，但这种自我探求是正常的、健康的，也是值得拥有的。如果一个青少年从不质疑别人教她什么，从不思考自己未来的方向，从不探求不同的身份，那么她在成年后可能会变得固执、教条、专横，或者肤浅、顺从和缺乏自主性。

如果说青少年期早期是将自己与父母区分开来的时期，那么青少年期中期则是将自己与其他人区分开来的时期。现在，青少年以探求和试验的形式开启对身份的追求。青少年尝试各种不同的政治态度、宗教信仰、职业兴趣和浪漫关系。此时，这些试探性的身份探求具有一种非此即彼、一往无前的性质。他们会觉得，自己今天的政治目标将改变世界，今天的男朋友或女朋友是唯一的，然而事实上并非如此，青少年可能改变计划和兴趣的频率和他换衣服的频率一样高。

在青少年期晚期和成年期早期，这种探求变得更加内省（"我到底是谁？""我信仰什么？""我想要什么样的人生？"），也变得更加务实（"我如何才能实现我的目标？""我愿意在什么情况下做出妥协？"）。通常情况下，这是一个"理想破灭"（尽管不一定是幻灭）的时期。[2] 年轻人必须放弃幼稚信念：他不一定能成为他想成为的任何人或能够做他想做的任何事，而是会对自己的能力和机会进行更现实的评估。他还必须面对这样一个事实，即确定一个方向意味着放弃其他方向，至少是暂时放弃。

在高中阶段，父母应当期待些什么呢？许多青少年通过以下方式考验自己（和他人）：

改变自己的兴趣、计划和朋友。这个阶段，青少年所做的承诺大多只是暂时的，没有附加条件。一个上了多年芭蕾舞课的女孩可能会突然决定，她人生的这个阶段已经结束了。要成为一名建筑师这种经常挂在口头上的计划，可能会被新发现的对诗歌的兴趣所取代。两个最好的朋友可能会渐行渐远，因为一个寻求运动达人群体的身份认同，另一个则寻求戏剧群体的身份认同。

沉迷于外表。对正在探索不同社会角色的青少年来说，看上去符合某个角色可能显得至关重要。青少年可能会突然表现出看似虚伪和做作的行为习惯，比如改变名字的拼写方式或采用新的口音和词汇。她可能会穿得让你觉得很奇怪，但对她当下认定的脆弱的身份却至关重要。

坠入爱河。性并不是青少年恋爱的唯一动机，甚至不是最重要的动机。正如著名作家埃里克·埃里克森所说："在相当大的程度上，青少年的爱情是通过将自己模糊的（自我形象）投射到另一个人身上，并看到这一自我形象被反映出来并逐渐清晰，从而确定自己的身份。这就是为什么年轻人的爱情中很大一部分都是对话。"[3]

从事一些事业或活动。宣传保护环境的活动、反对军事干预的游行、支持癌症研究的健步走，以及其他一些活动，都给青少年带来了与众不同和重要的感觉，以及属于一个群体的感觉。青少年能够通过加入一个群体脱颖而出。献身于事业的人，其动机可能更多地是想成为显赫人物，而不仅仅是对事业本身感兴趣。

什么都不做。[4]有关身份认同的一些最重要的尝试其实发生在青少年的幻想和白日梦中——想象他们拥有不同的社会角色和身份会是什么样子，思考自己在社会中的地位，以及与朋友、家人和老师的关系。什么都不做（比如只是在听音乐、和家里的狗嬉戏、凝望太空）也可能很有价值。一定程度的独处与青少年期的健康适应有关，也许在任何年龄都是如此。

父母能做的和不能做的

正如我所说过的，身份的获得取决于一段时间的探求和试验。除非青少年尝试过不同的观察方式、行为方式、思维方式和存在方式，否则她无法知道自己到底是谁（不同于其他人希望或期望她成为的人）。许多父母在约会问题上接受这一原则，他们告诉青少年要"广撒网"。然而，当青少年在宗教信仰、政治理念或可能影响其未来的那些活动和兴趣方面"广撒网"时，他们的父母可能会产生忧虑。

父母所犯的错误

在身份认同这个领域，父母虽然出于最大的善意，却仍然可能给青少年造成更多的伤害而不是带来好处。第一个危险是父母对青少年身份的过度认同。所有的父母都对自己的孩子抱有希望和梦想。当青少年突然地、出乎意料地偏离他们所期望的轨道时，父母很容易感到失望，甚至受伤。一位护士母亲可能会梦想她的女儿成为一名医生，而当她十几岁的女儿宣布自己有上表演学校的计划时，她会悲痛欲绝。（"纽约有一半的女服务员都称自己为女演员！你是如此聪明，别虚度你的生命。"）

当一个有希望成为篮球明星的儿子，开始把所有的时间都花在电脑上时，他的父亲可能会认为他不务正业。（"真行啊！我的儿子是个电脑迷。"）父母可能不明白为什么他们在女儿的衣柜里摆满了最好的学院风的裙子和毛衣，可他们的女儿却穿着朋克风格的服装。（"亲爱的，紫色的头发真的不适合你。别人会怎么想呢？"）

想要给孩子最好的并没有错，但是，那些对青少年探求身份的尝试感到威胁和愤怒的父母需要审视自己的动机。护士母亲可能要求她的女儿弥补她在被医生粗鲁命令时感到的沮丧，运动员父亲可能会觉得他正在失去一个最好的朋友，学院派父母可能需要他们的女儿来确认他们摇摇欲坠的社会地位。这些父母都要求他们的孩子帮助他们完成自己未完成的事情。

当然，在某种程度上，这些父母可能是对的。医学学位确实比表演课程有更多的安全感，只锻炼大脑而不锻炼身体是不健康的，紫色的头发可能会在工作或大学面试中给人留下错误的印象。但父母的任务不是告诉青少年他们是谁，也不是强行规定他们的兴趣和品位。父母可以做的一件事是：建议女儿在暑期剧团中检验她的表演天赋，或者寻找在生物医学和表演方面都有好项目的大学，为她提供更多的选择余地，而不是说她脑子不好使；父亲可以给儿子设计一个挑战任务，让他做一个跟踪体育统计数据和预测比赛结果的程序，借此重新点燃他与儿子的友谊；至于紫色头发的女孩，给父母最好的建议是要告诉女儿，他们认为她的头发看起来很滑稽（不是说她本人很可笑），但这是她的决定。

第二个危险是父母的过度控制。所有的父母都想保护孩子，但往后退一步的时候到了。在被问及时才提供建议（但不要干涉），为青少年的计划提供备选方案（但不是全权为她计划生活），并且在陈述时注意那是你自己的想法和评判，承认青少年有权拥有自己的想法或梦想。放手并不容易。没有一个父母愿意看到孩子做出愚蠢的决定，受到不必要的伤害，招致失败，或者徒劳无功。插手干预和接管的诱惑是强烈的，但青少年需要自己犯点儿错误，并发展自己的资源来应对挫折、失望和痛苦。

过度控制可能是潜伏的和具有掩饰性的。控制欲强的父母可能会同意让青少年自己设置宵禁时间、选择自己的衣服和决定什么时候做作业，但也会替他把话说完，替他解决个人问题，不断提醒他"我们父母"做事的方式，从而微妙地构建起一个充满期望的铁笼。

青少年的反应

青少年倾向于用以下两种方式来应对父母的过度认同和过度控制。第一种是所谓的停止身份尝试[5]。这种青少年会毫无质疑地全盘接受父母为他制订的计划和规划的梦想。他计划上法学院，不是因为他对法律感兴趣，而是因为每个人都希望他成为一名律师；他参加浸礼会教堂活动是因为他的家人一直是浸礼会教徒；他支持共和党，也是因为他的家人一直都支持共和党。第一次约会时，他想象着父母会怎么看对面这个女孩。用他们的视角看事物已经成为这种孩子的一种本能反应。实际上，他的青少年期已经结束。他没有探求自己的身份认同，而是从其他人那里得到自己的身份认同。这可能会造成他在后来的生活中感到空虚和抑郁，或者只是"适应了这种平淡"[6]。

第二种反应是建立一种消极身份认同[5]。青少年会极力拒绝父母的标准和价值观，所采纳的身份认同旨在反对或否定父母认为重要的一切。假设这个青少年是一位才华横溢的音乐家，而她的父母希望她成为一名大提琴手。她讨厌长时间的练习；她希望有时间探索其他兴趣，有时间做一个普通的青少年。她的父母不顾她的意愿，计划在暑假去欧洲音乐节，并与学校辅导员讨论提前进入茱莉亚学院①的问题。于是她做出的反应是吸烟并加入吸烟人群。因为她认为做一个坏孩子总比一无是处好。

父母并不是青少年丧失身份认同或形成消极身份认同的唯一原因。

---

① 茱莉亚学院（The Juilliard School）始建于1905年，是世界上顶尖的专业音乐学院、舞蹈学院和戏剧学院，专门培养从事音乐演奏、创作的高级人才。——编者注

害羞或自卑的青少年，在新学校交朋友有困难或学业有问题的青少年，也可能会采取上面提到的某种策略。但是，如果你的孩子符合这些描述，那么你应该检查自己的态度和行为。你是否允许青少年进行尝试和探求？

父母的鼓励和支持

父母可以通过接受青少年作为一个独立的人、鼓励他们进行尝试和提供心理空间来帮助他们探求身份认同。当父母热情但不令人窒息，鼓励青少年坚持自己的个性，同时也与家庭保持联系时，探求身份认同最有可能走上健康的道路。父母如何在不干预的情况下引导青少年呢？

帮助青少年建立更清晰的自我画像。 父母往往想当然地认为，年轻人一直擅长数学，表现出领导力和其他优点，所以他们只会在年轻人出现问题时才说出来。寻找机会指出青少年的长处吧！一个没有特定学业专长的青少年可能特别善于解决朋友和兄弟姐妹之间的纠纷，并在需要人际交往能力的职业中很有前途。你怎么赞扬一个青少年都不过分。

鼓励青少年的特殊兴趣。业余爱好不是消遣（虚度光阴或打发时间），它们为年轻人提供了设定和实现自己目标的经验，并为他们提供发展能力和掌握能力的机会。业余爱好不仅对自我发现很重要，对培养自尊也很重要。一次参加美术馆开幕式的机会、一本作家或科学家的传记、一本关于摄影或国际象棋的成人书，或一位电影制作人的自传，对这些领域感兴趣的青少年而言，将是一种特殊的享受。关键是要关注青少年自己的兴趣，而不是那些你认为有价值并可能带来"正确"职业选择的兴趣。

课外活动对职业认同的发展也很重要。活跃在高中社团和类似组织中的青少年往往比不活跃的青少年有更高的职业抱负。青少年在校报或年鉴工作中所获得的特定能力，可能不如学习如何与同龄人合作，以及看到某件事（整理年鉴或举办音乐会）从头到尾的发展过程的经历那么重要。这些经历建立了青少年对自己未来职业的信心。

帮助青少年收集有关真实职业的信息。大多数年轻人很少接触成年人的职场。许多人甚至不知道自己的父母是做什么的，只知道他们的职位。青少年所拥有的大部分信息，来自电视上有限的职业选择和刻板印象。一个女孩可能认为，对科学感兴趣的人唯一的职业与急诊室医学或法医学相关。（你在电视上看到过多少研究型科学家？）一个男孩可能会放弃对艺术的兴趣，因为他认为自己不够优秀，无法成为一名画家，也从未听说过艺术史教授、博物馆文物保护员、画廊馆长或平面设计师等职业。

如果你的朋友或亲戚在你的孩子感兴趣的领域工作，鼓励孩子和他们谈谈：成为交响乐演奏家或股票经纪人需要什么条件。更好的是，帮助青少年在她感兴趣的领域找一份兼职工作。大多数政府办公室、医院和社会服务机构都有针对年轻人的课后志愿者项目和暑期实习项目。例如，你所在的州或县可能会开展一项青年和政府计划，该计划使高中生能够与律师、政治家和议员合作，制定青少年特别感兴趣的法案，提交给州立法机构。在美国的大城市，市长办公室通常为14岁及以上的青少年提供各种职位。许多不同规模的企业也为青少年提供在职培训。只要坚持不懈，学生可能会在律师事务所、报社、研究实验室、博物馆、剧团、政治竞选团队、广播电台或动物医院找到一个职位。学校指导办公室通常有针对青少年的职位和项目列表。

青少年可以获得的有前景的兼职工作，大多数都不提供薪酬（而且可供青少年选择的多数有薪酬的工作并不具备职业前景，参见第十五章）。这种无偿工作的价值在于它们所提供的直接经验，以及能够接触选择了特定行业的成年人。一个在动物医院工作的青少年会发现，除了热爱动物，兽医还要满足应对这份工作的体力和情感需求。如果她决定做一名兽医，她的前雇主可以帮助她了解不同兽医学校的内部信息，并提供推荐信。

让无法决定自己想做什么的青少年放心：这是正常的，也很常见，决定很少是一成不变的。许多成功人士直到大学甚至更晚才会发现自己真正的职业是什么，也有许多很早就确定专业的成年人会后悔，他们在选定专业领域之前,没有花时间去探索不同的领域,比如参加大学课程、暑期打工和兼职。许多成年人在人生的后期会转行,有时甚至不止转一次。大学招生办公室不会因为青少年还没有确定专业而对他有任何偏见,更不用说有没有制订职业规划了。大多数大学都有专门为那些还没做出早期职业决定的学生设计的文科或通识教育专业。许多本科生在大学期间会转专业。

学校指导顾问可能会为不知道自己想做什么的青少年提供职业能力倾向测试。虽然这些测试对那些不打算上大学的学生很有用,但也可能导致那些不必立即做出决定的学生停止职业尝试。青少年可能过于认真地对待测试结果而停止职业探索。

在青少年期,兴趣"太多"是很常见和正常的。一个没有爱好、没有喜欢的活动、对未来没有幻想、没有计划的青少年可能患有抑郁症,或者滥用药物或酗酒(分别参见第十一章和第十六章)。

什么时候该担心

有一些困惑和混乱是探求身份认同的正常部分,但强烈或持久的痛苦则不是。心理学家将前者称为"正常的身份危机"。这个词听起来有点儿自相矛盾。在日常谈话中,当出现严重问题时,我们会使用"危机"这个词。根据定义,危机是不正常的。但心理学家用这个词来指代个体心理发展的转折点,在这一点上,旧的思考自我与他人关系的方式不再合适,只有发展出新的方式,一个人才能继续他或她的生活。从这个角度来看,正常的身份危机是青少年正在努力进行健康调整的标志,身份障碍则是年轻人走向不健康模式的标志。父母应该如何区分它们呢?

正常的身份危机

处于正常的身份危机阵痛中的青少年感到迫切需要做出决定,但又无力做出决定。他们在第一周制订计划（报名参加课程、与男朋友或女朋友分手、找工作），但到第二周就放弃了。他们童年时在宗教、政治和道德上所相信的东西已经对他们不再适用，但又没有形成自己的标准。他们不相信自己的判断，觉得无法评估自己作为学生、朋友或爱人的价值。由于不确定自己的才能和能力，他们向他人寻求指导，但与此同时，他们又抗拒过于明显的指导。虽然对家人和朋友以及青少年来说都是痛苦的，但这种程度的身份危机并不需要过分关注。这些青少年有好日子也有坏日子，有成功也有失败，通常能够维持和朋友的关系，在学校里保持自己的地位，并继续他们的生活。通常，青少年的这些不确定性会随着时间的推移自行解决。

身份障碍

然而，在某些情况下，身份问题会变得严重。父母应当关注的是，如果身份危机是：

- 严重的。青少年不仅担心自己是谁，而且非常痛苦。
- 普遍的。青少年的痛苦涉及以下三个或更多领域：长期目标、职业选择、友谊模式、性取向、宗教认同、道德价值观和对群体的忠诚度。
- 麻痹的。青少年如此痴迷于身份问题，以至于她在学校表现很差，无法享受友谊和参加社交活动。
- 持久的。痛苦和困惑持续了数周甚至数月，几乎没有缓解。

正常的身份危机和身份障碍的区别在于强度和持久性。身份障碍不会随着时间的推移自行解决，它的危险在于，年轻人将无法在以后的生活中做出职业承诺，并形成持久的情感依恋，因此他们会从一份工作换到另一份工作，从一段关系转到另一段关系中，或是从这个心理治疗师换到另一个心理治疗师那里。（在高中或大学阶段的）早期干预可以防止长期的无目标状态。

认为青少年都会经历身份危机的想法已经成为一种文化上的陈词滥调。因此，作为青少年探求身份认同的一部分，其他潜在的严重问题，包括抑郁症（参见第八章）、饮食失调（参见第八章）或药物滥用问题（参见第十六章），可能会被忽略。这些都是需要治疗的心理障碍。

身份认同与道德

基于想要被喜欢的愿望，青少年有一种自发的道德责任感。不需要家长的贿赂或威胁，他们就会自觉有良好的行为。他们得到的回报是获得社会认可、维持人际关系，以及感觉自己是一个好人（参见第七章）。他们比小时候有更多的同理心、更忠诚、更有爱心。但他们没有自己的是非观，很容易被"每个人都在这么做"的说法所左右。在青少年期中期，青少年开始走向更高层次的道德推理水平。

高中阶段的青少年"卫道士"眼界会更加广阔。超越眼前的情况，超越友谊和家庭，长大一些的青少年会问："如果每个人都这样做（偷窃、欺骗、撒谎），该怎么办？这就不可能正常运作了，社会将分崩离析。"这种见解会使他们对社会规则和期望有新的认识。在青少年期早期，青少年将规则视为成年人强加给年轻人的东西，这通常是武断的想法，而年龄稍大一点的青少年则认为规则来自社会，并起着必要的作用。一个12岁的孩子会为朋友违反规则感到高兴，而一个16岁的孩子则为违反规则的朋友感到难过。在青少年期早期，他们会认为社会认同感是第一位的，良心认同感排在第二位；但在高中，社会秩序和自我尊重会排在受欢迎程度之前。高中生"卫道士"认为做正确的事不仅是个人的事情，而且是社会义务。在这个年龄段，青少年能够站在那些不是他们朋友的人（比如店主）的角度，思考违反规则的社会影响（更严格的安保、更高的价格、最终的混乱）。他们意识到，为了共同利益，有时有必要牺牲眼前的满足感和个人自由。他们得到的回报是感到自己在遵守规则、履行职责、成为好公民。他们代表着法律和秩序。

一些读者可能会对青少年是法律和秩序的支持者的说法表示怀疑。因为就给这些人留下的印象而言，他们的所作所为恰恰相反（他们也是非法行为和社会混乱的倡导者）。出现这种明显的矛盾有两个原因。首先，以社会为导向的道德观的发展，不像不太成熟的"好孩子"道德的出现那样有规律或可预测。一些青少年早在初中时就有法律与秩序等推理能力的闪现，有些人在大学阶段才达到这个阶段。一些年轻人在青少年期中期在两种道德之间来回转换。大多数青少年（可能有 80%）大部分时间都在使用"好孩子"的推理方式，有些人从未表现出更高级的思维，但这并不意味着这个年轻人是"坏"的，也不意味着他的道德发展停滞不前。我们的文化经常赞扬那些将对家人和朋友的忠诚置于法律和秩序之上的人。当治安维持英雄将法律掌握在自己手中时，青少年并不是唯一欢呼的观众。①

认为青少年是道德叛逆者的第二个原因是，他们可能并不忠于父母和大多数成年人所支持的社会制度。青少年可能会谴责"美国帝国主义"，并接受激进的左翼意识形态，或者谴责"美国的软弱"，并支持极右翼的政治立场，抑或可能会拒绝父母的"物质主义"而加入一个新的宗教团体。

无论他们的特定信仰和价值观如何，"法律与秩序"的卫道士都会对超越个人范围的事情感到有责任和义务。但缺点是，这些人在遵守规则时往往过于刻板和较真。心理学家称之为传统道德。在这个阶段，无论是《圣经》还是宪法，青少年（和成年人）都会照本宣科。他们可能有勇气对抗父母和同龄人，但无法独自面对。只有在年龄再大一些之后，他们才能获得真正的道德独立。

---

① 治安维持英雄，通常是一个以非传统方式执行正义的角色。这句话背后的意思是，在电影中，当治安维持英雄自行执法时，欢呼的观众并不局限于青少年。这反映了在文化和社会中，许多人对传统法律和秩序的挑战者，或者那些以非传统方式保护正义的人，持有一种支持和认同的态度。——编者注

态度和行为的变化

在许多方面，已经达到道德发展"法律与秩序"阶段的青少年更容易相处。他们更愿意听从理性。父母必须促使一个不太成熟的思考者去考虑：如果每个人都按照他所要求或所捍卫的去做，将会发生什么。当青少年说出"如果你遵循这一点得出合乎逻辑的结论……"，以此来扭转局面、挑战父母的观点，那么他们就已经进入了"法律与秩序"阶段。处于这一阶段的青少年不太容易受到同伴压力的影响。青少年期早期的道德是一个道德紧箍咒[7]。青少年需要得到认可，这使他无法成为真正的自己。而年龄大一些的青少年对社会秩序的承诺让她有力量反对同龄人和父母（如果她认为他们错了）。她表明立场，是因为她相信这是正确的。

达到这个阶段的青少年也可能非常自以为是。他们确信自己掌握了所有答案，斥责成年人把世界搞得一团糟。从他们天真的角度来看，粮食短缺、气候变化、无家可归者以及任何你能说出的其他问题，都有明显的解决方案。现实世界中实现社会理想的障碍似乎无关紧要，谈判和妥协则被视为"出卖"。"法律与秩序"卫道士随时准备说出成年人世界的问题，他们也能敏锐地指出父母的推理和行为中的缺陷与虚伪。

"法律与秩序"卫道士是每个社会的中坚力量。如果一个社会的大多数成员没有对更广泛社会的承诺感以及维护法律和秩序的义务，那么这个社会就不可能存在。这个道德阶段在青少年对个人身份认同的探求和走向成年的发展过程中也是非常重要的。

促进道德发展[8]

父母如何鼓励和支持高级道德推理？

鼓励独立

青少年需要成为自己信仰的权威。他们想感觉到他们对是非有自己

第十二章 | 身份的探求　　243

的想法，有自己的政治观点，有自己的宗教信仰。他们需要制订自己的未来计划，并感觉掌控着自己的生活。对父母来说，这意味着放弃他们的一些权威。

高中生可以而且应该自己做出许多决定。帮助他们做出正确决定而不惹到他们的一种方法是提出一些问题，从而让他们仔细考虑一个决定："从长远来看，什么会让你快乐？""你权衡利弊了吗？""还有其他方法可以解决这个问题吗？""你还有其他选择吗？"[9] 他们需要做出的决定可能是：是否取消与密友的约会而和一个她心仪已久的男孩一起出门，是否退出总是让他坐在替补席上的足球队。这些都是重要的决定，涉及道德问题，但不是生死攸关的问题（在这种情况下，父母应该介入）。告诉青少年你会怎么做，但让他做出最终决定。"我希望你能考虑一下我说的话，但你必须决定什么对你最好。如果你认真考虑过，我会尊重你的决定。"

处于青少年期中期的青少年经常在忠于朋友、随大溜和遵守规则之间徘徊。假设你的儿子发现学校的明星后卫一直在花钱请人代他写学期论文，他试图和一群朋友谈论这件事，但他们说："这不关我们的事。况且，我们今年可能会赢得冠军。"或者你女儿最好的朋友曾经险些被一个高年级男生性侵害，但成功逃脱。她让你女儿发誓永远不告诉任何人，但现在她的另一个朋友正在和这个男孩约会。他们该怎么办？

个人对朋友的忠诚、对团队的群体忠诚与对学校和抽象的是非观念之间的冲突并非青少年独有，但在这个年龄段，这些冲突可能特别令人痛苦。青少年往往将这些视为非此即彼的问题（"我要么忠于我的朋友，要么做正确的事情。"）。首先，你可以问问他们，如果他们的朋友都不知道他们做出的决定是什么，他们会怎么做——是什么让他们自我感觉如此良好。其次帮助他们制定一个不违背他们的忠诚感或是非观念的策略。男孩可能会对后卫说："球队真的需要你，如果你被抓了，你将无法在本赛季余下的时间里比赛。"女孩可能会试图说服她最好的朋友告诉另一个女孩发生了什么："如果他也试图对她做同样的事情，你会是什么感觉？如果你不好意思自己和她说，我会和你一起去。"

更微妙但同样重要的是，父母需要准许青少年思想独立，也就是有独立思考的权利。当青少年开始表达独立意见时，父母有时会措手不及：他们觉得自己的整个价值体系都受到了攻击。一些常见的反应是："你从哪里得到这样的想法？""谁告诉你这个的？""听起来你就像×××。""你不是那个意思吧。""你只是想激怒我。"严格来说，这些父母可能是对的。一个正在进入"法律与秩序"阶段的青少年可能会鹦鹉学舌，借用一些陈词滥调，似乎正在变得越来越不独立，而不是越来越独立。但指出这一点可能会损害青少年对自己有权持反对意见的信心。

假设你的女儿突然宣布反对堕胎，并可能参加反对当地计划生育诊所的示威活动，作为一个长期支持堕胎的女权主义者，你会感到很震惊。你还碰巧知道，她最好朋友的母亲积极参与生命权运动，给你女儿送了一些你认为纯粹是宣传的书籍和小册子。你该怎么办？首先，尽量不要把她的意见放在心上（"我的女儿不会参加那种游行！"）。无论多么痛苦，都要鼓励她阐明自己的观点："我知道有些人认为堕胎是错误的，但你为什么这么认为？"帮助她认识到这是一个复杂的问题，你并没有轻率地站在自己的立场上。虽然你强烈反对，但要承认她有权发表自己的意见。一个同意你观点的青少年也需要练习如何阐明自己的立场，你们可以轮流"唱反调"。

鼓励社区活动[10]

虽然讨论对道德发展很重要，但仅仅讨论可能是不够的。父母不应该强迫青少年积极参与社区活动，但应该鼓励他们有"做点什么"的想法。

如前所述，大多数社区都有相关项目，让青少年在养老院、日托中心、医院和精神或身体残疾机构担任志愿者，抑或担任培训青少年的老师或同伴辅导员（例如，关于毒品预防）。关心环境的青少年可能会参与社区清洁，对政治感兴趣的人可能会为政治候选人工作。一些学校将社区工作作为社会研究课程的一部分。

一些学校现在把参与社区服务作为毕业的条件。关于这种非自愿服务是否能促进青少年的积极发展，研究结果喜忧参半。自愿参加的社区服务比被迫参加的社区服务对青少年更有益，但没有证据表明，强迫做社区服务会产生有害影响。

志愿者工作与结构化的课堂反思和讨论机会相结合，对青少年的心灵、思想和道德发展影响最大。参加这些项目的学生在社会责任和关心他人福祉方面表现出最大的收获。他们能够更好地倾听他人的问题，并提出可行的解决方案。他们的能力和自尊感会得到增强，他们对成年人的态度也会更加积极。如果你孩子的学校没有这样的项目，那么父母和兄弟姐妹可以代替。如果家庭的所有成员都参与某种社区服务（即使是照顾婴儿或喂养邻居的长尾小鹦鹉）并分享他们的经验，家庭研讨会是最有价值的。

第十三章
朋友和社交生活

随着青少年进入高中阶段,他们的社会取向会发生明显、可预测的变化。派系和群体变得不那么重要,友谊和浪漫变得更重要了。[1]就像年轻人一样,高中高年级学生通常有一大群熟人和一个小密友圈。

由从众到追求个性

高中阶段是个性日益增强的阶段。青少年可能仍然被称为"受欢迎的人""书呆子""运动达人""烟鬼",但许多处于青少年期中期的青少年是"自由职业者"或"游手好闲者",他们属于不同的群体,拥有不同类型的朋友。事实上,大多数高中生都不愿意将自己归属于某一个群体。那些保护自己的社交地盘不受外人侵犯的人(比如成绩优异的预科生或者年级里的人气王)会被其他青少年视为势利小人。年龄较大一点的青少年对社会排斥的容忍度有限。

在青少年期中期,派系性的下降反映了青少年看待自己和他人的方式发生了变化。年龄小一点的青少年一般比较从众:她的朋友影响着她做什么、说什么、穿什么和思考什么。实际上,她把对家庭的依赖换成了对人群的依赖。而现在这个青少年可以自立了。她不想被人认为和其他人一样,她想被人认为是一个独特的人。曾经经常提到的说法"但每个人都在做"被"我想去"、"这是我的生活"和类似的个性化主张所取代。青少年选择朋友、衣服和活动，不是因为它们有助于她融入某个群体，而是因为她喜欢。

在高中时期，对同伴压力的易感性下降。这并不意味着青少年不受朋友的影响，而是当他们需要信息或指导时，他们会寻找专家。在风格和品位的问题上，青少年认为同龄人是专家。这并不奇怪：你不会问一个十几岁的孩子你应该穿什么去面试，或者在早午餐时给你的朋友准备什么食物；十几岁的孩子也不会问你她应该穿什么去上学，什么时候是到达聚会地点的最佳时间。（不过，如果她喜欢你的风格，她可能会从你的衣橱里借用一些东西，但这是年轻人原则上不会做的一些事情，即使你的衣服非常适合她。）在有关学校和朋友的日常关注问题上，青少年也会求助于同龄人。正如一位九年级学生所解释的那样，她不会向父母寻求家庭作业方面的帮助，因为她需要先花很长时间向他们讲解解决这个问题所需的背景知识，而同学能准确地知道她的问题"来自哪里"。但在道德、学业和人生决策等重大问题上，青少年更有可能求助于父母。他们认识到，虽然同龄人对青少年文化有更多的了解，但成年人对高中以后的生活有更好的了解。

年龄小一点的青少年倾向于将同龄人和父母视为对立的力量，只是在表面上接受建议，然后遵循这一方或那一方的意见。青少年期中期的青少年则意识到，不同的人有不同的观点，而建议可能会受到自身利益的影响。在重要问题上，他们会寻求第二和第三种意见，并根据建议者的偏见权衡自己所收到的建议。例如，在考虑上大学时，青少年认为父母和朋友都是很好的建议来源，但他们会考虑这样一个事实：他们的父母可能低估了校园社交生活的重要性，而他们的朋友可能低估了好的经济援助计划的重要性。同样，青少年会权衡朋友和父母关于买车、约会、暑期工作或其他事项的建议，然后得出自己的结论。青少年自己做决定的事实可能会让父母感到不安，但他们不再随大溜的事实应该让人放心。

总而言之，高中生在思想和行为上都成熟了。因为更独立，她不必

（仅仅因为是父母提出的而）用反对父母意见来证明自己的独立性。除非父母对青少年的独立性感到不满，并试图控制她的生活，否则她会变得更容易相处。在高中时期，父母与青少年之间的冲突通常会减少，合作和沟通则会增加。许多家长注意到了高中时期开始的这个重要转折点。

对异性更加感兴趣[2]

高中时派系和群体破裂的另一个原因是青少年对异性越来越感兴趣。和同一个老派系做同样的事情似乎没有那么吸引人。

对异性恋的兴趣是分阶段、逐渐发展的。在青春期前期，青少年的社交生活围绕着同性派系展开。年龄小一点的青少年和一小群亲密的朋友在一起最快乐。再过一段时间，男孩和女孩的派系开始聚在一起进行联谊活动。这个阶段还没有约会，男孩和女孩的互动一般是小组对小组的，而不是一对一的。同性朋友的出现使这些早期的异性接触不那么具有威胁性。大约在九年级时，该团体的一些成员（通常是派系的小领导）开始定期约会。其他人会效仿他们，男女混合的派系开始形成。在这个阶段，聚会和其他团体活动是青少年社交生活的中心。虽然他们正在约会，但14岁和15岁的青少年在团体中找到了安全感："集体约会更友好、更有趣，因为与一群人在一起不那么可怕、不那么尴尬，即使是愚蠢的意外也会转变为笑话。这就像放学后惹上麻烦一样，如果你们都必须留下来，感觉也没那么糟糕。"[3]

然而，在高中快结束的时候，情侣对花时间独处越来越感兴趣，男女混合的派系也逐渐解散。"如果我去约会，我想和那个人单独在一起，这样我就能更好地了解他。"一个16岁的女孩说，"群体是会带来麻烦的。"因此，青少年就从紧密的同性派系，到松散的混合性别团体，再发展到与某个异性建立认真的情侣关系。

父母如何监督聚会和团体活动

如果说派系是青春期早期的基石,那么团体活动则是青春期中期的标志。在周末,大多数青少年都想和他们的朋友在一起。参加什么活动不重要,重要的是心情。有了一群朋友,青少年可以放飞自我、发泄情绪、做任何事情或说任何话。他们感到兴奋、友好、投入、有动力。日常的束缚都被抛在一边。

一群青少年被比作一台发动机,在这台发动机中,所有的制动都被解开了,所有的信号都是"通行",防止发动机过热的恒温器也坏了。虽然这可能有些夸张(许多青少年知道什么时候该停止),但青少年群体可能成为不端行为的许可证,从善意到违法皆有可能。许多青少年在与朋友相处时比独自一人时表现得更加鲁莽。

父母怎样才能在不破坏乐趣的情况下监督青少年的活动?

当青少年外出的时候

你儿子计划和一群人一起去市中心。你女儿想去朋友家参加聚会,而你知道她朋友的父母不在家。你儿子说,在和朋友露营了一整晚之后,他会在海滩上看日出来庆祝夏至。你女儿很想去听一场嘻哈音乐会。

监督青少年社交生活的第一条规则是:父母应该知道青少年要去哪里,和谁在一起,以及他计划做什么。你的女儿有驾照,或者你的儿子用兼职收入支付自己的娱乐费用,并不意味着你作为父母的权力和责任已经结束。监督青少年的行踪是你的事,尤其是在晚上。多年前有一则公益公告,当时许多今天的父母自己都是青少年:"现在是晚上10点,你知道你的孩子在哪里吗?"青少年应该让你知道她要去哪里。如果她的计划改变了,她应该在晚上10点之前给你打电话。如果她拒绝说她要去哪里,或者谎报她去过哪里,这就是麻烦的迹象。

除此之外,几乎没有硬性规定。是否允许青少年参加聚会或其他团体活动取决于以下因素:

- 青少年的年龄。新生比高年级学生需要更多的监督。
- 还有谁会出席。青少年与你知道的有责任心的、遵纪守法的那些朋友一起去市中心，和与陌生人一起出去是不同的。如果那些人是他的朋友，你为什么没见过他们？当青少年不想破坏公物、不想破坏老师的草坪或不想惹上麻烦的时候，好朋友会支持他（她）的决定。
- 青少年愿意遵守你的指导原则。没有药物，没有酒精，没有和饮酒的人一起开车，宵禁前回家，等等。
- 青少年过去的行为。那些表现出知道如何处理棘手情况的青少年是值得你信任的。他们在聚会分发药物时会选择离开，拒绝参与破坏墓地的活动，在朋友喝醉时坚持自己开车。一个陷入麻烦的青少年需要被更密切地监督。
- 规定参与可能引发麻烦的活动的频率。去夜店或者酒吧听一支特定的摇滚乐队演奏是一回事，每个周末都去就是另一回事了。

你给予青少年多大的自由也取决于你是否愿意帮助青少年脱离困境。如果你的女儿在午夜打电话说聚会失控了，或者她的约会对象一直在饮酒，你愿意起床去接她，还是打电话叫辆出租车并支付她回家的车费？假设你愿意去接她，那就提前讨论应急计划。年龄小一点的青少年可能不介意被父母接走，但大一些的青少年会感到尴尬。事先安排在离聚会地点一个街区的拐角处与她见面。知道你理解她需要面子，会让她更有可能打电话给你。

没有成年人监督的聚会不是一个好主意。16岁以下的青少年不应被允许参加无人监督的聚会。如果你知道他们在哪里，知道还有谁会在那里，并相信你的孩子会在聚会变得恶劣时离开，那么年龄稍大一点的青少年也可以去参加。

同样的警告也适用于放学后在朋友家玩，而朋友的父母仍在外工作的情况。对年龄稍大一点的青少年来说，偶尔这样做可能没问题，但是，每天都有"开放日"就太过分了。除了监督问题，青少年应该花时间去做更好的事情（比如学习、参加课外活动、培养兴趣爱好）。

当父母不在身边时

你和你的配偶已经计划周末出去。你的孩子问，她是否可以在周六晚上邀请几个朋友过来。你想让她觉得你信任她，但你知道在无人监督的聚会上会发生什么。你应该怎么做？

告诉孩子，有一两个朋友来家里是可以的，但你不在的时候不允许举办大型聚会。同时解释清楚原因。如果发生了什么不好的事情，比如发生了打斗，一个客人服用了药物被送到医院，一个醉酒的青少年在开车回家时发生了事故，你将承担个人责任。解释一下，当你不在身边时，你不会对发生的事情负责。此外，你认为青少年不应该独自承担聚会的责任。如果一大群不受欢迎的陌生人破坏了你女儿的聚会，她会怎么办？如果客人在嘲笑家里的狗，或者玩抛接古董花瓶的游戏，她会怎么办？如果你儿子在他的聚会上宣布不允许饮酒和吸烟，他会觉得不舒服吗？如果他来扮演父母的角色，打开卧室的门让一对情侣从里面出来，会有什么感觉？同样的规则也适用于父母双方都在工作的下午时间。

即使青少年没有提起这个话题，父母也应该在他们离开前讨论不允许聚会的规则，并确保他们的规则是清晰的。不要担心向青少年灌输这些想法，就算你不在的时候她没有想过聚会，她的朋友可能也已经想过了。要愿意扮演严苛的角色（如果她违反规定，将被禁止出门一个月）。

当然，这个青少年的朋友也有可能不请自来，带来一场聚会。出于这个原因，以及一般的安全考虑，青少年应该有一个邻居或你朋友的电话号码。当你不在的时候，孩子可以随时以任何理由打电话给他（她）。更好的做法是，让这个成年人打电话或到家里看看你的孩子过得怎么样。告诉你的孩子你这样做是为了预防，而不是因为不信任他。一个成年人将有可能过来检查，也会给你的孩子一个借口，让他把一群吵闹的朋友拒之门外。

当你在家时，如果你允许青少年举办聚会，他们更有可能接受这项规定。这让他们知道，你反对的不是聚会或他们的朋友，而是缺乏监督、可能出现不速之客或发生其他危险。青少年聚会的监督原则与对年龄小一点的青少年的指导原则基本相同（参见第九章），只是你需要对以下行为有心理准备：更多的跳舞和谈话，更多的情侣亲热，更多自带东西（酒精或香烟）的客人，而对游戏、扔食物、爬屋顶和其他恶作剧的兴趣减少。让别人知道你的存在，但要等待你的孩子主动来向你寻求帮助。

与孩子认真地讨论约会

总的来说，美国的趋势是早恋晚婚。如今，美国青少年开始约会的平均年龄，女孩约为 13 岁或 14 岁，男孩约为 14 岁或 15 岁。到 16 岁时，90% 的美国青少年都在约会，其中大约一半的青少年每周约会一到两次。大多数青少年在高中毕业前至少有过一段认真的恋爱关系。但从社区到社区，甚至从学校到学校，规范是不同的。你的孩子是否、何时以及多久约会一次，部分取决于他的朋友是如何做的。

约会对青少年是好还是坏

约会不仅仅是乐趣，在这个年龄段，约会还是一项竞技运动，青少年在这项活动中测试自己和他人，同时有赢家和输家。这对青少年的影响有好也有坏。

一些好处

约会可以建立自尊。简单地说，一个男孩鼓起勇气邀请法语班上一个漂亮的女孩参加学校舞会，令他惊讶的是，她接受了，并说她也在期待他的邀请。当他们一起出现时，其他认为他有点懦弱的青少年开始用新的眼光看他。他在同龄人中的地位上升了，他的自我形象也提升了。

约会可以帮助年轻人发现自己，尤其是在性别认同方面。一系列的约会关系使青少年能够测试出他们关于男性气质和女性气质的想法。女孩是喜欢一个大男子主义的男孩还是一个暴露自己脆弱性的男孩？男孩是喜欢一个依赖他人、情绪化的女孩，还是喜欢女孩能表现出意志坚强、自力更生的一面？

约会可以帮助青少年学习社交技能。这些技能包括：考虑周到（如何在不让对方失望的情况下拒绝约会）、有责任心（在餐馆结账，确保约会对象在宵禁前回家），以及其他人际交往技能，比如闲聊、跳舞和吵架后和好。

约会可以帮助青少年更多地了解如何与他人建立亲密关系。这一课对男孩来说尤其重要，因为他们可能不会从彼此身上学到亲密。

一些代价

约会可能降低自尊。被拒绝、空等一场、被男朋友或女朋友抛弃，对一个青少年来说可能是毁灭性的。（这些对成年人来说也不好受，但成年人有从拒绝中恢复过来的经验，青少年没有。）异性缺乏对自己的兴趣，这会让青少年觉得自己无足轻重。约会是青少年在高中是否受欢迎的关键因素之一。一个女孩，如果因为这样或那样的原因，还没有准备好在其他朋友约会的时候开始约会，她可能会发现那些朋友渐行渐远。曾经是所有女孩睡衣聚会的主角，现在她却成了舞会和聚会上无人问津的人。一个过于害羞或过于傲慢，无法与女孩相处的男孩，会开始怀疑自己的吸引力。

约会可以培养肤浅而非亲密的关系，更多的是角色扮演，而没有情感深度。青少年常常只是走个过场，仅仅是为了有约会对象。男女双方都可能利用约会来提升自己的地位，享受操纵他人的快感，谎报自己的感受来维持一段方便的关系，甚至背叛固定的伴侣。但是，在他们真正开始寻找伴侣之前，一些关于约会的经验，不管好坏，都很可能对青少年有益。

约会的底线

总而言之，我相信约会是有益的，除非约会很早或过多。15 岁之前开始认真约会的青少年，可能看起来很有自信，但事实上，他们比同龄人更依赖他人、更肤浅，想象力也更差。通常情况下，早期约会会干扰他们对自己是谁以及要做什么的独立意识的发展。早熟的青少年将自己的身份认同建立在约会游戏上，而不是将约会视为了解自己的机会。过度约会，以至于青少年几乎没有时间或精力做其他任何事情，也是有害的。当约会成为青少年的全部生活时，其他兴趣，如学业、体育、爱好和友谊，都会受到影响。

坠入爱河、恋爱关系和分手

有些青少年恋情只持续一两周，很少有人能坚持一年以上。高中最常见的模式是一系列认真或半认真的关系。

单身成年人通常遵循同样的短期关系模式，但对自己和他人更诚实。他们可能会说"我正在和一个我很喜欢的人约会"，或者"我遇到了一个很棒的人"，但通常他们在准备做出承诺之前不会谈论承诺，而青少年往往会更容易变得认真起来（并向他人宣布）。

为什么青少年会玩这种假装忠诚的游戏？有男朋友或女朋友意味着地位，至少暂时意味着安全。对同龄人来说，有一个认真的男朋友或女朋友的青少年是"富人"（而不是"穷人"）。成为一对情侣中的一员，可以证明青少年对异性的吸引力。它给人一种成熟的感觉。有着认真情侣关系的青少年不必担心周六晚上他们是否会有事要做，是否会有舞会的邀约，是否会收到或接受跳舞的邀请。和某人约会也可能意味着你们在一起很开心；因为约翰要过来而激动不已；整整一周都在期待和考特尼的约会。在许多情况下，拥有男朋友或女朋友这一事实与这段关系本身一样重要，有时候则不然——青少年确实会坠入爱河。

很少有青少年拥有成年人认为的成熟关系，相反，大多数青少年恋情的特点是假装亲密。[4]一对情侣告诉彼此（以及他们自己），他们信任彼此，但往往又会感到嫉妒和占有欲强，或者坐立不安和被束缚。他们可能会说对彼此持开放态度，但担心对方会看穿他们的行为。他们可能发誓要永远相爱，但在制订包括对方在内的未来计划时却遇到了困难。实际上，他们是在玩情侣游戏，而没有成年人意义上成为爱人的承诺和理解。许多青少年意识到他们所感受到的并不是真爱，很少有人期望和高中时约会的那个人结婚，但这并不意味着他们对吸引力、兴奋感和想在一起的感觉是不真实的。

性也可能在青少年的承诺宣言中起到一定作用。正如我们所说，大多数青少年认为只有在爱的背景下，或者至少在稳定的关系中，才允许发生性关系。如果两个十几岁的孩子已经在一起几个月了，这个话题几乎肯定会出现。在某些情况下，感情和亲密自然会导致性行为。但在另一些人身上，对性的好奇心和欲望可能会导致一对情侣声称甚至相信他们恋爱了，虽然事实并非如此。爱的宣言可以满足他们的好奇心。

考虑到青春期恋爱的试探性、探索性和假装性，分手几乎是不可避免的。失恋也是青少年经历的一部分。有些青少年相对轻松地调整了状态，而有些则不然。人们可能会认为男孩属于前一类，女孩属于后一类——毕竟，女性被认为是浪漫的性别。[5]女孩比男孩更有可能说她们深爱过自己的前男友，但她们和男孩一样有可能是先对这段感情失去兴趣的那个人，并且与男孩相比更不太可能在开始新恋情之前经历一段"哀悼"期。

建立规则

约会对父母和青少年来说都是一种新的体验。父母很容易对青少年社交生活中的这种变化反应过度或反应不足。

在谈论约会时，表露兴趣和侵犯隐私之间有一条细微的界限。如果你和你的孩子关系密切，约会不应该是一个禁忌话题。许多青少年喜欢与父母谈论他们对男朋友或女朋友的感受，并倾听父母作为青少年和年轻人时的那段经历。但父母不应该强迫或要求青少年说出每次约会的每一个细节，这是侵犯隐私。

参与青少年约会的指导原则，与参与青少年交朋友的指导原则基本相同，即：

不要对约会的意义妄下结论。父母有时把约会等同于性，这就错了。许多青少年对一起学习、聊天、跳舞、参加聚会、加入青年团体甚至仅仅是约会的体验，比对性生活更感兴趣。你的孩子可能会对性感到尴尬和不舒服，就像你想到他或她正变得性活跃的感受一样。即使一对情侣确实发生了亲密接触，也有可能并未发生性关系。

我不想说青少年对性不感兴趣，但性并不是约会的唯一动机，甚至不是约会的主要动机。当然，如果你以前没有和青少年谈论过性，那么现在应该去谈谈（参见第六章和第十四章）。确保青少年明白你并不是在指责他们，而只是想确保他们了解相关信息，并对自己负责任。

知道你的孩子在和谁约会。一定要约见你家孩子在见面的那些人，试着了解他们，但不要打扰他们。一定要向你的孩子询问他或她的约会对象，并寻找机会与你孩子的约会对象聊聊天。

知道你的孩子要去哪里约会以及他们计划做什么。你为团体活动制定的规则也适用于约会。事先讨论一下你认为有必要禁止去的地方和禁止参加的活动，以及你希望青少年何时回家。约会的刺激之处是感觉自己像成年人或者看起来像成年人。不要在约会对象面前把自己的孩子当孩子一样对待，这会让青少年感到尴尬。

为青少年约会的地点、时间和频率提供指导。和其他课外活动一样，约会也需要被正确看待。当然，功课是第一位的。同时约会也不应该取代其他重要的活动，比如运动、爱好以及与朋友和家人相处。这并不意味着青少年情侣（或一个十几岁的孩子和一个可能的约会对象）应该被禁止偶尔在下午一起学习，或者在乐队练习后去吃零食，如果他们确实在学习，并且在合理的时间回到家。但一个高中生不应该一周出去超过三个晚上。

如果关系是认真的，怎么办？ 有的父母觉得约会没有问题，但当青少年宣布他们是"认真的"或"处于恋爱中"时，这些父母可能会感到紧张。这样的声明会让人联想到不成熟的承诺、过早的性行为、受限的未来以及难以纠正的错误。然而，在大多数情况下，几乎没有担忧的理由。

在初中时有一段"认真的关系"可能是一个问题。做出这种承诺会让青少年的朋友圈缩小，在性方面走得太远，甚至错过很多乐趣。后来他们常常后悔自己的决定。

但是，在高中时与某人建立情侣关系，本身并不是问题。主要的危险是青少年会在这段关系中投入太多的时间和精力，而忽视其他重要的活动。但对一个每个周末都和不同的人约会的青少年来说，情况可能就是危险的。如果青少年遵守你关于约会时间和频率的指导原则，那么认真的约会就不是问题。一段唯一的关系可能会增加青少年考虑性行为的可能性，但禁止认真的恋爱关系不太可能让性吸引力消失。

如果你不喜欢你孩子的约会对象怎么办？ 试图探究青少年选择的原因在很大程度上是徒劳的。青少年期和成年期一样，爱情往往是盲目的。

如果你真的不喜欢孩子的约会对象，不喜欢那个人的行为、背景或外表，你该怎么办？答案是，很可能什么办法都没有。许多研究记录了罗密欧与朱丽叶效应：父母越是反对青少年恋情，这种关系就越紧密。原因很容易理解。约会是成为成年人的一部分，是日益独立的表现。当父母向孩子施压，要求她或他与男朋友或女朋友分手时，就威胁到了青少年的自主意识。他们最常见的反应是通过继续偷偷地和被禁止的人约会来挑衅父母。（"我会让你看看我有多成熟！"）

在这种情况下，最好的策略是少说话，如果被问及，那么就诚实但委婉地说："我不太了解他，你为什么这么喜欢他？""他看起来对足球非常着迷，我遗漏了什么吗？""她是一个非常漂亮的女孩，但非常安静，你们两个会说些什么呢？""她的行为非常老练，还抽烟喝酒，你怎么看？你对她的穿衣方式怎么看？""你们两个人在我看来很不一样，但可以告诉我你是怎么想的。"记住,大多数青少年恋情都是短暂的。如果你顺其自然,两个人很可能会分道扬镳,但是如果你把孩子逼到墙角,她可能会紧紧抓住这个不理想的人,只为了证明自己有主见。

然而,这条规则也有例外。如果出现以下情况,你就应该介入:

你确信孩子受到了不公平对待。 如果你有充分的理由相信,你的孩子正在被利用、支配或剥削,那么是时候谈谈为什么一个人会被一个让他或她感觉糟糕的人所吸引。例如,当一个男孩带你出去,但不断地贬低你时,你可能会开始觉得你的一切都是错误的,比如你的穿衣风格、走路姿势、思维方式等,并尽最大努力取悦他。事实上,你一点儿也没有错,你唯一的错就是选择这个人作为你的约会对象。如果一个女孩一直在做伤害你的事情(和别人开你的玩笑,把你一个人留在聚会上),然后第二天早上打电话说她有多抱歉、她有多喜欢你,你可能想要相信她,但你不会像她那样行事。你为什么要接受她这样的对待呢?这些道理连成年人都很难领悟,青少年更不可能在你第一次说的时候就立刻明白,但彼此沟通是有帮助的。

男朋友或女朋友触犯法律、酗酒或酒后驾车。 在这些情况下,你应该毫不犹豫地禁止这段关系,并说出原因。同时,问问自己,你的孩子去见这个人是不是因为他或她也触犯了法律或酗酒(参见第十六章中的"危险信号")。如果没有,青少年可能会有自己是"救世主"的幻想:"我就是那个帮助他停下来的人。"与青少年谈谈成年人处理这种行为有多难,更不用说青少年了。

你的孩子已经遭受到言语或身体上的虐待或性胁迫。 如果你看到或无意中听到一些事情,让你怀疑你的孩子已经是在约会时遭遇性侵害的受害者,要试着去了解真相。许多女孩不敢告诉父母。向你的女儿保证,如果发生这种情况,你不会责怪她(参见第十六章)。如果她已经被强迫发生性关系,禁止她再次去见那个男孩,并立即给那个男孩的父母打电话。如果你的女儿回家时身上有无法解释的瘀青,后来又承认男朋友打了她,也要这样做。青少年期男孩成为虐待受害者的可能性较小,但也绝非闻所未闻。他会更不愿意承认,但如果怀疑有什么不对劲,你应该问问。

你的女儿正在和一个比她大得多的人约会。女孩通常会和比她大一两岁的男孩约会，但和比她年长五六岁或更多的人约会可能会成为一个问题。如果约会让人兴奋的部分原因是感觉看起来像成年人，那么与"年长的男人"（23 岁或 24 岁的人）约会似乎是最好的选择。在这个年龄段，就约会经验、性自信和成熟度而言，五六年的差距更像是十年。他是个年轻的成年人，而她只是一个想要成年的人。她可能会做一些事情来让自己看起来成熟（饮酒、去俱乐部、同意发生性行为），而不会和同龄人做这些事情。如果你的女儿很成熟，如果你很了解这个男孩，如果他愿意遵守青少年约会的准则，你或许可以破例。但在大多数情况下，你应该劝阻她与年龄大得多的男孩约会。

你的孩子正在认真地谈婚论嫁。许多青少年对结婚发表"随意"的评论，只是为了看看父母的反应，这是一种"我做给你看"的表现。但有些是认真的。青少年婚姻几乎总是麻烦不断，正如我在第十四章中所讨论的。虽然在美国大多数州，你不能阻止 16 岁的青少年结婚，但你可以也应该积极劝阻。

首先要弄清楚他们为什么想结婚。大多数青少年认为 16 岁或 17 岁太小，无法安定下来。如果一对情侣打算结婚，那是有原因的。最常见的原因很可能是这对情侣知道或怀疑女孩怀孕了；另一个常见的原因是，一个人在家里受到言语、身体或性虐待，不顾一切地想要逃脱，而另一个人可能想把她或他从这些磨难中拯救出来。无论哪种情况，你的目标都应该是帮助青少年找到另一种解决问题的方法。（如果女孩怀孕了，请参见第十四章；处理性虐待请参见第六章。）

如果青少年谈论未来的婚姻，而结婚的想法并没有干扰他或她的教育计划和职业目标，父母就不应该担心，即使他们不喜欢孩子的约会对象。有些人后来确实娶了自己的青梅竹马对象，但大多数高中恋情都无法撑过青少年在大学的第一年。

如果你的孩子不同意你的规则怎么办？有些青少年对约会持可有可无的态度。他们在运动场上和在舞会上一样快乐，也看到了单身和恋爱各有好处。还有些青少年在约会中投入了大量精力：他们把自尊心与受欢迎程度联系起来，他们把恋爱等同于成熟，他们把情侣视为最好的朋友。后者最容易因为约会而与父母争吵，尤其是当他们觉得父母不理解自己的时候。

解决约会冲突与解决其他冲突的最有效方法是相同的：谈判（参见第三章的"合作解决冲突，而非压制、回避与妥协"）。首先问问自己，你是被青少年的行为困扰，还是为自己的权威受到挑战而烦恼。一些家长会打击非理性约会，因为他们（有意识或无意识地）对青少年的性行为感到紧张，为青少年的自由而烦恼，或者只是渴望自己生活中有浪漫和激情。她正在做或想做的事情（去城里一个可疑的地方）危险吗、健康吗（她有一段认真的关系，但不会和你或其他任何人谈论避孕），还是干扰了重要活动（在需要学习的上学日的晚上出去），抑或年龄不合适（13岁时开始了一段认真的恋爱）？如果你想不出烦恼的原因，那么当青少年说你不公平时，她可能很有道理。

其次，一次解决一个问题。问问她有什么建议。如果她想推迟宵禁时间，你也许可以将宵禁时间暂时调整为午夜，试行一个月。讨论一下如果她不遵守这条新规定，会有什么后果。当她想参加大学联谊会，如果她的约会对象来你家接她，并在宵禁前送她回家（而且不饮酒），你可以同意她去。如果她认为你禁止在上学日晚上约会的规定完全不公平（她大部分课程的成绩都是B，而且她和她的男朋友喜欢一起学习），你可以同意他们每周在家约会一次，或者每月允许两次上学日的晚上外出约会。确保你们双方都理解违反这些新规则的后果，如果她违反了，你也会强制执行这些规则。

同时，如果你的孩子经常违反宵禁时间，拒绝说出他要去哪里或和谁一起去，在被禁足后还偷偷溜出家门，谎称要去唱诗班练习或去朋友家，那么问题就不是约会，而是叛逆了。在这种情况下，你应该考虑寻求专业帮助。（参见第十七章中的"不恰当的性行为或性兴趣"和"挑衅"。）

如果你的孩子没有约会怎么办？ 有些父母更担心没有约会的青少

年，而不是正在约会的青少年。15岁或16岁从未约会过的青少年，有哪些方面出了问题吗？几乎在所有情况下，都没有问题。大多数欧洲人直到快20岁才开始约会，许多心理学家认为他们因此过得更好。如果青少年在其他方面都很活跃（有朋友、和一群朋友一起出去、参加课外活动），而且看起来并没有不开心，那么就没有理由担心。如果青少年对没有约会感到不高兴，问题可能是害羞（参见第九章），你也许可以帮助他鼓起勇气约别人出去。如果青少年似乎对任何性别的朋友都不感兴趣，你就应该担心了。没有朋友可能是抑郁症（参见第八章）、药物滥用（参见第十六章）或其他问题行为（参见第十七章）的迹象。

朋友的重要性[6]

虽然约会有很多益处，但朋友仍然是青少年社交生活中最重要的人。建立在同理心、信任和自我表达基础上的亲密友谊，始于青少年期早期，一直持续到青少年期中期。因为在智力上不断成熟，所以14~18岁的青少年能够更好地处理其他人身上或隐晦或明显的矛盾。例如，看起来势利或大声喧哗的人实际上可能很害羞，或者看起来害羞的人内心可能有钢铁般的意志。他们意识到同一个人在不同的情况下可能会有不同的行为，并开始认识到我们称之为"个性"的这种特质的稳定核心特征。

14~18岁的青少年对个人特质更加宽容和欣赏。他们知道朋友不必喜欢同一个人的所有方面，不必有相同的观点，也不必分享每一个兴趣。他们也开始明白，友谊是建立在依赖和独立的平衡之上的：朋友需要相互信任，但也需要给彼此喘息的空间，他们不必走到哪里都在一起，不必做任何事情都在一起。由于个人理解力上的这些进步，友谊在青少年期中期得到加深。事实上，年轻人此时交的朋友可能是终身的朋友。

柏拉图式的友谊，男孩和女孩之间的友谊，在青少年期早期罕见到不存在，而现在变得非常普遍。这种友谊可以让男性和女性相互了解，不需要那些通常出现在约会中的装腔作势和刻意打扮。这种友谊很可能比约会更能帮助青少年了解异性，以及他们在认真的成年关系中可能寻找的东西。

男女双方都把信任和忠诚列为友谊的两个最重要的特征。当生气、失望或遇到麻烦时，他们会越来越多地求助于朋友。像成年人一样，他们建立了一个支持网络。这并不意味着你的孩子不会再和你说话。但有时当你不在身边，当一个朋友比你更了解这个问题（如何与男朋友分手），当青少年想要不止一种意见（在哪里申请大学），当他或她需要讨论的问题是你的时候，青少年会求助于朋友。

当你期待着一个家庭团聚之夜，孩子却去了朋友家时；当你走进他房间，他突然挂断了打了很长时间的电话时；当他闭门深夜交谈时，都是上述过程的一部分。不要以为关着门就意味着青少年正在讨论非法药物交易、堕胎或离家出走，他们很可能在谈论女孩或男孩的话题（谁和谁一起出去，他们对某人的看法，他们对这件事或那件事的真实感受，他们梦想成为什么样的人），就像你在他们这个年纪所做的那样。不要觉得他们与朋友的距离越近就意味着与你的距离越远。[7]青少年友谊的质量反映了亲子关系的质量，也就是说，你的女儿或儿子与你的关系越亲密，她或他与朋友的关系也就越亲密。

然而，你可能会发现你必须更加努力一点才能保持亲密关系。促膝长谈通常意味着熬夜（青少年一整天都很忙，但在约会后的午夜就会透露出很多消息）或离家远行（周末一起露营或度假）。你可能会发现，你与孩子的一个或多个朋友变得很亲近。同样，你的孩子也可能会与你的一个朋友或另一个青少年的父母变得关系密切。因为他们更加自信，所以 14~18 的青少年对成年人的警惕性比以前低了。与父母以外的成年人交谈——这些成年人并不知道（或自认为知道）青少年的一切——是一种可以巩固和确认他们身份认同的方式。对成年人来说，跟上最新的潮流和时尚很有趣；对青少年来说，被成年人的朋友圈认可也很有趣。

衍生问题：休闲活动等

青少年日益增强的社会独立性引发了一系列衍生问题。父母和他们的孩子可能会在重大问题上达成一致（学校的重要性、聚会和约会原则、负责任的性行为以及避免饮酒），但在一些小事上会争吵不休，以至这些事似乎不再是小事了。在第九章中，我讨论了电话的使用、零花钱的使用、穿衣打扮以及音乐品位。在这里，我要谈两个更可能在高中时期显露出来的问题，这两个问题与社会独立性的增强直接相关，它们就是驾驶和空闲时间。

驾驶

在我们的社会中，获得驾照是一种成人仪式，也是一个人表明正在走向成年和独立的清晰信号。父母应该如何应对青少年成长过程中的这一篇章？

一般来说，让专业人士教青少年如何开车比自己教更容易，也更安全。因为青少年将驾驶与成熟联系在一起，父母的最轻微批评都可能让他们情绪低落，而且由于父母将驾驶视为一种非常具体的放手行为，并担心发生事故和严重伤害的可能性，他们就很可能对最轻微的错误反应过头。大多数学校都有驾驶员教育课程，如果你孩子的学校没有，那就去找一所驾驶培训学校。

在青少年拿到驾照之前，你们应该就何时、多久以及出于什么目的允许他拿走汽车钥匙达成协议。这没有固定的标准。你的决定取决于你所在的社区（以及公共交通的可获取性）、你家庭的生活方式和休闲兴趣，以及孩子的活动。假设你的女儿有相当多的与你一起驾驶和独自驾驶的经验，并在驾驶和其他方面表现出了责任心，你可能会同意她在某个周五晚上或周六下午开车去打保龄球以及周日去教堂青年俱乐部参加聚会时使用汽车，前提是你在这些时候不需要用车。作为交换，你应该期望这位新司机分担一些一直以来属于你的责任，比如跑腿和接弟弟妹妹。这些规则可能有例外，但如果提前制定了规则，你就不太可能被各种请求轰炸，她也不太可能觉得你不公平地剥夺了她使用汽车的权利。

认真讨论安全驾驶也很重要。车祸是生活在美国和其他发达国家的青少年死亡的主要原因。[8] 在这些国家，青少年期通常是健康的时期。然而许多父母认为，一旦青少年拿到驾照，他们在孩子驾驶生涯中的角色就结束了。事实上，这恰恰是你的监督至关重要的时候，因为新上路的青少年司机在所有群体中撞车的风险最高。大多数青少年发生的车祸，包括致命车祸，并不像许多人认为的那样，是由饮酒或服用非法药物造成的，而是由于超速、鲁莽驾驶和注意力不集中造成的。大多数父母都会与他们刚刚成为新司机的孩子讨论酒后驾车的危险，但没有讨论其他一些同样重要的因素。

不要让你的孩子开车带其他青少年乘客，除非有丰富的驾驶经验。车内有其他青少年会大大增加发生车祸的风险，而且每增加一名青少年乘客，这种风险就会增加一级。

逐步增加驾驶时间，首先减少在不安全条件下的驾驶。例如，美国许多州限制新获得驾照的司机在夜间驾驶。你所在的州没有这样的限制，并不意味着你不能有自己的规则。在青少年获得驾照后的头几个月内，要劝阻他们在恶劣天气下驾驶。

不要让孩子在开车时使用手机或类似设备。关于开车时发短信的危险已经有了很多报道，但打电话，即使是免提，也会增加撞车的风险。一心二用对任何开车的人来说都是危险的。

树立一个好榜样。你家孩子是通过观察你开车的行为而学习自己如何开车的。系好安全带，小心驾驶，遵守道路规则，如果需要接电话或打电话，请靠边停车。这些行为都会增加你家孩子安全驾驶的概率。

明确驾驶是一种特权。即使你的孩子有自己的车，你也要管理好是否允许、何时允许以及在什么条件下允许她开车。向她解释，如果她不遵守你制定的规则，她将失去这一特权。

你和孩子还应该讨论谁来支付汽油、保险、停车罚单和其他汽车费用。同样，根据你的情况以及青少年的财务和活动情况，你可能会决定承担他高中时期的所有费用,或者要求他承担其中的一部分费用。无论你做什么决定,你家孩子都应该知道,当保险单上增加一个年轻司机时,保险费就会大幅上涨。如果青少年因交通违规而被罚款,保险费用将上涨得更多。让孩子明白安全驾驶重要性的一个方法是,指出如果他超速驾驶或发生事故,你可能负担不起他的保险费用。

拥有一辆属于自己的汽车是青少年的梦想,但这一梦想很少包括保险、维修和维护的成本。如果青少年已经把这些成本考虑到了她的梦想中,而且买得起车,也是一个安全的司机,那么你可以考虑允许她拥有一辆车。如果青少年真的需要一辆车(这将使她能够在附近的大学参加一个强化课程,参加每天的芭蕾舞课而不缺课,或者其他一些好的理由),你可以考虑帮他支付费用。但要小心那些说她需要一辆车去上班的青少年,因为她所有的收入都会花在车上(参见第十五章的"工作带来的影响")。还要注意那些在自己的青少年期梦想有一辆车的父母,现在却想在儿子身上实现这个梦想,给孩子一辆他原本负担不起的车。一辆车不会让一个负责任的青少年变得不负责任,但对一个不太成熟、还没有获得个人责任感和自律意识的人来说,汽车可能会带来麻烦。

空闲时间

青少年期是(或者应该是)探索自己的兴趣、发现自己的才能和发展自己能力的时期——不仅在学校,而且在艺术、音乐、舞蹈、体育、手工艺、阅读、收藏、计算机、自动机械和志愿者活动中(这个清单几乎无穷无尽)都是如此。青少年期中期的青少年处于独特的地位。与儿童不同的是,他们在智力和身体上都有能力最大限度地追求一种爱好或兴趣;与成年人不同的是,他们身上有相对较少的责任。大多数高中为他们提供了一系列的课外活动机会。

当父母认为青少年的兴趣微不足道或乏味时,当父母强迫青少年参加他们认为有价值的活动时,有关休闲活动的问题就会冒出来。聪明的父母对孩子发展中的兴趣保持谨慎,鼓励他们追求这些兴趣,给他们留出时间，提供学习资料和课程，并赞扬他们所取得的成绩，但不会指定这些兴趣应该是什么。事实上，校摔跤队、为校报写作、参与竞选或拥有自己的陶窑是你高中时代的亮点，但这并不意味着你的孩子会（或应该）和你一样热爱这些东西。青少年应该全面发展，因为他们对校外和社交之外的很多东西都有兴趣，但他们应该自己决定自己的兴趣。

第十四章
性行为与高中生

到18岁时,大约2/3的美国青少年会发生性行为,超过1/3的学生会在高中二年级结束前发生性行为。[①][1]

青少年对性的态度差异很大,一端是那些承诺在结婚前不发生性行为的人,另一端则是那些毫不犹豫地与刚认识的人发生性关系的人。[2]但大多数青少年都处于这两个极端之间。大多数人认为性行为应该伴随着某种情感承诺,很少有青少年认为"到处拈花惹草"挺好的。据称有大量青少年与他们几乎不认识的人发生过性关系,这得到了相当多的关注,但根据科学调查,这一现象被夸大了。虽然大约1/3的性活跃青少年与没有恋爱关系的人发生过性关系,但这些接触通常发生在青少年与熟悉的人之间,比如亲密的朋友或前伴侣。在这些"非浪漫"的接触中,有1/3的人希望友谊能转变为(或回归)恋爱关系。

这些事实对父母来说意味着什么?

首先,你不应该以昨天的标准来评判今天的青少年。在你上高中的时候,性活跃的青少年是例外,而不是常规现象。许多心理学家认为,早期性行为(18岁之前)是自卑、叛逆、心理问题和家庭问题的反映。

---

① 本章内容的研究主体是美国青少年,文中所涉及的情境也是在美国文化背景下展开的,但是该主题对中国青少年问题研究也有一定的借鉴意义,所以请读者在阅读时考虑其背景信息,不可直接硬搬到中国青少年身上,特此提醒。——编者注

但如今文化环境已经发生了变化。处于亲密关系的青少年完全符合很大一部分人的标准：大众认为性是亲密关系中正常健康的一部分，无论这对情侣是否已经结婚。今天，许多心理学家都认为，高中时期的性行为本身并不是引起恐慌的原因。可以肯定的是，一些青少年确实发生了性关系，以弥补自卑、逃避自身的问题，或者报复父母，但这并不意味着所有性活跃的青少年都是"坏孩子"或"有问题"的孩子。

其次，父母在年轻人性观念发展中的作用增加了，而不是减少了。青少年发生性行为的事实意味着，父母在性问题上保持沟通渠道的畅通比以往任何时候都更加重要。帮助青少年处理你自己所没有（或者直到20多岁才有）的经历，并接受青少年的价值观不是你自己的翻版并不容易，但很重要。

父母的角色

父母如何引导青少年养成健康的性态度和性行为呢？

- 面对事实。如果你认为你的孩子不会迫于压力而发生性行为，或者她永远不会愚蠢到惹上麻烦，那还是趁早转变这种想法吧。
- 帮助青少年预测发生性行为的内部和外部压力，并做出负责任的决定。
- 确保青少年知道如何保护自己（和伴侣）免受怀孕和性传播疾病的影响。
- 和青少年说清楚，如果他遇到麻烦，你会在他身边。一位母亲告诉她的女儿："无论你做什么，无论你认为这件事有多可怕，我都觉得你可以来和我谈谈。"为了表达清楚自己的意思，她补充道："即使你要杀人。"这就是父母的职责。

在与青少年讨论性选择时，请记住青少年是活在当下的。如果他们思考未来，通常用的是抽象的、假设的、理想化的措辞。从理智上讲，他们可能知道对方不是对的人，怀孕会产生各种问题，性传播疾病会导致不孕不育，但在情感上或者在最激情的时刻，他们可能会忘记这些。你肯定还记得第一次有异性关注你的时候，他（她）可能是你远远偷看的人，或者你从没想过这个人会对你感兴趣。突然间，你觉得自己很有吸引力，生活也有了新的意义，你欣喜若狂。你第一次接吻的时候，你以为自己会融化。在如此强烈的情绪中，你很难清醒地思考。如果你在青少年卷入一段认真的关系之前（比如，13岁或14岁时）与他们交谈，比等到他们的性行为迫在眉睫时再谈，你的话会更有影响力。

谈论性决定

在青少年期早期，年轻人关心从性的角度来讲自己是什么样的人，这些新的感觉和感受怎么来的，以及如何看待性。在青少年期中期，年轻人担心他们个人应该如何对待性，担心性在他们的生活中会扮演什么角色。

青少年不想被告知发生性行为是对还是错，这是他们希望自己做出的判断。当父母断言或要求青少年必须等到他们长大或结婚后才能有性行为时，青少年通常会得到一个错误的信息："我不能和父母谈论性这个话题。"

少数"自由主义"父母的放任态度也可能适得其反。一个15岁的女孩描述了她与母亲的对话，说明了适得其反的原因。[3]

> 她对我的经历很好奇，因为她知道我一直在和他约会，她一直说："听着，你需要避孕。"而我一直在不停地搪塞："不不不，我不需要避孕。"——非常沮丧，你知道的。比如，"妈妈，你以为我是什么？"（尽管她在失去童贞时确实告诉了母亲。）这真的很有意思，因为她刚刚度假回家。她说："那你做了什么？"我不想直说"嗯，

我男朋友在这里",所以我说了些类似的话。"好吧,我周末大部分时间都和我男朋友在一起。以及,妈妈,"我说,"我不是处女了。"她对此的反应是:"什么?"我说:"妈妈,我不是处女了。"她说:"哦,感觉好吗?你喜欢吗?"我说:"你就想说这些吗?"

这个年轻的女孩先是把她母亲的纵容当作一种指责,后来又当作漠不关心。

说教和放任之间有一个中间地带,也就是说,可以和孩子谈论如何做出正确的决定。

性行为的对错原因[4]

很少有青少年直接告诉父母他们正在考虑发生性行为,但他们可能会问一些间接的问题,比如,"你怎么知道自己谈恋爱了?""你如何分辨一段关系什么时候是真的?"没有人(甚至父母也不)能为别人回答这些问题。但是,父母和青少年可以谈论性行为的对错原因。

父母应该指出,性并不能建立或破坏一段关系。对一段关系的真正考验是,你们是否能彼此坦诚相待,是否喜欢一起做事;喜欢仅仅待在一起,这种关系是否能让你自我感觉良好(而不是嫉妒和缺乏安全感、受到限制和束缚,或者想要的太少或太多)。当然,用肢体表达爱意没有错,但你不需要通过发生性行为来表达爱意,甚至不需要用此来感受性方面的满足。如果性是维持一段关系的唯一方式,那么就不能称其为一段关系。

父母应该温和地暗示,恋爱也不是在一段关系中加入性的一个充分理由。大约 2/3 的青少年说他们曾经谈过恋爱,但在大多数情况下,这种爱要么是短暂的,要么是单方面的。

你的孩子可能会问,你怎么知道这是对的时间和对的人?如果一对情侣满足以下条件,他们可能已经准备好了:

- 确定他们没有互相利用;

- 能够坦率地谈论避孕和性传播疾病的预防措施，并愿意共同承担责任；
- 能够应对性行为带来的可能后果，包括怀孕和性传播疾病；
- 相互尊重和喜欢；
- 准备好做出对彼此的情感承诺。

一般规则应该是，当有疑问时，请等待。这适用于各种性活动，而不仅仅是发生性行为。

如何说"不"[5]

对十几岁的女孩来说，优雅地说"不"是一段关系中最困难的事情之一。女孩们经常说，她们发生性行为不是因为她们真的想，而是因为不知道如何拒绝。女孩可能担心说"不"会让她看起来不成熟和幼稚，或者会被视为在挑逗别人（尤其是如果她和男孩一直在调情）。她可能害怕伤害男孩的感情，这是一个比你能想象到的更频繁地发生性行为的原因。女孩也可能会受到朋友的压力而与别人发生性关系，因为她相信（或被告知）自己是唯一一个仍然是处女的人。

理想情况下，女孩只需要说："我还没有准备好。"但许多女孩缺乏坚持自己原则的信心。建立性自信的一种方法是强调自信和选择的自由。父母需要向孩子传达，他们对自己的身体做什么是自己的事，不是别人的事。尤其是女孩，她们需要知道，她们有权在任何时候以任何理由拒绝发生性行为，无论她们已经接了多少次吻、多少次被抚摸，无论她们以前是否发生过性行为，甚至（当她们长大后）与丈夫发生性关系时也是如此。选择权在她们自己手中。在强调选择自由的同时，父母承认青少年可能会选择同意。如果他们被视为足够成熟，能够做出自己的决定，青少年更有可能做出负责任的决定，并与父母或其他成年人讨论这些决定。

另一种建立性自信的方法是谈论自尊。很多父母曾经告诉过自己的女儿，如果她们拒绝，男孩会更加尊重她们。这在当时可能是准确的，但也暗示了女孩应该根据男孩的意见来做自己的性决定，女孩的角色是取悦男孩，哪怕这意味着短期内会让男孩"沮丧"。真正的问题不是男孩会怎么想，而是自尊和第二天早上她的感受。那些认为自己唯一的吸引力是性感的女孩，或者只有当有稳定的男朋友时才会自我感觉良好的女孩，尤其容易被利用。

发生性行为是跨出了一大步，这一步可以带来快乐和温柔，也可以带来失望、焦虑和内疚。性不应该是随随便便的事情。

一些青少年发现，制定一条关于何时可以发生性行为的具体规则有助于他们说"不"（例如，"我必须是高年级学生，并与同一个人约会至少一年。"），并减少他们的焦虑。虽然我不认为你为孩子制定这样的规则是个好主意，但鼓励她自己制定合理的规则没有错。

不仅仅是女孩

应对同龄人的压力不仅仅是女孩的问题，有些男孩也会因为女朋友而感到性压力，但大多数男孩确实感受到了来自男性朋友的压力，比如，"昨晚过得怎么样？""她对你好吗？""你和萨拉做爱了吗？""你有过性行为吗？""你不会没发生过性关系吧？"友好的玩笑还好，但不断的调侃会让一个还没有性经历的男孩怀疑自己是不是有问题。一个男孩可能会让他的朋友认为他和一个女孩已经发展到很深入的程度，尽管事实并非如此，后来他会因为损害了女孩的声誉而感到内疚。调查发现，大多数十几岁的男孩对自己的性经历会撒一点儿谎（即使只是隐瞒自己没做过的事情），然而他们相信他们的朋友说的是实话！男孩和女孩都需要知道，为了取悦别人（这里指他们的朋友）而发生性行为不会让他们自我感觉良好。

约会时的性侵害[6]

许多十几岁的男孩在女孩准备好之前就努力说服她发生性行为。有些人不仅仅是说说。他们可能认为：强迫约会并不是"真正的"性侵害，因为女孩已经同意和他们一起出去，并允许亲热；与一个男孩发生过性关系的女孩愿意（或应该）与所有男孩发生性关系；男孩应该要求发生性关系，而女孩期望甚至享受性生活（古老的谣言是，当女性说"不"时，她们实际上是想说同意）。之后，他们告诉自己："她和我一样想要（发生性关系）。"听到他们的所作所为被贴上"性侵害"的标签，大多数人都会感到惊讶，但事实确实如此。研究表明，大约10%的年轻女性在18岁之前发生了违背自己意愿的性行为，这还不包括大量自愿却不想发生性关系的女性。

年轻女孩特别容易受到这种形式的利用和攻击。她们可能认为自己恋爱了，认为性是维持关系的唯一途径；她们太缺乏经验，无法识别男孩何时从诱惑越界到了胁迫；她们认为是自己带来的这种侵犯。有些人更害怕父母对她们陷入困境的反应，而不是害怕屈服，当她们违反规则时尤其如此，例如，与父母禁止她们见面的大男孩外出，或者在父母不在时邀请男孩到家里做客。

男孩的父母需要给孩子一个明确的信息，即无论对哪个女孩，无论什么情况，强迫或利用都是不可原谅的。性不是你给予或索取的东西，而是两个人自愿分享的东西。

女孩首先需要知道，一段关系中可能会发生性侵害，男孩可能会忘乎所以，尤其是当他们情绪高涨或喝了酒时。

其次，女孩在卷入一段关系之前，需要确定自己的禁区是什么，相信自己的感受，说出自己的感受。当某个男孩坐或站着时比她所能接受的距离更靠近她；当某个男孩把她逼入大厅的一个角落里或"友好"地搂着她的肩膀，让她感到不舒服时，她应该说出来，即使这可能显得不礼貌。当一个男孩提出开车送她回家，然后走了一条她不知道的路线时，她应该询问他要去哪里。当他建议两个人去一个偏僻的海滩散步，而她同意时，她应该确保他知道，一起散步并不意味着她愿意乱来。在这些情况下保持沉默，可能会让男孩觉得她欣然接受他的示好，或者她害怕保护自己。

最后，女孩需要采取预防措施。和一个她不太熟悉的男孩或一个一直在给她施压的男孩一起去一个僻静的地方，包括她自己的家（没有成人在时），不是一个好主意。如果她认为自己可能是在胡思乱想，她应该格外小心，不要说或做一些可能被男孩理解为勾引的事情。如果一个男孩举止太过分，她应该委婉但毫不含糊地让他停下来："听着，我很喜欢你，但如果你不停下来，我会立即离开。"如果他不停下来，她应该立即离开。如果她不能逃脱，她可以说："你最好现在停下来。我告诉我所有的朋友我和你出来了，如果你伤害了我，你会有大麻烦的。"

如果一个女孩已经被她认识的人或陌生人侵犯了，又觉得自己无法和父母说，她应该告诉她所信任的另一个成年人（亲戚、牧师或医生），或者拨打相关热线电话。这样的电话是保密的，接听电话的人受过培训，可以帮助她处理约会时被侵犯的情感和身体创伤。

如何与青少年谈论避孕[7]

几乎所有的青少年都认为怀孕是一场灾难，然而很少有人有规律地采取避孕措施。在近期一项针对美国青少年的调查中，40%的人表示他们上一次发生性关系时没有使用避孕套。其他调查发现，处于持续恋爱关系中的青少年，只有40%的人会有规律地采取避孕措施，大约20%的人从不采取避孕措施，大约1/3的青少年第一次去计划生育诊所是因为她们怀疑自己怀孕了。

为什么青少年会赌一把

以下是青少年不采取避孕措施的最常见原因。

计划不周。大多数青少年没有规律的性行为，哪怕只是因为他们很难找到私密空间。所谓性活跃的青少年一年中可能也是偶尔有性行为，比如一年三四次。因此，当出现这种罕见的机会时，他们可能没有做好准备，或者他们可能认为自己不需要避孕，因为他们性生活的频率不高。

使用避孕套或服用避孕药需要提前计划。青少年的性行为往往是无计划的，青少年是众所周知的目光短浅。他们可能会发现自己对性生活毫无准备，但无法（或不愿）停止这个冒险行为。

缺乏途径。许多青少年（错误地）认为避孕产品价格昂贵，难以获得，或未经父母许可无法获得。即使是在不认识他们的药店或者承诺保密的诊所里，有些人也不好意思问。

个人神话。[8]虽然他们知道其他女孩会怀孕，但大多数青少年相信"这不可能发生在我身上"。这种神奇的想法在青少年期很常见（参见第七章），尤其是在性方面。

矛盾和内疚。许多青少年对自己的性行为感到矛盾和内疚，并通过否认来消除这些感受。承认自己性活跃而采取避孕措施，意味着他们对自己的形象要做出重大调整。因此，他们将自己的第一次性经历（或者多次性经历）合理化为一次意外、一次试验或一种一时冲突或软弱的表现。否认，使青少年能够保持性纯真的幻想。此外，这也意味着，让青少年对性感到内疚的父母可能会在不知不觉中导致他们不采取避孕措施。做出守贞承诺的青少年在违背承诺发生性行为时，不太可能采取避孕措施。

无知和错误信息。关于怀孕和避孕的谬论比比皆是。一些青少年认为，如果是第一次发生性关系，如果是站着做爱，如果不接吻，如果在做爱时穿着高跟鞋，就不会怀孕（这些想法是密歇根州的高中生提出来的）。有些人甚至认为，如果自己不想怀孕，就不会怀孕！关于避孕的谣言也很常见，比如，发生性关系后泡澡可以防止怀孕，避孕套不可靠，避孕药会导致癌症，等等。大多数青少年不知道在月经周期的什么时候最容易怀孕，许多人对避孕药具有的副作用有着毫无根据的担心。

对性的干扰。青少年通常认为避孕会干扰性的快感和自然性。停下来戴上避孕套（尤其是当你不确定如何使用避孕套时），或者找借口添加隔绝阴道的这一层薄膜，会破坏这一刻的魔力。一些成年人也有这种感觉，但青少年尤其容易觉得避孕很尴尬，部分原因是缺乏经验，部分原因在于他们不想认为自己已经做好了发生性关系的准备，还有部分原因则是青少年的性行为往往是心血来潮的。

害怕被发现。大多数青少年担心，如果他们去取避孕套、避孕药或其他避孕药具，他们的父母会发现。被发现的直接、具体的风险可能超过了看似遥远和抽象的怀孕风险。这种恐惧不仅发生在被禁止发生性关系的青少年身上，还影响那些被告知选择权属于他们自己的青少年。如果父母知道了，性纯真的神话几乎就不可能维持了。

（不）负责任的双重标准。青少年发现很难与伴侣就性责任进行沟通，尤其是在他们最初几次发生性行为的时候。他们以前从未遇到过这种情况，他们应该说什么？避孕药的普及使许多男孩相信女孩会（或应该）承担避孕的责任。毕竟，她是可能会怀孕的那个人。女孩可能会觉得，如果她有准备，男孩会认为她"很随便"；如果男孩有准备，女孩可能会感到被冒犯（"他期待发生性关系。"）。结果是一场保持沉默的密约：两人都不谈论这件事，继续进行无保护措施的性行为。

鉴于这些原因，年龄大一点的性活跃青少年比年龄小一点的青少年更有可能避孕，也就不足为奇了。年龄大一点的青少年可能更自信、更坚定、更有相关知识，这些都是鼓励青少年等待的好理由。

如何与青少年谈论避孕

男孩们经常报告说，他们的父母对避孕所说的一切从来都是"小心"。虽然这不是一个坏建议，但还不够，男孩们需要知道如何小心。女孩们有时会说，她们的母亲告诉她们："如果你发生了性关系，告诉我，我们会马上预约医生。"即使女孩确实在发生性行为后的第二天早上告诉了她的母亲（调查显示，这不太可能发生），也可能为时已晚。

父母的犹豫是可以理解的。与青少年谈论避孕可能听起来像是纵容甚至鼓励他们的性活跃。但我要重申，没有证据表明任何形式的性教育会增加性行为，却有大量证据表明它会减少不负责任的性行为。

父母怎么能说他们不赞成婚前性行为或青少年性行为，但他们确实希望青少年采取避孕措施？这不是在传递矛盾的信息吗？一点儿也不，因为你是在说，你认为孩子的幸福比服从或认可你的价值观更重要。最简单的方法就是直截了当。

- "你知道我对你现在开始性生活的感受，所以我和你谈论避孕可能听起来很滑稽，但总有一天你会需要准备好，到时候我希望你能掌握所需要的信息。"
- "你知道，我认为你还太年轻，不应该让性把生活复杂化了。但如果你已经做好决定或者你已经准备好了，我希望你负起责任。以下是你应该知道的。"
- "我和你妈妈都认为你已经足够成熟，可以在性方面做出自己的决定。但我们想知道你对避孕了解多少，以及你是否还有其他问题。"

你越早和孩子开始谈论避孕，你的孩子就越不可能把你说的话视为侵犯隐私或指责。12岁或13岁还不算太早，17岁或18岁可能为时已晚。

青少年应该知道什么

当你和你的孩子谈论避孕时，你需要传递的主要信息应该有：

怀孕总是有可能的。不要认为因为你年轻，不经常发生性行为，或者因为其他一些谣言（这对父母来说很可笑，但对无知的青少年来说却并不可笑），你就不会怀孕。你会的。青少年正处在接近生育高峰的年龄，此时女孩最容易怀孕，男孩最容易让女孩怀孕。不要太相信家庭补救措施（比如用可乐冲洗或用保鲜膜临时制作一个避孕套）。不要指望中途突然停止性行为或找排卵规律的办法。中途突然停止性行为是有风险的，因为润滑男孩阴茎以使其滑入阴道的液体通常含有一些精子，而女孩怀孕只需要一个精子。找排卵规律的方法也是一种赌博，因为十几岁女孩的月经往往不规律，因此无法以一个特定周期来预测她何时排卵。女孩知道自己是否排卵的唯一方法是每天测量体温，但轻微的感冒就会打乱这张体温表。

可靠的青少年避孕方法包括避孕套（最好与其他方法结合使用，如杀精子剂或阴道隔膜）和口服避孕药。但避免怀孕的唯一可靠方法是避免发生性行为。父母应该指出，这并不意味着要放弃性亲密，只是放弃深入的性行为。

怀孕的风险和不便远大于使用避孕产品的风险和不便。你的孩子可能听说过避孕药会导致癌症、不孕或新生儿畸形。所有这些信息都是错误的。虽然任何药物都可能有副作用，但避孕药的风险很小，尤其是对年轻女性来说。如果你属于少数不应该使用避孕药的人，医生会告诉你这一点。其他形式的避孕风险是极小的。怀孕期间可能出现的并发症远大于所有这些风险的总和。

使用避孕药具不会干扰性快感，在大多数情况下，你甚至感觉不到它们。没有准备要孩子或再要一个孩子的已婚夫妇通常会发现，当他们使用可靠的避孕措施时，性生活会得到改善，因为他们更放松。

你可能会不好意思问你的男朋友是否有避孕套，或者你的女朋友是否服用了避孕药。但是想想看，如果你不得不告诉你的男朋友你怀孕了，或者得知你说服女朋友不采取避孕措施而发生性关系导致她怀孕了，你会不会更尴尬？那时你要说什么呢？现在的一点勇气可以防止你将来的痛苦和心碎。

你的朋友或伴侣可能会说，在没有保护措施的情况下发生性行为是"男子汉气概"或"真爱"的象征。这都是无稽之谈。记住，如果赌输了，不得不承受后果的那个人就是你。

男女双方都有责任避孕。永远不要以为你的伴侣会处理好一切。（对女孩而言）男孩可能会被情绪冲昏头脑，认为你正在服用避孕药或使用其他方法，或者对避孕有误解。保护自己，取决于你自己。（对男孩而言）你和女孩一样有避孕的责任：如果她怀孕了，那也是你的问题。女孩甚至比男孩更不好意思购买避孕药具。避孕药对你来说可能很好，但你不必去诊所做检查，记得每天吃一粒，也不必担心你的父母会发现它们。能够保护你的伴侣和你自己的只有你。（对两性而言）防止怀孕的最好办法是避免性行为，其次是你们双方都采取避孕措施（比如使用避孕套和杀精子剂）。如果你们双方不能谈论避孕的问题，你就还没有做好性生活的准备。

男孩应始终使用避孕套。避孕套不仅可以防止怀孕，还可以防止性传播疾病的传染（如本章稍后所述）。许多十几岁的女孩不愿意让她们的男朋友使用避孕套，因为她们认为男孩不喜欢避孕套。事实上，调查显示，男孩对避孕套的态度比女孩更积极。

当你需要避孕药具时，以下是获得的方法。许多避孕药具在药店有售，它们不是很贵，也没有关于未成年人购买它们的法律——你不必证明自己是 16 岁还是 18 岁，而且使用避孕药具很容易（只需阅读说明书）。如果年轻人要求避孕，计划生育和其他健康诊所不需要通知父母。在这些诊所工作的成年人都很关心青少年的健康，并会尊重你的意愿。大多数机构只收取少量费用，如果你无力支付，则不会收取任何费用。

如果一对情侣在发生性行为前忘记使用避孕药具或认为他们使用的避孕药具可能失败，药店也会出售适用于此的紧急避孕药。即使是最谨慎的人也可能发现自己处于不安全的性行为中，比如，避孕套坏了或者滑脱了，女孩在那天早上忘了吃避孕药，等等。17 岁及以上的青少年可以在没有处方的情况下购买所谓的事后避孕药（一种新的紧急避孕药在美国境外上市已有一段时间，最近已获准在美国销售，但该药物是处方药）。17 岁以下的青少年也可以购买紧急避孕药，但只能凭处方。如果一个青少年性活跃但不想怀孕，她应该向医生索要紧急避孕的处方，按处方服药，并随身携带药物，这样她就不必在发生不安全性行为时浪费任何时间。虽然事后避孕药在发生性行为后 3 天内服用有效，但其有效性会随着时间的推移而下降，所以在无保护措施的性行为发生后尽快服用是最有效的。某些种类的常规避孕药也可以用于在无保护措施的性行为发生后预防怀孕，但并非所有避孕药都有此功效，性行为发生后使用的推荐剂量可能与日常使用的剂量不同。网站 http://ec.princeton.edu/questions/dose.html#dose 上列出了有效的药物和适当的剂量。紧急避孕药的价格因购买地点不同而差别很大。一般来说，计划生育诊所提供的比私人医疗保健服务商和药店便宜。

紧急避孕药是在紧急情况下使用的。即使在发生性行为后立即服用，它也不是百分之百有效的，而且它只能预防怀孕，不能预防性传播疾病，所以它不应该被用作更有效方法的替代品。紧急避孕药是完全安全的，但如果经常使用，会导致月经周期不规律。一些女性在服用紧急避孕药后会感到恶心，并发现在服用紧急避孕药前一小时服用抗恶心药物或在饱腹状态下服用避孕药会有所帮助。由于一些人在道德上反对使用紧急避孕药，美国一些地区的青少年可能会发现很难获得处方或购买到药物。如果是这样，计划生育组织或当地的计划生育诊所可以提供帮助。

获得避孕服务

缺乏避孕服务是青少年不避孕的主要原因之一。你选择如何处理这个问题取决于你的价值观、态度和做事风格。一些父母在孩子十四五岁或开始认真约会时，会预约医生或计划生育诊所。为了做到这一点，同时又不显得支持青少年性行为或指责青少年性活跃，父母可能会说："你长大了，是时候学习一些避孕知识了。我认为医生能比我更好地解释这些事。"一些父母会亲自与孩子交谈，然后把一盒避孕套或化学避孕药（阴道泡沫或栓剂）放在孩子容易发现的地方，如果他们有需要就可以"借"来一用。如果父母觉得这两种策略都过于超前，他们可以简单地说："我希望你可以自由地与你的医生（或我们的家庭医生）讨论你想要谈的任何事情。我已经告诉她，无论你与她讨论什么，都是你们两个人之间的事。"

当大多数父母发现他们的孩子正在采取避孕措施时，他们会觉得很有意思。性行为是一个迹象，表明年轻人不再是孩子了，他或她将在不久的将来离开家，开始独立的生活和组建新的家庭。一些父母在发现这一点时会感到悲伤，有些人甚至会生气。我希望，无论你的价值观和态度如何，你都应感到高兴（或者至少松一口气），因为你知道你孩子的行为是负责任的。如果你没有发现孩子采取避孕措施，请继续往下读。怀孕的威胁并不是使用避孕药具的唯一原因。

每个青少年都应知道的性传播疾病

每个人都听说过生殖器疱疹和艾滋病的危险,但你知道吗,美国疾病控制与预防中心估计有数百万美国人患有淋病。衣原体的流行率是淋病的两到三倍,影响多达 35% 的性活跃青少年。人乳头瘤病毒(HPV)感染占所有青少年性传播疾病病例的一半,1/4 的美国青少年患有性病。[9]

我不是想吓唬父母或青少年,但事实就是事实。如今,性传播疾病的发病率比这些父母年轻时高得多,而且疾病本身也发生了变化。许多人没有表现出任何症状。一个人可能不知道自己患有性病,并将其传播给他人,直到几年后并发症(尤其是不孕不育)出现时才会发现。

因为他们经常不愿意(对自己和他人)承认自己性活跃,因为他们发现谈论性难以启齿(即使他们有性行为),因为他们经常觉得自己是无坚不摧的(还是一个个人神话),因为青少年期女孩的阴道和宫颈实际上对传染病的抵抗力较弱,所以青少年特别容易感染性传播疾病。谈论性传播疾病和谈论避孕同样重要。父母应该坚定("你必须保护自己。"),但也要打消孩子的疑虑("你可以保护你自己。")。

每个青少年都应该知道的事情

任何性活跃的人都可能感染性病。那些来自贫困或问题家庭的青少年,那些露宿街头或与"坏孩子"混在一起的青少年,并不是唯一面临风险的人群。就像感冒或流感一样,性传播疾病可以袭击任何有性行为的人。在美国社会中,青少年比任何其他年龄段的人都更容易接触性传播疾病,所以现在青少年保护自己是至关重要的。

性传播疾病最常见的传播方式是通过性交。性行为本身不会导致性传播疾病,但致病性微生物可以。这些特殊的微生物生活在人类生殖道中,并通过性交时长时间的皮肤接触从一个人传给另一个人。某些类型的疾病(尤其是淋病)也可能通过口交感染。但没有证据表明接吻或抚摸会感染性传播疾病。

艾滋病并不是唯一危险的性传播疾病。艾滋病可能是最可怕也最广为人知的性传播疾病（下文有关于艾滋病和人类免疫缺陷病毒的详细介绍），但它并不是唯一严重的性传播疾病。梅毒的流行率多年来一直呈下降趋势，但在20世纪80年代中期开始在青少年中迅速上升。若不治疗，梅毒会对心脏和中枢神经系统造成严重损害。在女孩中，未经治疗的淋病和衣原体感染会导致盆腔炎性疾病（PTD，一种从阴道或宫颈通过子宫波及输卵管，有时还会波及卵巢的感染）。盆腔炎性疾病本身很危险，也可能导致不孕。许多类型的人乳头瘤病毒感染（HPV 感染最常见的症状是生殖器疣）都与宫颈癌有关。在男孩中，未经治疗的淋病和衣原体感染会导致排尿问题、勃起困难和不育。情侣并不是唯一受到影响的人。如果患有性传播疾病的妇女怀孕，她可能会流产或死产，她的孩子出生时还可能出现严重感染甚至失明。例如，疱疹病毒对新生儿的威胁尤其大。

许多性传播疾病没有明显的症状。在某些情况下，患病者可能只是在排尿时有轻微的不适，生殖器部位有轻微的瘙痒，或者隔几天就会有分泌物排出。青少年要知道一个非常重要的事实，这些症状消失并不意味着疾病已经治愈。性传播疾病不像感冒或流感，即使你感觉不到它们的影响，它们也会留在你的身体里。摆脱性传播疾病的唯一方法就是接受治疗。在许多情况下，性传播疾病没有任何症状。（此外，这意味着青少年在发生性行为时可能不知道自己被感染了。）这是一件很清楚的事情：预防相对于治疗，有事半功倍的效果。

除了独身和"一夫一妻制"（只与一个伴侣发生性关系，该伴侣也没有与其他任何人发生性关系），**预防性传播疾病的最佳保护措施是使用避孕套**。一些针对女性的避孕药具提供了部分保护，但还不够。情侣在发生性行为时应该常规使用避孕套。发生性行为后排尿并用肥皂和水清洗生殖器部位也可以降低感染的风险。发生性行为后起床上厕所可能不是很浪漫，但你要知道，性传播疾病也不浪漫。

> **性传播疾病的症状**
>
> 出现以下任何症状的青少年不应发生性行为，而应立即去看医生：
> - 排尿时疼痛，有灼热感，或尿液颜色较深；
> - 阴道或阴茎排出分泌物时发痒，有烧灼感或有强烈的气味；
> - 生殖器部位疼痛、发红、持续瘙痒或有持续丘疹；
> - 持续咽痛。

当一个人患有性传播疾病时，其伴侣也可能患病。在许多情况下，性传播疾病只有在双方都得到治疗的情况下才能被治愈。不告诉你的伴侣不仅是错误的，而且如果你再次与其发生性关系，你还会再次感染（或者其他人会感染）。

性传播疾病的治疗是免费和保密的。不需要家长的同意和通知。如果青少年对去看私人医生感到不舒服，美国疾病控制与预防中心有一个保密网站（www.hivtest.org），将引导人们到附近的检测机构或诊所。

如果及时发现，几乎所有的性传播疾病都可以轻松无痛地被治愈（艾滋病、人乳头瘤病毒感染和生殖器疱疹除外）。治疗大多数性传播疾病并不比治疗支气管炎更困难，在大多数情况下，医生会开抗生素。如果遵医嘱，你就不用担心了。未经治疗的性传播疾病的并发症更难治疗，比如盆腔炎性疾病可能需要住院治疗和手术。考虑到性传播疾病患者可能没有任何症状，性活跃的青少年应该向医生咨询每年一次的检查。

如今，青少年中最常见的性传播疾病是衣原体感染、淋病、生殖器疱疹和人乳头瘤病毒。如果你的孩子或孩子的性伴侣报告有任何异常分泌物、小便疼痛以及生殖器溃疡或水疱，都应立即咨询医生。

艾滋病和人类免疫缺陷病毒

1990年以前，青少年中报告的艾滋病病例相对较少；然而今天，青少年在艾滋病新发病例中占很大比例。更令人担忧的是感染人类免疫缺陷病毒的青少年人数，因为这种病毒会导致艾滋病。20多岁死于艾滋病的人通常在十几岁时就感染了这种病毒，异性恋群体中的艾滋病病例数量正在上升。以下是青少年应该知道的。

艾滋病不是一种同性恋疾病。据报道，美国第一批艾滋病病例发生在同性恋群体中，有一段时间，大多数病例确实发生在同性恋群体中。然而，如今，异性恋群体的感染率高于同性恋群体。

性交，包括异性性交，是人类免疫缺陷病毒传播的主要途径。研究清楚地表明，和通过肛交传播一样，人类免疫缺陷病毒也可以通过阴道性交从男性传染给女性或从女性传染给男性。口交也有可能（尽管可能性不大）传播该病毒。

人类免疫缺陷病毒也会通过针头和注射器传播。这说明不仅是静脉注射，文身和身体穿刺也可能感染，如果针头或注射器以前曾用于该病毒感染者。

迄今为止还没有治愈艾滋病的方法。美国疾病控制与预防中心估计，25% 的人类免疫缺陷病毒携带者将在 5 年内出现症状。目前尚不清楚有多少其他该病毒携带者会在后期患上艾滋病或相关疾病。医学科学家在寻找有效药物方面取得了巨大进展，但目前仍没有治愈艾滋病患者的方法，也没有预防该病毒感染的疫苗。

防治艾滋病的唯一真正保护措施是禁欲。

预防艾滋病的第二大保护措施是使用避孕套。然而，由于该病毒可能存在于男性射精前的分泌物或女性阴道分泌物中，因此应在整个性行为中使用避孕套（而不仅仅是在射精前）。但是避孕套可能会破裂或滑脱。已经有这样的记录在案：虽然男子一直在使用避孕套，但艾滋病仍然传播了。

了解你的伴侣。在聚会或酒吧里与刚认识的人发生性关系，可能会危害你的健康。如果你不认识这个人，或者你的确认识这个人，但询问他或她的性史觉得很尴尬，那就不要冒这个险。

性伴侣越多，风险越大。这是一个简单的统计问题。与那些在安定下来开始一夫一妻制之前只有一个或两个伴侣的人相比,到处拈花惹草的人感染人类免疫缺陷病毒的可能性更大。

人类免疫缺陷病毒感染的两个主要来源是共用针头和与使用静脉注射毒品的人发生性关系。

共同面对怀孕[10]

每年约有 75 万名美国少女怀孕。这个问题并不局限于贫穷的市内青年。1/3 的美国年轻女性在 20 岁之前经历过怀孕。[11]大约有一半的情况,怀孕发生在性行为开始后的 6 个月内。意外怀孕会产生连锁反应。女孩与男朋友的关系几乎不可避免地会发生变化;在大多数情况下,他们会分手。女孩与父母的关系也可能发生变化,尤其是如果在她怀孕之前,父母并不知道她处于性活跃状态。

如今,怀孕的青少年有许多选择,这些选择在前几代人中并不容易获得或被接受。如今,在美国几乎任何地方,女孩都可以安全、合法地堕胎,但各州青少年堕胎的难度差异很大(在一些州,寻求堕胎的青少年必须通知父母;在某些州,她们必须得到父母的许可)。单身母亲已经不再会遭遇很多社会羞辱。所有年龄段和社会阶层的女性(不仅仅是名人)都可以公开在不嫁人的情况下生孩子,而几乎没有人称她们的孩子为"私生子"。最后,寻求收养孩子的不孕不育夫妇的数量也在大幅增长。由于这些文化上的变化,青少年怀孕没有现成的解决方案。

考虑到统计数据以及社会和情感影响,即使没有直接的办法,怀孕也是你和你的孩子应该谈论的事情。

"我怀孕了吗?"

在刚来月经的前两年,少女跳过月经期的情况并不罕见(参见第五章),许多少女在没有怀孕时却担心自己怀孕了。但同样有许多人否认这种可能性。她们可能不知道什么时候该来月经，或者根本没有意识到出现了怀孕的早期症状，比如乳房压痛、尿频和疲劳，或者她们可能认为这不可能发生在自己身上。

提早获取知识很重要。如果青少年决定生下孩子，她需要尽快开始产前护理。青少年在怀孕和分娩期间会比成年女性出现更多并发症的原因之一是她们推迟了去看产科医生，也没有妥善照顾自己。如果青少年决定不生孩子，那么在孕早期进行堕胎会更简单、更安全、更便宜。

如果青少年认为自己的月经晚了一周，并且在上一次月经开始后发生了性行为，她应该尽快去看医生或去计划生育诊所，哪怕她已经采取了避孕措施，但没有哪个避孕措施是百分之百有效的。简单的血液或尿液检测就可以告诉受过培训的技术人员在月经结束后几天内判断女孩是否怀孕。这些检测是保密的，法律不要求诊所在她怀孕时通知她的父母。虽然今天的非处方验孕方式通常是可靠的，但我不建议青少年使用它们。对努力怀孕的已婚夫妇来说，使用药店的验孕方式来检查好消息是一回事，认为自己怀孕的青少年则需要医疗和避孕咨询。

如果父母怀疑他们的女儿怀孕了，也适用于同样的建议：不要等她说出来，要主动问她，告诉她为什么知道这些方法对她来说很重要。

父母的角色

当青少年得知自己怀孕时，她们的第一反应是"我该怎么告诉我的父母？"计划生育顾问建议怀孕的青少年与父母交谈，无论有多么困难和痛苦。他们警告女孩，要预料到父母会非常沮丧和愤怒，但建议一旦父母平息了他们的怒气，他们就会想办法帮助她们。

愤怒只是父母得知女儿怀孕后的情绪之一。正义感（"我警告过你……"）、背叛感（"你怎么能这样对我？"）、内疚感（"我们哪里出了问题？"）和恐惧感（"我的小女儿将会发生什么？"）也很常见。一些家长很快会恢复平静，但另一些家长则需要时间来接受这个坏消息。如果你非常沮丧，等你冷静下来再和女儿谈谈她下一步打算做什么。不断地提醒自己、责怪她（或她的男朋友，或你自己）并不能解决问题。如果你觉得怀孕正在撕裂这个家庭，如果你在和你的女儿或配偶争吵，而不是处理这个问题，我强烈建议你进行家庭咨询。

父母在青少年怀孕中的作用应该是支持性的。你可能对你女儿应该做什么有明确的想法，但这个决定权必须属于她。当女孩被迫做出决定时，她们与父母的关系可能会受到永久性的损害。在心理上（如果不是身体上）被迫去堕胎或将婴儿交给他人收养的女孩往往很快会再次怀孕，以"取代"从她们身边夺走的那个婴儿（和决定）。你的角色是帮助女儿仔细考虑她的选择，这样她才能为自己做出正确的决定。

一位30多岁的妇女深情地回忆起母亲的回答：

> 有一次在高中的时候，我以为自己怀孕了。当我母亲无意中听到我和一个朋友通电话时，她发现了我的困境。
>
> 她的第一反应是带我去做孕检。在路上，她和我讨论了如果我怀孕，就不用离家很远去上大学，例如，我可以去离家更近的大学。那天下午上班时，我收到了一束花，附带的卡片上简单地写着"我爱你"，落款是"妈妈"。
>
> 虽然我知道她非常失望，但没有说过任何批评的话。她的谈话既务实又富有同情心。
>
> 我永远不会忘记这件事。我想试着同样去理解、爱和原谅我自己的孩子。[12]

这位女性最后没有怀孕，但其他女孩就没那么幸运了。

青少年的决定

青少年怀孕没有简单的解决办法。女孩有三个基本的选择：她可以决定留下孩子，把孩子交给别人收养，或者堕胎。一些青少年（及其父母）可能认为堕胎是唯一现实的选择，另一些人可能认为在任何情况下堕胎都是不可接受的。这些都是价值判断，我不会冒昧地告诉你或你的孩子哪个决定是正确的，但我可以向你提供关于这三种选择的后果的最佳信息。

你的女儿可能更容易与一位牧师、一位值得信赖的亲戚或一位对她的决定没有情感利益相关性的家庭顾问一起理清自己的感受。关于以上三个选择的利与弊，有一个很好的信息来源，它就是美国计划生育协会网站（www.plannedparenthood.org）。这个领域的大多数研究都会关注怀孕的女孩。在所有情况中，最好的可能性是男孩在决策中扮演着同等的角色。在本节结束时，我将探讨男孩的感受和角色。

成为一名未成年母亲的决定有着深远的影响。为人父母是一个 20 年或更长时间的承诺，很少有青少年会想到怀孕后的遥远未来。如果一个女孩认为她想成为一个母亲，父母应该鼓励她思考为什么。十几岁的女孩往往对做母亲有不切实际的想法。她们的脑海中可能充满各种景象：怀抱着一个可爱、快乐的婴儿，沐浴在亲戚们的赞叹声中，最终得到父母的认可，成为成年人，有了自己的家，也许还嫁给了孩子的父亲。很少有人会想到深夜喂奶、换尿布、出牙期或"可怕的 2 岁"这些难题。在他们看来，做母亲与独立和成熟有关，而不是与婴儿的依赖和不成熟有关。怀孕的青少年也并不总会考虑生孩子会对她们生活的其他方面产生什么影响。研究表明，早育通常（但并非一定）会影响教育、工作和收入。[13]

计划生育提出了许多方法，父母可以帮助十几岁的女孩形成一个更现实的单身母亲生活图景。当女孩说她们想成为母亲时，通常是出于以下原因之一：[14]

- 被视为成年人（婴儿是母亲成熟的象征）；
- 有人可以爱，也会被爱（把婴儿当成玩具或宠物）；
- 赢得对母亲和婴儿的关注，即使是来自陌生人的关注（带婴儿的母亲是一种身份）；
- 脱离家庭（婴儿是独立的旗帜）；

- 赢得男朋友的承诺（把婴儿当作诱饵）；
- 为了弥补她因怀孕而感到的内疚（把婴儿作为回报）。

如果你的女儿意识到了这些感受，请她考虑有没有其他方式可以满足她的需求。（她如何用其他方式证明自己是个成年人，变得更独立，留住她的男朋友？）建议她考虑一下有孩子和没孩子的她在不久的未来会是什么样子。她可能会写出这两种情景。当她的朋友忙于准备舞会，而她却被困在家里时，她会有什么感觉？当朋友们离家上大学呢？鼓励她去当地一个未成年母亲项目，并与做出这一选择的其他青少年交流。

抚养孩子

如果在理清自己的感受后，她决定留下和抚养这个孩子，那么她应该采取以下措施来最大限度地减少过早成为母亲的破坏性后果。

留在学校。一个十几岁的母亲能为自己和孩子做的最好的事情就是完成高中学业，如果可能，那就继续上大学。没有文凭，建立稳定家庭生活的机会就会非常渺茫。辍学的惩罚可能是失业和余生只能得到最低工资。怀孕的青少年和十几岁的母亲有接受高中教育的合法权利。美国许多学区为这些女孩制订了特殊计划，包括婴儿日托。

努力设计一种既能提供社会支持又能提供经济支持的生活安排。对一些年轻的母亲来说，这可能意味着在她们完成学业时要与父母住在一起。但并不是所有人都适合待在家里，如果青少年和父母在抚养孩子的问题上发生冲突，可能会产生负面影响。在一些多代同堂的家庭中，"这是谁的孩子？"这个问题并不容易解决。在某些情况下，这个十几岁的母亲希望她的母亲来照管孩子，实际上她放弃了作为婴儿母亲的角色。在一些情况下，年轻的母亲和这个母亲的母亲都会自觉地照管这个孩子，理由是她的母亲比她更了解婴儿。为了让这种安排发挥作用，两代人都必须认识到这是暂时的，目的是帮助年轻母亲走向独立。无限期留在父母家中的年轻母亲仍然依赖自己的父母，实际上，她们永远不会长大。那些不得不为争取做母亲的权利而斗争的人，很可能会愤怒地离开父母家，甚至可能还没做好准备就离开了。

虽然有这些限定条件，但与跟孩子的父亲结婚相比，与父母（暂时）住在一起给十几岁的母亲带来的问题会更少。青少年婚姻的离婚率普遍较高（10年内离婚率约为50%），如果这对情侣因为女孩怀孕而结婚，那么分居和离婚的可能性更大。不难看出原因：提前放弃对未来的梦想，建立自己的家庭，找工作，适应新的婚姻以及新生儿，所有这些事情都提前发生了，而此时大多数同龄人都在享受前所未有的自由，这势必会造成压力。如果孩子的父亲有稳定的收入，青少年家庭的成功概率会高于平均水平，但这种情况很少发生。最大的风险之一是，这对夫妇可能会再要一个孩子，这使得完成学业的计划几乎不可能实现。

获得并使用可靠的避孕方法。最后，成功的未成年妈妈通常是那些在完成学业和在工作中站稳脚跟的过程中没有再次怀孕的人。在塑造她们的未来方面，计划生育几乎与教育同等重要。

收养

怀孕青少年的第二种选择是把孩子交给别人收养。如果一个女孩出于道德或宗教原因反对堕胎，这可能是最好的选择。如今，寻找可收养的婴儿的夫妇比可供领养的婴儿多得多。一个美国青少年可以合理地确信她的婴儿会被收养，尤其是如果婴儿是健康的白人。（不幸的是，对于黑人或西班牙裔婴儿，抑或有身体或精神障碍的婴儿，情况并非如此。）女孩可能会与医生讨论安排私人收养的问题，或者安排与收养机构面谈。一般来说，通过有执照的机构收养是最安全的途径，在那里，收养人会得到仔细筛选。大多数机构在选择收养人时都会考虑生母的背景和她对养育子女的想法。此外，如果母亲或孩子想在以后的生活中见面，有执照的机构收养将更容易追踪他们的下落。婴儿将被安置在一对非常想要孩子的夫妇身边，他们能够给予孩子所需的爱和照顾。

虽然直到孩子出生后才会做出收养的最终决定，但确认想要把孩子送走的女孩应该在怀孕早期就与收养机构联系。他们将为她提供法律和医疗程序方面的建议，许多机构还提供心理咨询。如果一个女孩已年满

18岁，她不需要父母的同意就可以把婴儿送人收养，但她需要得到孩子父亲的同意。如果她的家人和男朋友都支持她，那么处理情感和实际问题会容易得多。

一个决定把孩子交给别人收养的女孩应该被警告，她在怀孕期间可能会有复杂的情绪。有些日子，她会确信自己做出了正确的决定："一个孩子应该有一对父母和一个稳定的家庭；我还不够大，不能照顾一个孩子；我们的生活都会被毁掉。"但有时，她可能会想，她怎么能放弃自己的骨肉。探访一对收养过孩子的夫妇可能有助于她认识到，父母不仅仅是一种生物关系，并让她放心，孩子会像收养人亲生的孩子一样被关爱。

选择把孩子交给别人收养的女孩也将对婴儿的健康负责。这意味着要定期去看产科医生；戒除酒精、香烟和药物，包括大多数处方药和非处方药；均衡饮食，睡眠充足，照顾好自己。对那些不把自己的健康当回事的青少年来说，给孩子一个健康的人生开端通常意味着生活方式的重大改变。

堕胎

怀孕青少年的第三种选择是堕胎。堕胎就是受孕后在发育中的胚胎或胎儿能够在母亲体外存活之前结束妊娠。在美国社会中，很少有成年人在堕胎问题上持中立态度，你的女儿很可能知道你的立场。[15] 问题是，她对堕胎这种选择有何看法？

美国联邦法律保障女性有权决定是继续怀孕还是由执业医生进行堕胎。在一些州，未满18岁的女孩在堕胎前必须通知其父母，而在一些州，她需要征得父母的同意。然而，即使在这些州（需要征得父母同意的州），怀孕的青少年如果不想让父母参与，也可以要求举行保密的法庭听证会，以确定她是否足够成熟，可以自己做出这个决定。在另一些州，堕胎并不需要父母的同意。计划生育或社区卫生服务诊所可以告诉你所在州的法律是什么。

考虑这种选择的女孩应该知道，堕胎的风险很小，尤其是在怀孕早期。青少年面临的主要危险是，她们可能会推迟堕胎，因为她们没有面对自己怀孕的事实，或者对堕胎过程感到害怕。家长可能会指出，去计划生育诊所和咨询师交谈不会有什么坏处，但她总能改变主意。带上她最好的朋友可能会让她感觉更舒服。

堕胎的具体过程是什么？[16]并非所有的堕胎都需要做手术。如果青少年怀孕不到9周，她可能会考虑药物引产，这是一种早期引产的形式，服用的药物会破坏维持妊娠所需的过程。（这与防止排卵的事后避孕药不同。）药物引产是在医生的护理下进行的，通常并发症很少，而且非常安全。在怀孕的前三个月（从她最后一次月经开始的那一天算起），她可以通过手术终止妊娠。这大约需要15分钟，只需要局部麻醉，在门诊即可完成。在手术过程中，女孩可能会出现月经样痉挛，之后还会出现出血和疲劳症状。大多数诊所建议患者带上朋友，然后打车回家。手术后有轻微的感染风险，建议患者淋浴，不建议泡澡；建议使用卫生巾，而不是卫生棉条；在数周内禁止有性生活；两至三周后进行复查。

怀孕四个月时，通常建议进行一种分为两部分的宫颈扩张及清宫术（D&E）。第一步是利用扩宫器逐渐扩张宫颈，将其放置在原位数小时或一个晚上。第二步是通过吸管清理子宫。这种手术也可以在诊所进行，但可能需要过夜，还会引起一些疼痛和出血，并且需要更长的恢复期（至少一到两个小时）。因为怀孕时间越长，感染、不完全流产或子宫穿孔的风险越大。

怀孕到第五个月，通过阴道终止妊娠就不再可能了。在这个阶段堕胎至少需要住院。诱发流产的药物通过小腹注射到子宫内，可能在12~72小时后开始宫缩以排出胎儿和胎盘。并发症发生的概率比早期的任何一种方法都要大（尽管仍低于足月分娩）。晚期堕胎也比早期堕胎手术费昂贵得多。除非母亲的健康受到威胁，通常不会在怀孕6个月后堕胎。

任何医疗程序都不是百分之百无风险的，但是，如果怀孕早期在可靠的诊所进行堕胎，而且遵循后续护理指示，并在两三周后进行复查，那么在当时或将来都不应该出现问题。（但当她想生孩子时，反复堕胎可能会增加她日后流产的风险。）已有的堕胎诊所的名称可以通过你的医生、计划生育组织等机构获得。

大多数女孩不会因为堕胎而感到强烈的内疚、长时间的难过或任何其他心理伤害，除非她们被迫做出决定。但是，来自父母的关心和支持，在帮助青少年处理情绪方面尤其重要。[17]

除非女孩在宗教或道德上反对堕胎，不然堕胎通常对所有相关人员而言都是最佳决定。当一个十几岁的女孩成为母亲时，她自己的童年就被缩短了，她的希望和抱负（也许还有孩子父亲的希望和抱负）就会被推迟或放弃，而且婴儿可能因此而受苦。当然肯定也有例外，有些十几岁的情侣和他们的孩子克服了这些障碍。但赌注很高，母亲、父亲和婴儿这三个年轻人的未来都岌岌可危。

无论女孩做出什么决定，她的下一步都应该是去计划生育诊所并获得可靠的避孕药具。在经历了怀孕的创伤之后，大多数青少年发誓他们再也不会冒险了。但誓言是不够的：女孩需要做好准备，她的伴侣也需要做好准备。

青少年父亲[18]

怀孕的女孩并不是唯一需要爱、原谅和理解的人。如果她的伴侣也很年轻，男孩可能会和女孩一样沮丧和困惑。女孩的父母可能会责怪他让自己的女儿怀孕，并禁止她再和他来往。他的父母可能会责怪他不负责任。他的朋友可能会把他当作罪犯、英雄或无关的一方（"这是她的问题，你为什么不高兴？"）。几乎没有人考虑他的感受，这也包括研究人员。直到最近，研究人员都很少或根本不关注十几岁的父亲。每个人都认为大多数十几岁的母亲是单身母亲，因为男孩没有参与。事实上，研究表明，许多男孩想要参与其中，但女孩往往在父母的压力下把他们赶走了。

父亲在怀孕的决定中应该有发言权，这既有法律原因，也有情感原因。无论父亲多么年轻,从婴儿出生到18岁,他都有法律责任抚养孩子。如果母亲拒绝透露父亲的身份,她的孩子将没有资格享受社会保障福利,也没有资格获得任何遗产。在一些州,如果母亲选择让孩子被收养,需要得到孩子父亲的许可,而在其他州,母亲甚至可以在不通知父亲的情况下安排领养事宜。

一个十几岁的男孩可能想负责任,但不知道该怎么做。怀孕可能是一个痛苦的提醒,提醒他不成熟,并且提醒他一个事实:哪怕他想,他也很可能无法抚养妻子和孩子。他可能会因为女孩怀孕而感到愤怒,尽管他知道这是他们两个人的错,也会因为愤怒而感到内疚。他可能会嫉妒这个女孩受到的所有关注。她不想见他了,他可能会感到惊讶和受伤。他可能想通过结婚来"做正确的事"。

对考虑结婚的女孩的建议也适用于男孩。他能为孩子做的最好的事情就是完成自己的教育。这可能意味着他和父母住在一起,与孩子的母亲和孩子保持探望关系,并有未来结婚的想法。正如我早些时候所建议的那样,现在结婚是有风险的。但是,如果双方的父母都愿意并能够在经济上支持这对年轻夫妇,如果能够在这对夫妇完成学业时帮助照管他们的孩子,如果这对夫妇推迟生下一个孩子,直到他们经济独立,那么现在结婚可能是可行的。

第十五章
高中学业与课外活动

家长常常会假定学校会关注符合青少年发展的最佳利益（尽管不一定是这样的）。家长也害怕自己过于咄咄逼人（你有合法的权力预约辅导员和老师，去询问关于学校的项目，并在孩子未来的选择中发挥作用），或者他们只是忙得没有时间参与孩子的教育。家长的漠视对青少年期孩子的发展是不利的，高中生就是个很明显的例子。

为什么父母的参与很重要

为什么父母需要参与规划和监督孩子的高中生涯？有四个主要原因。

高中毕业要求很低。美国典型的四年制高中要求学习三到四年的英语，两年的社会研究，一年的数学，一年的科学，以及一年的美国历史或政府课程，剩下的学分几乎可以用青少年喜欢的任何东西来获得。完成这些最基本学业课程的学生都能获得高中文凭，但许多大学的大门将向他们关闭。美国大学通常要求至少学习三年的数学，几年的自然科学，包括一门实验课程，以及至少掌握一门外语。大多数美国高中的毕业要求都达不到这些标准。

学校指导顾问和老师的工作都超负荷了。[1]只要学生达到毕业要求，他们的课程选择就不需要得到任何人的批准了。一个指导顾问负责 300~400 名学生并不罕见。通常情况下，指导顾问每年与每个学生安排一次会面，一次会面平均 10 分钟左右。顾问可能会建议学生选修某些课程，但没有时间或权力跟进。许多顾问通过采取被动应对的态度来面对繁重的工作量。如果学生找他们帮忙，他们很乐意；如果学生不主动，那也没关系。普通学生与老师的关系（老师通常每天要见 150 个甚至更多的学生）可能同样疏远。英语老师不知道这个孩子的数学学得怎么样，而数学老师几乎不认识法语老师。简而言之，学校里没有人负责了解学生作为个体的整体情况，描绘出学生的整体形象，并指导他或她的学术生涯。

青少年选择课程的原因是错误的。可以肯定的是，一些高中生对未来有具体的计划，并选择相应的课程，但还有很多孩子并没有。由于高中毕业要求很低，没有人指导他们，他们选择课程的原因也五花八门，其中许多与接受良好教育的目标无关，甚至是对立的。最常见的原因是：他们从其他学生那里听说这门课很简单并且老师"很棒"；这门课上课时间方便（不影响重要的课外活动或工作）；他们可以和朋友在一起。

父母的参与可以让青少年在高中表现得更好。许多在孩子学前班和小学时期参与很积极的父母在孩子进入高中后就不再积极参与了。他们可能错误地认为，在这个年龄，父母的参与并不重要。但研究表明，父母的参与——参与学校项目、监督学生选课、选修额外课程——与孩子小时候一样重要。当在青少年教育上投入时间和精力时，你向孩子和孩子的学校都发出了一个强烈的信息，那就是什么对你的家庭来说是重要的。

父母能做什么和应该做什么

最重要的是，计划上大学的青少年应该选择学校提供的、他们能接受的最具挑战性的课程，并坚持到毕业，不要懈怠。父母如何帮助孩子一直在这个正确的轨道上呢？

在高中开始的时候，为你和你的孩子安排一次与学校指导顾问的会面。九年级考虑上大学已经不算太早了。孩子可能不会想得那么远，但你应该想到。有些科目，尤其是数学和科学，是有累积性的：如果你的孩子在九年级不学代数，那么他在接下来的几年里就会被几何学和三角函数拒之门外。如果他在九年级选择低水平的英语课程，那么在十年级或十一年级当他想要认真学习这门课程时，将很难达到更高的水平。

和指导顾问谈谈你的孩子可能感兴趣的几所大学。这些大学的入学要求是什么？（比如，它们要求学生学多少年数学？要求学生掌握一门外语吗？）学校对准备上大学的学生有什么建议学习的课程吗，尤其是对你的孩子来说？确保你理解高中班级不同级别的设置意味着什么，以及你的孩子的选择是什么。做好笔记。

跟进。避免你的孩子被忽视的最好方法就是让你自己被看到。用一位指导顾问的话来说："如果父母来敲门，那么（学校）就会确保这些孩子得到最好的课程。如果父母不来敲门，他们（的孩子）就只能得到剩下的那部分（课程）。"一名学生甚至更坦率，如果你想进入某个特定的班级或选修某个课程，"你就得让你妈妈给学校打电话，然后抱怨"。高中和其他地方一样，会哭的孩子才有奶吃。

跟进并不意味着每次你的孩子得到的分数比你预想的低时，你就打电话去找学校抱怨。在成绩问题上纠缠学校的工作人员可能会让他们把你的孩子分到水平较低的班级，这样你就不会再烦他们了。但是你应该定期与孩子的指导顾问和老师沟通，了解孩子近期在做什么，如果哪里看起来有问题，就去寻求帮助来解决它。一般来说，高中学校不会主动联系家长，但会对主动联系学校的家长做出回应。

如果你的孩子获得了荣誉课程或大学先修课程，坚持让他（她）接受。学生必须被邀请选修大学先修课程或荣誉课程（这种邀请基于过去的学业记录、教师推荐和考试成绩，见第十章），但对他们是否接受邀请不做要求。

这些课程可能很难。在美国先修英语或历史高级课程的学生可能需要学习8本书、写3篇短篇论文（3页）和1篇长篇论文（15页），每6周参加一次全面的考试。但这种努力在很多方面都会得到回报。相比于那些在高中选择了简单课程的学生，大学会更认真地考虑那些选择了困难课程的学生。荣誉课程的课堂氛围和作业更像大学，这样孩子在进入大学后会有更好的准备。此外，选修先修课程的学生需要参加国家考试。如果他们在这次考试中取得足够高的分数，他们可能会在高中时的一些课程中获得大学学分，并被允许在大学里直接学习更高级的课程。如果你的孩子的高中课程中没有先修课程，他可以在当地的两年制或四年制大学里学习这些课程。

　　高中不会强迫学生去上荣誉课程或大学先修课程，但你应该鼓励孩子这样做。如果你的孩子不情愿（不确定她是否能学好这些课程，或者担心她的朋友会把她当作一个"聪明的人"），你可以做一定的妥协：如果她上一年的高级班，你就让她明年自己做决定。荣誉课程会吸引积极性很高的学生，并创造独特的氛围。来自聪明同学的同伴压力和老师的特别关注可能会把一个一开始不情愿上荣誉课程的学生变成一个富有热情的年轻学者。如果你的孩子有很好的理由不想上先修课程（例如，他是一个非常有天赋的音乐家，每天需要练习几个小时音乐），建议他选修一到两门荣誉课程并在其他科目中选择稍高一级的课程。

　　如果你的孩子没有资格获得荣誉课程或大学先修课程，你就要坚持让他（她）选修一门很强的学术性课程。只有一小部分学生会被荣誉课程和先修课程录取，但青少年仍然可以通过专注于学术科目（如英语、历史、数学、科学、社会研究和语言），而不是一般性的普通课程（如个人成长等）、学术替代性课程（如消费者数学）和灵活的选修课（如汽车历史）来获得扎实的教育。

　　督促孩子学习最严格的课程，并尽可能地跟上这些课程。有些青少年不想强迫自己，但很多人只是缺乏正确的信息。他们可能认为达到（高中）毕业要求就足以进入大学（除了社区大学，通常并非如此）。或者他们可能认为，要想进入一所要求更高的大学，就要尽可能多地积累A和B的成绩，而学习简单的课程可以让他们获得高分。事实上，名牌大学更注重课程的难度，而不是分数。比起那些放弃数学而在合唱和珠宝制作课程中得了A的学生，那些通过微积分课程坚持学习数学的学生即使只得了 C，也会给名牌大学留下更深刻的印象。

与青少年讨论选修课。在选修课的选择上，鼓励青少年选择那些令人兴奋且与学术相关的课程，比如关于当代短篇小说的英语课程，关于越南战争的历史课程，以及心理学入门课程。如果青少年对陶器、摄影或航海有浓厚的兴趣（这些都是可以获得学分的），那也没关系，但是她应该把这些课程作为额外课程，作为她学术课程的补充，而不是学术课程的替代品。她应该因为选修课有趣而去选择，而不是因为容易而去选择。

让青少年相信他（她）的高中最后一年很重要。当青少年在高中的前三年努力学习并获得了不错的学分时，在高中的最后一年就会很自然地放松下来。但这是错误的。大学首先会看学生最近的课业记录，大多数大学会要学生在最后一年年中取得的成绩。如果这个学生在第四年的时候学分下降，它们可能会得出结论：他早期的努力都是为了上大学，他根本不是一个认真的学生，或者他在十一年级达到了顶峰，还没准备好应对超出这个水平的学业。此外，如果学生没有进入他所选择的大学，并决定休学一年重新申请，他高中的第四年将至关重要。

如果青少年不打算上大学，同样的规则也适用。假设你的孩子没有上大学的计划，你也同意他可能想参军，或者去叔叔的建筑公司工作，或者花时间去参加教会的社会行动项目，但这不是把高中当作玩乐时间的理由。应该鼓励这些青少年尽可能多地学习学术课程。一方面，高中可能是他们最后一次正式接触艺术和科学；另一方面，他们以后可能会改变主意，决定上大学。除非他们现在在上大学预科课程，否则他们成年后可能不得不重返高中。

每个人（包括你）都认为，不是读书那块料的青少年也应该被鼓励发展基本的学术技能（阅读、写作、数学和计算机技能，这些在当今世界越来越必要），或者把他或她的剩余时间投入职业/技术项目中。美国许多学区都会提供科学技术、电子和计算机、时尚和商业、表演艺术、通信、商业、酒店和旅游以及其他专业的课程。这些课程项目通常没有学术课程那样高的声望（这让这些项目的投资人感到沮丧），但是那些在常规课堂上表现不佳的学生，如果他们的努力得到了看得见的成果或公开表现的回报，可能会有所改善。许多学生还需要培训一些其他学生在没有指导的情况下就能掌握的工作习惯，比如准时上班和穿着得体。我要提醒的是，几乎没有证据表明职业/技术项目能带来更好的工作。有能力做常规学术工作的学生应该选择相关课程，但对其他学生来说，职业/技术项目是一个很好的选择。

公立学校与私立学校

与公立学校相对应的另一个选择是私立学校。如果父母觉得孩子需要特别的关注，或者他们所在地区的学校不能为孩子提供他们想要的优质教育，私立学校是他们应该考虑的。

如果你相信私立学校可能是孩子的正确选择，请仔细观察你的孩子和你所考虑的具体学校。不要根据学校的名称、声誉或收费来判断。"最好的"（最负盛名的）学校可能并不适合你的孩子。例如，教区学校通常纪律严明，要求学生努力学习。对于一个不自律或积极性不高的学生，这类学校可能会提供其需要的课程安排。但是对于一个有自我驱动力、追寻自我目标的学生，或者一个思想独立、有创造力的学生，这类学校可能会让人感到厌烦。这些学生在非宗教私立学校可能会表现得更好，因为这些学校通常结构较为松散，更倾向于通过沟通而非纪律来管理学生。

首先，查阅一本或多本描述你所在地区的学校和资助私立学校的方法的手册。关于寻找和资助私立学校或教区中学教育的优质信息，可以从美国国家独立学校协会（www.nais.org）和美国国家教区学校协会（www.parochial.com）获得。向那些你感兴趣的学校索要宣传册，并选择几家去面谈。

其次，在面谈时，要询问学校的教育理念、课程设置和师资队伍。它们会如何处理一个假设的问题？它们为聪明或反应慢的学生分别提供什么课程？它们如何描述自己的师资队伍？它们认为自己不足的地方是什么？它们会允许你旁听几节课吗？一定要问清楚孩子的特殊兴趣和需求。例如，如果你的孩子是一个科学家的苗子，你可以看看未来学校的实验室设施。如果你的孩子有音乐天赋，学校会提供什么乐理课、和声课以及课外活动（乐队、管弦乐队、合唱团、个人指导）？你还应该询问学校过去和现在的基本情况。如果你的孩子计划上大学，问问他们学校的学生中有多少人会选择上大学。学校有应届毕业生的大学录取名单吗？询问一下学校标准化考试的平均成绩，包括SAT成绩。这虽然不会告诉你关于教学方法的任何信息，但它会让你对该校学生整体的学术水平有一个大致印象。平均考试成绩最高的学校不一定最适合你的孩子。如果你的孩子是一个普通的学生，这所学校对他来说可能竞争太激烈了。

最后，安排你和孩子参观学校，并观察一个或（最好）几个班级。（许多学校可能会为你们设置单独的访问日。）回家的时候，你要和孩子交流一下心得：教学是令人兴奋的还是乏味的？学生们在教学活动中的参与度如何？最重要的是，你的孩子在这样的学习环境中会如何反应？成功的私立教育的关键是在你的孩子和学校之间找到合适的匹配。为了做到这一点，你需要跳出学校的硬件设施，关注老师和学生建立起的整体学术氛围。请记住，在选择一所特定的私立学校时，你是在为孩子选择一个同龄人群体，而不仅仅是在选择老师或课程。

是否要鼓励孩子多多参加课外活动

"课外活动"这个词有点误导人。教育工作者、家长和学生都认为体育运动、乐队和学生会绝对不是课外的。这些活动被认为能教会学生在生活中重要的经验，而这些经验在学术课程中是无法获得的。它们往往是青少年高中生涯的亮点。成年人在回忆起他们的球队赢得州橄榄球冠军的那一年，或者他们作为高中校报记者的那段时光时，都带着怀旧情结。小学生和初中生看着军乐队走上赛场，梦想着有一天他们也会拿着低音鼓或挥舞着指挥棒。尤其是体育运动，它为学校和社区之间提供了最明显的联系。在小城镇，高中足球或篮球通常是当地最受欢迎的娱乐形式，成千上万的人会参加一场大型比赛。

今天的高中通常会提供广泛的课外活动，包括体育运动（校内联赛和校际联赛），表演艺术（戏剧、管弦乐队、合唱团），以学术为重点（语言和科学俱乐部）或以非学术为重点（国际象棋、辩论、摄影）的特殊兴趣俱乐部，新闻（报纸、年鉴、文学杂志和广播电台），以及服务组织（学生会、社区服务俱乐部）。应该鼓励高中生至少参加其中一项活动。（在许多私立学校和教会学校，参与课外活动是强制性的。）

参加课外活动的益处 [2]

参加课外活动有益于青少年的社会和心理重要维度的发展。

拓宽视野。大多数课外活动都能培养兴趣，教授在学术课堂上很少涉及的技能，比如健身、演奏曲调、使用测光表获得特效、进行面试等。它们提供了主动性、独立决策和创造力的机会，而这些在典型的高度结构化、成人管理的课堂中往往是缺失的。对普通学生来说，这些课程提供了一个脱颖而出的机会：在球场上或舞台上，"不特别"的学生有机会变得特别。欢呼和掌声是对努力工作的具体回报。所有这些都有助于培养自尊心。研究表明，青少年在参加有组织的课外活动时心情最好。

鼓励团队合作。大多数活动都是需要合作的集体活动。然而大多数课堂并不鼓励团队合作，学习是具有个人主义的和竞争性的。在课堂上，学生通过比同龄人做得更好而取得成功，事实上，在考试或家庭作业上的合作可能被定义为作弊。但在大多数课外活动中，青少年通过与同龄人合作来取得成功。试图以牺牲团队为代价成为明星的个人会被队友排斥（并且经常被教练安排替补）。

培养对学校的兴趣。课外活动可以在学校和那些对学业不是特别感兴趣或成绩不好的学生之间架起一座桥梁。篮球场上可见的、活跃的身姿，或者在合唱团里的独唱，对那些成绩不好或不受老师表扬激励的学生来说，是一种强大的激励。一些青少年出现在学校是因为别人要求他们这样，而不是因为他们对课堂内容感兴趣。但是通过课外活动参与学校生活，经常会延伸到课堂中。

与成年人建立有价值的关系。青少年有时会与监督课外活动的成年人建立密切的、相互支持的关系。当学生在家庭或学业上遇到问题时，在向几乎不了解她的指导顾问求助之前，她可能会向她的教练求助。对有抱负的作家来说，校报顾问是一个强有力的榜样，比主修心理学的指导顾问能提供更有价值的信息来源，可以帮助他们了解未来的写作职业。

打开社交之门。课外活动可以让青少年认识他们班级之外的同学，从而扩大他们的朋友圈。这对害羞的青少年和不认识任何人的新生尤其有帮助。

参加课外活动的代价[2]

就像任何好的事情一样，课外活动也有可能被过度追捧。

时间和精力。第一个也是最主要的危险是，学生投入课外活动可能会减少他们用于主学业的时间和精力。尤其是体育运动，要求非常高，需要经常在校外训练、比赛或开会。好的学校和好的教练都能意识到这种潜在的冲突。有些学校或教练要求只有那些保持良好学习成绩的学生才能继续留在团队中，但有些则没有这样的要求。如果是这样，家长就需要负起责任。

参加课外活动每周不应超过 15 小时，最多 20 小时。如果你的儿子整个下午都在训练，他应该把晚上的时间用来做作业，而不是举重；如果你的女儿在下午排练，她就不应该在晚上再背台词了。你不想破坏青少年在运动场上或舞台上追求卓越的志向，但青少年完全可以在周末训练或背台词。在他进入这个赛季两个月或她正式演出五周之前，你要提前和孩子谈谈这种潜在的冲突。明确学业是第一位的。如果青少年的学业成绩因为课外活动而退步，他或她将不得不削减一些课外活动。

排斥。第二个危险是排斥。在一所体育意识很强的学校里，一个小团体是由运动员和他们的支持团体（啦啦队）组成的。成年人和同龄人都把他们看作学校中的领导者。而这个圈子对那些没有直接或间接参与体育运动的学生是关闭的。非运动员赢得国际象棋锦标赛或诗歌奖，以及在历史或化学方面表现优异，这些事实可能都会被忽视。作为旁观者的父母需要帮助孩子正确看待事物。大多数高中校队队员不能进入大学校队，而只有极少数大学运动员会继续从事职业运动。是的，他们正在享受他们的荣耀时刻，但那一刻是短暂的，其他领域的技能才可以持续一生。

失败。 第三个危险是失败。一个学生的生物课不及格，这是他的私事。一个青少年没能入选球队，或者没防住对方的进球导致比赛失败，或者没能成为比赛中的一员，或者在开幕赛时惨败，他的失败将是公开的，每个人都知道。这样的经历对青少年来说是毁灭性的，至少暂时来说是这样的。父母不应该忽视青少年的感受（"所以你错过了一次射门/被表演道具绊倒了，这没什么大不了的。"）。父母也不应该支持青少年停止尝试的决定。当这种痛苦开始消退时，和青少年谈谈他可以做些什么来为下一个赛季或另一项运动锻炼身体，为下一次选拔赛或辩论队做准备。运动员和表演艺术家的自传会是你书目中的一个很好的补充，就连梅丽尔·斯特里普也会说错话。

总而言之，有证据表明，参加课外活动的好处大于坏处，只要你能正确看待它们。积极参加课外活动的学生往往比那些不参加课外活动的学生在学校里能取得更大的进步，有更高的职业抱负（毫无疑问，这在一定程度上是由于更有抱负的学生选择参加了课外活动）。但人们发现，高中时在课外活动中的坚持和成功，实际上能促进大学里的学业成功、领导能力和社会成就。鼓励你的孩子至少参加一项他或她感兴趣的课外活动。

团队运动的利与弊[3]

最受欢迎的课外活动是体育运动，但许多成年人对参加团队运动的利与弊持不同意见。支持者认为，团队运动通过传授努力的重要性（努力，"全力以赴"）、体育精神（遵守规则、公平竞争）、团队合作（合作的必要性，以及对"爱出风头"和"主角人物"的嘲笑），以及如何优雅地应对输赢来塑造性格。批评者认为，团队运动通过灌输"胜利就是一切"鼓励攻击性（"打倒他们""消灭他们"）、塑造不良的体育精神（"裁判，你没戴眼镜吗？"）、在学校里建立等级制度（运动员就是一切，非运动员就是书呆子），以及分散了学习这一更重要的任务的注意力。最有力的证据表明，真相介于这两个极端之间。家长不应该仅仅指望团队运动就能塑造性格，也不应该担心团队运动本身会损害性格。

一个运作良好的团队运动项目可以：

- 有助于身体健康和协调能力；
- 让青少年在课余时间进行有益健康的活动；
- 传授对将来有用的技能；
- 通过提高青少年在同龄人中的地位来促进其自尊心的建立；
- 加强青少年对学校的依恋。

一个管理不善的团队运动项目可以：

- 如果训练过度，教练希望球员忽略疼痛，会导致球员疲劳和受伤；
- 教授错误的课程，比如胜利的重要性，而不是教授努力和做好某事的重要性；
- 分散青少年对其他同样有价值的活动的注意力，包括学业、其他课外活动和爱好；
- 由于父母和教练的过度压力、对平庸球员的嘲笑等，使原本具有内在乐趣的活动变得不再有趣。

这在很大程度上取决于处于旁观者位置的成年人的态度和行为。

团队运动可以很有价值，也应该很有趣，但它们并不适合所有人。一个不擅长运动、不喜欢竞争或对运动不感兴趣的青少年可以通过其他方式学到同样的东西。个人运动（徒步旅行、骑自行车、骑马、游泳等）、有氧运动项目和与朋友的非正式游戏（网球、篮球、排球）都能保持身体健康；弹钢琴或玩杂耍会发展手眼协调能力，跳舞会增强步法的协调性，就像运动一样；为校报工作，参加辩论队——实际上，大多数课外活动都需要团队合作。

对参加有组织的体育运动的青少年来说，以下这些是最重要的考虑因素：

教练／主管是从正确的角度看待体育运动吗？ 大多数教练都认识到了团队运动是一种课外活动，而不是职业。有些人密切关注球员的学习成绩，甚至担任非官方顾问，但有些人把球队放在第一位，希望球员也这样做。事实上研究发现，通常是家长，而不是教练，给年轻运动员施加了错误的压力。

教练组有安全意识吗？ 球员在入选球队之前会接受体检吗？锻炼是为了增强力量和柔韧性，从而最大限度地减少受伤的风险吗？锻炼时是否使用了合适的设备？教练会严肃对待球员的伤病，还是期望球员即使在疼痛中也要顽强地比赛？大多数学校的项目都很谨慎，哪怕只是因为它们想避免惹上官司，但非正式的体育联盟可能就不会这样。

青少年从这项活动中获得了多少乐趣？ 不要仅仅因为你的孩子是首发队员就认为他喜欢足球，或者仅仅因为他是替补队员就认为他不爱足球。青少年参加团队运动有各种各样的原因：有些人喜欢团队友谊，有些人喜欢穿校队夹克所带来的地位，有些人则喜欢这项运动。但是竞争和高知名度让一些青少年非常焦虑。青少年不应该觉得她必须参加某个让她感到痛苦的课外活动。

你的孩子加入一个团队是因为她自己想加入，还是因为你想让她加入？ 体育是一个家长特别容易把自己的幻想投射到青少年身上的舞台。一个错过了自己体育明星时代的父亲，可能会通过儿子来间接体验当初的生活，从而忽略孩子想要退出的暗示。当女儿赢得网球锦标赛时，一个曾经笨手笨脚的母亲可能会感到扬眉吐气，如果她的女儿鼓起勇气说她不想每周单独上课（她宁愿和朋友在一起，或者只是读书），也不想连上五周的网球训练营，这个母亲是不会听的。为青少年在体育或其他活动上取得的成就感到骄傲并没有什么错，只是要确保你没有强迫孩子做他或她不喜欢的事情。如果你觉得你的儿子不参加篮球队，或者你的女儿放弃游泳，会在你的生活中留下遗憾，你可能就是过度参与了。也许是你需要一项课外活动了。

你或者孩子对职业体育生涯有过想象吗？你想象过你的孩子会获得体育奖学金吗？ 如果是，那就请你再想想。在高中成为体育明星的年轻人中，只有极少数人能优秀到进入大学校队，更不用说赢得体育奖学金或在职业体育运动中发展了。与传言相反，体育运动并不是进入更好大学的先决条件。大学对平均成绩比对击球率更感兴趣。名牌大学每年招收的优等生数量远远超过明星运动员的数量。

体育运动正在占据青少年的生活吗？ 在重要比赛的前一天晚上，把功课放在一边是一回事；因为体育运动而使学业成绩整体下滑是另一回事。如果你的孩子完全沉浸在体育运动中，而没有其他兴趣和活动，你可以与之协商暂停（一个学期不参加团队活动）。如果曲棍球或马术是她生命中的最爱，但她在学校表现也很好，喜欢和朋友在一起，那就没事。体育运动就像其他任何事情一样，热情和投入是好的，但过度痴迷就不行了。

在规模较小的学校和一些私立学校，几乎任何想参加某个校队的人都可以参加。在规模较大的高中，只有一小部分学生能入选校队。当一个立志成为体育精英的青少年没有通过考试时，父母应该承认孩子的失望情绪，但不要加剧这种情绪（比如指责教练，说"你明年会成功的"，或者把这种经历定义为失败）。相反，要帮助青少年找到其他有趣的、有吸引力的课外活动，以及其他保持积极主动和健康的方式。比如，许多社区都有体育联盟，对各种技能水平的青少年开放。

可以适度地参与工作 [4]

工作带来的影响

大多数人认为有工作对青少年有好处。工作造就性格，它促进责任和自律，教会年轻人金钱的价值，给了他们在真实世界中的经验。至少工作使青少年远离街头，远离麻烦。

在小范围内，这可能是真的。问题是，许多青少年的工作时间超过了对他们有益的时间。当青少年每周工作超过 15 小时甚至 20 小时时，工作的成本就会超过收益。原因如下：

工作可能会影响学业。长时间工作的学生往往会脱离学校。为了平衡工作和学习的需求，许多人选择毕业所需的最少数量的课程、最容易的课程，并且只做到刚好及格。（事实上，学生辞职的一个常见原因是他们想上高级课程和选修课。）学生工作者比非学生工作者花在家庭作业上的时间更少，上课准备得更少，在作业上偷工减料，上课时注意力不集中，而且经常缺课。毫不奇怪，他们的成绩可能会受到影响。他们参加的课外活动比不工作的人少，也不太可能说自己喜欢上学。有些人认为学校应让位于他们的工作，而不是相反。一个每周工作 20 小时的男孩说："晚上休息的时候，我再学习。"

工作可能会干扰家庭生活。青少年在青少年期中期与家庭的接触减少是很正常的，但工作似乎加速了这一进程。长时间工作的青少年很少见到父母。他们不太可能与家人共进晚餐，不太可能与家人共度闲暇时光，不太可能帮忙做家务，也不太可能说他们觉得自己与父母很亲近。从青少年的角度来看，工作意味着更多的独立性，这种独立性体现在工作时间（如果他们上晚班）、金钱和交通（如果他们开车去上班）等方面。从父母的角度来看，工作意味着更少的控制。例如，如果孩子需要开车去上班，父母就很难把车钥匙作为奖励，或者把禁足作为惩罚。如果孩子的收入来源是一份工作，而不是零花钱，父母可能会觉得他们在孩子的支出上没有太多的决定权。

工作可能会促进（而不是防止）问题行为的发生。特别是学生工作者比非学生工作者更有可能饮酒和吸烟。这有几个原因。第一，钱。有工作的青少年通常没有什么必要的开支，他们负担得起。第二，在工作中因为能接触到年龄大一点的青少年，所以他们有机会接触酒精和香烟，并经常饮酒和吸烟。许多青少年说，他们的同事，甚至他们的上司，经常喝得酩酊大醉来上班，还主动为他们买酒。第三，压力。青少年可以从事的各种工作往往使他们暴露在高温、肮脏、噪声和时间压力之下；他们的工作日程干扰了自己喜欢的其他活动；他们不得不面对愤怒的顾客、讨厌的同事，以及从不听取他们建议和意见的老板——所有这些都会导致压力。就像从事类似工作的成年人一样，一些人求助于酒精和香烟来缓解压力。打工的青少年也可能在学校遇到麻烦，比如逃课、迟到或作弊以弥补失去的学习时间。

工作可能会让你在财务上不负责任。人们普遍认为，工作可以教会青少年钱不是从天上掉下来的，但事实上，它也可能会起到相反的作用。如今的学生工作者大多来自相对富裕的家庭。（在低收入社区，青少年失业率仍然很高。）他们工作不是为了住房和杂货等必需品，而是为了奢侈品。其结果就是所谓的"过早富裕"[5]：青少年有很多零花钱，但没有建立起真正的责任感，因为他们的父母仍然给他们提供一定的生活费。青少年工作非但没有教会他们货币的价值，反而可能教会他们即时满足的快乐。具有讽刺意味的是，在青少年期工作过的年轻人比高中时没有工作过的同龄人更有可能在成年后对自己的生活水平感到失望，因为一旦他们必须养活自己，他们就会意识到拥有（看似）无限零花钱的日子已经结束了。

工作可能会破坏职业道德。大多数青少年从事的是相对不熟练、最低工资、没有前途的工作，几乎没有机会发挥主动性或做出决策，工作很少有挑战性，也没有智力刺激。他们的任务通常是枯燥的和重复性的。此外，他们所拥有的工作和他们所追求的职业之间几乎没有任何关系。（有多少中产阶层年轻人长大后会把包装汉堡包作为谋生之路？）这种经验并不是为了培养一种信念，即工作可以是一种有意义的、令人满意的生活部分；相反，它经常助长玩世不恭。

当然，工作并不都是坏事。一些青少年把工资交给家里，为自己的未来存钱。许多人通过为自己支付衣服和娱乐费用来间接帮助他们的家庭。有些工作的青少年说，这种经历使他们更加尽责、守时、可靠；有些人说，这迫使他们学会如何更有效地管理自己的时间。也许最重要的是，工作能提高社会技能。由于他们能够接触许多类型的人，学生工作者会越来越意识到不同的视角和动机，并在处理棘手的情况时积累了经验。

最重要的是，适度参与工作（每周少于15小时）通常是无害的，有时甚至是有益的，尽管这并不是许多成年人想象中的做法。但高强度参与工作（每周超过20小时）的确会导致很多问题。

父母应给予的指导

15岁的女儿告诉你她想找份工作，你应该怎么做？

与青少年讨论工作的意义。许多雇主不会雇用青少年，除非他们愿意每周工作15~20小时。渴望赚钱的年轻人可能不知道这意味着什么。让我们看一份一周要上20小时的工作。学校的一天通常是早上8点到下午2点或3点。在这个时间表上，增加20小时的工作时间意味着在周六和周日工作一整天，以及上学日再工作4小时；或者在周末工作一整天，在上学日的晚上加两个长班（下午5点到晚上11点）；或者在上学日工作两个长班和两个短班（下午5点到晚上9点）；或者其他一些组合。如果青少年参与了一项课外活动，比如体育运动或学校乐队，课外活动的练习将会占据他们的部分或整个下午。当然，还有家庭作业（每天至少一到两个小时，如果学生在上高级课程，花费的时间则更多）。青少年做一份每周20小时的工作，意味着他们每周要忙碌60~70个小时（包括上学和课外活动）。显然，有些东西必须放弃。

父母可能需要鼓励青少年思考，如果他们接受一份工作将会放弃什么。难道她不会怀念打篮球、给校报写文章、上爵士舞课、和朋友一起度过周六下午的时光吗?当他因为工作而不能参加学校的演出、冠军赛或竞选集会时,他会有什么感觉?如果周末工作,她真的能在上学日完成论文吗?如果在上学日晚上工作,他想在周末学习吗?当前一天晚上11点40分下班回家时,她还能在第二天的课堂上保持清醒吗?

在讨论工作时,父母需要明确学业是青少年的第一份工作。为了赚钱添置新衣服而降低学业目标是短视的,她是在从未来借钱支付现在的开销。这同样适用于艺术和运动兴趣。在这个年龄放弃绘画或吉他课程的年轻人在以后的生活中不太可能重新追求这些兴趣。此外,让他们的时间表超负荷——试图做所有的事情——是不健康的。每个人都需要一些自由的时间来休息和放松,尤其是青少年。

和孩子谈谈工作将如何影响家庭生活。孩子会在晚上或周末上班时独占家里的汽车吗,或者他能找到其他交通工具吗?那家务呢?他会希望你帮他做一些以前的家务(照看弟弟妹妹、做饭、整理庭院等)来支持他的工作吗?如果在上学日晚上工作,他会在周末和家人一起吃饭吗?

在青少年做出找工作的最终决定之前,和他们谈谈潜在的问题和冲突,并达成相互理解的共识。

讨论不同的工作机会。如果孩子决心要工作,你也同意他或她能胜任一份工作,下一步就是讨论工作的类型。青少年经常陷入工作中。一个朋友说他工作的地方有一个空缺,或者他们在橱窗上看到了一个告示,或者他们申请了一个他们知道能雇用青少年的地方,结果就是我之前描述过的那种常规的、无聊的、卑微的工作,几乎没有学习和职业探索的机会。寻找更令人兴奋的东西的想法可能不会出现在青少年身上。你的孩子可能会认为"工作就是工作",但这一点你比他们更清楚。

鼓励青少年去找那些能提供金钱之外的更多东西的工作,那些能让他们获得技能和关于他们将来可能从事的职业的信息的工作,并让他们接触那些积极的榜样。一份好工作能帮助青少年发现自己擅长什么,对什么感兴趣。这可能会给她一个机会去观察第一手信息,比如一家律师事务所、一个艺术画廊或一个健康诊所是如何运行的。这使她能够建立一个成年人的社交网络，这些成年人可以在未来的教育选择和职业机会方面给她现实世界的建议。（关于如何找工作的具体建议，本章后文会有详细介绍。）

最后，父母和青少年不应该忽视一些传统的青少年工作，如照看婴儿、打扫庭院、为邻居打扫房间和当高尔夫球童。虽然这些工作不是以职业为导向，也不是非常令人兴奋的，但与正式工作相比，这些工作在时间安排上给了青少年更多的灵活性。还有一些青少年创业者可以自己经营小生意，比如一个初中生在他的地下室手绘领带，并在跳蚤市场上出售；一群高中二年级的女生受雇为家人、朋友和邻居举办的聚会服务、打扫卫生；技术高超的青少年担任计算机顾问。

无论青少年从事何种工作，都要限制工作时间。我前面描述的所有工作的负面影响都与时间有关。一个学生工作的时间越长，就越有可能对学习失去兴趣、无法脱离家庭独立、染上恶习、对工作变得愤世嫉俗。高中二年级学生的每周工作时间应限制在10小时以内；高中三年级和四年级的学生，每周工作时间最多为20小时（有其他课外活动的学生或需要额外时间来跟上学业的学生可以更少一些）。如果你的孩子抱怨，你就要指出，按照年轻人的最低工资标准（低于成年人的最低工资），每周工作15小时，他一个月就能挣400美元左右。当然，这对一个高中生的社交生活来说是绰绰有余的。

讨论青少年将如何使用自己挣来的钱。下面的场景太常见了：这个青少年在星期五下午拿到了75美元的薪水，到星期天晚上，他口袋里只有一张10美元的钞票和一些零钱，他不知道钱去了哪里。我将在下文讨论资金管理。对工作的青少年来说，基本的规则是坚持让他们在开始工作之前就制定一个合理且获得你认可的预算。如果你事先制定了这个规则，控制青少年的消费要比事后实施控制容易得多。

如果可能，你要参观一下孩子的工作场所，见见他或她未来的主管。青少年可能会认为这是窥探，但是你有责任知道孩子去了哪里、做了什么。孩子每周和她的主管在一起的时间比和她的许多老师在一起的时间还要多。试着了解这个人是什么样的人，确保工作场所是适合的和安全的。在一个烟雾弥漫的房间里，各种各样的人试图通过电话向消费者推销商品和服务，这对青少年来说不是一个好环境。

最后，留意一下工作是如何影响你的孩子的。这意味着，第一，和青少年谈谈工作中发生的事情，就像你和你的配偶一样。讨论如何处理与同事或领导的冲突、为什么要盘点库存、这些信息将被如何使用、价格是如何确定的等事项，甚至可以把一份日常工作变成一次学习经历。第二，定期评估工作对青少年态度和行为的影响。这份工作是否比你认为的占用了他更多的时间和精力？她的思想是不是开始被金钱和物质财富占据了？是否有迹象表明他对学校、他曾经重视的课外活动或亲密的朋友失去了兴趣？她是否由于睡眠不足或压力太大而过度疲劳？如果以上任何一个问题的答案是肯定的，那么这个青少年就不应该工作，或者应该减少工作时间。

工作许可证

一般来说，大多数工作要求青少年有工作许可证。在美国大多数州，工作许可证不能发给14岁以下的青少年。演艺人员除外，他们可以在更年轻的时候获得特别工作许可。工作许可证可以向青少年所在学校的指导办公室申请。要申请一个工作许可证，你的孩子需要你的许可和一些年龄证明，比如出生证明。在毕业前离开学校去全职工作需要父母的特别同意。有几个州不发放工作许可证，但雇用青少年的雇主在雇用年轻工人之前仍会要求他们提供年龄证明，以确保他们遵守童工法。

金钱与资金管理

过去，当青少年求父母给他们买名牌服装、音响设备、赛车或汽车时，父母会说"不，你不需要这些"或"不，我们负担不起"。如今，父母更有可能这样回答:"如果你这么想要,为什么不出去找份工作呢?"让我们面对现实吧,让青少年去工作比让他们相信没有最新款的智能手机、没有满满一抽屉的羊绒毛衣、没有每场音乐会的前排座位也能生存要容易得多。

当青少年工作时,父母往往会退缩。如果这些钱是孩子自己挣的,父母会觉得自己没有权利告诉孩子该怎么花。一位母亲解释说:"我想让我的儿子把钱交给我,让我负责分配,但我不敢这么说,因为这会让他觉得有人在控制他的开支……你不能这么做。"大多数美国父母会惊讶地发现,在大多数州,父母对未成年子女的收入有合法的管理权(如果他们在青少年开始工作之前告知雇主这是他们的愿望)。我并不是建议父母们去援引法律。你不应该单方面告诉一个青少年如何花他挣的钱,不管这些钱是来自工作还是零花钱,但你也不应该放弃你的权威。

无论青少年的钱来自哪里,是来自工作、零花钱、祖父母的礼物还是其他人,你们都应该一起讨论如何管理它们。你们的讨论应该包括:

储蓄。到高中时,所有的青少年都应该有一个储蓄账户。应该鼓励有工作的青少年将收入的一部分(一半或更多)存入银行,用于大学和未来其他的支出,即使他们的父母在没有他们的贡献的情况下也负担得起这些费用。当青少年成年后,想要购买需要长期储蓄的大宗商品时,现在就养成储蓄的习惯是很重要的。青少年通常不会想得太远,所以这可能需要你的一点督促。

预算。应该鼓励青少年每周或每月做预算。购买生活必需品(午餐、学习用品、交通)的钱应该先存起来。然后青少年应该决定他"自由支配的钱"的比例,即他想花在衣服、娱乐、喜欢的设备或礼物等方面的比例。预算能帮助青少年意识到,如果他想去听一场花费 40 美元的音乐会,就可能不得不放弃一两个星期的电影和外出就餐。(有关预算的更多内容,请参阅第九章关于零花钱的讨论。)

购买。一个高中生不应该被要求向你交代每一分钱的去处,这样做显得控制欲太强了。但如果她计划购买大宗商品(100 美元或更多),就必须先和你商量。为什么?因为你有更多的消费经验,能更好地区分哪

第十五章 | 高中学业与课外活动

个是便宜货、哪个是交智商税，你也能更好地把眼光放长远（青少年今天可能非常想要一把吉他，但一两个月后就失去了兴趣，后悔把大部分积蓄都花在了一时兴起上）。最后，作为父母，你有权否决可能带来危险的购买要求（比如摩托车）。

其他注意事项。如果你的女儿存了很多钱，她应该了解不同类型账户的不同利率，比如储蓄、货币市场账户和定期存单，这样她才能最大限度地利用她的储蓄。如果你的儿子要自己处理很多开销，他可能需要一个支票账户。有些银行为青少年开设了专门的账户，但有一个上限，这样青少年就不能在未经父母同意的情况下提取大笔资金。如果你的家人对投资感兴趣，你可以跟随报纸上的信息给你的儿子或女儿买一些股票。然而，我认为青少年不应该拥有自己的信用卡，除非在特殊情况下，比如她要去长途旅行，你想让她临时拥有一张信用卡，以备不时之需。

许多父母觉得和孩子讨论家庭财务是不合适的。但如果青少年对家庭生活成本有所了解，他们就更有可能考虑理财，并接受对自己支出的控制。例如，如果他们知道你每周在生活日用品上花了多少钱，他们就会理解你为什么对浪费食物感到生气。如果他们知道你的房贷月供是多少，他们就会明白你为什么如此"痴迷"于保持房子的整洁。正如我说过很多次的，只有青少年明白你的规定是必要的，他们才更有可能遵守你的规定。

如何安排孩子的暑假

青少年常常盼望暑假，因为他们能从学校的日常事务中解脱出来。你可能会对此表示同情，但重要的是要确保你孩子的暑期计划也包括一些有组织的活动，无论是有偿工作、志愿者工作、暑期学校、常规课程、旅行还是露营。当你工作的时候，在无人监督的情况下让你的孩子闲逛可不是青少年打发暑假的好办法，事实上，这是自找麻烦。

暑期工作

对青少年来说，暑期打工是一种既赚钱又不耽误课业的方式。想要赚钱的青少年没有理由不在暑假做全职工作，把一部分收入存起来作为下一个学年的零花钱。除此之外，我上文所说的关于兼职工作的一切都适用于暑期工作：

- 鼓励青少年寻找能让他们获得未来有价值的知识和技能的工作，并让他们接触能成为积极职业榜样的成年人。
- 坚持让青少年有一个包括储蓄在内的财务计划（参见上文的"金钱与资金管理"）。

找一份好工作需要更多的主动性、更多的挖掘，而不是在快餐店或百货公司找一份典型的年轻人的工作。这是青少年喜欢父母的建议和帮助的一个方面，但应该由青少年自己负责。

求职漫漫路[6]

首先从头脑风暴开始，确定一个青少年将来可能想从事的领域（例如兽医、新闻、时尚、计算机）。如果他不知道自己想做什么，就应该列出他的特殊兴趣和喜欢的活动。一个对体育感兴趣的男孩可能会找一份在健身俱乐部或指导更年幼孩子的工作；喜欢木工的孩子可能会在建筑公司或修复旧家具的公司找一份工作。

其次，青少年应该试着想想他认识的所有在这些领域工作或可能有接触的成年人，包括家庭朋友、亲戚和学校朋友的父母，然后打电话问他们是否知道有哪个组织在暑期雇用学生。与此同时，青少年应该向学校指导办公室索要一份暑期工作清单。如果你所在的城市有青年就业办公室，他应该打电话到那里看看有什么工作。青少年也可以给当地的大型雇主写信，并附上自己的一份简历。

通常，就内在兴趣和职业经验而言，最好的工作往往是没有报酬的。医院、政府机构、媒体、社会服务机构、政治运动和文化机构经常有学生志愿者的职位。学院和大学的研究人员也可以在他们的实验室雇用志愿者。如果一个青少年做了一份卓越的工作，志愿者职位可能会直接带来一份有报酬的工作。即使可能性很小，志愿者工作对于获得人脉和经验方面也是值得的。如果青少年实际上不需要赚钱，那么他可以考虑这些职位。你可以指出，当他申请大学时，一封来自博物馆馆长、医院管理人员、教授或市议员的信比超市经理的推荐信更有价值。

夏令营和度假胜地的工作可能无助于青少年制订未来的职业规划，但户外活动和结交新朋友的机会本身就是一种回报。

为面试做准备

青少年应该与父母或其他成年人一起预演即将到来的面试，预测可能被问到的问题并练习回答。一些可能的问题是：请简单介绍一下你自己。你业余时间喜欢做什么？你为什么对这份工作感兴趣？你的资历是什么？你以前做过这种工作吗？你未来的计划是什么？你最大的优点是什么？你的缺点是什么？青少年应该让扮演雇主的成年人评价她的表现。

青少年还应该为雇主准备一系列问题：她的具体职责是什么？她向谁汇报工作？她将在哪里工作？工作时间是怎样的？她的工资是按小时还是按周支付？薪酬是多少？

如果青少年已经准备了简历，她应该随身携带一份。如果没有，她应该想三件可能给雇主留下深刻印象的关于自己的事情（以前的工作经验、学校成绩、兴趣和与这份特定工作相关的活动）。如果雇主没有问这些问题，她应该找机会提出来。

外表也很重要，这是不言而喻的。一个穿着干净、整齐、保守的青少年看起来像一个认真的候选人。即使这份工作不需要穿西装打领带或穿连衣裙（比如青少年将在建筑工地或海滩上工作），他也不应该穿着破洞牛仔裤去面试。

简历指南

青少年的简历应该包括：

教育：青少年目前就读的学校，他或她有过的任何其他教育经历，以及他或她获得的任何荣誉。

工作经验：虽然青少年没有太多的工作经验，但他们的工作经验可能比他们意识到的要多。青少年应该把他们所做的任何事情都写进去，无论有没有报酬，这些事情只要是需要遵循指示，承担责任，及时、高效，以及礼貌的就算。比如照看孩子、当妈妈的帮手、送报纸、做志愿者、担任学校政府秘书或管理学校篮球队等都属于工作经验。

特殊技能：在这里，青少年应该列出他或她具备的任何特殊能力，比如打字，使用电脑，流利的第二语言，为学校论文排版，管理一群年幼的孩子，等等。青少年还应该考虑添加与他或她申请的工作有关的活动，以及可能引起雇主注意的不寻常的经历。

个人信息：这是对青少年的简要描述，包括出生日期、背景和兴趣。

推荐人：一份简历应该有两个非亲属的推荐人，他们对青少年有足够的了解，可以描述他或她的能力、天赋和性格（或可靠性）。青少年在使用他们作为推荐人之前应该征得他们的同意。

简历应打印整齐，仔细检查拼写和语法错误，并复印清楚。当把简历寄给潜在的雇主时，青少年应该写一封简短的信，说明他或她申请这家公司的职位的原因。在填写工作申请表时，也可以将简历带到工作面试中作为参考。

充分利用一份工作

即使在最好的工作环境中，十几岁的员工也很可能被分配到低级的、机械性的工作。为了最大限度地利用一份工作，青少年应该努力对同事友好，自愿做比要求的更多的事情，并提出问题（"我可以看……吗？""你怎么知道……？""你能教我……吗？"）。父母可以通过询问她在学习什么，以及在那个特定的工作场所实际发生了什么来加强她在工作中的学习。

如果你的孩子和她的上司关系很好，她应该在暑假结束的时候，也就是工作快结束的时候，向上司要一封推荐信。（否则）两年后，当她申请大学时，她的上司可能已经搬到另一个国家去了。

为进入大学做准备

对任何想要从事白领或专业工作的人来说，四年的大学学位是必不可少的。那些想从事手艺或贸易的年轻人通常需要在职业/技术学院学习两年的课程，以获得证书和执照。

当然，找工作并不是上大学的唯一原因。大学在年轻人的心理发展中起着不可替代的作用。大学通过给予年轻人尝试不同角色和人格的自由来促进自我认同的发展，通过让学生接触有不同兴趣和想法的教授以及同学来激发他们的求知欲，通过在没有父母指导的情况下让学生做出决定以培养他们的责任感，通过约会延长探索的时间来增强维护亲密关系的能力。这是我们大多数人唯一的机会，可以使我们成为既能够独立生活，相对来说又没有重大责任的一群年轻人中的一员。上大学不仅影响年轻人毕业后能找到什么样的工作，还会影响他们住在哪里、和谁结婚、和谁做一辈子的朋友，最重要的是，影响他们成为什么样的人。

有很多关于大学选择、申请和录取的详细手册。我无法在这里重复它们的内容。我的重点是帮助你和你的孩子了解大学在考虑申请时看重的是什么。

大学看重什么[7]

虽然每个学校的程序和标准都不一样，但大多数竞争激烈的大学都会对候选人进行两种评估：学术评估和个人评估。在这两者中，学术评估是最重要的。

学术评估

在评估候选人的学习成绩时，大学招生委员会首先会看申请人的课程负担有多难，然后看他或她的平均绩点。在难学的科目上得 B 比在简单的选修课上得 A 更重要，在荣誉课程和先修课程上得 B 甚至更重要。竞争激烈的大学正在寻找那些努力学习的学生。由于许多学科知识都是需要累积的，而且课程安排往往难以更改，因此希望在十一年级或十二年级时参加荣誉课程或高级课程的学生必须提前很久就开始走这条道路。你的孩子从开始填写申请表到进入一所名牌大学，中间是一个漫长的过程。

其次，大学招生委员会会看候选人的班级排名。大学可能不知道在某所高中拿到 A 或 B 有多难。2 个 A、2 个 B、1 个 C（平均绩点 3.2）的考生如果在班上名列前茅，就说明这所高中要求很高；如果具有相同成绩的候选人在班级排名中接近中等，这意味着在该学校获得 A 和 B 相对容易。班级排名可以告诉大学，考虑到候选人所在学校的评分惯例，该候选人的竞争力如何。

最后，大学招生委员会会看标准化考试成绩，比如 SAT 或 ACT（ACT 即美国大学入学考试，有些学校不再要求这些测试，但大多数学校仍然要求）。这些考试成绩可以让学校了解候选人在全国的排名。有些大学比其他大学更重视考试成绩，但一般来说，考试成绩是用来确定候选人是否在该学校的正常水平范围内。那些学习成绩不是非常突出的候选人，若其分数远高于这个范围，可能会促使招生委员会重新考虑以下问题：她深度参加课外活动了吗？她是否适应一所新学校和一个完全不同的环境？若候选人的分数远低于这个范围，可能会使招生委员会放弃录取。

在这种综合评估的基础上，大学招生委员会可能会决定候选人是"非常有可能"、"有可能"还是"不太可能"被录取，或者在处理数千份申请的学校中,给候选人分配一个数字评级(比如,从1到5的等级)。申请人越多,学校越有可能使用公式或既定的分数线;收到较少申请的学校,能够以更个性化的方式对候选人进行评估。

个人评估

　　竞争激烈的大学会努力把背景、才能和兴趣各不相同的年轻人组成一个多样化的新生班级。但请记住,这些大学想要的是全面发展的学生群体,而不是全面发展的申请者。一个在单一领域(音乐会钢琴家,游泳冠军)表现出领导力、成就和奉献精神的青少年比在许多领域都很好但不是很出色的人更受欢迎。许多学校还寻求地域多样性。如果你的孩子申请的大学不是来自你所在的地区,那他可能会获得一点点优势。在其他条件相同的情况下,来自宾夕法尼亚州或新泽西州的申请人被卡尔顿学院(位于明尼苏达州)或戴维森学院(位于北卡罗来纳州)录取的概率要高于排名相近的哈弗福德学院(位于费城郊区)。

　　为了创建一个多样化的新生班级,招生过程是这样安排的:每个申请人不是与所有申请该大学的学生竞争,而是与个人资料相似的其他学生竞争。例如,如果曲棍球是一所大学的主要运动项目,那么一名优秀的守门员可能会与另外两三个申请该大学的优秀守门员竞争,而不是与该校550名新生录取名额的4000名申请者竞争。校友的儿子或女儿会在其他校友的子女申请者中被评估,等等。

　　一般来说,在名牌学校,申请者会被分为四类(有时被称为"分批"):运动员、校友的子女、来自少数族裔或贫困家庭的青少年,以及其他人。学校将预先确定每个群体的大致录取比例(15%的录取通知书将会发给校友子女,20%给运动员,等等;这些数字因学校而异,每年也可能不同)。针对每个群体,学校将对申请人的学术评估和个人评估结果进行比较。校友的孩子被录取的机会更大,不是因为录取标准更低,而是因为候选人数相对于分配给这个群体的学生的名额来说更少。

　　个人评估是基于候选人的申请书、课外活动记录、个人推荐信和面试。个人申请书不仅告诉招生委员会候选人个人的相关信息,还会告诉他们候选人的写作水平，这是标准化考试无法衡量的。建议学生在写申请书上多花些时间和心思。一篇一流的申请书可以避免被拒绝，而一篇充斥着拼写错误和语法错误的糟糕申请书可以让合格的候选人的申请被拒绝。申请书应该是原创的、具有个人特点的、清晰和有力的。

在高中生和他们的父母之间流传的一个最常见的谣言是，大学正在寻找那些参加过各种课外活动（比如体育、政治、艺术和社会服务）的学生。实则不是这样的。大学招生委员会对深度比对广度更感兴趣。参加课外活动之所以重要，是因为它能表明候选人有成为领导者的天赋和自驱力，或在所选定的活动中表现出色。招生委员会不信任加入多个组织的人。他们对尖子生更感兴趣，而且他们很清楚，一个参加了十个不同课外社团的申请人，可能不会选他所在学校提供的最难的课程。那些把全部精力投入管弦乐队或社区活动中的人，可能会得到特别关注，而那些样样通却样样不精的人则不会。

大多数大学都需要推荐信。不幸的是，这些推荐信通常是由几乎不了解候选人的人写的。这些推荐人可能会用几乎适用于任何人的措辞来描述候选人，或者只是简单地重复申请表上的信息。招生委员会给一封推荐信分配多少权重在很大程度上取决于推荐信的质量。一般来说，老师或校长的推荐最重要，而一位偶然认识候选人父亲的参议员的推荐信或许起不到什么作用。

如果可能，青少年应该与她的首选大学进行一次单独面试。如果这次谈话不是令人难忘的，面试官可能会在候选人的档案中写上"似乎还行"之类的话。如果这名青少年从招生官面试的 100 名候选人中脱颖而出，那么推荐她的力度就会更大，她可能会在招生委员会中有一个支持者。换句话说，面试没有坏处，反而可能有所帮助。

个人评价很少能弥补不佳或平庸的学业记录。竞争激烈的学校会收到数十名（如果不是数百名）校队球员、报纸编辑和班长的申请，其中许多人都是考试成绩近乎完美的优等生。只有当运动员是全州最佳运动员、报纸编辑获得了全国学生新闻奖，或者班长对学校或社区做出了非凡的贡献时，这样的课外活动才可能使候选人脱颖而出。但对那些在学习成绩上与其他候选人不相上下的学生来说，一篇特别的文章、一封强有力的个人推荐信、一次令人难忘的面试或一份已被证明的对课外活动的热情都可以让他们脱颖而出。

独立大学招生顾问能帮上忙吗

随着大学招生竞争日益加剧，青少年尤其是他们的父母对进入"理想"大学的焦虑情绪已经失控，独立大学招生咨询业务急剧增长。

很难说聘请一名顾问帮助你的孩子申请大学是不是值得。这在很大程度上取决于你孩子所在学校的大学咨询服务的质量、你是否愿意自己监督申请过程，以及你孩子的责任心。大多数青少年和家长都会对申请过程有疑问（在哪里申请，在个人申请书中要强调什么，向谁请求推荐，有什么经济补助，等等），而有经验的大学顾问会比一般的学生或家长更了解这些事情。但就像其他专业服务一样，有优秀的招生顾问可以提供有价值的建议，也有不称职的招生顾问的建议值得商榷，还有急于利用极度焦虑的家长和学生的不安全感的骗子。寻找和选择独立顾问的相关建议信息可以从独立教育顾问协会（www.educationalconsultants.org）和美国大学招生咨询协会（www.nacacnet.org）处获得。但是这些专业组织的成员资格并不能保证顾问的能力。如果你决定聘请一名独立顾问，可以向其他家长征求建议。

为了决定是否聘请独立的大学招生顾问，需要了解这些人能做什么和不能做什么。

关于如何进入大学，独立顾问是无法获得什么"内幕信息"的，这不是你能靠自己的一点努力就能得到的。 任何公开出版的指南都会告诉你几乎相同的故事：学习成绩优秀比其他任何事情都重要，学习成绩优秀的定义首先是在你孩子所在的学校提供的最具挑战性的课程中表现出色，其次是在标准化考试中取得好成绩。专业咨询师再多的"包装"也无法弥补你孩子糟糕的学业基础或平庸的成绩。许多指南都在讨论如何撰写一篇出色的申请书（申请中最有施展空间的部分），并提供了许多好的（和坏的）例子。

独立顾问与招生官员之间没有可以保证你孩子被录取的特殊关系。要警惕那些声称他能让你的孩子进入哈佛大学、耶鲁大学、普林斯顿大学或类似大学的顾问。这是一张空头支票。一个好的顾问可以建议你申请一些你可能没有想到的学校，修改你孩子个人申请书的草稿，并指导你去找到那些不太知名的经济补助来源。但是没有顾问可以打一个电话就帮助你的孩子升入一所他不符合要求的学校。

一位知识渊博的独立顾问可以为孩子的学业记录提供一个现实的评估，并建议他或她可以申请哪些学校。这可能是招生顾问能提供的最有用的信息。有成千上万所学院和大学，有数百所优秀的大学，一个非专业的人不太可能知道所有的录取条件以及每所学校录取的申请人的典型资格。

如果你孩子学校的指导顾问能做到这一点，那最好。但是很多学校老师没有时间给每个学生提供个性化的建议，他们可能每年会为不同水平的学生提供一份建议清单。虽然可以从指南中获得许多必要的信息，以找出不太明显的替代方案（如美国其他地区的学校），并将长名单缩短到可掌控的数量，但对那些从头开始找大学的人来说，海量的信息可能会让他们不知所措。你可以先向学校的辅导员寻求帮助，在聘请独立顾问之前对孩子进行评估。如果你只有 10 分钟的时间，而且很匆忙，那就去别处寻求帮助。

一位有经验的顾问能让你的孩子走上正轨。大学申请不应该等到最后一分钟才进行。许多青少年喜欢拖延，一些是因为申请过程让他们感到焦虑，另一些是因为他们就是这样处理所有事情的。你也许可以自己监督，必要时也可以唠叨几句，但你可能更愿意花钱请人替你做这件事。一个好的顾问知道如何让唠叨听起来像是一次鼓舞人心的谈话。

你的孩子在某一方面需要帮助并不意味着他在所有方面都需要帮助。虽然许多顾问以一揽子服务的形式出售他们的服务（而且通常是昂贵的），但也有许多顾问按小时提供服务。你可能会发现你可以从某些类型的帮助（准备标准化考试）中受益，而其他类型的帮助（写个人申请书）则对你无用。挑选你和你的孩子需要的服务是完全可以的。

第十六章
高中酗酒和药物滥用

在第十一章中，我研究了关于酒精、香烟和其他药物的谣言和事实。在这一章中，我将更仔细地研究它们，讨论制定药物和酒精使用规则的重要性。如果你怀疑孩子正在使用或滥用非法药物或酒精，对你应采取的措施我会给出建议。

虽然酒精和其他一些药物是美国高中生的首选消遣品，但在高中，他们很可能也会接触一些非法药物。重要的是，你和你的孩子需要知道这些物质是什么，它们的影响是什么，它们还有什么名称。互联网上有一个关于不太熟悉的物质的很好的信息来源，网址是 http://www.whitehousedrugpolicy.gov，同时常用的美国俚词语典也能查到一些。

近年来，青少年将止痛药等处方药用于娱乐的情况急剧增加。一些非处方药，如止咳药的使用也是如此。如果使用不当，这些药物可能非常危险，甚至有毒。家长应妥善保管所有处方药物，并记录药片的数量。频繁地补充处方药可能表明有人（另一个家庭成员，或者你孩子的一个朋友）一直在服用这种药物。把所有没用过和过期的处方药放在别人找不到的地方。

制定关于药物和酒精的规则

虽然16岁或17岁的学生在很多方面看起来很成熟，但在沙滩聚会上喝啤酒、在夜总会里点鸡尾酒或与朋友分享一瓶葡萄酒，不论是从情感上还是从法律上来说，高中生都还太年轻了。使用非法药物在任何年龄都是有风险的，尤其是对一个正在发育和成熟的年轻人来说。所有的药物，包括酒精，都应该成为青少年的禁区，至少在高中毕业之前。

研究表明，青少年使用酒精和药物的最佳预测因素之一是青少年认为他们的父母容忍这些活动的程度，所以你给孩子传递的关于药物和酒精的观点（即使只是偶尔）是很重要的。出于这个原因，我鼓励父母向他们正在上高中的孩子发出一个清晰而一致的信息：禁用药物，禁止饮酒，没有例外。如果这是你的孩子接收到的信息，他将不太可能去有酒精和药物的场合。如果你传递的信息模棱两可（例如，在某些情况下饮酒是可以的，但其他情况下不行），你就会增加孩子尝试酒精的可能性，或者使他们成为这些东西偶尔甚至频繁的消费者。

与此同时，父母必须面对事实。大一点的青少年将会更容易遇到朋友都在饮酒的情景。在青少年期早期，任何种类的药物使用通常都是秘密的（就像从车库后面偷来的旧香烟的现代变种）。在青少年期中期和晚期，饮酒往往是公开的，香烟也是。十几岁的青少年会自己去更多的地方，甚至"乖"孩子也会参与其中。

我不认为如果父母发现他们的儿子和他的朋友在聚会上饮酒或他们的女儿在聚会上吸一根烟，他们就应该大发雷霆。美国的一项调查显示，几乎所有的美国青少年都会在高中毕业前饮酒。[1] 但没有实验证据表明，高中期间使用酒精或服用药物会不可避免地导致青少年或他们进入成年期后产生酒精或药物依赖。虽然这些统计数据证明不了青少年饮酒和服用药物是合理的，但有助于我们更理性地看待这些行为。青少年尝试酒精或服用药物的行为必然会引起父母的反应，因此父母有必要针对偶尔一次尝试和频繁使用，或者他们尝试这些物质和其他更严重危险的物质的情况做出不同的情绪反馈。

还有一个不要过于严厉的原因是，许多父母都知道，有些成年人曾（或一直）适度饮酒或服用药物，但对自己或他们的后代没有任何不良影响。同样，你的孩子可能知道他们自己只是偶尔饮酒或服用药物，而不是要变成酗酒者或"瘾君子"。如果你想阻止他们使用酒精或药物，你就应该强调避免使用它们的真正原因（比如，这是非法的，它对健康有害，它损害你的协调能力和判断力，你不知道别人递给你的是不是普通香烟），而不是错误的原因（比如，你会上瘾，这会导致你使用的剂量越来越大）。恐吓战术只会让青少年觉得你根本不知道自己在说什么。

在制定这些物质的使用规则时，你要保持坚定和讲理的态度，解释你为什么不允许他们饮酒或服用药物，例如：

- "你这个年纪喝酒还是违法的。"
- "我担心你的安全。很多青少年在喝酒的时候会出车祸。我希望你能平安长大。"
- "你还在成长，你的身心还在发育，你可以用其他方式放松身心。酗酒和使用药物都是不健康的事情。"
- "我们一家人都不喝酒，既然你还和我们住在一起，我们希望你也能遵守我们的规矩。"

鼓励青少年说出自己的理由，比如，"你以为我们为什么不让你喝酒？"要让他们清楚违反规则的处罚是什么，而且一定要表扬那些远离酒精和药物的青少年。

和你的孩子讨论合理饮酒的问题是个好主意，因为它既可以作为年轻人成年后的准备，又可以防止你和他对"在什么样的情况下可以饮酒"产生分歧。合理饮酒的人有如下特征：

是偶尔饮酒的人。他们很少饮酒，既不是每个周末都饮酒，也不是每次聚会都饮酒，当然也不是每天饮酒。

会选择合适的时间和地点饮酒。他们可能会在聚会上或周末与朋友一起饮酒，但绝不会在工作、上学，以及计划参加划船或滑雪等有潜在危险的活动时饮酒。

是社交饮酒者。他们总是和朋友或家人一起饮酒，而不是在他们独自一人、无聊或沮丧的时候饮酒，也不是在他们出门前用酒精来壮胆。

会控制饮酒量（抿着喝，而不是大口喝，边喝边吃东西），这样他们就不会喝醉。

从不将酒精与其他药物同时使用。这不仅适用于非法药物，也适用于许多处方药（如止痛药或镇静剂）和非处方药（如感冒药或过敏药）。

出于正当的原因饮酒。因为他们喜欢酒的味道，或者为了保持良好的感觉，而不是为了用酒精来消除他们的烦恼、挫折或愤怒，也不是为了在情绪低落的时候让自己振作起来。

不会酒后驾车。这是需要向青少年传达的最重要的信息之一。许多家长避免讨论酒驾问题，因为他们认为，在制定禁酒规则时，这个话题已经被含蓄地涵盖了。但酒后驾车如此危险，必须摆到明面上讲清楚，要明确地告诉青少年："酒后绝不开车。"强调你说的不仅仅是醉酒驾驶，而是任何程度的酒后驾车。一个在两小时内喝了至少两杯酒的成年人在开车时并不是百分之百安全的，更不用说青少年在驾驶和饮酒方面的经验都比较少，他们并不知道自己什么时候喝多了。青少年不应该酒后驾车，这是原则，不可商量。第二条规则是"永远不要搭喝过酒的人开的车"，不管他们认为自己有多清醒。

制定了这些规则后，你应该预料到孩子本来不打算喝酒却喝了的情况。下面是一些处理方法。

母亲反酒驾联盟（MADD，这是由一位母亲创建的组织，她的孩子在一场与酒精有关的事故中丧生了）。建议父母与自己的孩子签订一份协议，协议规定："如果你的身体状况不适合开车，你可以随时打电话给我们，我们会来接你，不会问任何问题。"换句话说，如果孩子足够明智，给你打了电话，你就可以免除他因酗酒或在外逗留太晚而受到的处罚。

给青少年提供可靠的出租车服务的电话号码，并给他留 20 美元以备不时之需。同样，如果青少年已经认识到酒后驾车是一个错误，他将不会受到惩罚。

学生反酒驾组织（SADD）。要从青少年的角度看待这个问题。为了避免在父母面前尴尬，学生反酒驾组织建议成群外出的青少年要指定一个人当晚不饮酒，让他负责开车，或者那些晚上不出去但有车的青少年可以自愿给饮酒的同学当司机。

在一些社区，父母可以轮流担任周六晚上的指定司机，同样没有任何问题。如果你的家里举办聚会，并且你怀疑一个或多个青少年喝了不少啤酒，不要犹豫，拿走他们的车钥匙，安排一个没有喝酒的人开车送他们回家，或者自己开车送他们回家，或者打电话给他们的父母。（如果这个孩子出了车祸，即使你没有提供酒饮，你也要承担责任。）

同样的规则也适用于成年人。如果你几个晚上都摇摇晃晃地从车里出来，或者你让一个喝多了的朋友开车回家，你就不能指望一个十几岁的孩子认真对待酒后驾车的危险。

父母再怎么强调酒驾的危险也不为过。当孩子拿到驾照时，你就要制定基本规则和违反规则的惩罚：如果他在酒后驾车，你会没收他的驾照一个月、两个月、甚至六个月，这取决于具体情况；如果一个女孩在约会对象喝醉的时候不打电话给你或者不找代驾，她一个月都不能和那个男孩再出去玩；如果一个男孩和一个会开车的年长的朋友遇到同样的情况，处理原则同上。确保青少年明白失去驾照意味着什么：如果有聚会，他们要么不得不搭朋友的便车，要么就得依靠你，要么就把零花钱用来打出租车，要么只能徒步到达聚会地点，甚至只能待在家里。你还应该指出，如果青少年在饮酒后被警察拦下，她可能会被吊销驾照，保险费率将会提高，而你期望她自己支付这些增加的费用。

识别孩子出现问题行为的迹象

你女儿和一群朋友一起看视频，第二天早上，你发现客厅里有半瓶伏特加；你儿子大部分时间都待在自己的房间里，屋子里弥漫着香烟的味道；你在女儿的废纸篓里发现了一张香烟纸；你的儿子从聚会上醉醺醺地回家；啤酒总是从冰箱里消失。遇到以上这些情况，你应该怎么做？

不要反应过度。许多青少年尝试药物的原因和他们尝试另一种服装风格或者政治观点的原因没什么不同。尝试并不一定意味着孩子正在成为"瘾君子"，也不意味着孩子在对抗你的权威，在这个年纪，他只是想亲自体验一下酒精的味道和吸烟的感觉。如果你对一个青少年尝试药品的轻微迹象大发雷霆，他会认为你是独裁者。

假设你有证据表明孩子一直在饮酒或尝试过吸烟，如果这是第一次，试着表达关心，不要愤怒地指责、贴标签或骂他。询问他发生了什么，听听他对这件事的感受。有可能你儿子在意识到"螺丝刀"（一种鸡尾酒）有多厉害之前就喝多了，他可能因为失去了控制而心烦意乱，想要你帮忙设定限制。也许你女儿的朋友把伏特加带到她组织的聚会上，而她不知道如何要求朋友们不要在她这个聚会上饮酒，她可能需要你的帮助来处理同伴压力。她怎么既能说"别在我家喝酒"又不会将气氛搞得不愉快呢？废纸篓里的香烟纸可能是她姐姐扔的，她不想告密，但又很担心姐姐。事实上，你的儿子可能会在他的房间里吸烟（并等着看你会做什么）或每天饮酒（并认为你不会注意到）。

你的下一步行动取决于青少年正在使用哪种或哪几种药物，使用频率怎么样，以及在什么情况下使用。虽然没有固定的模式，但有可能据此区分青少年使用非法药物的不同程度。

不滥用药物的人从未尝试过非法药物，也不打算尝试。他们不喜欢药物污染他们的身体或迷惑他们的思想。

好奇者可能会为了寻求刺激而尝试一两次，但他们不喜欢这种效果。他们也可能在聚会上象征性地喝一小口酒或吸一口烟，但只为了炫耀一下，仅此而已。他们很少尝试比酒精或香烟更"严重"的东西，即使是酒精和香烟，他们也不是特别喜欢。

娱乐性使用者可以服用或放弃药物。他们可能会在周末聚会上喝上几杯，或者分享一根香烟，但不会每个周末都聚会。他们通常不会自己购买药物，也不会故意喝醉或吸烟。他们对酒精或香烟以外的烈性成瘾物不感兴趣。青少年休闲饮酒者和成年社交饮酒者的主要区别在于，许多青少年认为酒精和香烟之间几乎没有区别。

规律性使用药物者已从被动接受转变为主动寻求。他们大多数周末都参加聚会，经常喝醉，喜欢能让他们极度兴奋的朋友和活动，而且自己会去买一些药物。他们也愿意尝试其他成瘾物，比如兴奋剂、镇静剂、可卡因、处方止痛药，但他们仍然在乎自己的声誉和父母的认可。他们只在周末和假期使用药物，对成绩也很看重，并且从不缺课或错过体育训练。这种双重生活方式意味着他们有时会对父母撒谎，不告诉自己去过哪里、做过什么。

药物滥用者几乎每个周末都会喝醉，最后把"周末"延长到工作日的下午和晚上。他们用药物来缓解压力，建立自信，而且经常服用。他们认为，唯有药物才能使他们的生活变得有条理。他们对曾经喜欢的活动失去了兴趣，在学校里不再努力，和他们的恋人断绝关系，和父母吵架。大多数人使用比酒精或香烟更强烈的药物或药物组合，以获得快感。为了支付高价的药物费用，他们可能会从父母那里偷东西或向同龄人出售药物。药物滥用者会对自己和他人撒谎：大多数人都否认自己有问题，并告诉自己如果他们愿意，他们就可以停止。

酗酒者和成瘾者靠非法药物为生。他们服用非法药物，不是为了感觉良好或兴奋，只是为了感觉正常。他们不只是服用非法药物，还想办法获得立竿见影的效果。酗酒者和"瘾君子"不再关心自己的外表或别人的看法，他们的健康会持续恶化，如果他们试图在没有帮助的情况下停下来，会经历严重的戒断症状。

不同程度的药物使用者需要不同的应对措施。

不应该把不使用药物的人视为理所当然，他们值得拥有掌声。

在我看来，好奇者并不值得引起严重的担忧，特别是如果这个青少年"坦白"并且似乎愿意和你谈论药物。但有一点我应该指出，一些酗酒者和成瘾者说，他们第一次服用非法药物就上瘾了，有什么东西"灵光一现"，他们就再也回不了头了。目前还没有可靠、科学的方法来测试这些记忆，但新的研究表明，不同的人在基因上对成瘾的敏感性是不同的，而且有明确的证据表明，酗酒是家族遗传的。如果你的家庭里有这种情况，你就要提醒孩子，他可能是那些在任何年龄对任何量的酒精都没有抵抗力的人之一。

你对娱乐性使用者的反应取决于你的家庭的规则和价值观。如果你认为孩子在任何情况下都不应该饮酒,那你需要像我建议的那样,解释你为什么这么想,并执行你制定的规则和惩罚措施。如果你可以接受年龄较大一点的青少年偶尔娱乐性饮酒,或者你认为,无论你怎么说,你的孩子都可能尝试饮酒,那就回顾一下负责任饮酒的原则,并明确表示你将对不负责任的行为给予严厉的惩罚(不过请记住,你是在纵容一种非法行为)。出于法律和健康的考虑,允许娱乐性使用非法药物是不可取的。

规律性使用药物、滥用药物和药物成瘾显然是值得关注的问题。这里的问题是,滥用药物的青少年不太可能会告诉父母自己有问题。那你要怎么知道呢?以下是出现危险迹象的清单。服用非法药物的一些症状与其他问题的症状还会重叠,如抑郁(参见第八章)。如果你的孩子有以下至少三个危险迹象,而你也看到或无意中听到了他服用非法药物的证据,那就是时候调查一下了。

危险迹象清单 [2]

服用非法药物的用具:

- 烟管或其他与非法药物有关的物品;
- 非法药物残留证据,如烟灰缸或衣服口袋里的烟头,以及塑料袋里的不明药丸或粉末;
- 药物气味或使用掩蔽物(熏香,喷雾剂)。

认同非法药物文化的迹象:

- 有与非法药物有关的杂志,衣服上的标语;
- 在谈话和开玩笑时对非法药物的话题过分关注;
- 讨论非法药物时怀有敌意。

身体退化的迹象：

- 记忆力减退，注意力持续时间短，难以集中注意力；
- 身体协调能力差，说话含混不清，语无伦次（句子不完整，逻辑混乱，陈述怪异）；
- 不健康的外表，食欲和体重都有变化；
- 眼睛充血，瞳孔放大，流鼻涕，干咳，易患感冒和感染；
- 活动水平的变化（嗜睡，处于疲劳期或多动期）。

学校表现的巨大变化：

- 成绩明显下降，得分从 C 降到 F 或者从 A 和 B 降到 C，作业经常不完成；
- 缺勤或迟到现象增多。

行为的改变：

- 长期不诚实（说谎、偷窃、欺骗），甚至与警察经常起冲突；
- 朋友圈发生改变，并且对新朋友避而不谈；
- 拥有大量金钱；
- 暴躁，充满敌意，易怒，遮遮掩掩；
- 情绪波动——从过度快乐和合群到忧郁和孤僻；
- 缺乏动力、自律和自尊；
- 对卫生和个人形象漠不关心；
- 对最喜欢的课外活动和爱好失去兴趣。

如果你的孩子有问题该怎么办

处理青少年药物滥用问题的第一条规则是：不要假装一切正常。这听起来可能与我之前给出的建议（不要反应过度）相矛盾。但重要的是，父母首先要区分是偶尔在社交上使用酒精和香烟，还是经常、大量使用这些药物或更强的非法药物。其次，请参见我列出的危险迹象清单。

当面对孩子有药物滥用问题的证据时（也就是说，孩子有至少三个危险迹象），父母最常见的反应不是愤怒、恐慌或悲伤，而是否认。[3] 他们忽视孩子行为上的不良变化（"他正在经历一个阶段。"），接受最蹩脚的借口（"我的老师不喜欢我。""我只是在为朋友保管。"）。当直系亲属以外的人（祖父母、老师，甚至警察）暗示他们的孩子有药物滥用问题时，父母会变得愤怒。当孩子没有上班或没去上学时，家长会编造不在场证明。他们告诉自己："所有的孩子都这么做。""至少我的孩子没有怎样怎样。"他们责怪自己或配偶（"我应该更严格一些。""你从来不花时间陪她。"）。他们宁愿相信几乎任何事情（孩子生病了，患有学习障碍，甚至是精神疾病），也不愿面对孩子有药物滥用问题的事实。通过假装一切正常，父母扮演了纵容者的角色。匿名酗酒者协会创造了"纵容者"这个词，用来描述那些无意识地通过保护他或她免受后果影响而实际上放任了酗酒者继续饮酒的家庭成员。

父母竭尽全力否认孩子有药物滥用问题的原因很明显：认识到这个问题会让他们觉得自己作为父母很失败。用一位母亲的话来说："我想成为一个好母亲，而不是一个失败者。我希望她是一个快乐的孩子，而不是一个有这样问题的孩子。"父母确实不会强迫孩子滥用药物，是青少年自己，而不是父母决定他饮酒、吸烟或服用非法药物。他是根据自己的自由意志做出这个决定的，他知道酒精和非法药物是危险的，他知道自己正在越过从可接受的行为到不正当的行为之间的界限，而他可能会在家里和学校陷入麻烦，甚至可能触犯法律，他可能会伤害爱他的人。也许你和孩子之间的关系不是世界上最好的那种，你的家庭生活不像《脱线家族》里那样温暖和充满乐趣，你的孩子在学业上有困难、在交友方面有问题，但现在他的问题是滥用药物。帮助青少年再次成为快乐的孩子的第一步是认识到你的孩子有问题，而问题是非法药物。

你是自己解决这个问题，还是寻求专业帮助，取决于青少年与酒精或非法药物的牵扯有多深。

自己解决问题[4]

如果青少年承认她正在使用你认为必须禁止的非法药物或经常饮酒，而你认为她在心理上或身体上还没有对非法药物产生依赖，你可能能够自己处理这个问题。（关于如何解决这个问题的好建议可以在 www.drugfree.org 上找到。）你应该向她解释你为什么担心（"你在尝试危险的东西。""你喝酒这件事正在成为一个问题。"）以及你的期望（"这必须停止，现在就停止。"）。如果及早发现问题，你们也许可以一起解决（参见第三章）。你们的约定应该声明，在任何情况下，她都不会使用任何非法药物，不与服用非法药物的朋友待在一起，也不去其他人会服用非法药物的地方，并让你随时了解她的行踪和活动。就像在所有约定中的一样，询问她认为自己饮酒或服用非法药物的惩罚措施应该是什么，即减少特权。这个约定应该每周审查一次。

然而，当一个青少年有滥用药物问题时，协商解决或许是不可能的。她可能会在一两个星期内遵守约定，但一受到诱惑就会溜走，或者对自己的行为撒谎。滥用药物问题是你不得不制定规则的一种情况。制定规则就是提醒青少年，健康和安全是不容商量的。如果青少年已经表明，她不能为自己设定负责任的限制，你就必须帮她设定这个限制。这些可能包括以下内容。

暂停使用驾驶执照，直到她几个月内都没有滥用药物。这是必须做的。

把她的零花钱削减到最低限度，要求她把所有的工作收入和现金礼物都存入一个银行账户，提款时要征得你的同意。

监视她的活动。为她的下午和周末时间制定一个时间表，她要说明去哪里、做什么、和谁在一起、什么时候回家。日程上的任何变动都必须事先征得你的同意。理想情况下，在接下来的几个月里，她不应该在没有什么特别的事情可做的情况下独自在家。

消除滥用药物的诱惑。如果孩子平时能很好地控制自己，但经常在周末聚会上喝醉，那就让她至少一个月不参加聚会（但尽量提供与饮酒无关的替代活动，比如和家人一起远足或重新装饰自己的房间）。一个月后，允许她在家里举办一个小型聚会，或者去你认识的人家里参加聚会，但要保证，她不会在聚会上饮酒或服用任何非法药物，并遵守你的宵禁时间。同样，如果她在家里饮酒，就要拿走或锁上所有的酒。如果她在房间里服用非法药物，那就实行强制开门原则。

换一群朋友。如果你知道她交往的某个男孩、某个特别的朋友、一群朋友或者她的同事向她介绍非法药物或鼓励她饮酒，那就宣布与他们断绝往来。同时，列一个她可以见的且你们也可以接受的朋友名单。

修复损伤。如果她的学习成绩下降了，坚持让她把成绩提高到以前的水平，然后还给她一些被你拿走的特权。如果她从你那里"借"（偷）钱去买非法药物，你应该要求她还钱。

实施严厉的处罚。如果违反了这些规定，她将付出代价。要明确处罚措施，不接受任何借口：如果她下午和一个被禁止交往的人在一起，她将在两周内不能使用手机；如果她说她要去朋友家，但你发现她去参加了一个聚会，她就必须把她珍视的某个东西（她的音响或一件珠宝）捐给慈善机构；等等。

对青少年一开始会出现的生气和怨恨做好心理准备。你只要提醒她（和你自己），你不是在试图破坏她的生活，而是在试图拯救她的生活。

在这个时期，青少年不应该是家庭中唯一被高标准要求的成员。如果家庭中的每个人都发誓不滥用药物，这些策略可能会更有效。这意味着未成年人不得饮酒，禁止未成年人吸烟，禁止成年人定期夜间饮酒，成年人不得醉酒（喝醉），禁止任何人（包括父母）使用非法药物，禁止滥用处方药或非处方药，并且不使用药物减肥、睡觉、清醒或放松（也就是说，药箱里没有苯丙胺、安眠药、兴奋剂或镇静剂这类药物）。如果你有不止一个孩子，一定要和他们讨论这个问题。青少年经常报告说，他们第一次接触这些是被哥哥姐姐"激发"的。

寻求专业帮助

如果你有理由相信孩子在滥用药物，或者经过了一两个月，你自己的努力失败了，你应该寻求专业帮助，即医生或学校辅导员（关于美国地区治疗服务的一个很好的信息来源是 http://dasis3.samhsa.gov）。在某些情况下，药物咨询师会建议青少年每天参加一个针对青少年药物滥用的特殊项目（在上学时或放学后），青少年也可以离开家和学校几周甚至几个月在药物诊所接受住院治疗。这些措施看起来有些极端，但这类青少年的未来正处于一种岌岌可危的状态。与你的医生、学校辅导员和其他有过药物依赖青少年治疗经验的人一起认真审查这个项目的声誉。做好青少年可能会拒绝寻求帮助的心理准备，但不要放弃。如果青少年药物滥用问题能被及早发现并治疗，那他就很有可能再次成为一个健康快乐的孩子。

第十七章
问题行为

在青少年期，单纯的不当行为和问题行为[1]之间的界限可能很微妙。如果儿子以摔门而出、拒绝告诉你他要去哪里以及和朋友过夜的方式结束争吵，父母应该担心吗？如果女儿穿着暴露呢？如果儿子和朋友在健身房墙上涂鸦呢？父母应该在什么时候划清不当行为和问题行为之间的界限呢？该怎么划呢？

青少年不当行为的范围包括正常的不当行为（不会引起严重关注的行为，尽管这种行为可能需要进行一次严肃的谈话）、麻烦行为（表明青少年有问题，或可能陷入麻烦，需要改过自新）和问题行为（表明有严重的心理失调，需要立即进行专业干预的态度和行为）。我在第十六章讨论了滥用药物和酗酒问题；在第十章讨论了学业成绩问题；在这里，我将集中讨论性行为、挑衅、违法、离家出走、逃学和学校恐惧症等问题。

不恰当的性行为或性兴趣

这里指的是不恰当的性行为或性兴趣，尤其是挑逗性和滥交的行为。一般来说，青少年在如何着装、何时开始参加男女都有的聚会、约会、稳定关系以及发生性行为等方面都会效仿同龄人，而同龄人常常觉得成年人对这些事情的时间表已经"很可悲地过时了"。在这种情况下，许多（如果不是大多数）青少年都是性叛逆者。个人的界限取决于家庭价值观（参见第十四章）。青少年期早期的性行为是不健康的，如果一个16岁的女孩有一个稳定的男朋友，她已经和他交往了一段时间，而且他们似乎真的很关心对方，那么当你发现她还是处女时，你应该放心，她能很好地保护自己。

然而，当一个十几岁的孩子炫耀自己的性征，并以激怒父母的方式行事和穿着时，这就是一个麻烦的迹象了。这些青少年通常会说一种极端自由主义的话："我想这么干。"当父母试图约束他们时（"你不觉得那件衣服太紧了吗？""你不能参加那个海滩聚会！"），他们的回答是"你阻止不了我"。性是他们争取独立的战场。[2] 在某些情况下，性成熟是一种行为，而青少年在性方面仍然是幼稚的。另一些青少年认为，一旦失去了童贞，他们就可以认为自己是成年人了。想要通过性来证明什么的欲望，常常使他们忽视了自己正在利用伴侣，或者被伴侣利用的可能性。身体上的亲密可能会取代情感上的亲密。青少年会经常坠入爱河，也会经常失恋。

滥交和对性的过度兴趣是出现严重问题的迹象。为了证明自己的受欢迎程度和吸引力，一个女孩可能会和刚认识的男孩上床，或者在一个周末甚至同一个晚上有几个伴侣。为了保持男子汉形象，男孩可能会专注于征服，专注于寻找性伴侣。关注这种人物形象的人一般不关心他的伴侣，性会变得更加具有强迫性而不是愉悦性。那些感到不被爱和不可爱的人可以获得亲密的幻觉，无论多么短暂。可悲的是，这种行为使他们无法获得他们最想要的东西——爱。

青少年为这种程度的性叛逆付出的代价之一是与父母发生冲突。另一个代价是与同伴和同性朋友疏远。这些青少年经常和一群年龄更大的人来往，但他们在人群中的地位通常是边缘性的。被年龄较大的青少年部分接纳并不能弥补他们与同学之间的隔阂，因为同学可能会感觉受到威胁，或者对他们感到厌烦；也不能弥补他们缺乏可以倾诉的同性朋友。早期或长期的滥交还可能导致以后生活中的性冷淡和性功能障碍。性享受并不是自然而然发生的：年轻人因为其他原因而发生性行为，就失去了学习如何给予和接受快乐的机会,更不用说性传播疾病和青少年期怀孕的概率也会大大增加。

挑衅

正如我一直强调的那样,对抗父母的规定是青少年成长过程中很正常的一部分。与父母和其他成年人辩论是青少年向自己和他人证明他们正在成为独立的个体,有自己的标准、价值观和目标的主要方式之一。要求更多的个人自由,主张相反的观点,偶尔"忘记"做家务,偶尔偷懒(在学校和家里),都是正常的。

然而,频繁的、有攻击性的爆发是麻烦的信号。在三四岁时,暴脾气可能是常见和正常的,但在十五六岁时还这样就不正常了。一个简单的要求,比如清理桌子、做作业或者对长辈要有礼貌,就会让这些青少年勃然大怒。之后,他们可能会充满悔恨,含泪承诺要改变。但这种情绪的爆发仍在继续。制造故意对立是另一个麻烦的信号。对父母的要求进行争论是一回事,故意做相反的事则是另一回事。假设你让你的儿子帮忙打扫庭院(他的日常家务之一),他却在你早上归拢好的一堆树叶中追着狗跑;你让你的女儿帮你准备晚上 6 点的家庭大餐,而她在下午和朋友出去后,5 点 55 分才慢悠悠回到家。对这些青少年来说,规则就是用来打破的。[3] 成年人赞成什么,他们就反对什么。他们把父母的警告("如果继续这样,你会被禁足/停学/被解雇。")当作挑战。这些青少年感到被误解,不被欣赏,甚至被剥削。他们不断抱怨被人骚扰。与此同时,他们明确表示,他们没有尽最大努力。这种程度的反抗并不违反法律,但它通常会升级为更严重的事情。

当青少年的行为(特别是暴力威胁或行为)导致家庭中出现长期或严重冲突、在学校被停学或在工作中被解雇时,当青少年与权威的对抗表现为非法行为并导致需要面对法律时,挑衅行为便成了一种问题行为。产生对抗行为的青少年报复心强,不轻易宽恕别人:当邻居要求一个男孩把家里的狗带离他们的房子时,他可能会在邻居家的草坪上倒几袋垃圾；当老师训斥一个在课堂上说话的女孩时，她可能会用口红在老师的车上写满脏话。愤怒已经成为他们性格的一部分。他们总是提防着别人的侮辱，通常还会主动反击。同学们都会避开他们，当他们离家出走或触犯法律时，父母反而可能会暗自松一口气。

违法[4]

从技术上讲，这是指违反法律的行为，包括像离家出走这样的身份犯罪。我也会把违反校规的行为（比如作弊）归入这类行为中。违法行为的范围从相对轻微的不当行为（擅闯私人领地、谎报年龄进入俱乐部、万圣节恶作剧）到严重的犯罪行为（偷窃、抢劫）。

正常的违法行为是罕见的、自发的、非暴力的。90%的美国青少年承认他们过去一年中曾在商店行窃、破坏财物、欺骗或有其他不良行为。这些轻微的违法行为通常是和朋友一起犯下的：在朋友家过夜时，四个女孩轮流给别人打骚扰电话；开学第一天，两个男孩交换身份，跟同学开玩笑（并迷惑老师）；在一次逛商场时，两个女孩决定动手拿些柜台上的化妆品；三个男孩决定不付钱就偷偷溜进电影院。父母应该严肃对待这些不当行为，但他们不必担心自己的孩子会走上犯罪的道路。

然而，反复、有预谋地违反法律或校规是麻烦的先兆：两个十几岁的孩子黑进学校的计算机系统，篡改上学期的成绩记录；一群男孩闯入邻居的房子，偷了一些邻居可能不会察觉的小东西（一块手表、一瓶酒），并以此为乐；一群女孩每周六见面进行一次入店行窃探险；当一个小团体中某个孩子的家长周末外出时，成员们就会邀请全校的人到他家里，并让每个人带一瓶酒，违法狂欢可能会持续3~6个月，时间长短取决于年轻人是否被抓住。家长和老师发现这种程度的不良行为时常常感到震惊，因为这些青少年可能成绩名列前茅，在其他方面似乎也是模范少年。

问题行为的迹象包括所有暴力行为（比如，殴打对他的女朋友发表无辜评论的男孩；在他晚上被禁足的时候用棒球棍砸碎了家里汽车的玻璃）或暴力犯罪（比如，抢劫加油站，用刀威胁年幼、弱小的同学并索要"保护费"）。非暴力的违法活动也属于这一类。一群有组织地亵渎寺庙或教堂的青少年，他们的行为就已经从恶作剧升级为违法行为了。与大多数青少年不同，这些青少年通常在学校有问题（成绩差，经常逃学）、与家人关系不好、拥有同样有不良行为的朋友。虽然早期在学校和家庭中出现的问题往往先于不良行为，但很难确定地说哪个先出现。由于无法满足成年人的期望，无论是在学校屡屡失败，还是在家里不断受到批评，都可能导致青少年试图通过非法活动来"证明"自己。与不良少年混在一起可能会为彼此的不良行为提供支持，并导致青少年在学校里不再努力学习。

如果是青少年单独犯罪，那轻微犯罪和校园犯罪也是问题的迹象。在考试中作弊以给朋友留下大胆印象是一回事；经常在考试中作弊，并对同龄人和成年人隐瞒这一点是另一回事。孤僻不合群的人可能会从偷一个受欢迎的孩子的储物柜里的东西或撕毁一个好学生的笔记中获得乐趣。一个在商店里偷东西的女孩，拿走她根本不想要的东西，也是有问题的。社会犯罪可能会造成更大的伤害，但单独犯罪暗示着更深层次的心理问题。社会犯罪分子可以解释他们的行为，即使他们的解释是不正常的（比如，"那些家伙挑衅我"），但单独犯罪的青少年犯通常说不出他们为什么要这么做，也无法阻止自己。社会犯罪很可能随着个人长大走出青少年期而消退，而单独犯罪更有可能导致成年后的犯罪。

离家出走[5]

媒体对青少年离家出走的描述往往夸大了这个问题。只有不到10%的青少年离家出走过，而其中不止一次离家出走的占了不到一半。与周日晚间电视剧中"失散多年"的离家出走者的形象相反，一半的离家出走者在几天内就回家了，3/4的离家出走者在一周内就回家了。大多数离家出走者不会逃到好莱坞或时代广场的街道上，而是待在他们的社区里，和亲戚或朋友在一起。

这些事实有助于正确看待离家出走。青少年不告诉父母他们要去哪里就冲出家门是正常的。如果这是一个孤立事件，如果孩子当天就回家了，或者去了朋友、邻居或亲戚的家（他们认识的人会告诉你孩子在哪里），父母就不用过度担心。这种戏剧性的行为可能是孩子为了引起家人对家里某个需要被解决的问题的关注。然而，如果青少年频繁离家出走（三个月内不止一次），即使是很短的时间，也是有问题的。如果青少年不是跑到朋友或邻居那里，而是跑到街上，父母就应该警惕了。

逃学[6]和学校恐惧症

逃学是指未经家长同意而无故缺课。逃学的青少年通常有在学校表现不佳的历史。他们认为他们的班级是"愚蠢的"，老师针对他们，他们宁愿去除了学校的任何地方。在不在家的日子里，他们通常会和其他逃学的青少年一起出去玩。他们比其他青少年更有可能犯罪。心理学家过去认为，频繁逃学导致的缺勤和对学校的消极态度导致了他们学业上的失败；他们现在认为，学业上的失败往往是逃学的原因，而不是结果。这些青少年把学校看作他们不断失败的地方，因此形成了反教育的态度和认知，以保护他们的自尊。

学校恐惧症是一种强烈的焦虑和对上学的恐惧。与逃学者相比，患有学校恐惧症的青少年在学校的表现一般或高于平均水平，他们喜欢学校，也担心落后。然而，他们不去上学有令人信服的理由，要么是身体不适（头痛、咽痛、胃病），要么是因为社会环境（老师不喜欢他们，其他学生很无情，等等）。当他们缺勤时，通常是得到父母的同意后待在家里。他们的恐惧症状和焦虑通常在周末消失，但在周日晚上或周一早上会再次出现。虽然常见于小学生，但在进入初中、高中甚至大学的过渡阶段，学校恐惧症也不罕见。

偶尔逃课甚至逃一天课都属于青少年的正常行为。在某种程度上，青少年都讨厌被迫上学，不喜欢学习与日常生活似乎很遥远的科目，以及整天都被关在"笼子"里。逃一节特别枯燥的课，或者在一个特别美丽的春日和朋友一起去海滩，可以恢复他们的自由和自决感。他们知道这是错误的行为，并且不打算再犯。在考试或戏剧社团演出前感到紧张也是正常的。青少年也不能幸免于紧张性头痛和神经性胃痛。有正常紧张情绪的青少年知道自己为什么状态不佳，并且愿意讨论他们的恐惧。

三个月内旷课一次以上是青少年陷入问题的一个信号。经常逃学的人不认为他们所做的是错的，他们认为上学是浪费时间。在没有发烧等确凿证据的情况下，在上学的早晨感到身体不适也是一种问题的信号。这样的青少年知道她为什么害怕上学，但这个原因让她太痛苦了，她不会谈论（"你没看到我病了吗？"）。

屡次缺课是有问题的行为。对学校的消极态度和对一成不变的生活的玩世不恭，已经成为长期逃学者基本价值体系的一部分。他即使偶尔上学，心理上也已经辍学了。他的生活围绕着一群朋友展开，这些朋友互相分享并强化了他的这种态度。这种患有学校恐惧症的青少年也会患有慢性病。她离开学校去治病的时间越长，就越难返回学校。她的恐惧症可能会延伸到学校以外的地方，害怕去可能看到同学的地方，甚至害怕离开家。

虽然结果是一样的（缺勤），但逃学和学校恐惧症有不同的原因，需要不同的应对方法。

经常或长期逃学的孩子的父母不应该试图独自处理这个问题。这个问题源于学校，必须在学校解决。许多学校为逃学的青年提供特殊的课程（个性化设计的课程、勤工俭学项目等）。这些项目的目的是让青少年感到他们可以在学校取得成功，并且奖励是实实在在的。

患有学校恐惧症的青少年通常需要接受个人或家庭治疗。形成一种身心抱怨的模式会损害青少年的身体健康和精神健康。这种模式最可能发生在孩子受到过度保护或过度溺爱的时候，因此他们没有形成应对普通压力的健康方式。然而，如果他们的苦恼有具体的原因，比如受欺负（参见第九章），学校就应该介入。

以下汇总了青少年的问题行为，同时指出了问题的严重程度。

应当引起警惕的信号[7]

正常的不当行为的迹象：

- 没有保护措施的性行为，或在 14 岁之前发生性行为；
- 偶尔与父母和其他成年人争吵；
- 一次或两次轻微的、非暴力的违反法律或校规的行为；
- 离开家一天，或者跑到一个熟悉的亲友家一次；
- 旷课或逃课一次；
- 尝试酒精或药物（参见第十六章）。

麻烦问题的迹象：

- 有性挑逗行为；
- 攻击性爆发，为了对立而对立；
- 屡次或有预谋地违反法律或校规，无论多么轻微；
- 三个月内不止一次离家出走；
- 三个月内旷课超过一次；
- 经常使用酒精或药物（参见第十六章）。

问题行为的迹象：

- 滥交；
- 反抗导致家庭暴力，休学，被退学，或与执法机构有对抗行为；
- 任何暴力行为或犯罪，单独犯罪行为；
- 离家出走，流落街头；
- 长期旷课；
- 药物滥用，酗酒（参见第十六章）。

父母该做什么

处理问题行为的关键是表达你对这种行为的反对，而不是表达拒绝，现在不是愤怒、指责、辱骂或讽刺的时候。

沟通

正常的不当行为不应该被忽视（"他只是在经历一个阶段。"），即使这种行为相对无害，但父母不应该在孩子出现不当行为的苗头时就严厉打击。过度反应和过度限制都可能导致一个原本只是在尝试的青少年冒更大的风险，哪怕只是为了证明他是独立的。这时需要的是冷静地讨论为什么这种行为是错误的；如果这种行为不一定是非法或不道德的，为什么你不赞成它（"我们认为你太年轻了，不能 _____。" "当你 _____ 的时候，我很生气。"）。鼓励青少年运用"假设每个人都是这样"的道德推理能力（参见第十二章）。给青少年一个表达自己观点的机会，读懂言外之意。寻找一个妥协的机会，让青少年对违反规则的行为提出适当的惩罚措施。你们认为彼此理解时，就可以对未来允许做的事情达成协议。在某些情况下，决定可能是"再也不能这样了！"；在其他情况下，决定可能是"你知道我们的感受，但我们相信你会做出自己的判断"。最后，确保每个人——你、你的配偶和孩子——都明白违反这个协议的后果，同时表明你愿意在任何时候讨论这些规则。如果孩子在没有事先和你商量的情况下违反了你们的协议，他将被扣去一半的零花钱、被禁足三周，或者受到其他惩罚，没有"如果""又""但是"等特殊情况（参见第三章）。

实施限制

出现问题行为信号的不当行为需要敏感而迅速地关注。如果你和孩子的关系很好，并且在过去能够讨论问题，你现在也可以这样做。遵循处理正常不当行为的指导方针。此外，鼓励青少年思考自己行为的后果："你想过如果怀孕了，你会怎么做吗？被学校停学、被逮捕，你又会怎么做？"许多青少年只考虑今天。如果他们过去有过轻微的不当行为，他们可能会轻松地认为将来也能摆脱困境。意识到休学意味着他们不得不放弃暑期旅行去上暑期学校，或者去工作而不是去上大学，可能会让人清醒。

单纯与这些青少年谈心可能是不够的，他们已经表现出判断力差、缺乏责任感的迹象。如果你还没有为他们的行为制定明确的规则，现在就去做吧。明确地告诉他们，如果他们从现在开始不遵守家庭规则，你就会对他们进行严厉的惩罚，并像小时候一样密切监视他们的行为（参见第十六章关于处理药物滥用问题的讨论）。

寻求专业帮助

如果你觉得孩子没有在听，如果他们的反应是具有挑衅性的（"你不能阻止我。"），如果短暂的服从之后又回到了老样子，如果你只是认为事情已经失控了，那就是时候寻求专业帮助了。那么，你如何向青少年提出这个问题呢？

如果青少年在反抗和悔恨之间摇摆不定，你可以说："你似乎对我、对学校、对你的生活都不满意，那么你想和家人以外的人谈谈吗？""我很担心你，觉得和心理治疗师谈谈对你有好处。你喜欢学校的心理治疗师吗？你有朋友看过心理治疗师吗？你觉得自己想去看吗？"许多青少年会同意这个想法，特别是如果他们生活在一个接受心理治疗被社会接受，甚至被认为是时髦的社区。事实上，一些青少年会对这一建议表示欢迎。

如果你和孩子从来都不是很亲近，或者最近发生的事情让你们无法理性地交谈，那么你可以这样说："很明显，你和我在这件事上的看法不一致，我们的争吵让每个人都不开心。我认为我们应该和处理家庭冲突方面的专家谈谈。"你应该清楚，治疗不是惩罚，你不是在指责孩子有心理问题，而是关心他的幸福和你们之间的关系，并且认为你的家庭需要帮助。

如果孩子直接拒绝，那么可能是因为他比你想象的更生气或更疏远。在这种情况下，你应该为你和你的配偶预约一位专门研究青少年家庭问题的心理治疗师。邀请青少年和你一起去，但要清楚，不管孩子去不去你都要去。正如我在第三章中提到的，在大多数情况下，青少年会来的，只要他们想讲述自己的故事。但如果你的请求被拒绝了，你就自己去吧。心理治疗师受过训练，可以帮助你让不情愿接受治疗的青少年参与进来。

如果青少年的行为已经达到了问题行为的程度，你应该立即寻求专业帮助，这些都是父母不能也不应该独自解决的问题。尽你所能赢得青少年的配合，但不要把决定权留给孩子。在这种情况下，温和的威胁是可以的："在我们见到专业咨询师之前，你被禁足了。你可以决定是你一个人去还是我们一起去，但你一定要去。"如果青少年抗拒，心理治疗师会帮助你处理这种情况。做好长期强化治疗的准备，可能包括一段时间的住院治疗，特别是有药物或酒精滥用的情况。在治疗过程中，你的一些弱点以及防御和恐惧心理会暴露出来。青少年并不是唯一会改变的人，你也会的。这不会是一段轻松的时光，但从长远来看，这可能会让你的整个家庭变得更好。

如果你的孩子被逮捕了，请立即联系刑事律师。（全科律师处理日常事务，如遗嘱、设立信托和房屋清算。当你的孩子遇到法律问题时，你需要一位专家。可以向你的律师咨询推荐。）令人震惊的是，许多青少年不知道或不理解他们的合法权利，并在被捕后放弃了许多权利。告诉他要表现得有礼貌，但是在他和律师谈话之前不要对警察说任何话。

你可能会因为孩子违抗你的命令和愚蠢的行为而生气。随着时间的推移，你的愤怒会消退。但是，一次逮捕记录（比如，因持有少量非法药品而被捕）可能会影响一个年轻人的一生，许多曾经在少年法庭审判的罪行，现在正在成人刑事法庭被起诉，孩子受到成人刑事处罚是有可能的。律师会确保孩子的权利得到保护。

最后，不要放弃。叛逆的、"超级性感"的、有不良行为的青少年善于把父母逼到崩溃的边缘。父母常常尽最大努力和孩子讲道理，但当他们似乎毫无头绪时就会愤怒地退让："这是你的生活。如果你想破坏它，那就去吧，但别指望我会帮你摆脱困境。"青少年想要相信这是他们的生活，但他们仍然需要知道，如果他们摔倒了，父母会把他们扶起来。请记住，绝大多数问题青少年长大后都会是好公民，会努力工作，也会是父母的好朋友。

19岁~25岁

第四篇

青少年期晚期和向成年期过渡

第十八章
大学时代

青少年期晚期是一个过渡时期。在 19~25 岁之间，年轻人可能会离开家，承担起成年人的责任，开始自己的职业生涯，也许有一天会遇到和他一起组建家庭的人。在这个时期，他的行为将变得越来越像一个成年人，他希望父母把他当作成年人对待。然而，青少年期的许多工作仍有待完成。他的身份仍未完成转换，他的价值观和道德立场仍在接受考验。如果上了大学，他的独立性很可能取决于父母的经济支持，不仅在大学里，在毕业后的几年里这种支持也会越来越多。他的恋爱关系仍处于试探阶段。有时，他看起来成熟得令人钦佩，但有时，父母会瞥见他青少年期残留的一些特点：以自我为中心、顺从、判断力差和爱唱反调。

这段时间对父母和青少年来说都是一个过渡时期。你和这个年轻人的关系不会在她离开家时结束，但你在她生活中的角色确实发生了变化。放弃你的权威地位，学会平等地对待她，并适应由此带来的生活变化，这些都不那么容易。但是，当青少年收拾行李时，一些父母会松一口气；当孩子开始大一住校生活时，有些父母会流下眼泪。这些实际上都为时过早。为人父母还没有结束。

在最后两章中，我将讨论你和你的孩子在协商过渡到成年期时可能出现的最常见的问题。在本章中，我从大学时代开始说起。在第十九章中，我谈到了大学毕业后的那几年，以及向成年期的过渡。这一阶段对今天的年轻人和父母来说都比前几代人更长、更复杂。

空巢

当孩子长大并搬出去时,父母的感受是不可预测的,尤其当离开的是他们最小也是最后一个孩子的时候。一些父母迫不及待地庆祝他们"自由了",并因此感到有点内疚。有些父母为成功地引导孩子走向成年而感到自豪,但对失去父母的角色感到不快。对孩子负责赋予了他们一段人生的目标,那现在该怎么办?还有一些父母后悔在年轻人的成长过程中没有花更多的时间陪伴他,而现在已经太晚了(至少看起来是这样)。

关于"空巢"[1]的主题已经发表了很多文章。根据这一理论,当孩子离开时,女性尤其容易感到深深的失落。大多数研究表明,这一观点被过分夸张了。事实上,母亲更容易感到解脱,而不是失落。女性乐于看到孩子建立自己的家庭的一个原因是,她们的工作会更少。即使有了事业,女性也承担着家务的主要责任。当孩子搬出去时,需要母亲为之购物、做饭和打扫卫生的人就更少了。如果你是一位因为孩子的离开而感到解脱的母亲,那么不用因为感到高兴而内疚。

相反,研究发现,当孩子离开家时,相当多的男性会感到后悔和悲伤,我们可以称之为"空巢"综合征[2]。原因似乎是,男人平时忙于自己的事业,背负着作为父亲的经济责任,被一家之主的角色所束缚,以至于他们没有花那么多时间与孩子谈心。现在孩子们都走了,他们想知道自己的优先事项。他们没有给孩子读过的故事、没有扔过的球、没有给出的约会建议开始困扰着他们。虽然母亲们常常对养育孩子的马拉松比赛已经结束感到欣慰,但父亲们可能会觉得冲刺结束得太早了。而且家庭情况的不同也会导致许多不同的反应。

总而言之,父母对孩子离开的感受在一定程度上取决于他们如何定义这一事件。复杂的感觉很常见。专注于自己新自由的父母可能会为自己和孩子感到高兴;专注于失去什么的父母可能会为自己感到难过,但如果孩子快乐,父母也会感到高兴。适应空巢还取决于父母是否有其他感兴趣和参与的领域,包括婚姻、工作、朋友和爱好。那些一心扑在孩子身上的父母最有可能悲伤。

你的孩子已经长大并离开了家，并不意味着你和孩子的关系到此结束，只意味着你们之间的关系发生了改变。如果父母错过的不是他们与孩子的关系，而是有孩子在身边，那么还有很多方式可以与其他孩子保持联系，比如，自愿参与指导一个小联盟团队，领导民间青少年组织，在戏剧社团担任负责老师，在当地高中图书馆工作，辅导作业，成为寄宿家庭父母。为青少年服务的组织总是缺少志愿者。

父母在孩子大学教育中的角色

今天的大多数父母当年上大学，标志着他们的父母正式参与教育的结束。他们的父母可能已经支付了学费，并不时询问孩子过得怎么样，但在大多数情况下，他们不知道孩子正在上哪些课程，周六晚上是如何度过的，也不知道孩子在课堂上表现如何。

时代变了。自第一次踏入学前班教室开始，如今许多家长都密切参与孩子的教育，有些父母可能在小学、中学和高中对孩子的学业生涯进行了细致的规划和管理。正如我的一位同事曾经打趣说的那样："他们超越了'直升机父母'，因为那太遥远了，他们更像是'割草机父母'。"这些父母中的许多人希望在孩子上大学时继续保持这种参与度。毕竟，他们的孩子在学业上的成功，难道不正是因为他们在确保她按时完成家庭作业、在重要考试前为她辅导，并确保老师对她很好方面发挥了作用吗？为什么现在要停止这种参与？

上大学不仅仅是为了取得好成绩，也是为了学会如何作为一个独立的成年人去发挥作用。在青少年生活的某个时刻，他必须能够自己牢记作业的截止日期并如期完成；确保他在汇报一个重要项目之前分配足够的时间做好充分准备；学会如何接受那些不一定关心他的人的批评；当觉得自己被冤枉或误解时，他能够勇敢地站出来为自己辩护。保护你的孩子在小时候免受这些挑战是完全合理的，但是，如果你在他上高中的时候还没有把这些责任转交给他，那么现在他已经上大学了，你应该转交了。剪断脐带永远不会太迟。

  针对青少年的课程或成绩，家长不应联系大学辅导员或教务处的工作人员进行询问甚至投诉。除了特殊原因，在美国，教授或导师在未经学生许可的情况下，向学院外的任何人（包括家长）披露有关大学生学业记录的信息都是违反联邦法律的。但是，即使你的孩子允许教授或导师向你公布他的成绩，管理他的学术生涯现在也已经正式成为他自己的事，而不是你的事。如果你的孩子告诉你他受到了不公平的对待或不正确的评分，你应鼓励他主动与导师或教授谈谈。教授们认为父母的干预既不恰当，也表明学生可能不够成熟，无法胜任大学水平的工作。相信我，作为一个做了30多年大学教授的人，我认为干预会伤害而不是帮助你的孩子。我曾经接到一位家长的电话，她想知道她的女儿应该修什么课程，才能成为我们心理学博士项目有竞争力的申请人。当我建议她女儿直接打电话给我时，这位母亲支支吾吾，解释说是她在为女儿处理这件事。我想，如果她的女儿都不能自己打电话咨询，她怎么可能满足我的博士项目的要求？

那些与独立有关的事

搬离或留在家里

  当年轻人离家生活时，他们更容易感到自立并采取独立的行动。[3] 塑造身份认同和实现独立的很大一部分内容是建立自己的生活方式。当住在父母家里，仍然遵守父母的规则时，他们很难做到这一点。当年轻人有一个单独的住所时，父母与年轻人的关系会更顺畅、更亲密。这并不奇怪。如果你的母亲曾经来你家住过很长时间，你就会知道，在你所做的每件事都会引发建议、批评或痛苦的表情时，坚持说"但我就是这样做的"是多么困难。对年轻人来说，自我主张会更加困难，因为如果可以自由选择，她不确定自己会怎么做。

即使年轻人在家附近上大学或工作，也最好为他安排单独的住所。如果这不可能实现，你和年轻人需要为和平共处制定新的基本规则（参见第十九章）。

人们很自然地会担心离家去上学的青少年将如何处理她新获得的自由。如果你一直都和孩子积极互动，并且与孩子有着融洽的关系，那么她很可能不会以任何彻底或持久的方式背离你的教育。尝试改变生活方式是寻求身份认同过程的一部分。请记住，尝试不是承诺。加入兄弟会的男孩不一定会终生"爱交际"，每周都会坠入爱河和失恋的女孩也不一定会经历多次结婚和离婚。

上大学并不意味着青少年将生活在一个无法控制行为的环境中。大学给予年轻人比25年前更多的自由，但大学也提供了一个安全网。虽然宿舍宵禁和走廊的付费电话过时了，但新生宿舍几乎总是有一个或多个宿舍管理员（高年级学生、教职员工或两者兼有），他们的工作是注意并发现问题。许多大学会给大一和大二学生比过去更多的选课自由，但大多数大学也要求学生与导师沟通以明确他们的课程，并不是说这个年轻人就此被独自放逐到新生活的沙漠，没有指南针，只有几天的饮水供应。

资金管理

对大学生来说，由于几乎所有人在经济上仍然依赖父母，走向独立的过程会变得复杂起来。让一个或多个孩子读完大学对父母来说是一种压力。父母可能没有意识到，经济依赖也可能给年轻人带来压力，他们在其他方面感觉自己长大了，但仍然必须找爸爸妈妈要钱。

父母有时会有意识或无意识地认为，他们对年轻人的经济支持赋予了自己干涉他们生活的权利。他们可能会威胁说，如果年轻人不遵循他们认可的职业规划，就不再提供支持；他们认为宿舍生活更可取而拒绝支付校外住宿的费用；年轻人没有按照他们的要求每周打一次电话就会受到惩罚；如果年轻人不发誓戒烟或戒酒，就会被削减开支。那些在用钱包控制年轻人的父母需要提醒自己，作为父母，你的权威来自理性、温暖和关爱，而不是权力。用金钱来干涉青少年的行为是对成年人的霸凌，相当于用武力来控制小孩。然而这并不意味着，如果你认为这个年轻人犯了一个严重的错误、你反对他的行为方式，或者他把买课本的钱花在了龙舌兰酒上而让你感到不快时，你不应该表达自己的意见。但是，经济支持不应该成为你关注和参与孩子生活的基础。如果你反对孩子选择那些不太具有挑战性的课程，更好的理由是这些课程没有挑战性，而不是因为你在支付学费。

能够支持年轻人读完大学的父母应该这样做：没有任何附加条件。同样的道理，你抚养儿子的事实并不能让他有权表现得像个未成年人。作为经济自主的回报，年轻人需要表现出经济责任感。偶尔因急需而请求一些钱是正常的，尤其是在大学的第一学期。但不断的透支表明，他并没有认真对待自己的经济独立性。

当你提供现金时，你如何鼓励年轻人发展经济独立性和责任感？让我们假设年轻人的主要开支——学费、食宿——你都负担得起，而且你也有能力提供给他零花钱。

大学生应该有每月的个人开支预算，父母只会在紧急情况下补充。提前决定这笔款项是否包括课本、服装、校园活动费用和回家的路费等，或者将这些花费单独列出。青少年没有必要将每一次支出都事无巨细地向父母交代，但她应该在这个预算范围内安排生活。然而，如果她觉得父母设定的金额不够，父母可以让她记一两个月的账，然后决定是否需要给她更多钱。

一旦安顿下来并对处理自己的开支充满信心，许多学生就会更喜欢父母在学期初一次性支付生活费，而不是每月给他们转账一次。如果你负担得起，这可能是个好主意：一笔存款可以鼓励他们进行长期预算。大多数大学生不喜欢被告知在需要现金时给父母打电话，即使他们在父母那里的信用额度是无上限的，因为要钱是对他们经济依赖的痛苦提醒。

许多大学生不得不工作，因为他们没有得到足够的经济援助，或者因为他们的奖学金附带着需要做出贡献的条件。还有一些人想工作是因为他们想有额外的钱，同时减少对父母的依赖，或者兼而有之。一般来说，我所说的关于高中期间工作的一切都适用于此（参见第十五章）。适度的工作时间（每周约 10 小时）是可以的，但试图每周工作 20 小时或更长时间，可能会干扰学生的学习，更不用说休息和睡眠了。

大学生可能应该在暑假工作，除非他们有其他令人兴奋或有助于职业发展的机会。唯一的条件是，你和孩子应该提前决定，她可以自由支配自己的收入，还是用工作所得承担你原本要支付的一些费用，比如服装、课本的费用和校外公寓的额外费用。许多年轻人更喜欢自己掏钱，至少在一定程度上是这样的。

青少年应该以自己的名义开立一个账户，并使用银行卡提取现金。这不仅仅方便，而且拥有一个账户是成年人的一部分。如果大学生从暑期工作和非全日制工作中赚取了大量收入，他还应该有一个储蓄账户和储蓄计划。

你可以考虑给青少年办一张信用卡，用于紧急情况和重大开支。这张卡可以与你自己的账户关联，也可以是一张以青少年名义办的卡。在后一种情况下，考虑一家为大学生提供特殊卡的银行，这种卡通常信用额度较低，既能保护银行自身，也能保护年轻客户。即使青少年以自己的名义开立了账户，她也应该了解信用卡的合理使用和滥用，以及建立良好信用记录的重要性。如果你认为这是个好主意，一定要把每月的还款纳入青少年的预算中。你还应该规定，如果年轻人不能定期还款，无法使她的债务水平保持在较低水平，那么该卡将被取消。

"你为什么不打电话或写信？"

电子邮件、短信、即时消息和视频通话等新的沟通方式的出现，使家长和大学生能够更容易、更低成本地保持联系。但是否要使用这些新的沟通方式，以及使用的频率因家庭而异。并不是今天所有的大学生每天都要从大学打电话回家，仅仅因为他们可以在宿舍里使用电话和拥有父母已付费的电话卡；也并不是今天所有的学生只是因为他们可以毫不费力地给父母发电子邮件或短信，就会每天都与父母保持联系。

当孩子离开家，没有定期回来时，父母感到被冷落是很自然的。但交流的减少是正常和健康的。显而易见的事实是，年轻人现在不需要，也不应该像过去那样需要你。学会照顾自己的一部分是学习如何在眼前的环境中获得他人的帮助，以及如何在特定问题上确定最佳建议来源。

现在是时候让父母退出青少年的日常生活了。每周六打电话，回顾这一周发生在她身上的一切，并就每一个问题提供建议，都会破坏她成年的感觉。现在，你的女儿比以往任何时候都更需要犯错的自由。是的，她可能会选修太多困难的课程、逃避一些检查、宿醉，或者和她不太喜欢的人发生关系。几乎每个人都迟早会这样做，大多数人从这些经历中学会了如何更好地管理自己的日程和工作量、更严格地控制预算、适量饮酒，以及更谨慎地选择伴侣。但年轻人需要学会如何自救。在自己和家人之间保持一点距离就是这个过程的一部分。

许多家长发现，从打电话转为发电子邮件，可以让他们保持联系，而不会打扰他们。给你的孩子发电子邮件，而不是打电话，可以让她在心情好的时候回复，并根据她当时的情况决定回复的详细程度。你的孩子不必为了接听你的电话而被迫打断与男朋友谈话、在健身房锻炼或与同伴夜晚外出，而是可能在她方便的时间向你通报——通常情况下，可能是凌晨三点，那时你不太可能想闲聊。虽然没有什么可以代替真正听到孩子的声音，但将电子邮件与电话穿插在一起，可以让你以一种既能获取信息又不令人讨厌的方式跟上孩子的生活。不要将延迟回复（甚至几天）解释为有问题的证据。当她搬出去的时候，你的生活可能变得清闲了，但她的生活可能变得更加繁忙和狂热。

孩子给家里打电话太频繁了吗？

在一些家庭中，情况正好相反。如果孩子经常打电话，你应该担心吗？

答案实际上取决于通话的性质和你们之间的关系。你的孩子是在课间散步时想和你进行简短而愉快的聊天,还是每晚都进行长时间的忧郁对话?前者只是友好的交流,尤其是如果你和孩子关系亲密,并且习惯于经常交谈。虽然在这个年龄想要多一点距离和自主权是正常的,但不想这样也不是病态的迹象。如果他住在家里的时候,你们每天都在谈论最喜欢的运动队或最新的电影,那么当他住在大学的时候,这些内容通过电话继续下去也没有什么错。课间打电话的时间很短,这可能表明他在一天结束时忙于社交或学习,没有时间和你长时间交谈。这很好。

如果孩子打电话的频率似乎不太正常,你可以从她的声音中听到有什么不对劲,这可能表明她很孤独、想家、紧张或不开心。这种情况在大学第一学期很常见(完全可以理解),既可以出现在学年开始时,因适应不熟悉的新环境可能带来的压力,也可以出现在学期中期左右,因过渡到大学的兴奋感减弱或期中考试成绩低于预期。

如果你的孩子频繁地打电话持续了好几个星期,你可以直接询问:"你听起来有点沮丧,最近怎么样?"要有同情心,但不要反应过度。当然,你不想把他拒之门外,你只是想让他知道,如果他遇到无法处理的问题,他可以求助于你。但你也想让他知道,在许多情况下,你不是或者至少不是唯一或最好的求助对象,你的观点只是对这件事的一种可能的看法。回家可能会让他暂时感觉好一些,但频繁回家只会加剧问题。他经常打来电话也会如此。

如果你认为他的电话预示着一个问题,试着确定它是什么。回应一个因为想念女友而沮丧的青少年,与回应一个被室友白天睡觉、晚上通宵聚会的不规律作息逼疯的人的方式应该不同。比如,你儿子因为历史考试不及格而很沮丧。他和教授谈过他错在哪里了吗?又比如,是否考虑找一下学校心理咨询师?或者说你女儿担心室友喝酒,她和宿舍管理员问谈过这个问题吗?校园健康服务中心有没有针对有酒精问题学生的计划?再比如,你儿子最好的朋友让一个女孩怀孕了,并且他们正在谈论结婚的问题。就个人而言,你认为在这个年纪结婚是一个错误,但这毕竟是那对情侣之间的决定。他们有没有考虑过咨询一下辅导员?你想让你的孩子知道你很担心他。但你不是历史课、酗酒或帮助人们解决道

第十八章 | 大学时代

德困境方面的专家。几乎可以肯定的是，他们身边总有人可以提供更明智的建议和帮助。如果你的孩子打电话回家向你寻求建议，你最好建议他向校园里相关的人咨询，而不是自己帮他出谋划策。

在哪里可以找到校园帮助

在校园里寻求帮助有 6 种主要的途径。

宿舍管理员。这通常是最好的开始，尤其是对于非学术事务（室友问题、孤独、修理漏水的散热器或坏掉的门闩、应对大学的官僚机构）。担任宿舍管理员的高年级学生或教职员工接受过特殊培训（和筛选），他们熟悉校园内的各种办公室和服务，并知道如何识别需要立即关注的紧急情况。

老师。通常，对于课堂上的特定问题（不理解教材、担心考试或作业做得不好，有兴趣做一些更具挑战性的事情），最好的求助者是教授这门课程的人，无论是教授还是助教。学生应该给老师打电话或发电子邮件，在办公时间去拜访，打电话预约，或者在课后联系她。学生不应该害羞，即使是最令人生畏、世界知名的教授，也可以去找。大多数人都乐意提供帮助，尤其预约谈话的原因不是抱怨成绩。

学术顾问。一些大学为每个学生指派了一名学术顾问（他可能是，也可能不是该学期青少年的导师）；另一些学校则设有学业咨询办公室，它要么隶属于特定的系，要么隶属于整个学院。对你的孩子来说，这个资源很有用，因为学术顾可以回答有关特定专业或学位课程要求的问题，或者帮孩子弄清楚该修什么课程、按什么顺序修。在一些学校，教授也知道这些问题的答案，但在另一些学校，受过培训的学术顾问可以提供更准确和最新的信息。

负责学生、学生生活或学生事务的办公室。如果不能选择宿舍管理员（例如，你的孩子住在校外），可以试试找学生事务办公室主任或同等职位的人。这些办公室在不同的学校有不同的名称，但所有学校都至少有一个办公室负责校园生活质量，其工作人员要么能解决问题，要么指导学生找到能解决问题的人。

大学咨询服务。大多数大学都敏锐地意识到，许多学生需要心理健康服务，从短暂的适应困难到药物或酒精问题，再到这个年龄段常见的更严重的疾病，如抑郁症、焦虑症或暴食症。在一些学校，咨询服务是范畴更大的学生健康服务（提供医疗服务）的一部分；在另一些学校，咨询服务是通过一个单独的办公室提供的。无论哪种情况，这些办公室的辅导员几乎都接受过与大学生打交道的特殊培训。

专业服务。许多规模较大的学校（以及越来越多的规模较小的学校）为学生提供了一系列非同寻常的免费服务，比如，如何在校园内使用最新的计算机和信息技术，加强学习技能；为申请研究生院或专业院校所需的标准化考试做准备；职业咨询；暑期实习；经济援助；以及出国留学。你（或你的孩子）以生活费的形式或作为学费的一部分已经支付了这些服务的费用，因此要好好利用它们。规模较大的大学将提供一系列比你想象的要广泛得多的服务，包括营养顾问、审查论文初稿的写作专家和法律援助。

家长和学生应该意识到，除非学生另有选择，或者情况事关学生的健康或安全，否则学生和大学辅导员之间的沟通是保密的，未经学生许可，不得与家长分享。学生学业记录中的信息也是如此，未经学生同意，不得向家长披露。如果21岁以下的学生因持有酒精或非法药物而被指控违规，学校可以通知家长，但这是一种选择，而不是强制性的。

这意味着，支付大学学费并不意味着父母有权获得有关孩子学业进步或活动的信息。如果你想知道孩子在政治学研讨会上的进展如何、他是否按时上课，或者是否听从了你的建议预约了心理健康顾问，你必须问他。大多数学校都会鼓励有持续问题的学生通知家长，但学校不能要求这样做，也不能发布未经孩子授权的任何具体信息。

许多家长想知道他们的孩子是否有某种值得关注的学术或情感问题，这是可以理解的，但还不足以让大学违反保密规定。提前处理这种情况的一种方法是让你的孩子签署一份学校在开学前提供的声明，允许向你披露某些类型的信息。通常情况下，这张表格包含在学生注册报到前收到的信息包中。大多数学生都很乐意这样做。这张表不允许学校披露受医患特权保护的信息（如在治疗期间披露的信息），但如果学生在学业上处于不稳定状态或因多次违纪而陷入困境，学校可以通知家长。总的来说，我认为这是个好主意。如果你的孩子问为什么这是必要的，你可以解释说：你对窥探不感兴趣，但如果他遇到某种麻烦，你想让学校联系到你。即使有授权书，大学工作人员也几乎总是鼓励有问题的学生先与父母谈谈，而不是学校主动联系家长。在学生反对的情况下通知家长是最后的手段，而不是第一步。

假期[4]

随着年轻人日益独立，冲突经常出现，但不是在电话中，而是在度假期间。通常情况下，大学生会迫不及待地想回家，父母也迫不及待地想见到他们，但实际情况有时会让每个人都感到失望，主要原因是父母和他们的孩子有不同的想法。

父母可能期待着特别的家庭出游和长时间的谈心；他们的女儿可能期待着和高中朋友聚在一起，每天晚上都出去玩，或者睡懒觉，然后把仅有的清醒时间花在看电视上。

一位父亲可能会问他的儿子："最近怎么样？"他期待能有一场发人深省的研讨会或通宵恳谈会，以及听到橄榄球比赛和有关女孩的故事，但他的儿子能说的只是一句平淡的"还好吧"，而内心在努力克制自己去回忆他吐得满屋都是的那个晚上、被教授羞辱的那一天、在床上醒来时和一个他不知道名字的女孩在一起的那个清晨，以及其他无法提及的窘事。

父母期望他们的孩子已经成熟，而返家的大学生也期望被父母当作成年人对待。但相似之处仅止于此。对父母来说，成熟意味着更体贴、更负责任、更愿意说要去哪里、什么时候回家；对年轻人来说，成熟意味着被信任，可以独处，不必说明自己要去哪里。

尤其是在他们第一次回家时，年轻人渴望给父母留下深刻的印象，让他们知道自己已经变得多么独立和成熟。你的儿子可能穿着你从未见过的衣服,梳着从未见过的发型,操着你听不懂的口音,在外面待到凌晨4点,批评家人的习惯("为什么全家都要去教堂?""如果你不喜欢马西娅表姐,为什么要邀请她来家里?"),用新发现的社会意识引诱你做出评价("你不知道你存款的银行对烟草公司有投资吗?""你看不出共和党在干什么吗?")。你的女儿可能会公开地吸烟饮酒,即使她知道你不同意。你可能会对这一切表现得漠不关心,直到她漫不经心地宣布她的男朋友将和你一起度过一部分假期,并住在她的房间里。

父母应该如何应对这些挑战?你不能指望你上大学的儿子会接受被当作高中生对待。你的儿子也不应该仅仅因为他有不同的想法,就期望你改变你的价值观和标准。你们两个人都需要妥协。实际上,你应该把年轻人当作有自己价值观、品位和习惯的客人,并期望得到同样的礼貌。以前在家里爱吃肉的孩子以素食主义者的身份回家;如果他在学校期间有特殊的饮食要求,他应该像客人一样提前告诉你,如果可能,你应该像主人一样照顾他;如果他不回家吃饭,可能要到凌晨4点才能回来,他应该提前告诉你(同样,就像家里的客人一样)。如果你不赞成他和女朋友睡在一起,那就给他们安排不同的房间,但试着时不时地让家人离开房子,这样他们就可以有一些隐私空间。如果你这样做了,你要指出,你对待未婚成年客人的方式也是如此。

妥协并不意味着你不再关心别人。如果这个年轻人每天晚上都醉醺醺地回家,你可以像对待一个有自我毁灭行为的朋友一样对他说话:"我们很担心。你不觉得自己有问题吗?"

独立的麻烦

大一新生在大学的头几周或几个月给家里打电话说自己很痛苦,或者第一次回家就带着一长串的烦恼:课程很无聊,教授很奇怪,她的同学都是失败者和疯子,她的宿舍很糟糕,她讨厌大学。这并不罕见。父母对孩子痛苦的反应有担忧("其他孩子都适应了,她为什么这么不开心？有什么事她没有告诉我吗？"），有愤怒（"我们花了一大笔钱，她怎么能说讨厌上大学！"），还有困惑（"我不明白，我当年很喜欢宾夕法尼亚大学。"）和沮丧（"我能做什么？她在 800 千米外。"）。

　　思乡是一种常见的现象，尤其是在大学第一学期。许多大一新生为离开他们的房间、父母和老朋友而难过。在大多数情况下，思乡是对独立的焦虑表现。有时，大一新生怀念的不是他们的家本身，也不是特定的人，而是他们离开的环境的安全感和熟悉感。思乡并不意味着青少年不成熟或过度依赖他人。这个阶段通常会随着时间的推移而过去。大一新生经常惊讶于他们在第一次寒假后回到宿舍见到新朋友，或者大学二年级开学时是多么高兴。

　　适应大学并不容易，但能够谈论自己不快乐原因的青少年，可能正在适应新生活。不要低估他们的感受（"你会克服的。"），但要让他们放心，很多人都觉得大一特别困难。提醒他们，当他们感到不知所措时，可以向其他学生和成年人寻求建议并振作起来。

严肃对待孩子的恋爱关系

严肃起来

　　在高中时，一个十几岁的女孩在约会时希望你不要干涉。当你儿子的女朋友在客厅看电视，他的小妹妹在那里进进出出，他会非常愤怒；当父亲坚持要在门口迎接女儿的约会对象时，她会感到尴尬。现在，突然间，年轻人希望自己的恋人参与家庭活动，甚至被当作家庭成员对待。部分原因是年轻人希望你认真对待他们的关系：一方面，他们希望你对这个人进行评估，尽管他们不会直接询问；另一方面，他们也想看看这个人是否能融入自己的家庭。

　　一些父母对孩子大学恋情的严肃性会感到吃惊。当孩子的恋人来自不同的家庭背景与种族群体，或者似乎与你们和孩子的价值观及品位截然不同时,父母的反应尤其强烈。即使这个人看起来和自己的孩子很般配,父母也可能会因为孩子这么快就做出承诺而感到不安。

认真对待年轻人的关系很重要,因为对方是你儿子或女儿生活中的重要人物。但同样重要的是,不要反应过度,无论是积极的还是消极的。婚姻和为人父母的责任可能是这对年轻情侣最不关心的事情。如今,大多数大学生甚至在考虑家庭生活之前就计划开始自己的职业生涯。大多数恋爱关系都是试验,尤其是在大学的头几年,但它们对你的孩子来说是重要的经历,你应该试着记住这一点。

无论你的第一印象是好还是坏,都请假设你的孩子有充分的理由喜欢这个人,并试着更好地了解他或她。如果你的孩子问你的意见,你要诚实,也要温和。如果没有人问你,请保持沉默。试图以这样或那样的方式引导年轻人是无济于事的,反而可能会伤害你们之间的关系(参见第十三章的"罗密欧与朱丽叶效应")。如果需要的话,提醒自己,大一新生的恋情往往会在假期结束,虽然异性相吸,但两个截然不同的人很少会走到一起。

同性恋[5]

"妈妈,爸爸,我是同性恋。"一个年轻人是同性恋这件事,可能是他在电话中脱口而出的,或写在一封措辞严谨的长信中,或在一次家庭聚会上宣布("我有件事要告诉你……"),也可能是偶然被发现的。由于大学的环境通常比高中对同性恋更宽容,大学早期是许多同性恋者首次公开承认自己是同性恋的时候。

几乎没有父母会准备好接受他们的孩子是同性恋。有些人的反应是愤怒和敌意:禁止年轻人与其新伴侣交往,直接把他们带到心理治疗师那里,或者把他们赶出自己的房子和生活。有些人对此表示担忧,他们首先想到的就是艾滋病。有些人假装情况并不存在,他们断然拒绝讨论这件事。还有些人认为它会消失:他们说服自己,年轻人会恢复理智,或者当合适的异性出现时,这个噩梦就会结束。他们恳求孩子,并错误地认为如果他愿意尝试,就可以回归"真实"的异性恋自我。他们祈祷。即使是最开明的父母,他们把同性恋者视为自己的私人朋友,并认为自己没有偏见,也会很难过。他们会忍不住问自己:"我们哪里出了问题?"而在更黑暗的时刻,他们会自问:"为什么我的孩子背叛了我?"

理想情况下,父母会克服这些最初的负面反应,开始接受孩子的性取向。但正如年轻人需要时间来接受自己一样,父母也需要时间来适应。

你是怎么做到这一点的?第一步是告诉自己,这不是世界末日。一个年轻人是同性恋,并不意味着他或她注定要过痛苦和不快乐的生活。你也不是。此外,你的儿子或女儿是同性恋,并不意味着你认识的孩子突然变成了陌生人。

第二步是让你的儿子或女儿放心,你仍然爱他或她,并会尽你所能提供帮助。如果你感到震惊、困惑、害怕,或者以上所有这些都同时发生,请用爱来表达。那些鼓起勇气告诉父母的年轻同性恋者往往对父母的反应感到恐惧。许多人(也许是大多数人)从不告诉父母。你的儿子或女儿告诉你事实是对你的一种巨大的信任,你应该感激你的孩子对你的爱和理解如此信任。如果你担心艾滋病,请确保你的孩子正在进行安全的性行为,以此让自己放心。

第三步是试着了解孩子的感受和生活方式。有意识或无意识地,我们所有人都对同性恋怀有误解,其中大多数是负面的。也许最常见的谣言是,同性恋是选择问题,一个人可以(也应该)克服并摆脱它。事实并非如此。(关于其他常见的谣言,请参阅第六章中关于同性恋的讨论。)了解你的同性恋儿子或女儿的最好方法是与其他同性恋父母交谈,请他们和你的孩子推荐书给你阅读,并见见你孩子的朋友。如果像大多数父母一样,你会惊喜地发现,你对同性恋者的刻板印象实际上是不准确的,你会了解到同性恋人群的多样性,就像异性恋人群一样。

第四步是去见你儿子或女儿的伴侣。在最初的震惊之后,这往往是父母最困难的一步。抽象地知道你的孩子是同性恋是一回事,与和他或她一起生活的人见面是另一回事。你会紧张。提醒自己,性并不是亲密同性恋关系的唯一特征,甚至不是中心特征,这一点很有用,就像它不是亲密异性恋关系的唯一特征一样。这是一个你的儿子或女儿爱的人，他们希望你能够接纳。有些父母永远无法用"爱人"这个词来指代孩子的长期"朋友"，还有些父母开始把这个人看作自己的另一个儿子或女儿。给自己一点儿时间，也可以在"父母、家庭和朋友的同性恋者支持组织"（PFLAG）的网站上找到有用的建议。

第十九章
年轻的成年人

本书的前几版没有包含关于20岁以上年龄的章节。然而，正如我在第一章中所解释的，青少年期的持续时间比以往任何时候都长，今天的父母通常比前几代父母更多地参与年轻人的生活。许多通常在大学毕业时就已经结束并得到解决的"青少年"问题，现在一直持续到25岁左右，这让父母困惑于他们的孩子是正常发育，还是病态地处于发育的早期阶段。

与青少年期的前几个阶段一样，父母和他们的孩子必须协商新的界限，父母很难知道自己应该如何参与。年轻人在这段时间做出的许多决定，比如是否换工作，是否与男朋友或女朋友同居，都可能产生严重而持久的后果。在前几代人中，父母可能不太干预或表达意见，但今天，考虑到父母和19~25岁的青少年的关系普遍更密切，以及他们在经济上相互依赖，父母可能更不愿意袖手旁观或完全不提供建议（即使是未经请求或不受欢迎的建议）。今天的父母面临的一个挑战是，他们需要弄清楚自己给出的建议是否合适、何时合适以及提供多少是合适的。

造成这一困难的部分原因是，父母可能会将年轻人的生活与他们在同样年龄时的生活进行比较。即使是研究青年成年期的社会科学家，对这一时期与上一代人的生活方式有多大不同也持不同意见。一些人认为，一个具有自己独特特征的新的人生阶段已经被创造出来，而另一些人则认为，我们所看到的只是青少年期的延伸。从很多方面来说，这是一次学术演习。如果父母了解事情是如何发生变化的、为什么会发生变化，以及这些变化对年轻人及其父母意味着什么，将有助于他们对年轻人的心理发展做出更准确的评估。有一点是肯定的：用你年轻时期的经历作为孩子的参考，可能并不完全合适。

如何转变为成年人[1]

今天的个人进入与职业相关工作的年龄比他们的父母晚。随着中产阶层或专业工作的教育先决条件的增加，青少年留在学校的时间也在增加。现在上大学的青少年比以往任何时候都多，更多的人需要更长的时间才能完成学业，更多完成大学学业的人会继续在研究生院或专业（法律、医学、商业等）学校接受教育。这种情况在 2008 年开始的经济衰退期间加剧，因为越来越多的大学毕业生选择了更多的学校教育，而不是在困难的劳动力市场中找工作。

长期上学使个人在经济上长期依赖父母。任何一个一直在为上大学买单的家长都会证明，上大学是昂贵的，大学毕业后的教育往往更加昂贵。许多商品和服务的价格上下波动，但有一个例外，那就是高等教育的成本，它只朝着一个方向发展——更高。（其中一个原因是，对高等教育日益增长的需求已经超过了可提供的名额，因此学院和大学可以提高价格，而不用担心生源流失。）当然，许多学生通过打工帮助支付教育费用，但是，高等教育成本和持续时间的增加使许多年轻人难以实现经济自给自足。对毕业生来说，高昂的住房成本，尤其是在理想的城市地区，使得他们需要家里继续提供经济援助。

人们往往会推迟结婚，直到经济能够自给自足。初婚年龄和高等教育的持续时间往往是密切相关的。20 世纪 60 年代，女性初婚的平均年龄约为 20 岁，男性大约是 22 岁；如今，女性约为 26 岁，男性约为 27 岁。这些只是平均值，包括所有人，含怀孕的青少年和大学辍学者。浏览当地报纸上的结婚启事，你会发现大多数受过教育和富裕家庭背景的新人在宣誓时都 30 岁出头了。

从青少年期到成年期的延迟过渡对 19~25 岁的青少年来说可能是一件喜忧参半的事情,既有兴奋也有焦虑。从好的方面来说,由于关于什么是"正常"时间表的概念已经改变,年轻人有更多的时间探索和尝试不同的工作、伴侣、生活方式,而不会为犯下错误付出沉重的代价。他们可能会在大学时梦想的领域中找到第一份工作,却发现这个职业的日常工作很乏味。许多成年人后悔在发现真正让自己兴奋的事情之前就把自己锁定在了一个职业中。对许多年轻人来说,能够在工作固定之前尝试不同的职业是一种奢侈,这是他们的父母所没有的一种体验。你在 24 岁的时候发现你更喜欢和人一起工作,而不是一个人处理数字,比在错误的工作岗位上不愉快地工作了 10 年后才意识到这一点要好得多。

出于同样的原因,在情感上有试错机会也是一种潜在的好处。当人们通常要在 20 多岁结婚时,他们大学毕业后的几年内就面临着被催婚的压力。然而,当一个人要到 30 岁或更晚才打算结婚时,他们就没有必要这么快安定下来。当然,不受约束的单身生活并不适合所有人,许多年轻人更喜欢一夫一妻制的舒适和安全感。但是,能够认真地与某人约会,即使长达几年,而不必做出婚姻承诺,可能也是有益的。随着每一段新的关系的开始,他们都有机会了解更多关于伴侣真正关心什么的信息,从而提高一个人拥有幸福婚姻的机会,或者发现婚姻生活可能不是最好的选择。消极的一面是,不必做出承诺(也许也不鼓励做出承诺)可能会让一些年轻人感到焦虑,无论是从哪个意义上来说。他们可能因为不知道未来会怎样而感到紧张("如果我因为一个人不够完美而结束了这段关系,最终孤独终老怎么办呢?"),或者因为仅仅为了改变而仓促做出决定而后悔("如果我再坚持工作一年,我现在赚的钱可能会多得多。"),或者他们可能渴望开始"真正的生活",以摆脱这种停滞不前的状态。不管是有意还是无意的,他们可能会将自己与父母或亲戚进行不利的比较,而这些人所取得的成就遵循了早期时代更快的发展时间表("我还在和三个室友共用浴室;吉米叔叔在我这个年纪的时候,就已经有了自己的房子。""我妈妈在我这个年纪的时候，已经生两个孩子了。"）。

你的孩子这次经历的是令人振奋的机会还是令人痛苦的不确定性（或者很可能是两者的结合）可能取决于许多因素，包括他的个性（有些人更容易感到焦虑，而另一些人则更轻松）和所处环境（她所在领域的工作机会是稀缺还是充足的？他所在社区主要是单身人士还是推着婴儿车的年轻夫妇？）。父母可以提供帮助，但需要记住，过多的帮助会削弱年轻人的信心。现在是时候让他知道，他确实具备成为一个成功、独立的成年人所需的条件。

年轻的成年人在挣扎吗？

年轻的成年人的新时间表让许多父母担心他们的儿子或女儿是否在挣扎，或者更糟糕的是，他们是否在故意逃避承担成年人的责任。根据孩子的行为，你可能会表现为担忧（"他有什么问题吗？"）、沮丧（"我朋友的孩子都很成功，为什么我的孩子在百货公司卖香水？"），甚至怨恨（"在她'找回自我'之前，我们还要资助她多久？我从大学毕业那一天起就不再从父母那里拿钱了。"）。如果你有这些情绪，你并不孤单。

没有明确的测试来确定你的孩子是否在艰难前进，是否以牺牲你为代价而偷懒，或者是否真的在她所处的环境下尽了最大努力。对她来说，住在曼哈顿比住在密尔沃基（住在那里也许她可以不需要你的补贴）成本更高，但如果她想在广告业找到一份工作，就需要在主流广告公司所在地找工作。令人沮丧的是，她在第一学年结束后决定退出商学院，转而攻读社会工作研究生课程，但对她来说，相比仅仅为了完成已经开始的事业而强迫自己做讨厌的事情，拥有一份自己热爱的职业不是更重要吗？是的，你的儿子努力成为一名演员、艺术家或小说家是很难的，因为他知道自己成功的机会很渺茫，但如果现在不能追求自己的梦想，他可能永远也无法实现。如果你有能力提供帮助，那就去做吧。

此外，一些年轻人确实会漫无目的地挣扎，难以做出果断的决定，而另一些人则不公平地利用了父母的慷慨支持。父母如何判断年轻人的挣扎是正常的还是令人担忧的？

首先，不要将孩子的生活状况与你那个年龄段的生活状况进行比较。如今大多数父母年轻时遵循的"正常"时间表已经不再适用。在孩子成长的过程中，父母会根据自己的成功来评判孩子的成功，这是很自然的。这可能看起来像你正处于青少年期晚期的孩子在挣扎（"你什么时候才能决定自己的职业？""你为什么不找一个好一点的人安定下来？""你会找到自己的住处吗？"）或者在偷懒（"我在像你这么大的时候，已经自己付房租，开始组建家庭了。""你不认为是时候找一份真正的工作了吗？"）。按照今天的标准，她可能与她那一代的大多数成员都步调一致，但如今，年轻人在30岁出头之前在工作、爱情或这两方面都不稳定并不罕见。

请记住，最具信息量的比较可能是孩子的现在和他早期发展阶段的比较。到目前为止，你应该已经很清楚你的儿子或女儿是什么样的人了。也许他一直是那种需要一点额外时间才能"开始"但从长远来看通常会成功的人。如果是这样，你要有耐心并给予支持，最有可能的是，他迟早会找到自己的路。然而，如果他的挣扎看起来明显不寻常，试着弄清楚这是因为他自己还是因为他选择的领域。一个有抱负的演员比一个上了法学院的年轻人更难开创自己的事业，因为在法学院，他下一步该做什么的大部分决定是由其他人做出的。如果他的挣扎持续了几个月，而且似乎还在漫无目的地漂泊，那么他可能患有抑郁症，也可能深陷酒精或药物问题，这些情况在这个年龄段都很常见。问问他感觉如何，是否考虑过接受心理咨询。

拥有并遵循一个合理的计划往往比拥有一份工作更重要。并不是所有的大学毕业生都能立即找到与所学专业相关的工作。如果你的女儿是一名临时文书，这样她就可以在晚上尝试为杂志自由撰稿，这都没关系。如果她晚上做服务员，这样她就可以在白天上课来提高她的工作技能，那就太好了。如果她能通过一份非全职工作养活自己，同时系统地寻找具有长期潜力的工作，这是值得称赞的。但是，如果你的孩子白天从事着与职业无关的工作，不想找正经工作，也不想继续深造，每天晚上还和朋友聚会，那么是时候说出你的建议了。大学的结束并不意味着一个不间断的假期的开始，而是意味着成年的开始，以及担起成年人的责任。毕业后去国外旅行或暑假休息一下，弄清楚想在生活中做什么，这没有错，但是每天晚上去酒吧，白天也不做点有意义的事情，就不太可能促进自我反思。

你的孩子是否在负责任地生活？ 许多初级工作的工资不足以支付其基本生活费用，许多应届毕业生开始时从事着无薪的实习或兼职工作，他们希望这些工作能带来全职工作。如果你的孩子失业或工资过低，你可能需要在经济上提供帮助，尤其是如果他住在生活成本高的地区。你提供援助没有错，只要它被明智和负责任地使用。把他的无薪实习或报酬过低的入门级工作想象成一个"研究生院"，这是他所在领域取得成功所必需的，在某些方面与更正规的教育没有什么不同。许多父母愿意支持攻读博士学位的孩子，但对于那些从事初级职位（如出版或广播）而往往没有报酬或报酬微薄的职业的孩子却不愿意提供帮助，这是说不通的。这两种职业都需要经过一段时间的培训才能获得可观的薪水。

与你的孩子讨论一下生活费用，弄清楚他的工资、储蓄或两者的结合中拿出多少来做贡献，然后制定一个合理的预算。你可能会支付他的健康保险（如果不是由他的雇主支付）、租金、基本水电费和其他他绝对需要但无法控制的相对稳定的支出。如果你的帮助不用于他的社交生活、服装和其他"必要性"有争议的开支，你们也不太可能对他如何利用你的帮助产生分歧。你还应该有一个计划，随着他收入的增加，让他逐渐摆脱经济依赖。

个性化的第三阶段

心理学家用"个性化"一词来描述孩子在情感上与父母分离的过程。

虽然个性化发生在整个儿童期和青少年期，但有三个发展时期尤为明显：童年期早期、青少年期早期和成年期早期。根据经验，孩子向新的发展阶段（从婴儿期到童年期，从童年期到青少年期，从青少年期到成年期）的转变伴随着他们与父母一方或双方关系的转变。为了了解现在发生的事情，回忆一下前几个阶段发生的事情是有帮助的。

在蹒跚学步的时候，孩子会经历对立和消极的时期，这是很正常的，以至于这个时期经常被称为"可怕的两岁"，他会固执地拒绝穿某种衣服或从房间地板上捡起玩具的小要求，如果特殊对待的要求被拒绝，他还会大发脾气。

这种对独立的坚持——我选择穿什么、什么时候打扫、吃什么——反映了孩子对她日益增长的自主意识的正常肯定。直到现在，她才第一次意识到，她和你之间有一个心理边界，她不仅仅是你的延伸，还有自己的欲望和意图。简言之，她终于明白了自己是一个个体，她将通过坚持自己的意愿来证明这一点。当她哭着说"不"时，不一定是因为她一心想得到什么，而只是在表明她有能力想要你想要的以外的东西。第一次个性化危机通常从出生第二年或第三年的某个时候开始，在四岁生日时结束。四五岁的孩子可能是如此可爱和渴望取悦他人，以至于他们的父母往往很难回忆起几年前他们是多么的难以相处和不合作。

第一次个性化危机缘于孩子发现自己是一个自主的存在，而第二次个性化危机发生在青少年期早期，缘于他意识到自己不仅与你是分开的，而且和你是两个不同的个体（参见第八章的"自我意识增强，寻求独立"）。这个年纪的青少年可能还不知道自己到底是谁，但有一点他可以肯定，那就是他不是父母的翻版。正是在这个阶段，青少年开始挑战父母的意见和信仰，质疑他们的权威，并指出他们的缺点。正如童年期早期的情况一样，青少年期早期的个性化危机结束后，通常在15岁左右，亲子关系会得到改善。虽然他还不是一个情绪化的成年人，但这个更冷静、更通情达理的16岁少年与那个为了辩论而争论一切并不断挑战你极限的"刺儿头"几乎没有相似之处。

几乎所有的父母都听说过"可怕的两岁"，大多数（如果不是全部）

父母都被告知要在青少年期早期度过一段艰难的时光。很少有父母期望在孩子步入成年后重新回到这个阶段。然而，大多数青少年在20多岁的时候会经历第三阶段的个性化。到这个时候，这个年轻人已经开始形成一种认同感（参见第十二章），并意识到她的信仰、观点和价值观与父母不同。这种认识通常不会表现在公然的对立或争吵中，一是因为不住在一起减少了公开冲突的机会，二是因为年轻人从过去的经验中了解到，通过对立或争吵来明确维护自己的个性不太可能解决任何问题。但是，年轻人进一步个性化的需求也许会导致你们之间出现一段紧张、疏远和冷淡的时期，这可能会让父母措手不及。

可能会发生什么

青少年日常生活的细节较少。你可能还记得青少年期早期的那段时间，对于"你要去哪里？"和"放学后你做了什么？"之类的问题，你只会得到一个词语或词组的回答，比如"出去"或"没什么"。所以，为年轻人版本的问题做好准备吧。你可能是最后一个发现你的儿子在工作中升职，或者爱上了新女友的人。他并不是因为不想让你知道而对你隐瞒事情，而是因为他可能对自己的成功和失败经历都保持同样的沉默。对一个独自奋斗的人来说，与父母分享自己生活的每一个细节是幼稚的。如果发生了真正重要的事情，他迟早会让父母知道的。在他的通知列表上降一个等级是在告诉你，除了你，他生命中还有其他重要的人（朋友、情人、同事），而不是你不再重要。

看似无关紧要的事情会引发意外的突发事件。年轻人通常不会像青少年那样与父母争吵，但个性化经常引发的内心动荡会让年轻人对父母大发雷霆。有一天，她打电话询问你对她想租的新公寓的看法。当你第二天打电话问她是否签署了租约时，她表现得好像你严重侵犯了她的隐私。她可能会因为一开始就觉得有必要给你打电话而对自己感到愤怒，现在她把怒火发泄在了你身上。

不愿意接受你的建议、帮助或感情。年轻的青少年有时需要主动拒绝父母,才能感觉自己长大了。即使处于个性化危机的痛苦中,年轻人也足够成熟,知道自己可以接受父母的指导或善意,而不会让世界认为他还是个孩子。但提醒他对你的依赖可能会让他感到不舒服。

当你试图在公共场合拥抱他时,他不会推开你;当你天真地暗示奶油色的墙壁会给他的客厅带来比明亮的白色更温暖的感觉时,他也不会在他女朋友面前对你大发雷霆。他不会像年少时那样,仅仅为了违背你的建议而做出他明知是错误的选择。尽管如此,青少年期早期排斥的幽灵可能还会不时地突然造访。当你拥抱他,他可能会有些犹豫或退缩,或者他要求你停止给他邮寄爱心包裹。他可能需要一段时间才能完全摆脱青少年期的情感残余。随着时间的推移,他会再次深情款款,并向你索要那些他想念的巧克力蛋糕。

如何应对

就像早期个性化阶段的情况一样,孩子对情感独立的主张是痛苦的,尤其是在这个困难时期之前充满亲情和亲密关系的家庭中。被蹒跚学步的孩子发脾气激怒的母亲想知道,这个总是很容易安抚的婴儿怎么了。被儿子不断的批评所伤害的父亲,会想念那个曾把父亲捧上神坛的小学生。同样,母亲也不明白,为什么当被问及与同居男友的生活或她工作中的绩效评估会议时,曾经会分享大学期间每次约会细节的女儿现在却总是守口如瓶。

就像以前的情况一样,一旦这场个性化危机阶段结束,你们的关系就很可能比危机开始前更亲密、更牢固、更令人满意。当以健康的方式解决问题时,孩子在情感上变得更加自主的努力有助于他更好地了解自己,并对父母产生更成熟、更富有同情心的看法。与此同时,当你的孩子正处于个性化的第三阶段时,你应该如何应对?

不要把它当成针对你个人的。提醒自己,你的孩子对你的反应,与其说是针对你个人的,不如说是针对你所代表的角色的。(如果这听起来像是熟悉的建议,那它确实是,许多针对早期个性化努力的指导也适用于此，请参阅第八章。）记住，这是成长过程中的正常部分，你的孩子需要经历这个过程。虽然你行为上的微小变化可能会产生积极的结果，但你不能阻止孩子个性化的过程，也不应该阻止。扮演受害者或试图让孩子为寻求更多的独立而感到内疚，只会让事情变得更糟。

给你的孩子一点空间，不要在情感上疏远自己。 试着少问一些关于他的日常事务的问题（但不要停止问问题，关键在于把握好度）。可以随意开始谈论电影、政治、体育或任何你通常会谈论的非个人话题，但要让她先开始谈论她的工作、爱情生活、财务问题等。当她这样做时，用你一贯表现出的好奇心和热情来回应。当她开始谈话时，你不是在窥探，而是在问问题，这是在尊重她的隐私，而不是表现出不感兴趣。如果你习惯于经常给她打电话，试着把一些沟通转移到电子邮件上，这样她就可以根据她的日程安排而不是你的日程安排回复你的信息。如果她感觉到有什么不对劲，你就可以如实回答："我从你那里得到了一些信号，你想要一点空间。我做错什么了吗？"一开始你会觉得自己如履薄冰，但这种不适会随着时间的推移而消退。

不要主动提供建议或帮助，但当你的孩子提出要求时，也不要轻易拒绝。 没有人喜欢成为情绪的出气筒。受伤的父母出于自我保护（"我不能再忍受任何拒绝了。"）或怨恨（"你想要空间吗？我会给你空间。"），想走极端、疏远孩子是很自然的。但是你应该抵制这种倾向。成功的个性化需要包容的父母提供帮助。你如果与孩子疏远，就会干扰这个个性化的过程，使他更难以健康的方式与你分离。记住，最终的目标是建立一种更亲密也更成熟的关系。除非你能坚持住，否则这不会发生。

除非你的孩子正在做或即将做一些真正鲁莽、危险或非法的事情，否则不要干预。 你的孩子会犯错，谁没有犯过错呢？但你必须区分品位问题和严重的判断错误。他会在职业生涯中做出糟糕的举动，会与错误的伴侣同居，会租有臭虫和糟糕管道的公寓，但这是他的事业、他的爱情生活和他的家。他最终可能会找到一份你不感兴趣的工作、一个你不喜欢的未婚妻，或者一套你觉得不适合居住的公寓，但这是他的权利。如果你从不让他犯错误，他就不会从中吸取教训。

话虽如此，但你可能会看到你的孩子正在犯一个可怕的、无法弥补的（或者至少是难以弥补的）错误。嫁给一个有酗酒问题的家暴者不仅仅是品位问题。把积蓄押在体育赛事上、一时冲动从医学院辍学，或者申请一笔他不完全清楚回报的可调整利率的抵押贷款，也是如此。你如果不确定自己是否应该参与进来，那么与能够客观看待情况的人讨论一下可能会有所帮助。你如果决定干预，可以通过提问而不是做出判断（"你和罗伯特解决你们之间一直存在的问题了吗？""你想过休学一个学期而不是退学吗？""你有没有计算过你的抵押贷款重新调整时你的还款额会跃升到多少？"）来介入。提问可以让你的孩子认为改变计划是因为他想改变，而不是因为他感受到父母的压力。你可能会发现，他的判断和推理能力比你想象的要好。

生活安排的选择

与男朋友或女朋友同居

很有可能在某个时候，你的孩子会考虑和一个伴侣同居。一些父母对此表示反对，因为这可能意味着他们（父母）没有做好准备。它还改变了人际关系：现在，当你去看他时，你的孩子并不是你在房子里唯一看到的人。

虽然同居通常是朝着更严肃的方向发展的，但重要的是要记住，许多同居生活在一起的年轻人最后并没有走入婚姻。大多数研究表明，同居对情侣的现在或未来几乎没有影响。没有证据表明同居会破坏婚姻，因为同居会让恋爱失去一些浪漫和期待。但也没有任何证据表明，同居可以改善婚姻，因为它并没有为情侣提供一个机会，让他们在结婚前发现彼此是否适合，以及解决他们的问题。同居情侣结婚的可能性并不比单独居住的恋人更高或更低。就算他们真的在一起，他们的婚姻幸福程度或婚姻维持下去的可能性也不会因此增加或减少。

父母几乎无法阻止年轻人与男朋友或女朋友住在一起，也没有理由去尝试阻止。如果你认为同居伴侣对你的儿子或女儿不好，请放松。如果你认为你的孩子做出了一个糟糕的选择，请耐心等待。大多数情侣要么结婚，要么在同居后两三年内分手。相信他们会发现彼此在一起是快乐还是不快乐。让他们自己想想如何管理同居后的琐事。在玩过家家的新鲜感消失后，他们会亲眼看到，像结婚一样，住在一起是一种挑战。你的孩子和他（她）的伴侣将不得不想办法分担家务，处理共同开支，并适应另一个人的日常习惯、品位和偏好，其中一些可能与他（她）自己的不兼容。这与适应大学室友是不一样的，因为与伴侣合租公寓的年轻人不能去找宿舍管理员要求换房间，也不能靠计算一个学期结束前还有几周来解决问题。如果你的孩子询问你如何处理"婚前"问题（如果两个人的工资相差很大，那么他们是否应该平均分担家庭开支；当一个人在家里做的事情比另一个人多得多时，该怎么办？），你要给出回答。但请等待，让他们主动询问。你的儿子和他的女朋友可能想效仿你和你的配偶，也可能不想。这是他们的决定。

如果你一直在经济上支持你的孩子，那么在她和她的伴侣同居后，决定是否重新考虑你们之间的经济安排可能会很棘手。就像她上大学时的情况一样，你给她的钱并不能让你有权管理她的生活。告诉她，如果她和男朋友同居，你将切断对她的经济支持，这与告诉她如果她转行，你将停止支持她没有什么不同。和谁住在一起，在哪里工作，这些都是她自己的决定。同样，如果她正在做一些明显愚蠢或危险的事情，你不需要因为她接受你的经济支持才有理由提出意见，这是父母都会做的事情。和你的孩子坐下来，制订一个新的方案。没有必要让她的伴侣参与这一讨论，这是你和你的儿女之间的事。

我对那些年轻人与男朋友或女朋友生活在一起的父母的建议，与那些青少年处于正式恋爱关系但没有同居的父母的意见大致相同（参见第十八章的"严肃起来"）。如果你不喜欢这个人，除非有人问你，否则你要保留自己的观点；如果有人问，你要诚实但态度温和。然而，如果你认为你的孩子受到剥削、虐待或精神控制，或者你认为其伴侣具有危险的影响，不要犹豫，说出你的观点。

即使年轻人的伴侣是你喜欢的人，你也仍然会怀念与儿子或女儿独处的时光。虽然你的孩子可能不愿意说出来，但他或她很可能也怀念与你独处的时间。没有理由要求你和孩子见面的每一个时刻，这对情侣必须都参与进来。只要你花时间和他们俩在一起（你如果觉得舒服，甚至可以偶尔和其伴侣单独在一起），做一些只涉及你和你孩子的事情也是完全可以的。如果孩子的伴侣不理解和不接受这一点，这表明他或她还没有为一段严肃、成熟的关系做好准备，这也是你的孩子应该注意的危险信号。

当成年的孩子搬回来住时

如今，返回父母家中生活的年轻成年人数量可观。在美国，超过一半的 20~24 岁的女性和这个年龄段近 60% 的男性与父母住在一起。这个年龄段即使许多人都有自己的住处，也需要依靠父母帮助支付租金或抵押贷款。与父母一起生活的年轻人数量增加主要集中在中产阶层和中上阶层家庭。[2] 在工薪阶层社区，年轻人通常会被期望与父母住在一起，直到他们结婚。

当孩子回家时，他们不再是青少年，而是习惯于独自一人、不必回答任何人问题的成年人。与此同时，他们的父母也已经习惯了不必和其他人共享生活区、晚餐时间、汽车和其他资源的生活。双方都需要进行调整。虽然处理这种情况的方法没有对错之分，但重要的是要沟通并就某些基本规则达成一致。

定义你们的关系

第一个决定是，你们是否会成为一个家庭团体，或者年轻人是否会像租户或寄宿者一样来来去去。人们关于回家意味着什么有不同想法，这是误解的常见来源。成年的孩子会和家人一起吃饭还是自己做饭？她会被要求在家里四处走动还是只待在自己的房间？洗衣服呢？家用车呢？你的决定并不重要，重要的是你们之间要有一个明确的约定。

年轻人的个人生活

当你的孩子还是青少年时，你对宵禁和饮酒等问题拥有最终发言权，你可能不允许高中生和男朋友或女朋友一起过夜。但是，你干预年轻人的个人生活是不合适的。当她回家时，是否喝酒、她的朋友是谁、和谁睡觉都是她自己的决定。不过，你应该告诉她要保持礼貌。如果她凌晨3点才回家，她应该提前告诉你，这样你就不会认为有人半夜闯入了房子。如果他有过夜的客人，你应该提前知道，这样你就可以在去卫生间之前穿上长袍。如果你不赞成婚前性行为，你有权要求你的女儿不要在你的房子里和她的恋人同居，但你不应该禁止她在男友的公寓过夜，即使你认为他俩不合适。必须允许年轻人犯错并从中醒悟过来。

打理财务问题

如果年轻人正在工作，他应该自己支付服装、汽车、娱乐等费用。对他来说，为食物、水电费和租金等家庭开支贡献一部分资金也是合理的。数额取决于具体情况。如果这个年轻人正在为重返校园或支付公寓的首付而存钱，或者在上学期间还做兼职工作，你可能想补贴她的生活费。如果你成年的孩子既不工作也不学习，也没有立即做这两件事的计划，你可以在有限的时间内提供津贴，指定截止日期，并希望她承担一些你原本会雇人做的额外工作，比如打扫房子、修理汽车或车库，以及修剪草坪。当年轻人漂泊不定时，父母能为他们做的最好的事情就是在情感上给予支持，但也要提出现实世界的要求。现实世界要求成年人自食其力。

设定时限

22岁及以上的年轻人不应无限期地与父母住在一起。与父母一起生活会使成长、巩固身份认同、独立自主以及与异性建立亲密关系变得更加困难。除非有特殊情况，如生病，否则父母和年轻人应该制定一个减

第十九章｜年轻的成年人　　383

少经济支持的时间表,并设定搬离的最后期限。这为感到失落的年轻人提供了一个目标,并鼓励那些往往混乱无序的年轻人制订计划。如果负担得起,父母可以为年轻人提供最后一次援助,比如支付公寓押金或汽车首付。但要坚持时间限制。

把你成年的孩子当成朋友

拥有一个与你维持平等的朋友关系的成年孩子是为人父母的回报之一。无论你和孩子有多么亲密,在你对她幸福的合理关注和青少年对增强独立性的同样合理的诉求之间,难免存在一些紧张的摩擦。[3]不过现在你可以开始把这场权力斗争抛在身后了。这个健康的年轻人已经解决了她需要确立自己与父母不同的需求。因为她知道自己是谁,所以在你身边她不会那么抵触。正如马克·吐温所言:"当我14岁的时候,我的父亲是如此无知,我几乎无法忍受有老人在身边。但当我21岁时,我惊讶于老人在7年里学到了这么多。"同样,健康的父母也努力克服了控制孩子行为和管理孩子生活的需要。现在他们可以平等地面对彼此了。

父母有时把长大等同于亲子关系的疏远,事实上,情况似乎恰恰相反。父母和孩子通常在孩子20多岁时变得更亲密,并解决了之前讨论的个性化问题。其中一个原因是,在20多岁的时候,年轻人开始把父母视为人,而不仅仅是父母。他们不需要像童年期那样理想化父母,也不需要像青少年期那样对父母去理想化。从更成人的角度来看,曾经让他们陷入困境的习惯现在看起来很可爱;回想起来,你们为过去某一天的穿着,以及是否可以离开校园而争吵,这些经历都会变成笑谈,成为家庭故事的一部分。将父母视为人是重要的一步。父母可以通过更公开地谈论自己的感受、自己人生中做出的或好或坏的决定、担心的事情以及让他们感到骄傲的事情来提供帮助。

作为开放的交换,父母得到了一个特别的朋友。很少有人像你的孩子那样，能和你认识这么久或这么亲密，也很少有人的关系能像你们一样亲近。如果你能够将年轻人视为平等的人，并放弃为人父母的一些特权，你会发现你的孩子是一个情感支持的来源、一个好的倾听者、一个在很多事情上比你了解得更多的好老师，以及一个好伙伴。

简言之，青少年期的结束可能是一段漫长而特殊的友谊的开始。

致　谢

我要感谢安·莱文，她是本书前两个版本的合著者之一，并慷慨地允许我改编、修订和扩展这些材料来创作这个版本。

我要感谢苏珊·罗森塔尔和弗兰克·斯皮罗博士，他们审阅了本书的第一版并提出了修改建议。

我还要感谢以下各位的建议：弗吉尼娅·巴伯，她是我和安·莱文最初合著这本书时的经纪人；我现在的经纪人劳丽·莉斯；我的编辑鲍勃·本德。

最重要的是，我要感谢我的妻子温迪和儿子本杰明，感谢他们的爱、鼓励和支持。

注 释

第一章
1. L. Steinberg, *Adolescence*, 9th ed. (New York: McGraw-Hill, in press)
2. W. A. Collins et al., "Contemporary Research on Parenting:The Case for Nature and Nurture," *American Psychologist*, 2000, 55, 218–32.
3. L. Steinberg and W. Steinberg, *Crossing Paths* (New York:Simon & Schuster, 1994).

第二章
1. 关于良好养育原则的深入讨论，参见：Laurence Steinberg, *The 10 Basic Principles of Good Parenting* (New York: Simon & Schuster, 2004).
2. E. Maccoby and J. Martin, "Socialization in the Context of the Family: Parent-Child Interaction," in P. H. Mussen, ed., *The Handbook of Child Psychology*, 4th ed., vol. 4 (New York: Wiley, 1983).
3. D. Offer et al., *The Adolescent: A Psychological Self-Portrait* (New York:Basic Books, 1981), 66–69.
4. C. Cooper et al., "Individuality and Connectedness in the Family as a Context for Adolescent Identity Formation and Role-Taking Skill," in H. D. Grotevant and C. R. Cooper, eds., *Adolescent Development in the Family* (San Francisco:Jossey-Bass, 1983), 56.
5. J. Smetana and M. Villalobos, "Social Cognitive Development in Adolescence," in R. Lerner and L. Steinberg, eds., *Handbook of Adolescent Psychology* (New York: Wiley, 2009).
6. 有关额外的指导方针，参见：G. Dorman et al., *Living with 10-to 15-Year-Olds: A Parent Education Curriculum* (Carrboro, NC: Center for Early Adolescence, University of North Carolina-Chapel Hill, 1982).
7. Laurence Steinberg, "Autonomy, Conflict, and Harmony in the Family Relationship," in S. Feldman and G. Elliot, eds., *At the Threshold: The Developing Adolescent* (Cambridge, MA: Harvard University Press, 1990).
8. 引自：Thomas Lickona, *Raising Good Children: From Birth Through the Teenage Years* (New York: Bantam, 1985), 290.
9. E. Susman and L. Dorn, "Puberty: Its Role in Development," in R. Lerner and L. Steinberg, eds., *Handbook of Adolescent Psychology* (New York: Wiley, 2009).

第三章

1. 我们的讨论基于罗伯特·博尔顿的经典作品：Robert Bolton's, *People Skills: How to Assert Yourself, Listen to Others and Resolve Conflicts* (Englewood Cliffs, NJ: 1979). 博尔顿在第2章中讨论了障碍，第3章中讨论了开门者，第4章中讨论了反思性倾听，第9章中讨论了"我"的信息，第10章中讨论了阻力。
2. 这段讨论基于博尔顿的 *People Skills; research from Kathleen M. Galvin and Bernard J. Brommel's Family Communication: Cohesion and Change*, 2nd ed. (Glenview, IL: Scott, Foresman, 1986); 实际应用案例来自 Anne K. Soderman, Barbara M. Rhode, Margaret Bubolz, and David Imig's Communicating During Conflict: Leader's Guide (Ames: Iowa State University Cooperative Extension Service 1986) and Lickona's Raising Good Children, chapter 13.
3. Bolton, *People Skills*, 207.
4. B. Laursen and W. A. Collins, "Parent-Child Relationships During Adolescence." In R. Lerner and L. Steinberg, eds., *Handbook of Adolescent Psychology* (New York: Wiley, 2009).
5. Bolton, *People Skills*, 234.
6. 案例改编自：Lickona, *Raising Good Children*, 272–77.
7. 这些警告改编自：John W. Engel, Luon J. Mathews, and Vivian Halverson's *Marriage and Family Counseling and Therapy in Hawaii: A Consumer's Guide* (Manoa: University of Hawaii, 1985).

第四章

1. 对于希望深入了解离婚对孩子影响的父母，我们推荐咨询儿童精神科医生的著作：Richard A. Gardner's *The Parents' Book About Divorce* (New York: Bantam,1979). 这里给出的许多案例和建议都反映了这本书的内容。还有一本很好的关于离婚和再婚对青少年影响的学术研究综述：E. M. Hetherington and E. Anderson, "The Effects of Divorce and Remarriage on Early Adolescents and Their Families," in M. D. Levine and E. R. McAnarney, eds., *Early Adolescent Transitions*, pp. 49–68 (Lexington, MA: Lexington Books, 1987). 有关案例研究可参见：J. S.Wallerstein and Sandra Blakeslee's *Second Chance: Men, Women and Children a Decade After Divorce* (New York: Ticknor and Fields, 1989).
2. 关于监护权变化及其影响的精彩讨论可参见：C. Buchanan et al., *Adolescents After Divorce* (Cambridge, MA: Harvard University Press,1996).
3. U. Bronfenbrenner and A. Crouter, "Work and Family Through Time and Space," in S. Kammerman and C. Hayes, eds., *Families That Work: Children in a Changing World* (Washington, DC: National Academy Press, 1982).
4. G. Kolata, "Child Splitting," *Psychology Today*, October 1988, 34. Quotations in this section are from Clare Ansberry, "Kids Are Often Losers in Joint Custody," *The Wall Street Journal*, September 22, 1988, 41.
5. 有益的建议可参见：Mark Rosin, *Stepfathering* (New York: Ballantine Books, 1988).
6. Fitzhugh Dodson's *How to Single Parent* (New York: Harper and Row, 1987). 虽然这本书主要是为年幼孩子的父母写的，但它也为单身青少年父母提供了有用的信息。
7. 这些讨论中的许多见解来自：Claire Berman, *Making It as a Stepparent: New Roles/New Rules* (New York: Harper and Row, 1986).

第五章

1. Steinberg, *Adolescence*. An excellent discussion of the physical changes of puberty is provided by Susman and Dorn, "Puberty: Its Role in Development."
2. B. Goldstein, *Introduction to Human Sexuality* (Belmont, CA: Star, 1976).
3. J. Brooks-Gunn and D. Ruble, "The Development of Menstrual-Related Beliefs and Behavior During Early Adolescence," *Child Development*, 1982, 53,1567–77.

4 选自：Planned Parenthood, *How to Talk with Your Child About Sexuality*, by Faye Wattleton with Elizabeth Keiffer (Garden City, NY: Doubleday,1986).
5 Steinberg, *Adolescence*.
6 有关美国青少年缺乏健身的论述请参见：E. Kelting, "Learning to Love Gym," *The New York Times Magazine/The Good Health Magazine*, September 27, 1987, 20.
7 Mihaly Csikszentmihalyi and Reed Larson, *Being Adolescent: Conflict and Growth in the Teenage Years* (New York: Basic Books, 1984).
8 M. Carskadon and C. Acebo, "Regulation of Sleepiness in Adolescence: Update, Insights, and Speculation." *Sleep*, 2006, 25, 606–16.
9 一个很好的信息来源是医学研究所的报告：*Food Marketing to Children and Youth: Threat or Opportunity?* (Washington, DC: National Academies Press, 2006).
10 Jane E. Brody's "Personal Health" column, *The New York Times*, June 3, 1987.
11 G. Slap and M. Jablow, *Teenage Health Care* (New York: Pocket Books, 1994).
12 D. Zuckerman and A. Abraham, "Teenagers and Cosmetic Surgery: Focus on Breast Augmentation and Liposuction," *Journal of Adolescent Health*, 2008, 43, 318–24.

第六章

1 数据来源于一项对1067名青少年进行的调查：Robert Coles and Geoffrey Stokes, *Sex and the American Teenager* (New York: Harper and Row, 1985).
2 Faye Wattleton with Elizabeth Keiffer, *How to Talk with Your Child About Sexuality* (Garden City, NY: Doubleday, 1986), 75–76.
3 以下文献提供了对青少年同性恋的全面讨论：L. Diamond and R. Savin-Williams, "Adolescent Sexuality," in R. Lerner and L. Steinberg, eds., *Handbook of Adolescent Psychology* (New York: Wiley, 2009).
4 Wattleton with Keiffer, *How to Talk with Your Child*, 25.
5 Ibid., 78–79.
6 Diamond and Savin-Williams, "Adolescent Sexuality."

第七章

1 D. Kuhn, "Adolescent Thinking," in R. Lerner and L. Steinberg, eds., *Handbook of Adolescent Psychology* (New York: Wiley, 2009).
2 L. Steinberg, "A Behavioral Scientist Looks at the Science of Adolescent Brain Development," *Brain and Cognition* 72, 160–164.
3 Csikszentmihalyi and Larson, *Being Adolescent*.
4 C. Holstein, "The Relation of Children's Moral Judgment Level to That of Their Parents and to Communication Patterns in the Family," in R. Smart and M. Smart, eds., *Readings in Child Development and Relationships* (New York: Macmillan, 1972); F. Danner and M. Day, "Eliciting Formal Operations," *Child Development* 1977, 48, 1600–6.
5 这一段文字基于：D. Elkind, "Understanding the Young Adolescent," *Adolescence* 1978, 13, 127–34. See also S. Harter, "Identity and Self Development," in S. Feldman and G. Elliott, eds., *At the Threshold: The Developing Adolescent*, pp. 352–87 (Cambridge: Harvard University Press, 1990).
6 L. Kohlberg, "The Development of Children's Orientations Toward a Moral Order: Sequence of Development of Moral Thought," *Vita Humana* 1963, 6, 11–13. For a more general discussion of the different stages of moral development, see Lickona, *Raising Good Children*.
7 这一段内容基于利科纳（Lickona）的研究，他将科尔伯格（Kohlberg）的思想转化为实用的建议，在《培养好孩子》(*Raising Good Children*)一书中指导家长如何促进孩子的道德发展。
8 选编自：Lickona, *Raising Good Children*, 178–79.
9 Lickona, *Raising Good Children*, 188.

10　Ibid., 185.
11　*10 Steps to Help Your Pre-Teen Say "No"* (Rockville, Md.:National Institute on Alcohol Abuse and Alcoholism, 1986), 16.

第八章

1　P. Blos, *The Adolescent Passage* (New York: International University Press,1979).
2　Steinberg, "Autonomy, Conflict, and Harmony."
3　Steinberg and Steinberg, *Crossing Paths*.
4　Lickona, *Raising Good Children*, 192.
5　Search Institute, "The Worries of Adolescents," *Source* 3 (October 1987): 1.
6　J. Bardwick and E. Douvan, "Ambivalence: The Socialization of Women," in V. Gernick and B. Moran, eds., *Women in Sexist Society* (New York: Basic Books, 1971).
7　R. Simmons et al., "Disturbance in the Self-Image at Adolescence," *American Sociological Review* 1973, 39, 553–68, and Simmons et al., "Entry into Early Adolescence," *American Sociological Review* 1979, 44,948–67.
8　节选自：*Parenting Young Adolescents*, 13.
9　引自：M. Scarf, *Unfinished Business* (New York:Doubleday, 1980), 5.
10　G. Chartier and D. Raineiri, "Adolescent Depression:Concepts, Treatments, and Prevention," in P. Karoly and J. Steffen, eds., *Adolescent Behavior Disorders: Foundations and Contemporary Concerns* (Lexington, MA: D. C. Heath, 1984).*Diagnostic and Statistical Manual of Mental Disorders*, 4th ed. (*DSM-IV*) (Washington, DC: American Psychiatric Association, 1994)
11　B. Judge and S. Billick, "Suicidality in Adolescence: Review and Legal Considerations," *Behavioral Sciences and the Law*, 2004, 22, 681–695.
12　M. Gould, S. Wallenstein, and M. Kleinman, "Time-Space Clustering of Teenage Suicide," *American Journal of Epidemiology*, 1990, 131, 71–78; and M. Gould and D. Shaffer, "The Impact of Suicide in Television Movies," *New England Journal of Medicine*, 1986, 351, 690–94.
13　描述请参见：M. Mitchell, ed., *Anorexia Nervosa and Bulimia:Diagnosis and Treatment* (Minneapolis: University of Minnesota Press, 1985). 厌食症的发病率预测数据参见：G. Kolata, "Epidemic of Dangerous Eating Disorder May Be False Alarm," *New York Times*, August 25, 1988, B16, and from *DSM-IV*.
14　节选自：*DSM-IV*.

第九章

1　相关结论与回顾可参见：B. Brown and J. Larson, "Peer Relationships in Adolescence," in R. Lerner and L. Steinberg, eds., *Handbook of Adolescent Psychology* (New York: Wiley, 2009).
2　Steinberg, *Adolescence*.
3　J. Parker and S. Asher, "Peer Relations and Later Personal Adjustment:Are Low-Accepted Children at Risk?" *Psychological Bulletin*, 1987, 102, 357–89.
4　E. Hodges and D. Perry, "Personal and Interpersonal Antecedents and Consequences of Victimization by Peers," *Journal of Personality and Social Psychology*, 1999, 76, 677–85; D. Olweus, "Victimization by Peers: Antecedents and Long-Term Outcomes," in K. Rubin and J. Asendorf, eds., *Social Withdrawal, Inhibition, and Shyness in Childhood* (Hillsdale, NJ: Erlbaum, 1993).
5　Brown and Larson, "Peer Relationships in Adolescence."
6　青少年与父母达成一致的相关研究探讨请参见：Steinberg, *Adolescence*.
7　D. Kandel, "Homophily, Selection, and Socialization," *American Journal of Sociology* 1978, 84, 427–38, and J. L. Epstein, "The Influence of Friends on Achievement and Affective Outcomes" in J. Epstein and N. Karweit, eds., *Friends in School* (New York:

Academic Press, 1983).
8. Berndt, "Developmental Changes in Conformity to Peers and Adults," *Developmental Psychology*, 1979, 15, 608–16.
9. Parker and Asher, "Peer Relations."
10. J. Connolly and C. McIsaac, "Romantic Relationships in Adolescence," in R.Lerner and L. Steinberg, eds., *Handbook of Adolescent Psychology* (New York: Wiley, 2009).
11. 相关研究报告请参见:Eric W. Johnson, *How to Live Through Junior High School* (Philadelphia: J. B. Lippincott, 1975); 改编自约翰逊的报告。

第十章

1. 相关结论请参见: J. Eccles and R. Roeser, "Schools, Academic Motivation,and Stage-Environment Fit," in R. Lerner and L. Steinberg, eds., *Handbook of Adolescent Psychology* (New York: Wiley, 2009).
2. 相关问题和案例改编自:Boehm and White, *Parents' Handbook*, 的第五章.
3. Ann E. Boehm and Mary Alice White, *The Parents' Handbook on School Testing* (New York: Teacher's College, Columbia University, 1982).
4. Murray M. Kappelman and Paul R. Ackerman, *Between Parent and School* (New York: Dial Press/James Wade, 1977), 第二十章;文中提到的三个问题的相关释义来自:Eric W. Johnson discusses the problem of boredom in *How to Live Through Junior High School*, 146–51, P.322.
5. Kappelman and Ackerman, *Between Parent and School*, chapter 12; Boehm and White, *Parents'Handbook*, 第十章; Bruce Baron, Christine Baron, and Bonnie MacDonald, *What Did You Learn in School Today?* (New York: Warner Books, 1983).
6. Baron, Baron, and MacDonald, *What Did You Learn*, 261–63; Steinberg et al., *Beyond the Classroom*.
7. 该板块内容节选自: Baron, Baron, and MacDonald, *What Did You Learn*, 264–66.
8. 父母不应该为孩子做家庭作业的原因来自:Johnson, *How to Live Through Junior High School*, 105–7.
9. 关于成功与失败信念重要性的讨论请参见: Steinberg et al., *Beyond the Classroom*.
10. 相关论述基于以下研究: Johnson, *How to Live Through Junior High School*, and Baron, Baron, and MacDonald, *What Did You Learn*, 98–102.
11. Ibid., 130–7.
12. Sheila Tobias, "Math Anxiety: Why Is a Smart Girl Like You Counting on Her Fingers?" Ms., September 1976, 5; Sheila Tobias, *Overcoming Math Anxiety* (New York:Norton, 1978).
13. 关于某些类型父母压力负面影响的进一步讨论,请参见:I. Weiner's *Psychological Disturbance in Adolescence* (New York: Wiley, 1970), chapter 7.
14. Weiner, *Psychological Disturbance*, 268.
15. Johnson, *How to Live Through Junior High School*, 138–45; Weiner, *Psychological Disturbance*, chapter 7; and Douglas H. Powell, *Teenagers: When to Worry, What to Do* (Garden City, NY: Doubleday, 1986), chapter 7.

第十一章

1. 引自: Beth Polson and Miller Newton's *Not My Kid: A Parent's Guide to Kids and Drugs* (New York: Arbor House/Avon, 1984), 48–50. 对持续使用药物的解释基于以下资料: G. A. Marlatt and D. M. Donovan's "Alcoholism and Drug Dependence: Cognitive Social-Learning Factors in Addictive Behaviors," in W. E. Craighead, A. E. Kazdin, and M. J. Mahoney, eds., *Behavior Modification: Principles,Issues, and Applications*, 2nd ed. (Boston: Houghton Mifflin, 1981), 264–85.
2. S. Sturmhöfel and H. Swartzwelder, "Alcohol's Effects on the Adolescent Brain: What Can Be Learned from Animal Models?" *Alcohol Research and Health*, 2004, 28, 213–221; N.

Volkow and L. Ting-Kai, "The Neuroscience of Addiction," *Nature Neuroscience*, 2005, 8, 1429–30.
3 节选自：*10 Steps to Help Your Pre-Teen Say "No."*

第十二章

1 Erik H. Erikson, Childhood and Society (New York: Norton, 1963) and *Identity: Youth and Crisis* (New York: Norton, 1968). 更多当代研究请参见：Harter, "Identity and Self Development."
2 相关讨论请参见：D. Levinson et al., *Seasons of a Man's Life* (New York: Knopf, 1978), 195.
3 Erikson, *Childhood and Society*, 262.
4 Csikszentmihalyi and Larson, *Being Adolescent* (New York: Basic Books, 1984).
5 这两个自创术语来自：Erikson in *Identity: Youth and Crisis*.
6 这句话来自：David Reisman, *The Lonely Crowd: A Study of the Changing American Character* (New Haven: Yale University Press, 1950), 11.
7 "道德紧箍咒" 这个词语来自：Lickona, *Raising Good Children*, 197.
8 这段文字的大纲和案例来自：Lickona, *Raising Good Children*, chapter 10.
9 问题改编自：ibid., 206.
10 Steinberg, *Adolescence*.

第十三章

1 Brown and Larson, "Peer Relations in Adolescence."
2 Connolly and McIssac, "Romantic Relationships in Adolescence."
3 引自 Leslie Jane Nonkin, *I Wish My Parents Understood: A Report on the Teenage Female* (New York: Penguin, 1985), 91–92.
4 该观点源自：Erikson in *Identity: Youth and Crisis*.
5 Coles and Stokes, *Sex and the American Teenager*, 101.
6 R. Savin-Williams and T. Berndt, "Friendship and Peer Relations," in S. Feldman & G. Elliot, eds., *At the Threshold: The Developing Adolescent* (Cambridge, MA: Harvard University Press, 1990).
7 M. Gold and D. Yanof, "Mothers, Daughters, and Girlfriends," *Journal of Personality and Social Psychology*, 1985, 49, 654–59.
8 Institute of Medicine, *Preventing Teen Motor Crashes: Contributions from the Behavioral and Social Sciences* (Washington: National Academy Press, 2007).

第十四章

1 Diamond and Savin-Williams, "Adolescent Sexuality."
2 A. Juhasz et al., "Adolescent Attitudes and Beliefs About Sexual Behavior," *Child and Adolescent Social Work*, 1986, 3, 177–93; A. Hass, *Teenage Sexuality: A Survey of Teenage Behavior* (New York: Macmillan, 1979), 21–22.
3 引自：Coles and Stokes, *Sex and the American Teenager*, 97.
4 改编自：Wattleton with Keiffer, *How to Talk with Your Child*, 98.
5 Ibid., 100–1.
6 Diamond and Savin-Williams, "Adolescent Sexuality."
7 D. Kirby, *Emerging Answers 2007: Research Findings on Programs to Reduce Teen Pregnancy and Sexually Transmitted Diseases* (Washington, DC: National Campaign to Prevent Teen and Unplanned Pregnancy, 2007).
8 Steinberg, *Adolescence*.
9 Slap and M. Jablow, *Teenage Health care*.
10 本书中的许多信息和建议都源于：Wattleton and Keiffer, *How to Talk with Your Child*, 112–24.

11 S. Ventura et al., "Estimated Pregnancy Rates by Outcome for the United States, 1990–2004. *National Vital Statistics Reports*, 2008, 56, Number 15.
12 引自：Lickona, *Raising Good Children*, 382.
13 F. Furstenberg Jr. et al., *Adolescent Mothers in Later Life* (New York: Cambridge University Press, 1987).
14 改编自：D. Elkind, *All Grown Up and No Place to Go: Teenagers in Crisis* (Reading, MA: Addison-Wesley, 1984), 131.
15 Coles and Stokes, *Sex and the American Teenager*, 127–34.
16 Planned Parenthood Federation of America, *Pregnancy Resource Book 3: Deciding on Abortion* (New York: Planned Parenthood Federation of America, 1981).
17 N. Adler et al., "Abortion Among Adolescents," *American Psychologist*, 2003, 58, 211–217.
18 Furstenberg, *Adolescent Mothers*.

第十五章

1 Arthur G. Powell, Eleanor Farrar, and David C. Cohen, *The Shopping Mall High School: Winners and Losers in the Educational Market Place* (Boston:Houghton Mifflin, 1985), 48.
2 J. Mahoney et al., "Adolescent Out-of-School Activities," in R. Lerner and L. Steinberg, eds., *Handbook of Adolescent Psychology* (New York: Wiley, 2009).
3 以下文献对这些基本问题进行了描述和分析：Gary Alan Fine's *With the Boys: Little League Baseball and Preadolescent Culture* (Chicago: University of Chicago Press, 1987).
4 这些讨论基于：E. Greenberger and L. Steinberg, *When Teenagers Work: The Psychological and Social Costs of Adolescent Employment* (New York: Basic Books, 1986).
5 J. Bachman, "Premature Affluence: Do High School Students Earn Too Much?" *Economic Outlook USA*, Summer 1983, 64–67.
6 文中关于角色扮演的建议和简历改编自《家庭时报》(*Family Times*)，该刊由威斯康星大学扩展教育项目的 4-H 青年发展和家庭生活教育项目计划（4-H Youth Development and Family Living Education Programs）编制（University of Wisconsin-Madison:Wisconsin Clearing House, 1987）。
7 Richard Moll, *Playing the Selective College Admissions Game* (New York: Penguin Books, 1994).

第十六章

1 目前的数据来自一项美国全国性的联邦资助调查：Monitoring the Future (www.monitoringthefuture.org).
2 *Schools Without Drugs* (Washington, DC: U.S. Department of Education, 1986), 16.
3 更多的完整讨论请参见：Beth Polson and Miller Newton's *Not My Kid: A Parent's Guide to Kids and Drugs* (New York: Avon, 1984), chapters 1 and 4.
4 改编自：Polson and Newton, *Not My Kid*, 153.

第十七章

1 从以下资料中可以找到关于青少年期各种问题行为的更详细描述：Powell, *Teenagers: When to Worry and What to Do*.
2 Ibid., 第六章.
3 Ibid., 第八章.
4 T. Moffitt, "Adolescence-Limited and Life-Course Persistent Antisocial Behavior: A Developmental Taxonomy," *Psychological Review*, 1993, 100, 674–701.
5 统计数据来自：P. Hersch, "Coming of Age on City Streets," *Psychology Today*, January 1988, 28–37.
6 B. Sommer, "Truancy in Early Adolescence," *Journal of Early Adolescence*, 1985, 145–

60; D. Kimmel and I. Weiner, *Adolescence: A Developmental Transition* (Hillsdale, NJ:Erlbaum, 1985); I. Weiner, "Psychopathology in Adolescence," in J. Adelson, ed., *Handbook of Adolescent Psychology* (New York: Wiley, 1980).
7 Powell, *Teenagers: When to Worry and What to Do*.

第十八章
1 S. McLanahan and J. Adams, "Parenthood and Psychological Well-Being," *Annual Review of Immunology*, 1987, 5, 237–57.
2 M. Farrell and S. Rosenberg, *Men at Midlife* (Boston: Auburn Press,1981).
3 K. Sullivan and A. Sullivan, "Adolescent-Parent Separation," *Developmental Psychology*, 1980, 16, 93–99.
4 有关假期的一些想法来自：Karen Levin Coburn and Madge Lawrence Treeger's *Letting Go: A Parent's Guide to Today's College Experience* (Bethesda, MD: Adler and Adler, 1988).
5 本节文字的描述和建议来自一本有两个同性恋孩子的妈妈所写的书：Betty Fairchild and Nancy Hayward, *Now That You Know: The Updated Edition* (San Diego: Harcourt Brace Jovanovich, 1989).

第十九章
1 R. Settersten, F. Furstenberg Jr., and R. Rumbaut eds., *On the Frontier of Adulthood*, pp. 340–355 (Chicago: University of Chicago Press, 2005); J. Arnett, *Emerging Adulthood: The Winding Road from the Late Teens Through the Twenties* (New York: Oxford University Press, 2004).
2 Jane Davies Okimoto and Phyllis Jackson Stegall, *Boomerang Kids: How to Live with Adult Children Who Return Home* (Boston: Little Brown,1987) and Susan Littwin *The Postponed Generation* (New York: Morrow, 1987).
3 F. Hunter and J. Youniss, "Changes in Functions of Three Relations During Adolescence," *Developmental Psychology*, 1982, 18,806–11.